**wszystko
jak
chcesz**

**wszystko
jak
chcesz**

o miłości
Jarosława Iwaszkiewicza
i Jerzego Błeszyńskiego

„Ale w starości może się jeszcze więcej kocha.
(…) Ty jesteś dla mnie życiem samym.
Nie mógłbym istnieć bez ciebie. I to właśnie
na starość moje uczucie stało się takie palące,
takie niemożliwie ciężkie i takie potężne.
(…) Mnie teraz oddychać trudno… nie dlatego,
że serce mi się psuje,
ale że tak strasznie ciebie kocham".

Jarosław Iwaszkiewicz, *Wesele Pana Balzaca*

Spis treści

Postaci opowieści 11
Miejsca opowieści 17

Kalendarium znajomości 23
To tylko miłość – Anna Król 35
Listy 1954–1959 61
Listy pośmiertne 1959–1960 445
Listy niedatowane 511

Nota edytorska 521

POSTACI OPOWIEŚCI

Osoby pojawiające się w książce i relacje je łączące

Jarosław Iwaszkiewicz (1894–1980) – jeden z najważniejszych i najbardziej wszechstronnych polskich pisarzy XX wieku, współtwórca grupy poetyckiej Skamander, redaktor czasopism literackich, w latach 1959–1980 prezes Związku Literatów Polskich. Dyplomata i polityk – w latach 1952–1980 poseł na Sejm PRL. Pochodzący ze zubożałej rodziny z Kalnika na Ukrainie poeta, ożeniony z córką przemysłowca, Anną Lilpop. Przez ponad pięćdziesiąt lat mieszkał w majątku Stawisko pod Warszawą, czyniąc go centrum życia kulturalnego i schronieniem dla pisarzy, artystów i licznych przyjaciół. W czasach PRL-u ważna figura w świecie artystycznym i politycznym. Utrzymywał intymne kontakty homoseksualne, również z przedstawicielami ówczesnej kultury. Ponadprzeciętna wrażliwość i emocjonalność Iwaszkiewicza oraz jego młodzieńcze usposobienie przysparzały mu wielu przyjaciół i skutkowały licznymi przygodami, ale i kłopotami. W roku 1953, jako sześćdziesięciolatek, poznał młodszego o ponad trzydzieści lat mężczyznę – Jerzego Błeszyńskiego. Od roku 1955 aż do przedwczesnej śmierci Błeszyńskiego w roku 1959 mężczyźni byli w skomplikowanej i tragicznej relacji miłosnej i erotycznej.

Jerzy Błeszyński (1932–1959) – przyjaciel i jeden z najważniejszych kochanków Jarosława Iwaszkiewicza. Młody chłopak z Brwinowa, pracownik fabryki Kafar, mąż Haliny, ojciec Piotra i Ewy. Zawikłana biografia i skomplikowane życie uczuciowe Jerzego stanowiły inspirację dla wielu utworów Iwaszkiewicza oraz były przyczyną jego cierpień. Ciężko chory na gruźlicę Błeszyński zmarł w maju 1959 roku, mając 27 lat, w sąsiadującym ze Stawiskiem Turczynku.

Anna Iwaszkiewiczowa (1897–1979) – żona Jarosława Iwaszkiewicza. Przez męża nazywana Hanią, przez służbę – Starą. Pisarka i tłumaczka (pseudonim Adam Podkowiński). Pochodziła z majętnego rodu Lilpopów – przemysłowców, handlowców, artystów. Jej ojciec, Stanisław Wilhelm Lilpop, był założycielem miasta ogrodu Podkowa Leśna i właścicielem majątku Stawisko. W dzieciństwie opuszczona przez matkę, Jadwigę ze Stankiewiczów, która odeszła od rodziny do innego mężczyzny, była wychowywana przez ciotkę Anielę Pilawitzową i ojca. W młodości piękna, inteligentna i majętna Anna była narzeczoną księcia Krzysztofa Radziwiłła, jednak zdecydowała się go porzucić dla obiecującego poety Jarosława Iwaszkiewicza. Mimo problemów psychicznych Anny i homoseksualnej natury Jarosława, ich małżeństwo było trwałe. Anna była żoną Jarosława przez 57 lat, aż do swojej śmierci w roku 1979. Pozostawała w kontakcie z Jerzym Błeszyńskim, rozumiejąc, jak ważną osobą jest on w życiu jej męża – opiekowała się nim, pomagała jego rodzinie, modliła się za umierającego.

Maria Iwaszkiewicz-Wojdowska (ur. 1924) – starsza córka Anny i Jarosława Iwaszkiewiczów. Była redaktorem w wydawnictwie Czytelnik, założyła w nim również kawiarnię, którą kierowała przez 8 lat. Jej pierwszym mężem był Stanisław Włodek, z którym miała dwójkę dzieci: Macieja i Annę. W latach 1952–1965 była żoną Jana Wołosiuka, w roku 1955 urodził im się syn Jan Jarosław. Jej trzecim mężem został pisarz Bogdan

Wojdowski. Od 1952 do 1985 roku pracowała w SW „Czytelnik" jako redaktor, z przerwą w latach 1957–1965, kiedy kierowała założoną tam przez siebie kawiarnią. Po śmierci ojca zajmowała się jego literacką spuścizną.

Teresa Markowska (1928–2012) – młodsza córka Anny i Jarosława Iwaszkiewiczów. Jako żona Eugeniusza Markowskiego, dyplomaty, od roku 1949 mieszkała w Kanadzie i we Włoszech. W 1951 na świat przyszła ich córka, Magdalena. Od 1957 pracowała m.in. w Polskim Radiu – w Biurze Współpracy z zagranicą, a następnie w Redakcji Oświatowej i Popularnonaukowej. W 1961 roku została żoną Wojciecha Sudy.

Halina Błeszyńska (ur. 1935) – żona Jerzego Błeszyńskiego. Zawarła z nim związek małżeński bardzo młodo, będąc już w ciąży. Mieszkała z Jerzym w Brwinowie przy ul. Szkolnej 14, mieli syna Piotra i córkę Ewę. W trakcie krótkiego małżeństwa zdradzana przez Jerzego z kobietami (m.in. Lilką Pietraszek i Niką Reisską) oraz mężczyznami. Halina, zarażona przez Jerzego gruźlicą przez wiele lat leczyła się w różnych sanatoriach, m.in. w Rudce.

Lilka Pietraszek – w latach 1958–1959 kochanka Jerzego Błeszyńskiego. Wdowa po Henryku Pietraszku, synu właścicieli domu przy ul. Flisaków 1, gdzie od stycznia 1958 Iwaszkiewicz wynajmował dla Błeszyńskiego mieszkanie, tzw. „melinę". Lilka wyszła powtórnie za mąż i mieszkała z mężem w Bydgoszczy.

Pietraszkowie – Mieczysław Pietraszek (1889–1961) – inżynier mechanik, oficer WP. Miał dwóch synów: Henryka (1922–1953), inżyniera mechanika, i Adama (1926–1945). Obydwaj zginęli śmiercią tragiczną. Żoną Mieczysława była Maria z d. Wołowska. Nazywani są także: Pietrachowie, Starzy. Właściciele lokalu przy ul. Flisaków 1, gdzie Jerzy Błeszyński poznał Lilkę – wdowę po ich tragicznie zmarłym synu.

Nika Reisska – nazywana także panią Rajską, kochanka Błeszyńskiego, kobieta inteligentna i wysublimowana. Prawdopodobnie pracowała w zakładzie Toto-Lotka mieszczącym się w warszawskim Hotelu Europejskim. Błeszyński nazywał ją swoją kuzynką, chcąc ukryć przed Iwaszkiewiczem kolejny burzliwy romans.

Wiesław Kępiński (ur. 1932) – przybrany syn Anny i Jarosława Iwaszkiewiczów. Osierocony w wyniku rzezi ludności cywilnej na Woli, w piątym dniu powstania warszawskiego. Na Stawisko trafił w roku 1947 jako piętnastolatek, w efekcie poszukiwań domu dla sieroty prowadzonych przez reporterkę „Expressu Wieczornego". Wiesio rekompensował Jarosławowi utratę dziecka (jak sądził – syna) w konsekwencji aborcji dokonanej u żony Anny podczas jej pobytu w szpitalu psychiatrycznym w 1935 roku. Pisarz wkładał wiele trudu w jego wychowanie. W 1956 Wiesio usamodzielnił się, założył własną rodzinę, żeniąc się z koleżanką ze szkoły, Krystyną Przybyszewską. Cały czas utrzymywał bliskie kontakty z Jarosławem i jego rodziną. Był rówieśnikiem Jerzego Błeszyńskiego i Szymona Piotrowskiego i pozostawał z nimi w przyjacielskich relacjach.

Szymon Piotrowski (1933–1995) – od lipca 1958 początkowo sekretarz i kierowca, a następnie również administrator Stawiska. Polecony Iwaszkiewiczowi przez Jerzego Błeszyńskiego, z którym byli sąsiadami w nieodległym od Stawiska Brwinowie. Jako kierowca Jarosława brał udział w bujnym życiu towarzyskim Iwaszkiewicza, był świadkiem istotnych dla niego wydarzeń, powiernikiem tajemnic.

Tadeusz Częścik (ur. 1929) – w listach zwany także: Pluskwik, Nęcznik, Kurwik, Ścierwik. Lekarz chorób wewnętrznych, od 1955 osobisty lekarz Anny i Jarosława Iwaszkiewiczów. Pozostawał z Jarosławem w relacjach towarzyskich, był uczestnikiem spotkań z Jerzym Błeszyńskim.

Lidia Rzepecka z d. Choromańska, 1° v. Kruszyńska (1902–1960). Pierwszym jej mężem był Michał Kruszyński, kuzyn Karola Szymanowskiego i Jarosława Iwaszkiewicza. W roku 1938 wyszła za Lucjana Rzepeckiego (1901–1959) – architekta, projektanta. Rok później urodził się ich syn, Piotr, który został scenografem. Rodzina Rzepeckich mieszkała w Rabce.

Andrzej Brustman – fotograf, autor zdjęć Sandomierza, w 1956 roku wydanych w albumie, w którym znalazły się również teksty Iwaszkiewicza poświęcone miastu. Brustman towarzyszył Iwaszkiewiczowi w maju 1958, kiedy ten obserwował tzw. „czerwoną koszulę" – pierwowzór bohatera, napisanego kilka miesięcy później opowiadania *Tatarak*.

MIEJSCA OPOWIEŚCI

Stawisko – majątek Iwaszkiewiczów w Podkowie Leśnej. Iwaszkiewiczowie mieszkali w domu zbudowanym przez ojca Anny, Stanisława Lilpopa, od roku 1928 do śmierci. W czasie wojny w Stawisku ukrywali się Żydzi i inni mieszkańcy Warszawy, po wojnie majątek stanowił tętniące życiem miejsce spotkań ludzi związanych z kulturą. Po śmierci Jarosława w marcu 1980 roku, zgodnie z jego wolą dom przekazano państwu i zamieniono w muzeum im. Anny i Jarosława Iwaszkiewiczów. Majątek Stawisko położony jest w Podkowie Leśnej Zachodniej (pod Warszawą), sąsiaduje z Turczynkiem, Milanówkiem oraz Brwinowem.

Brwinów – miasto położone nieopodal Podkowy Leśnej. Jerzy Błeszyński mieszkał tu przy ulicy Szkolnej 14 wraz z żoną Haliną i dziećmi.

Podkowa Leśna – miasto w województwie mazowieckim, w powiecie grodziskim, używające tytułu „miasta ogrodu". 1 stycznia 1957 roku Podkowa Leśna otrzymała prawa osiedla, a 31 grudnia 1968 roku prawa miejskie.

Flisaków – ulica w Warszawie, przy której pod numerem 1 stał budynek należący do państwa Pietraszków. Dziś ulica nosi nazwę Ludwika Idzikowskiego. Od stycznia 1958 Iwaszkiewicz wynajmował w tym domu mieszkanie, tzw. „melinę", w którym mieszkał Jerzy Błeszyński. Miejsce intymnych spotkań Jarosława i Jerzego oraz licznych imprez towarzyskich. Mieszkając na Flisaków, Błeszyński poznał Lilkę Pietraszek.

Szucha – (aleja Jana Chrystiana Szucha), ulica w Warszawie. Od 17 stycznia 1946 do 14 kwietnia 1992 ulica nosiła nazwę 1 Armii Wojska Polskiego. Warszawskie mieszkanie Iwaszkiewicza mieściło się pod adresem aleja Jana Chrystiana Szucha 16 m 40, luksusowej kamienicy nazywanej Domem Pułkowników lub Domem Generalskim. Podczas wojny jej lokatorami byli m.in. urzędnicy Gestapo, po wojnie – osoby powiązane z aparatem władzy PRL-u. Oba adresy (al. Szucha i al. 1 Armii Wojska Polskiego) pojawiają się na kopertach listów wysyłanych i adresowanych do Iwaszkiewicza. Po rezygnacji z mieszkania wynajmowanego dla Jerzego przy ul. Flisaków, na Szucha pomieszkiwał także Jerzy Błeszyński.

Bydgoszcz – miejsce zamieszkania rodziny Lilki Pietraszek. Cel częstych, utrzymywanych przed Iwaszkiewiczem w tajemnicy, wypraw Błeszyńskiego. Od stycznia 1959 Jerzy pomieszkiwał tu z Lilką w jej mieszkaniu przy ul. Magdzińskiego 4.

Rabka (Zdrój) – miejscowość położona ok. 50 km na północ od Zakopanego. Znane uzdrowisko, do którego Jarosław Iwaszkiewicz często wyjeżdżał na tzw. urlopy twórcze, zatrzymując się w willi Paprotka u pani Łozińskiej. W miejscowości mieszkała także była żona jego kuzyna, Lidia Rzepecka, z którą pisarz pozostawał w przyjacielskich relacjach. Znajdujący się na drodze do Zakopanego Poronin był celem jego wypadów rekreacyjnych, również z Jerzym Błeszyńskim.

Sandomierz – miejsce, w którym Iwaszkiewicz od lat 20. XX wieku rokrocznie spędzał wielotygodniowe urlopy twórcze.

● miejsca opowieści

W latach 30. miał tu również wynajmowane na stałe mieszkanie przy ul. Katedralnej. Po wojnie zatrzymywał się w różnych wynajmowanych na lato pokojach. Był zżyty z lokalną społecznością, a miejscowe *genius loci* wywarło wpływ m.in. na opowiadanie *Tatarak*.

Elzin (inne nazwy: Alsin, Pasieki) – wieś na Mazurach, położona wśród lasów i jezior, w której jesienią 1958 roku Iwaszkiewicz spędził kilka dni z Błeszyńskim. Jarosław planował przez pewien czas wybudowanie tu dla siebie i ukochanego domku, który chciał nazwać „Jurcin".

Kopenhaga – w latach 1932–1935 Iwaszkiewicz mieszkał tam jako drugi sekretarz poselstwa RP. W sierpniu 1957 odwiedził miasto wraz z przyjaciółmi Janem i Ireną Parandowskimi oraz Jerzym Błeszyńskim. Wspólna podróż i zabawa w parku rozrywki Tivoli będzie punktem zwrotnym w relacji Jarosława i Jerzego.

U Boberka – sopocki dom Związku Literatów mieszczący się na rogu ulic Powstańców Warszawy i Daszyńskiego. Wspomniany Jan Boberek był tam recepcjonistą. W drodze powrotnej z Kopenhagi do Warszawy, w sierpniu 1957, Iwaszkiewicz i Błeszyński zatrzymali się tam na nocleg, który stał się częstym motywem ich wspomnień.

Gostynin, Kruk – miejscowość położona ok. 150 km od Warszawy. Od 1945 r. w miejscowości Kruk w pobliżu Gostynina działało sanatorium dla chorych na gruźlicę. Jerzy Błeszyński spędził tam okres od 15 września do 7 grudnia 1958 r. Miejsce stanowiło pierwowzór sanatorium z opowiadania Iwaszkiewicza *Kochankowie z Marony*.

Turczynek – położony w lesie (dziś kompleks Turczynek-Milanówek) majątek wybudowany na początku XX wieku dla przemysłowców Wilhelma Wellischa i Jerzego Meyera, sąsiadujący z majątkiem Stawisko należącym do rodziny Iwaszkiewiczów. Po wojnie znacjonalizowany. W latach 40. siedziba ZNP, potem szpital gruźliczy. W maju 1959 roku przez kilkanaście dni (do śmierci) przebywał w nim Jerzy Błeszyński. Zmarł tam w święto Bożego Ciała.

Szczecin – miejsce pochodzenia i zamieszkania rodziny Jerzego Błeszyńskiego.

Bristol – pięciogwiazdkowy hotel w Warszawie znajdujący się przy ul. Krakowskie Przedmieście 42/44, Jest najdroższym i najstarszym działającym hotelem w Warszawie (otwarty w 1901 roku). W okresie powojennym kawiarnia w hotelu Bristol była jednym z nielicznych miejsc w Warszawie, w których można było się spotkać, zjeść coś i napić alkoholu. Częste miejsce spotkań Iwaszkiewicza i Błeszyńskiego. W lokalu bywali także Szymon Piotrowski i Wiesław Kępiński.

Hotel Europejski – otwarty w 1857 r. jako najbardziej luksusowy obiekt tego typu w Warszawie. Po zniszczeniach wojennych jego właściciele rozpoczęli remont i otworzyli w nim restaurację. W 1948 przeszedł w ręce Ministerstwa Obrony Narodowej. Odbudowany, w latach 1951–1954 był siedzibą Akademii Wojskowo-Politycznej.

Alhambra – nieistniejąca już kawiarnia przy Alejach Jerozolimskich 32 w Warszawie. Niewielki, kameralny lokal mógł pomieścić nie więcej niż 30 osób. W kawiarni spotykali się głównie młodzi niezamożni geje. Lokal serwował przede wszystkim wodę mineralną, herbatę i kawę z fusami oraz ciastka. Lokal zlikwidowano po pięćdziesięciu latach istnienia, w roku 2007. W Alhambrze spotykali się czasem także Iwaszkiewicz i Błeszyński.

☛ **miejsca opowieści**

Kameralna – kawiarnia w Warszawie mieszcząca się przy ul. Foksal 11. Lokal powstały pod koniec lat 40. XX wieku był jednym z kultowych miejsc spotkań artystów. W Kameralnej bywali m.in. Leopold Tyrmand, Marek Hłasko, Edward Stachura, Agnieszka Osiecka. W lokalu, podzielonym na część dzienną i nocną, przez całą dobę można było przy wódce i zakąskach prowadzić rozmowy i zawsze spotkać kogoś znajomego. Do Kameralnej zaglądał też Jarosław Iwaszkiewicz, często w towarzystwie Jerzego Błeszyńskiego.

Surabaja (Surabaya) – drugie co do wielkości miasto Indonezji. Surabaja położona jest w środkowo-południowej części kraju, na wyspie Jawie, nad cieśniną Madura. Znaczący ośrodek przemysłowy i kulturalny oraz port morski o dużym znaczeniu. W latach 50. XX w. w Surabai przebywał na kontrakcie (jako inżynier) brat Błeszyńskiego – Zbigniew. Jerzy rozważał możliwość wyjazdu do niego. W listach (szczególnie tych pisanych po śmierci kochanka) Surabaja występuje jako symboliczne miejsce „wyjazdu" Jerzego Błeszyńskiego po śmierci.

kalendarium znajomości

Jarosław Iwaszkiewicz
i Jerzy Błeszyński

Styczeń 1953 – Błeszyński odwiedza Iwaszkiewicza po raz pierwszy w Stawisku – jako członek lokalnej „delegacji", której celem jest przekonanie pisarza do wygłoszenia odczytu w Brwinowie.

1 lutego 1953 – Iwaszkiewicz poznaje bliżej Jerzego, przy okazji odczytu o kongresie wiedeńskim w Brwinowie. Postanawia się z nim zaprzyjaźnić. O poznaniu chłopaka pisze 5 lutego w liście do Wiesława Kępińskiego, który wówczas jest w wojsku.

6 kwietnia 1953 – w drugi dzień Wielkanocy Błeszyński przychodzi niezapowiedziany do domu Iwaszkiewicza na Stawisku. Między mężczyznami wyraźnie zaiskrzyło, choć na razie ich relacja jest wyłącznie koleżeńska.

20 kwietnia 1954 – w „trzecie święto" Wielkanocy Błeszyński niespodziewanie odwiedza Stawisko.

Maj (prawdopodobnie) 1955 – Iwaszkiewicz odwiedza Błeszyńskiego w sanatorium w Otwocku. Wydarzenie jest traktowane jako początek ich głębokiej relacji.

1 sierpnia 1955 – Iwaszkiewicz (prawdopodobnie po raz pierwszy) odwiedza Błeszyńskiego w jego domu w Brwinowie, opisując potem warunki, w jakich mieszkają Błeszyńscy.

Wrzesień 1955 – Iwaszkiewicz dostaje mieszkanie służbowe w Warszawie przy alei Szucha 16, w którym w roku 1959, tuż przed śmiercią, zamieszka z nim Jerzy Błeszyński.

Listopad 1955 – Błeszyński towarzyszy Iwaszkiewiczowi podczas kilkudniowego pobytu w Krakowie, podczas którego pisarz odbywa dwa wieczory autorskie. Zatrzymują się w Hotelu Grand.

9 grudnia 1955 – Iwaszkiewicz i Błeszyński przychodzą razem na imieniny Wiesława Kępińskiego.

4 lutego – 28 marca 1957 – Iwaszkiewicz przebywa na urlopie twórczym w Rabce. Mieszka tradycyjnie w wilii Paprotka, pracuje nad drugim tomem *Sławy i chwały*. Jest w stałym kontakcie z Jerzym, do którego coraz bardziej tęskni.

12 lutego 1957 – Jerzy obchodzi dwudzieste piąte urodziny.

Sierpień 1957 – Iwaszkiewicz i Błeszyński odbywają wspólną (pierwszą zagraniczną) podróż do Kopenhagi. W drodze powrotnej statkiem Batorym Iwaszkiewicz zdaje sobie sprawę z siły uczucia, jakim darzy Jerzego. W Sopocie spędzają razem noc w sopockim domu Związku Literatów, nazywanym potocznie U Boberka.

Jesień 1957 – Błeszyński opowiada Iwaszkiewiczowi historię swojego życia, która inspiruje pisarza do napisania opowiadania *Wzlot*.

Grudzień 1957 – styczeń 1958 – Błeszyński prowadzi burzliwy romans z Niką Reisską, zatajając przed Iwaszkiewiczem intymne relacje z kochanką.

☛ **kalendarium znajomości**

Styczeń 1958 – Błeszyński przebywa z Niką Reisską w Poroninie. Niczego nieświadomy Iwaszkiewicz przyjeżdża tam i spędza z Błeszyńskim kilka dni. Po jego wyjeździe Jerzy wraca do Reisskiej.

Styczeń 1958 – Błeszyński porzuca żonę Halinę i postanawia wyprowadzić się do Warszawy. Iwaszkiewicz wynajmuje tu dla niego mieszkanie (tzw. „melinę") w willi przy ul. Flisaków 1, należącej do państwa Pietraszków.

17 lutego – 30 marca 1958 – Iwaszkiewicz tradycyjnie spędza urlop twórczy w Rabce, pracuje nad trzecim tomem *Sławy i chwały*. Codziennie pisze listy do Jerzego, często nie otrzymując żadnych odpowiedzi. Młodzi bohaterowie pisanej przez niego powieści zostają opatrzeni cechami Jerzego.

Luty 1958 – Jerzemu rodzi się drugie dziecko (pierwszy jest syn Piotr) ze związku z Haliną – córka Ewa. Błeszyński organizuje huczne chrzciny, zapraszając dawno nie widzianą rodzinę ze Szczecina. Imprezę finansuje Iwaszkiewicz.

Marzec 1958 – pierwsze napięcia w relacji Iwaszkiewicza i Błeszyńskiego. Iwaszkiewicz przeprowadza poważne rozmowy z kochankiem, dotyczące spraw finansowych oraz relacji z Niką Reisską.

Kwiecień–maj 1958 – Błeszyński towarzyszy Iwaszkiewiczowi podczas jego spotkań autorskich w Szczecinie.

Maj 1958 – Iwaszkiewicz wyjeżdża na urlop twórczy do Sandomierza, pracuje tam m.in. nad *Tatarakiem*. W podróży towarzyszy mu Błeszyński. Mężczyźni odwiedzają Baranów, gdzie odnajdują grób ojca Jerzego.

Lipiec 1958 – Iwaszkiewicz wyjeżdża z żoną Anną w podróż do ZSRR, do Moskwy i na Ukrainę. Małżonkowie wracają do miejsc swojej młodości.

Lipiec 1958 – po powrocie z Moskwy Jarosław dowiaduje się, że u żony Jerzego wykryto gruźlicę, którą zaraziła się od Jerzego. Jej stan jest poważny. W tym samym czasie pogarsza się też stan zdrowia Jerzego. Diagnoza – gruźlica nerek.

Sierpień 1958 – kolejny kryzys w relacji Iwaszkiewicza i Błeszyńskiego. Jarosław uświadamia sobie, że Jerzego łączy poważny romans z Lilką Pietraszek. 28 sierpnia 1958 to tzw. „zły czwartek", kiedy Iwaszkiewicz zdaje sobie sprawę z rozległości kłamstw Błeszyńskiego.

Sierpień 1958 – Jerzy otrzymuje upragniony kontrakt i zaproszenie od brata pracującego na budowie, w Indonezji. Mimo iż od dawna planował wyjazd do Surabai, rezygnuje z zaproszenia i zostaje w Polsce z Lilką.

Wrzesień 1958 – Iwaszkiewicz spędza urlop w Elzinie, gdzie wieczorami odwiedza go Jerzy Błeszyński. Zaczyna snuć plany o zbudowaniu w tej miejscowości domku o nazwie „Jurcin" – dla siebie i przyjaciela.

Wrzesień 1958 – Iwaszkiewicz pisze w Sobieszowie sztukę *Wesele Pana Balzaka* (dedykowaną Jerzemu Błeszyńskiemu), która jest zakamuflowanym opisem relacji z Błeszyńskim (zapis „zadziwiającego lata 1958"). Postaci sztuki zostają obdarzone cechami osobowości Jerzego i Jarosława, a także posługują się ich codziennymi powiedzonkami. Sztuka jest w próbach w Teatrze Polskim (Teatr Kameralny, reż. W. Hańcza). Jerzy nie zdąży już zobaczyć jej na scenie. Premiera odbyła się 9 lipca 1959 roku.

kalendarium znajomości

Wrzesień 1958 – Anna Iwaszkiewicz jedzie modlić się w intencji Jerzego do Częstochowy.

Wrzesień 1958 – grudzień 1958 – coraz bardziej chory Jerzy Błeszyński przebywa w sanatorium przeciwgruźliczym Kruk w Gostyninie. Pomieszkuje tam z nim Lilka Pietraszek. W uzdrowisku odwiedza go także kilkakrotnie Iwaszkiewicz. Miejsce i okoliczności pobytu staną się kanwą do napisanego już po śmierci Błeszyńskiego opowiadania *Kochankowie z Marony* (1961), a Jerzy będzie pierwowzorem Janka, śmiertelnie chorego na gruźlicę kochanka głównej bohaterki.

Listopad 1958 – w trakcie przepustki z sanatorium Jerzy, wraz ze swoją kochanką Lilką, odbywa wyprawę motorem do Rudki – miejscowości, w której gruźlicę leczyła jego żona, Halina. Zachowanie Błeszyńskiego wywołuje u Iwaszkiewicza gniew i poczucie bezradności.

Listopad 1958 – Iwaszkiewicz wyjeżdża z żoną Anną w podróż do Wiednia, Monachium i Rzymu. W Rzymie ogląda wystawę rzeźb Michała Anioła w bazylice Santa Maria sopra Minerva, porównując późną rzeźbę Chrystusa autorstwa Buonarottiego z ciałem Jerzego Błeszyńskiego. Kilkakrotnie w listach z Rzymu pisze o tym kochankowi.

Grudzień 1958 – po świętach Bożego Narodzenia Iwaszkiewicz i Błeszyński spędzają wspólnie kilka dni w Toruniu.

Styczeń 1959 – Iwaszkiewicz i Błeszyński spędzają kilkudniowy urlop w Poroninie. Jerzy cierpi z powodu wysokiej gorączki i silnych bólów głowy.

Luty 1959 – Błeszyński, po rezygnacji z mieszkania przy ul. Flisaków, zaczyna pomieszkiwać u Iwaszkiewicza przy al. Szucha oraz u Lilki Pietraszek – w Bydgoszczy przy ul. Magdzińskiego 4.

Luty 1959 – Iwaszkiewicz jedzie do Bydgoszczy, by pierwszy raz odwiedzić Jerzego Błeszyńskiego i Lilkę Pietraszek. Wyprawa kończy się kłótnią. Iwaszkiewicz uświadamia sobie, że Błeszyńskiego i Lilkę łączy silne uczucie.

Kwiecień 1959 – Iwaszkiewicz odbywa służbową podróż do Berlina jako delegat Ogólnopolskiego Komitetu Obrońców Pokoju. Rozmawia codziennie z Jerzym przez telefon. Zapis jednej z rozmów zamieszcza w dzienniku: „Całujesz mnie? Tak. Mocno? Tak. Kochasz mnie? Tak. Bardzo? Tak!!".

8–13 maja 1959 – Iwaszkiewicz odbywa służbową podróż do Sztokholmu. Skrajnie chory Błeszyński wysyła do niego rozpaczliwe depesze, w których sugeruje, że chce jechać w podróż wraz z kochankiem. Jedną z nich, treści: „Jadę z Tobą, Jurek", Iwaszkiewicz otrzymuje na lotnisko Okęcie tuż przed startem samolotu. Zdziwiona obsługa lotniska nie wie, czy potrzebne będzie wstrzymanie lotu dla „spóźnionego pasażera".

15 maja 1959 – Jerzy Błeszyński po ostatniej dramatycznej kłótni z Iwaszkiewiczem decyduje się na pobyt w szpitalu gruźliczym w Turczynku niedaleko Stawiska. Żegnają się ze świadomością, że to ich ostatnie wspólne chwile. Iwaszkiewicz wyjeżdża do Moskwy, kilka dni później Jerzy zostaje przyjęty do szpitala. O jego decyzji Iwaszkiewicz dowiaduje się z depeszy Szymona Piotrowskiego: „Odwiozłem Jurka na Turczynek, decyzję lekarzy zadepeszuję w czwartek".

16–23 maja 1959 – Iwaszkiewicz odbywa podróż służbową do Moskwy jako delegat III Zjazdu Pisarzy Związku Radzieckiego. W tym czasie z Warszawy dochodzą coraz bardziej niepokojące wieści o stanie zdrowia Jerzego. Iwaszkiewicz wysyła do Warszawy depeszę treści: „synu miły jak zdrowie czy poczekasz na mnie szpitalem będę wtorek", a następnie

kalendarium znajomości

na własne życzenie wraca do domu, przed oficjalnym zakończeniem delegacji. Prosto z lotniska jedzie do szpitala, do Jerzego.

27 maja 1959 – Iwaszkiewicz ponownie odwiedza Błeszyńskiego w szpitalu w Turczynku. Jest to ich ostatnie spotkanie.

28 maja 1959 – w Boże Ciało o godzinie 21.30 Jerzy Błeszyński umiera w szpitalu. Jest przy nim była żona Halina.

30 maja 1959 – Iwaszkiewicz żegna się z Błeszyńskim, asystując w przygotowaniu ciała do pochówku w niewielkiej kostnicy przyszpitalnej. Na sam pogrzeb nie idzie.

3 czerwca 1959 – pogrążony w żałobie Iwaszkiewicz wyjeżdża do Sandomierza. Tam porządkuje papiery po Jerzym, próbując zrozumieć łączącą ich relację. Emocje tamtego czasu opisuje w dzienniku.

24 października 1959 – Iwaszkiewicz pisze długi, rozliczający tekst na temat ostatnich wspólnych tygodni, nadaje mu tytuł *Śmierć Jurka* i włącza go do dziennika.

1959–1960 – Iwaszkiewicz pisze pośmiertne listy do Błeszyńskiego, w których opisuje mu codzienne sprawy, tak samo jak robił to za życia kochanka. Nie używa w tej korespondencji słowa „śmierć", zwracając się do Jerzego jak do człowieka, który wyjechał w podróż. Opisując ich wieczną rozłąkę, używa konsekwentnie sformułowania „jechać do Surabai". Łącznie po śmierci Jerzego powstało kilkadziesiąt adresowanych do niego listów.

---

* Na części listów autor nie podał daty rocznej. Prawdopodobne daty określono na podstawie kontekstu.

„Miłość z wzajemnością,
to musi być cudowne,
ja o tym nic prawie nie wiem –
a jednak jeszcze się cieszę
z tych ułamków i okruchów,
które padają na mój stół".

Jarosław Iwaszkiewicz
do Jerzego Błeszyńskiego, 18.09.1958

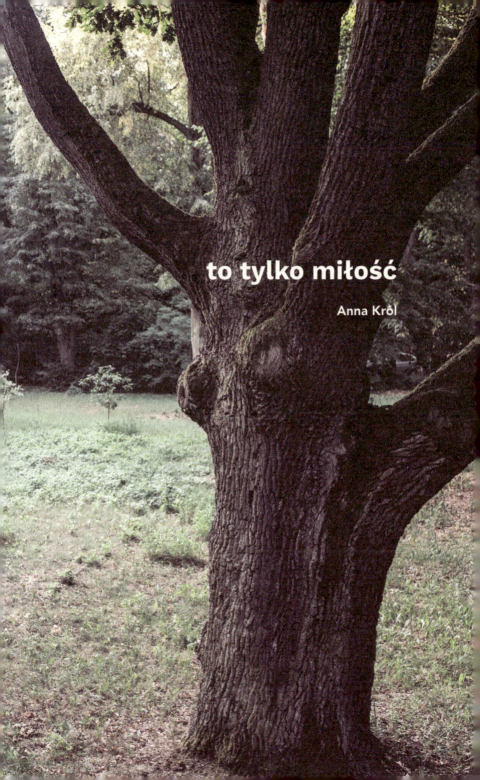

Obsesja

30 maja 1959 roku, w wyjątkowo piękne, jasne i słoneczne przedpołudnie Jarosław Iwaszkiewicz, stojąc w drzwiach niewielkiej kostnicy obserwował powolne, staranne ruchy starca obmywającego zwłoki Jurka i myślał o tym, że tysiąc razy wyobrażał sobie tę scenę. Tę i wiele innych, które nastąpiły w ostatnich dniach. I że żadnej z nich tak naprawdę sobie nie wyobraził. I na żadną z nich nie był przygotowany. Patrzył teraz po raz ostatni na ciało człowieka, którego kilka godzin wcześniej przytulał i pocieszał, zafascynowany spokojem i czułością, z jaką dziad kościelny moczył raz po raz ręcznik w stojącej u jego stóp metalowej miednicy i przecierał płócienną szmatką najpierw ramiona, potem tors, brzuch, wreszcie chude nogi młodego mężczyzny.

Godzinę później był już z Jurkiem w kostnicy sam. Drewniane pomieszczenie było jasne. Gdyby nie ta koszmarna nazwa, mogłoby być szałasem ukrytym wśród lasu, wprost stworzonym do romantycznych schadzek. Potrząsnął głową, karcąc się w duchu za takie myśli. „Był człowiek, nie ma człowieka", powtarzał jak mantrę, obserwując jednocześnie muchę krążącą coraz natrętniej nad czołem zmarłego. Przypomniał sobie o torbie z ubraniami, którą spakowała dla niego Anna. Wyjął z niej swój własny wełniany garnitur i zupełnie nową wykrochmaloną śnieżnobiałą koszulę. Po raz ostatni dotknął Jurka, przekładając delikatnie jego głowę i ramiona przez sztywny materiał, w którym chłopak miał zostać już na zawsze. Sam też próbował coś z tego ocalić na zawsze. Jego ręka na dłoni zmarłego, usta na brzuchu kochanka. W tym ostatnim pożegnaniu było coś erotycznego – jakby to nie był trup, ale żywy Jurek. Nie kostnica, ale ich pokój w dawnym mieszkaniu albo jakimś pensjonacie. Jakby nie mieli się żegnać, ale trwać tak objęci i zostawieni wreszcie przez wszystkich w spokoju. Osunął się na kolana, coraz wyraźniej czując podchodzące do gardła mdłości, i po raz kolejny tego dnia nie udało mu się powstrzymać nagłego szlochu. Może nie byłoby niczego dziwnego w tym, że stary mężczyzna płacze nad ciałem młodego chłopaka, gdyby nie to, że ten mężczyzna, to był on sam, nie jakaś wymyślona literacka postać. „Na kartkach papieru nikt tak nie płacze" – pomyślał. Żal mu było siebie. Był tylko tym wyciem – dzikim zawodzeniem nad ciałem zmarłego. W tamto majowe przedpołudnie stał się duchem samego siebie – zawieszonym miedzy ostatnim tchnieniem ukochanego, a własnym słabnącym oddechem. Rozpaczał. Wkrótce zaczną się uroczystości pogrzebowe, a on znów stanie się zwyczajnym, smutnym starcem, który przeżył coś, czego sam nie rozumie. Na pogrzeb nie poszedł.

    Jerzy Błeszyński nie umarł ani nagle, ani niespodziewanie. Od lat chorował na gruźlicę, która w tamtym czasie była właściwie wyrokiem. Jego stan pogarszał się stopniowo, a eksperymentalne leczenie wciąż tylko nieznacznie odwlekało nieunikniony koniec. Obaj czekali na to, co miało nastąpić. Każdy po swojemu. A między nich coraz wyraźniej wciskała się śmierć, nadając wszystkiemu, co ich dotyczyło, jakiś nowy, zaskakujący sens. Śmierć, jako wątek nadrzędny, próba sił, wyzwanie. Śmierć, jako wielki temat – do zrozumienia i opisania. Śmierć, jako figura retoryczna – wielki znak zapytania podający w wątpliwość istotę i porządek świata. Kiedy umiera ktoś młody, tę śmierć szczególnie trudno zaakceptować. Kiedy umiera ktoś ukochany – zmusza do szukania odpowiedzi bardziej pocieszającej niż ta o kolei rzeczy i boskim planie.

    Poznali się przypadkiem. W styczniu 1953 roku, dwudziestoletni wówczas Jurek Błeszyński, odwiedził Jarosława Iwaszkiewicza w jego domu na Stawisku. Przyszedł z kilkoma kobietami, z planem namówienia go do udziału w przygotowywanej w pobliskim Brwinowie konferencji. Zabranie w odwiedziny do pisarza młodego, bardzo przystojnego chłopaka, było prawdopodobnie fortelem. Sekretem poliszynela dla okolicznych mieszkańców była słabość literata do urodziwych młodzieńców. Misja powiodła się nadspodziewanie dobrze – Iwaszkiewicz wygłosił gościnną prelekcję, a Jerzy miał się wkrótce stać kimś więcej niż ważnym gościem w domu pisarza.

To Iwaszkiewicz był tym, który szybciej niż inni zrozumiał, jakie konsekwencje może mieć dla niego spotkanie z dużo młodszym Jerzym. W lutym 1958 roku, jednym z trudniejszych dla ich relacji okresów, gdy Jurek podawał w wątpliwość wartość i sens łączącego ich związku, Iwaszkiewicz pisał: „Przykro mi, że z listu Twojego dyszy apatia i zniechęcenie do życia. Mówisz o naszym spotkaniu, nie było ono ani dziwne, ani w dziwnych okolicznościach: sąsiadowaliśmy, spotkaliśmy się i koniec. Na szczęście, czy na nieszczęście? Dla mnie na pewno na szczęście, na najwyższe szczęście, którego rzadko kto doznaje w moim wieku. Mam wielkie uczucie pełni, dzięki Tobie wezbrały we mnie wszystkie zdolności i możliwości, wypełniły się uczuciem, jak płuca powietrzem. Dowodem tego są niezłe wiersze, które znasz, i te, których nie znasz, całe moje poczucie, że żyję, cierpię, istnieję, ale zachwycam się życiem".

Pięć lat później Jerzy był już jedną z najważniejszych osób w życiu pisarza. Jedynym punktem odniesienia dla przeżywanej intensywnie seksualności i krzywym zwierciadłem, które z całą bezwzględnością odbijało karykaturalne czasem życie. Czysto zmysłowe zainteresowanie młodym sąsiadem niepostrzeżenie przerodziło się w zauroczenie, namiętność, aż wreszcie w graniczącą z obsesją miłość. W uczuciu, które nie pozwalało przeżyć jednego dnia bez usłyszenia głosu ukochanego, bez najkrótszego spotkania, chociaż zdawkowej wiadomości. Iwaszkiewicz nie tylko ma odwagę zatracić się w przeżyciu, które czasem go przeraża, wydaje się wszechogarniające i nie do pojęcia, ale także na bieżąco relacjonuje rozwój związku, analizując bez końca wszystkie elementy tej przedziwnej miłosnej układanki. Jak przyznaje, pisze do Jerzego, żeby móc przekonywać siebie wciąż i od nowa, że są sobie bliscy, że nie jest sam. „Jesteś mi wszystkim: kochankiem i bratem, śmiercią, życiem, istnieniem, słabością i siłą... a przede wszystkim siłą, czymś, co podtrzymuje we mnie resztki życia i daje złudzenie młodości, czymś, co mi pomaga patrzeć na liście, tęczę, kwiaty i piękne kobiety – czymś, co tworzy zasadniczą plecionkę mojego życia, a na czym dopiero wyrosła moja twórczość, cały mój byt. (...) Jesteś moim wszystkim szczęściem, słońcem zachodzącego mojego życia; żona moja zbudziła mnie dziś w nocy, bo powtarzałem przez sen: Jurek, Jurek, Jurek. Dziecko moje, nie bądź aż tak smutny, aż tak samotny. Pamiętaj, że wszyscy jesteśmy samotni, beznadziejnie samotni – ale że jesteśmy ludźmi – i że większego przeznaczenia na świecie nie ma".

Uzależnienie Iwaszkiewicza miewa różne twarze. Raz jest mężczyzną, który wybiera w zagranicznych butikach najlepsze krawaty, w których pięknie będzie Jeremu, a raz zazdrośnikiem, który szpieguje kochanka, nie mogąc znieść tego, że ma on przed nim tajemnice.

Iwaszkiewicz, jaki sportretował siebie w listach do Jerzego, jest więcej niż niejednoznaczny. Spokojny, gdy przyznaje, że uczucie, które go spotyka, dalekie jest od tego, co powszechnie nazywa się szczęściem. Raczej rozumie, że jego miłość nie jest chyba wzajemna, że ten związek nie może być spełniony, i wreszcie, że zawsze rozdzielać będzie ich choroba. Staje się irytujący, gdy śle do Jerzego kolejne błagalne prośby – o jedno słowo, telefon, znak życia, uśmiech. „Zmiłuj się, zatelefonuj jutro" – pisze. – „To wszystko minie, zbyt szybko minie, ale na razie ja nie mogę oddychać bez Twojego głosu. Potrzebny mi jest jak powietrze. Błagam Cię o jedno słowo – więcej nic". I przejmujący, kiedy raz po raz próbuje rozgryźć zagadkę własnego przeznaczenia: „Dziwne, jak ktoś, kogo zaczyna się kochać, wyrasta nagle jak cień pod wieczór, staje się nowy, dziwny i znaczący. Staje się symbolem życia,

► to tylko miłość

kiedy niedawno był jeszcze czymś zupełnie pospolitym i czymś, na co się nie zwracało większej uwagi. I po tym jednym można by było poznać rodzące się uczucie, że ktoś, do kogo się miało pociąg, z kim się nawet żyło, to znaczy robiło te dziwne rzeczy, zwierzęce i ludzkie, a niewytłumaczalne – nagle się staje podobny do dżina z bajek arabskich, czymś niezmiennie wielkim i przysłaniającym horyzont. Oczywiście jest to nasza własna emanacja – ale czasem spostrzegam, jak ktoś tak dobrze znany staje się wyższym od świerków naszej alei – i nie idzie wśród zieleni lip, ale w chmurach, w zielonych chmurach liści i szczęścia. Tak i Ty czasami, gdy pomyślę o Tobie, wychodzisz spośród świerków naszej alei; widzę Ciebie wśród drzew, w lesie, gdzie wychodziłeś na spotkania „jak zwykle", widzę Cię na mostku, jak zbliżasz się i jesteś nieprawdopodobnie mały, a potem taki ogromny i mówisz: *wszystko jak chcesz"*.

Kilkaset listów, jakie napisał do kochanka w okresie ich kilkuletniej znajomości, przepełnionych jest szczegółowymi opisami jego stanów, przeżyć, a także niewyobrażalnym pokładem emocji. Jest w nich Iwaszkiewicz, który w domowej sypialni rozkłada na łóżku marynarki, krawaty i muszki wyjęte z przepastnej szafy, przymierza je, niektóre wiąże – sprawdza kolory. Szuka idealnej ozdoby do eleganckiego ubrania. Wybiera jedną – pakuje ją ostrożnie w papierowe opakowanie i odkłada na stolik. Co jakiś czas upewnia się, wyglądając na korytarz, czy Jurek, dla którego tak się stara, już przyszedł. Jest Iwaszkiewicz pijany, awanturujący się na bydgoskiej ulicy, w towarzystwie Jurka zakochanego w kolejnej kobiecie. Intensywność przeżyć i zmieniające się często okoliczności sprawiały, że mężczyznom właściwie nigdy nie udawało się porozumieć w sprawach najważniejszych, które zdefiniowałyby jakoś ich związek. „Jadę na Stawisko dziś po południu, trochę odsapnąć, o ile mi Hania da, bo przyznam, że czuję się zmęczony po dziesięciodniowym pobycie z Tobą bez przerwy, gdzie wszystko jest jednym konfliktem, a raczej moją walką o to, czego Ty dać nie możesz, i o to, czego powiedzieć nie chcesz. Już chyba do końca mego życia zostanie mi w sercu cierń, że w epoce, kiedy tyle przeżywałeś, która była szarpaniną Twoją i nie Twoją, w momentach, kiedy właśnie potrzebny jest przyjaciel i zwierzenia (...), odsunąłeś mnie na zupełny margines, nawet mi nie dając tego do poznania. Ach, nie mówmy o tym zresztą, jestem pełen goryczy, zauważyłeś to zresztą – i bezsilny. Płacz jest zawsze oznaką bezsilności, nawet u mężczyzny".

I siłą, i słabością tej korespondencji jest to, że tak wiele dowiadujemy się z niej o uczuciach Jarosława, a tak mało o tym, co przeżywa Jerzy. Ten pierwszy jest wyraźny, konkretny, malowany mocną kreską. Drugi – do końca pozostaje jedynie szkicem.

Możemy sobie tylko wyobrażać, jaki jest Jurek. „Piękny jak archanioł" – przyjęło się mówić o nim wśród najbliższej rodziny. Na jedynej znanej mi fotografii portretowej jest poważny, przez co wydaje się dużo starszy niż najwyżej dwadzieścia pięć lat, jakie mógł mieć w chwili, gdy zrobiono zdjęcie. Ma ciemne, mocne oczy, prosty, kształtny nos, szczupłą twarz, wysokie kości policzkowe i wydatne usta. Włosy podgolone po bokach i zaczesane z czoła do góry, przypominają modne dziś stylizacje. Męska uroda – przyciągająca i intrygująca. A mimo to patrzy w obiektyw trochę niepewnie, z lekko pochyloną do przodu głową, znad ściągniętych ramion. Chłopak, jakich wielu...

„Najdroższy, złoty mój chłopcze, synciu ukochany, szczęście ty moje" – zwraca się do niego pisarz. Jurek, stanowiący sens i sedno listów pisanych przez Jarosława, do końca pozostaje niedopowiedziany – piękny, młody, chory, samotny. Zależny od Iwaszkiewicza, a jednocześnie podporządkowujący go sobie. Zwyczajny i niezwykły. Zagadka, której Iwaszkiewicz nie rozwikła ani w życiu, ani na papierze. „Synusiu ukochany, drogi, złoty! Najgorsze jest w tych naszych spotkaniach, że Ty uważasz za konieczne, za obowiązek mężczyzny nakładanie maski spokoju i obojętności. Dlaczego Ty nigdy nie powiesz, prostymi ludzkimi słowami, że Ci jest źle, że tęsknisz, że chcesz do Warszawy, do Bydgoszczy, do Brwinowa? Dlaczego nie powiesz, że niepokoisz się o dzieci? Dlaczego zawsze jesteś w tym przeklętym żelaznym pancerzu? Czyż Ty nie rozumiesz, że i dla Ciebie, i dla mnie jest tak o wiele ciężej?"

Dla starzejącego się pisarza Jurek nie był ani pierwszą namiętnością, ani pierwszym kochankiem. Miał być miłością ostatnią. Tym silniej przeżywaną, że umieranie Jerzego przypadło na czas, w którym Iwaszkiewicz sam mierzył się z coraz dotkliwszą świadomością przemijania. W dzienniku, prowadzonym równolegle z korespondencją z Jerzym, powtarzają się najważniejsze myśli, zaprzątające wówczas jego głowę. Wspominając pierwszą wspólną zagraniczną podróż do Kopenhagi oraz noc spędzoną w sopockim pensjonacie, Iwaszkiewicz próbuje rozwikłać zagadkę rosnących w nim uczuć. W notatce z 24 sierpnia 1957 roku pisze: „Nie myślałem, że jeszcze mogę przeżyć taką noc. (...) Jurek zasnął oczywiście zaraz, a ja nie mogłem spać, czując to piękne, a przede wszystkim kochane ciało obok siebie. Przed zaśnięciem Jurek tak się przytulił, jak dziecko do matki, a potem spał, nie budząc się, do rana. A mnie ogarniała żałość i miłość na przemian, miłość do tego ciała, stoczonego przez korniki jak mięso jakiejś drewnianej figury. Tym był cenniejszy dla mnie, że taki kruchy i taki obcy, oddany swoim myślom. (...) Taki niemożliwy do osiągnięcia, choć jest sobie najzwyklejszym człowiekiem w świecie. Znam go od pięciu lat i właściwie nie wiem, jaki on jest. Kto on jest?".

Im dłużej się znają, tym bardziej Iwaszkiewicz zdaje sobie sprawę z tego, że nie uda mu się nigdy zgłębić natury przyjaciela. Jerzy wciąż mu się wymyka – raz jest uroczy, miły, kochany, bliski, innym razem nieobecny, unikający kontaktu, zajęty własnymi sprawami. Czasem bywają dla siebie czuli, ale równie często trudno im się do siebie zbliżyć. Na pół roku przed śmiercią Jerzego, Iwaszkiewicz po raz kolejny przystępuje do próby podsumowania ich relacji. Przeprowadzony rachunek nie wygląda dobrze – Jerzy jawi mu się teraz jako zepsuty, rozpieszczony (również przez niego samego) ładny chłopiec – pusty i egoistyczny. Siebie samego widzi jako starego nieudacznika, gotowego na wszystko, na każde skinienie tego młodego mężczyzny. Prześladuje go myśl, że nic go już nie czeka, gdy Jurek umrze. „Zastanawiam się nad tym, co mi powiedziałeś (...), że ja tak wżyłem się w Twoje życie. Ty masz taki talent, jesteś jak wampir, wysysasz z nas nasze siły życiowe i podporządkowujesz Twoich przyjaciół swoim zadaniom i celom. (...) To jest jedna z najosobliwszych cech Twojego osobliwego charakteru. Tylko nie myśl, że aż tak osobliwego. Jesteś zwyczajnym, przystojnym chłopcem zepsutym przez setki kobiet i przez dwóch mężczyzn. Ale nie lubię, kiedy się puszysz, jeżysz i robisz „demona", kiedy się stawiasz i zgrywasz, i robisz tego twardego i mrocznego człowieka, a w gruncie rzeczy jesteś słaby i miękki, czuły i delikatny. A wrażliwy, niech Cię choroba weźmie. (...) Wszystkie Twoje pijaństwa i brutalności, wszystkie Twoje październiki, grudnie i stycznie – to wszystko tylko zagłuszanie tych delikatnych i smutnych głosów wewnętrznych, są w gruncie rzeczy Twoją istotą".

W kolejnych listach Iwaszkiewicz raz z siebie drwi, raz się nad sobą lituje. Nazywa się na zmianę: ojcem, Jarosławem, Balonem. Nie udaje mu się jednoznacznie określić, kim jest dla niego ten chłopak – wymyślonym po części przyjacielem, erotycznym pocieszeniem, utraconym synem, wykorzystującym go cynicznie oszustem? Próbując zdefiniować się wobec Jurka, jednocześnie stara określić się wobec własnego homoseksualizmu. W dalszej części tego samego wpisu do dziennika dodaje: „Ta noc była nieprawdopodobna i jakże intensywnie czułem życie, które z niego ucieka i ze mnie ucieka, a jest takie upajające. (...) W małym drewnianym pokoiku starego domu zamykała się ta bezbrzeżna cisza, i radość, i strach śmierci, i wszystko takie piękne i intensywne, jakie bywa tylko wtedy, kiedy się ma koło siebie człowieka, którego się bardzo kocha. Kocha się nie erotyzmem, nie marną pieszczotą, ale jakąś ludzką jednością, wspólnotą cierpienia i śmierci. Myślę, że tak może kochać tylko mężczyzna mężczyznę i że w tym tai się nagroda dla nas – okaleczonych – za wszelkie rozpacze miłości jednopłciowej".

W wieku sześćdziesięciu lat jest w pełni ukształtowanym człowiekiem o określonych poglądach, wartościach i wrażliwości. Jednak to właśnie związek z dużo młodszym Jerzym pozwala mu zrozumieć, że jedno, czego nigdy nie udało mu się w pełni zaakceptować, to własna seksualność. Codzienność rozpięta pomiędzy pracą literata, eksponowanymi funkcjami oraz obowiązkami rodzinnymi nie pomaga w jednoczesnym wspieraniu poczucia wartości w oparciu o akceptację skrywanego homoseksualizmu. Gdy próbuje zgłębić temat, intelektualnie wydaje się obiektywny, rzeczowy, rozumiejący i dojrzale akceptujący ten stan rzeczy. Literacki talent pozwala mu pięknie pisać o własnych rozterkach. „(...) Przed chwilą przez radio nadawano koncert nagrany w BBC przez orkiestrę Filharmonii Narodowej i w programie był Pierwszy Koncert Skrzypcowy Karola Szymanowskiego. Jest to utwór, który zawsze otwiera przede mną słoneczną przepaść miłości. Jest przesączony erotyzmem, ale nie tym erotyzmem, polegającym na chędożeniu bez końca, na włóczeniu się za kobietami, na częścikowaniu – ale erotyzmem wielkich uczuć, wielkich zespoleń, wspaniałego współżycia duchowego, które jest jedyną rzeczą cenną na tej ponurej ziemi. Jest to jasna, nie ponura przestrzeń, gdzie człowiek łączy się z człowiekiem nie ciałem, ale czymś innym – co niektórzy niedokładnie nazywają duchem – jakąś inną struną swojej istoty, lepszą stroną, czymś, co wyrzuca nas poza nas samych, jak wybuch gorącej treści ziemi. Co łączy nas gdzie indziej, w innym świecie, świecie świateł, tonów, muzyki – bezmiernego szczęścia, polegającego na wyjściu poza granice istoty i połączeniu się z inną istotą. Nie jest to ani miłość, ani przyjaźń, a tym bardziej nie perwersja; jest to największe osiągnięcie, na jakie może się zdobyć ludzka natura. Dla uproszczenia tego, co piszę, będę to nazywał „miłością". Taką miłość chciałem Ci dać, taką miłość chciałem Ci pokazać, w takie przestrzenie chciałem Cię porwać".

Zupełnie inny jest, gdy konfrontuje się z zalewającym go w kontaktach z Jerzym pożądaniem – wówczas staje się znów tylko chłopcem – pełnym kompleksów i niepewnym siebie. To Jurek jawi mu się jako ktoś silny, męski, bez wątpliwości, ten bardziej doświadczony, wyzwolony, pewny swej urody. W istocie obaj żyją, nie potrafiąc odpowiedzieć na pytanie, jakimi ludźmi czyni ich ta szczególna wrażliwość i odmienna tożsamość seksualna. Jeden ukrywa prawdziwe pragnienia erotyczne, nierzadko ograniczając je do przeżycia wewnętrznego, drugi w ogóle im zaprzecza. Każdy z nich na swój sposób próbuje uniknąć konfrontacji z ostracyzmem społecznym i dotkliwą homofobią. „No, nie wspominajmy, Kochanie. Oczywiście ludzie widzą w tym obrzydlistwo, same obrzydlistwa, ale Ty wiesz, my widzimy – głęboką przyjaźń, głęboką miłość dwóch mężczyzn, która ma olbrzymią wartość, już przez to samo, że istnieje. I powinieneś dbać o Twoje zdrowie, aby ocalić to właśnie uczucie, tę męską przyjaźń, to coś, co jest wielkim skarbem".

Zresztą niemal wszystko ich różni i dzieli – czy to w przeżyciu wewnętrznym, czy w życiu realnym. Pomiędzy nimi, jak zamknięta brama, stoi nie tylko stosunek do miłości, różnica wieku, pochodzenia, talentu, czy wreszcie statusu i przyjętego ładu społecznego. Obaj mają rodziny, dzieci, obowiązki. Iwaszkiewicz traktuje je jak ważną część życia i potrafi czerpać radość z bycia „człowiekiem domowym". Jerzy, z uporem typowym dla przekonanych o własnej wyjątkowości młodych mężczyzn, bagatelizuje i odsuwa od siebie to zwykłe i nudne życie, którego jest jednak autorem. Mimo że dojrzalszy, Iwaszkiewicz także popada w zwątpienie, zdarzają mu się chwile, gdy życie wydaje mu się puste, nieprawdziwe i nic nie warte. Źle znosi rozłąki z ukochanym, nie może się pogodzić, że każde rozstanie oddala ich od siebie, zabierając kruche poczucie bliskości. „Okrucieństwo losu, który po tamtych dniach znowu robi z nas obcych sobie ludzi i daje „słyszeć przez telefon" obojętne wyrazy – jest nie do zniesienia. Dom pełen dzieci i ludzi zajętych wyłącznie dziećmi jest przerażający – i wszystko okropne. Prócz wspomnień – które, oczywiście także nie wszystkie, są przyjemne. Mimo wszystko zdaje się, że pełnie, bardziej szczerze, nie mogliśmy rozmawiać ani „być" ze sobą. (...) Bezustannie myślę o wszystkim, co mi powiedziałeś. Całuję Cię" – pisze do Jurka w maju 1958.

Oszukać śmierć

Szósty rok był dla ich znajomości szczególnie dramatyczny. Coraz bardziej chory Jerzy, coraz bardziej osamotniony Jarosław, coraz więcej kłamstw i niedopowiedzeń. Rozstania i powroty, kolejne stadia choroby, nowe romanse Jerzego, coraz więcej złości.

Jarosław wyraźnie już widzi, że Jerzy się od niego oddala – częściej dowiaduje się o ważnych, dotyczących go sprawach, po czasie lub przypadkiem. Dodatkowy ból sprawia mu świadomość, że Jerzy prowadzi co najmniej dwa osobne życia – jedno, gdy są razem – na wspólnych wyjazdach, spotkaniach, czy wreszcie, kiedy chłopak zamieszkuje w mieszkaniu Iwaszkiewicza. Inne – gdy wyjeżdża do Bydgoszczy, poznaje kolejne kobiety, wdaje się w kolejne romanse. Kilkanaście ostatnich miesięcy ich związku podzielonych jest na przewidywalne, jak w serialowym tasiemcu, odcinki: kolejna kuracja Jurka, pobyt w sanatorium, kolejna przeprowadzka, delegacje Jarosława, kolejna kłótnia, wybłagane spotkanie.

Najtragiczniej sprawy mają się, gdy w tym już i tak mocno niejednoznacznym związku pojawia się kobieta. A Jurek się w niej zakochuje. Miesiące poprzedzające śmierć Jerzego to istna karuzela. Filmowa historia dziwacznego trójkąta, którego boki tak bardzo do siebie nie pasują, jak doskonale jednocześnie się uzupełniają. Dodatkowo Iwaszkiewicza męczy świadomość, jak banalny stał się ich układ. Złości go to, że nic, co mogło ich od siebie do tej pory oddalić – ani zbyt wyrozumiała żona Anna, która nauczyła się dzielić z Jarosławem uczucie do Jurka, ani opuszczona przez Jerzego rodzina – nie liczyło się nigdy tak bardzo, jak ta zwyczajna i tak niespodziewana kochanka.

Lilka Pietraszek, początkowo traktowana przez Iwaszkiewicza jak kolejna niegroźna kobieta, która uległa urokowi Jerzego, szybko zmienia się w rywalkę. To z nią Jerzy spędza święta, to do niej ucieka z sanatorium, to z nią ponoć chce się żenić. Iwaszkiewicz czuje się zdradzony i poniżony. Nie ukrywa swojego żalu. „Mój jedyny, mój najdroższy! – Przez cały dzisiejszy przerażający dzień zastanawiam się nad tym, jak Ty mogłeś znowu tak postąpić wobec mnie. Wspomnienie upokarzającej dla mnie rozmowy z tryumfującą Pietraszkową nasłuchującą na dole, jest dla mnie koszmarem nie do zapomnienia. Przerzuciłem się na ton wesoły, aby zaoszczędzić jej radosnych uczuć".

Ostatecznie, związek Jerzego z Lilką nie rujnuje jego relacji z Jarosławem, ale na pewno ją osłabia. Iwaszkiewicz, który w końcu 1958 roku zdaje sobie sprawę z tego, że romans z Lilką nie jest przelotny, a on sam w walce z kobietą o względy Jurka stoi na przegranej pozycji, nie ma innego wyjścia, jak tylko zaakceptować ten stan rzeczy i próbować znaleźć dla siebie nowe miejsce w tej układance. „(...) Coraz bardziej zdaję sobie sprawę z tego, że muszę się wyrzec Ciebie, przejść na dolną perspektywę, coraz bardziej oddalać się, możesz sobie wyobrazić, jak mi się to przedstawia z tak daleka! Wyobrażam sobie Ciebie coraz innego, tak jak zwykle bywasz – przecież nigdy, przychodząc do Ciebie, nie zastaje się Ciebie takiego samego, jakiego się zostawiło wczoraj! Wyobrażam sobie Ciebie cichego i czułego (bywałeś taki) albo znowuż jako wielkie mężczynisko, wredne, z kutasem i jajami, pachnące babami. I robisz się wtedy obcy, zły, niedostępny, obłudny, taki, jakim jesteś zawsze na górze, kiedy Lilka jest na dole. Męczysz mnie nawet z daleka, wszystko, co czuję i widzę, przystosowuję do Ciebie".

Jarosław nie może nie zauważyć jeszcze czegoś. Pojawienie się Lilki zmienia nie tylko układ sił w relacji Jerzego z nim, ale także wzmacnia poczucie męskiej wartości chłopaka. Wprawdzie nadal jest niepogodzony z pogarszającym się stanem zdrowia, ale coraz częściej zdarza mu się pokazywać Iwaszkiewiczowi, że nie tylko panuje nad własnym życiem, ale że pragnie, by było ono szczęśliwe i normalne. Ta tęsknota za tzw. normalnością, rozumianą jako prowadzenie zwykłego życia zgodnego ze społecznymi schematami, doskwiera Jerzemu szczególnie. Dwudziestosześciolatek nie chce być chory, nie chce umierać, nie chce się zastanawiać, czy jest akceptowany, czy nie. Przede wszystkim jednak nie jest gotów, by przyznać przed sobą, że jest mężczyzną biseksualnym, a może homoseksualnym. Pozowanie na ważnego, nie przejmującego się niczym i nikim „macho" trochę pomaga. Bywa więc arogancki, szorstki, zamknięty w sobie. Tak wyobraża sobie postępowanie prawdziwego twardziela. We wrześniu 1958 roku Iwaszkiewicz pisze do niego: „Wiesz, przepatrując tak te wszystkie moje zapiski w kalendarzyku – gdzie tak rzadko, niestety, spotykam Twoje nazwisko, myślałem sobie o jednym: jak bardzo się zmieniłeś przez te pięć lat naszej przyjaźni. Pomiędzy tym skromnym młodzieńcem ubranym byle jak, w jakiejś tam koszulinie, z byle jak zawiązanym krawacikiem – a tym lordem, który wysiadł przedwczoraj z kolejki w Pruszkowie we wspaniałym płaszczu, cudownym krawacie, ze wściekłą miną (czy dlatego, że ja na Ciebie czekałem w samochodzie), leży zupełna przepaść. Co się dzisiaj rzuca w oczy w całej Twej postawie: to niesłychana pewność siebie, jakieś tryumfatorskie spojrzenie na ludzi, coś w rodzaju dumy. Skąd się to bierze?".

Dla Iwaszkiewicza ten ostatni okres to prawdziwe ćwiczenia z utraty. Traci nadzieję, że może być z Jerzym „naprawdę szczęśliwy", wie, że Jurek umiera, codziennie traci godność, błagając kochanka o odrobinę czułości i zainteresowania. Traci cierpliwość i nadzieję, że „jakoś to będzie". We wszystkim, co pisał do Jerzego w ostatnim okresie, jest już przede wszystkim czekanie na bliski koniec. A pisze coraz bardziej obsesyjnie. W 1958 roku spod jego pióra wychodzi 141 listów i depesz – to prawie połowa całej ich korespondencji. Temperatura większości z nich nie pozostawia wątpliwości, jak nierozważni wobec siebie bywali i jak mocno ich życia się ze sobą splątały. Byli dwoma mężczyznami, którzy bardziej niż siebie samych, potrzebowali już demonów, które w nich siedzą i każą im ranić się wzajemnie coraz dotkliwiej. W innych okolicznościach mogliby się może rozstać, w tych konkretnych mogli tylko czekać i starać się jak najmniej im ulegać. Nie bardzo się to udawało. Kolejne listy są pełne na zmianę wyrzutów i skruchy. Iwaszkiewicz nie kryje żalu i rozgoryczenia, a Jerzy się tłumaczy. „Nie wyobrażam sobie, abym mógł teraz przyjechać do sanatorium, będzie nam trudno rozmawiać. (…) Co chciałem powiedzieć przez to, co mówiłem o tamtym Twoim drogim liście. Nie to ważne, co tam piszesz, bo to nieprawda, ale ważne, co chciałeś napisać. Ważne, że chciałeś, abym myślał, że jestem czymś „w rodzaju twego serca", że mam na Ciebie wpływ (!), że mnie szanujesz czy kochasz. To dobrze, że chcesz, abym ja tak myślał. I ja bym chciał tak myśleć. Ale wiem dobrze, że są to tylko Twoje układne słowa – i moje chwilowe złudzenia. Do widzenia".

W ostatnich tygodniach poprzedzających śmierć kochanka ich relacje na chwilę stały się znów bardziej serdeczne i pełne czułości. Jerzy, z jednej strony do końca zaprzeczał zbliżającej się śmierci, z drugiej pragnął pożegnać się z najważniejszymi osobami. Tuż przed ostatnim pobytem w szpitalu w Turczynku odwiedził syna, pogodził się z żoną i próbował uporządkować swoje sprawy. Ostatnie dni spędził z nim Jarosław.

Po sześciu latach od pierwszego spotkania, śmierć Jerzego przyniosła Iwaszkiewiczowi dalsze cierpienie, ale ostatecznie dzięki długiej, intensywnie przeżywanej żałobie, udało mu się uwolnić od obsesyjnego, natrętnie powracającego pytania o sens tej miłości. Kolejne ważne listy do Jurka pisał także po jego śmierci. „Syneczku mój kochany, przyjacielu jedyny – czwarty dzień mija, odkąd wyjechałeś do Surabai i oczywiście nie mogłem mieć jeszcze żadnych wiadomości od Ciebie i nawet nie wiem, jaki będzie Twój najbliższy port – ale już mi Ciebie tak brakuje, tak się oglądam wszędzie za Tobą i czuję naokoło siebie wielką pustkę, którą nie wiem czym wypełnię. Oczywiście wypełnię ją swoją twórczością. Pamiętam w naszej ostatniej rozmowie, kiedy byłeś już zupełnie spakowany do wyjazdu i nawet samego Ciebie ułożono do takiej drewnianej skrzynki – powiedziałeś mi, że powinienem więcej pracować i pisać. Oczywiście". Kilka dni później doda: „Synu kochany – bardzo mi jest trudno tłumaczyć Ci wiele rzeczy na taką odległość, jaka jest w tej chwili między nami, ale tłumaczenie takie najrozmaitszych rzeczy jest jednocześnie rekapitulacją i tłumaczeniem sobie samemu tego wszystkiego, co jeszcze nie bardzo dobrze rozumiem".

Listy do Jurka, których adresat nigdy już nie otworzy, będzie pisał przez prawie rok.

Porzucone śledztwo

W sidła tej niezwykłej historii wpadłam już podczas pierwszej wizyty w Turczynku. Dawny szpital gruźliczy, w którym w 1959 roku

▶ to tylko miłość

umarł Błeszyński, od lat nie funkcjonuje. Nie ma też śladu po eleganckiej aranżacji przestrzeni i eklektycznym pięknie znajdujących się w środku lasu budynków, o jaką zadbali jej architekci. Dawne wille, w których niegdyś mieszkali bogaci przedsiębiorcy, a które potem były świadkiem ostatnich dni Jerzego, nie oparły się czasowi. Ale rozpadające się mury wydają się wciąż nasycone strzępami bolesnych ludzkich historii. Jedną z nich zapragnęłam poznać i opowiedzieć. I kiedy kręciłam się w kółko, robiąc jakieś fotografie i próbując zobaczyć tamto miejsce oczami bohaterów tej historii, nie mogłam oprzeć się irracjonalnemu wrażeniu, że nie jestem tam sama. Jakby zza zabitych deskami, uszczelnionych byle jak i byle czym okien, ktoś mnie obserwował. Trochę straszny i tajemniczy Turczynek nie chciał mi długo wyjść z głowy – ślady po nieistniejącej drewnianej kostnicy, w której Jarosław ubierał Jurka do trumny, droga od bramy wjazdowej do szpitalnych drzwi, którą razem pokonywali, porzucone w środku starego domu sprzęty, zepsute żaluzje, poczerniałe schody. Wystarczająco przejmujące, by chcieć poznać historię, która się tam rozegrała.

W roku 2014 po raz pierwszy zetknęłam się listami, stanowiącymi zapis historii związku Iwaszkiewicza i Błeszyńskiego. Szybko dotarło do mnie, że niełatwo będzie dowiedzieć się o tamtym czasie czegoś więcej, niż to, co zawarte było w listach. Nic nie było oczywiste, nic nie było na pewno. Do rękopisów dotarłam na Zamku Królewskim w Warszawie. Trafiły tam wraz z innymi dokumentami będącymi niegdyś własnością prywatnego kolekcjonera Tomasza Niewodniczańskiego, który od lat zajmował się gromadzeniem dokumentów literackich, cennych książek i historycznych map. Jak znalazły się w zbiorach zamieszkałego w Niemczech doktora Niewodniczańskiego, można się już tylko domyślać. Prawdopodobnie któryś z zaprzyjaźnionych z nim warszawskich antykwariuszy sprzedał mu listy. Nie wiadomo, czy kolekcjoner kupił dokumenty w Warszawie, czy zostały dla niego wysłane do Niemiec. Jeszcze bardziej tajemnicze są okoliczności, w jakich najbardziej intymne zapiski, jakie wyszły kiedykolwiek spod pióra Iwaszkiewicza, trafiły na rynek antykwaryczny.

51

Kto miał je przedtem? Listy zdeponowane w Muzeum Zamku Królewskiego to oryginały, a nie kopie zachowane w brulionie autora, więc cały pakiet musiał po śmierci adresata wrócić do autora. A potem? Korespondencja wydaje się starannie uporządkowana, wstępnie opracowana prawdopodobnie przez samego pisarza. Na wielu kartach są liczne dopiski, uwagi do tekstu głównego, częściowo robione na bieżąco, częściowo dopisane w okresie późniejszym. Wiemy z innych źródeł, między innymi z dziennika, że po śmierci Jurka Iwaszkiewicz przez wiele tygodni przeglądał wszystko, co po nim zostało – papiery osobiste, listy, wiersze. Prawdopodobnie wtedy również odzyskał listy i poświęcił czas na uporządkowanie tej korespondencji. Nie były to zwykłe prace porządkowe – raczej rozpaczliwa terapia, której elementem było kontynuowanie korespondencji ze zmarłym kochankiem. Ostatnie datowane listy pochodzą z połowy 1960 roku. Przez dwadzieścia lat, które dzielą śmierć Jerzego i Jarosława, listy prawdopodobnie były przechowywane na Stawisku wśród innych prywatnych dokumentów pisarza. Po śmierci Iwaszkiewicza, kiedy zgodnie z jego wolą wszystkie papiery – rękopisy utworów, dzienniki, korespondencja, spuścizna literacka, zostały przekazane wraz z domem na Stawisku Ministerstwu Kultury, by stać się wkrótce muzeum – prawdopodobnie listów do Błeszyńskiego już wśród nich nie było. Być może Iwaszkiewicz zadbał, by któryś z przyjaciół przechował tę intymną pamiątkę. Bardziej prawdopodobne jest, że pozostawił trudne archiwum najbliższemu współpracownikowi Szymonowi Piotrowskiemu. Nigdy nie udało mi się ustalić, jak, kiedy i dlaczego listy trafiły później do antykwariatu.

Wciąż więcej jest pytań niż odpowiedzi, w dodatku te nieliczne, jakie udało mi się uzyskać, nie wyjaśniają za wiele. Czy Piotrowski sprzedał listy dawnego pracodawcy i przyjaciela? Dlaczego odnalezione po latach listy nie trafiły z powrotem do archiwum pisarza, w którym zdeponowane są podobne dokumenty, a także dzienniki? Czy Iwaszkiewicz życzył sobie, by korespondencja z Jerzym została upubliczniona?

to tylko miłość

Kiedy późną zimą 2014 roku zaczęłam lekturę listów, przesiadując godzinami w bibliotece Zamku Królewskiego, pragnęłam znaleźć jak najwięcej odpowiedzi. Planowałam odszukać rodzinę Błeszyńskiego, odwiedzić miejsca, o których czytałam, porozmawiać z rodziną pisarza i znającymi historię tej relacji przyjaciółmi. Kończąc lekturę kilka miesięcy później – dużo bardziej niż fakty pozwalające umiejscowić tę niezwykłą historię w jakimś „tu i teraz" albo bardziej „tam i wtedy" – interesowały mnie żywe wciąż emocje, jakie Iwaszkiewicz zatrzymał na kartach tej korespondencji. Po lekturze ostatniego zdania pozostałam z wszechogarniającym uczuciem niepokoju, z którym niewiele można zrobić. Historia urywa się tak samo nagle, jak niespodziewanie się rozpoczęła. Dla mnie pytaniem, które stało się najważniejsze, ustępując miejsca wcześniejszym detektywistycznym dociekaniom, pozostało to o sens opisanych na kilkuset kartkach przeżyć. Jakim cudem ta historia w ogóle mogła się wydarzyć? Jak można tak bardzo zatracić się w uczuciu? Dlaczego jedni zdolni są do miłości, która wymyka się wszelkim definicjom, a inni nigdy jej nie zaznają?

Nie byłam ani o milimetr bliżej odpowiedzi, kiedy kilka miesięcy później zdecydowałam o wydaniu listów i upublicznieniu historii tego tragicznego, fascynującego związku miłosnego. Najbardziej nieprawdopodobnego, o jakim słyszałam. Nie potrafię odpowiedzieć na większość z tych pytań i dziś. Jestem może tylko bardziej pewna, że większości odpowiedzi nie znał także sam Iwaszkiewicz.

W czasie pracą nad tą książką, moja relacja z tematem i stosunek do przedstawionej w niej historii ewoluowały. Jeszcze latem ubiegłego roku próbowałam odnaleźć w sobie motywację, by prowadzić dalsze poszukiwania. Dotychczasowe wysiłki nie wróżyły sukcesu – o Jurku Błeszyńskim już niewiele osób pamiętało, a ci, którzy go znali, w najlepszym wypadku nie chcieli o nim rozmawiać. „To były zły człowiek". „Miał diabła w oczach". „Opętał Jarosława". „Ojciec był głupi, że mu zaufał" – to tylko niektóre z reakcji moich rozmówców. Ani dzieci Iwaszkiewicza, ani inne osoby z najbliższego otoczenia nie chcą wracać w rozmowie do tamtego czasu. Żadnych opisów, wspomnień, drobnych opowieści. Jakby człowieka nigdy nie było. Ślady po związku Jarosława i Jerzego zatarto starannie. Do momentu wydania tej książki nie udało mi się ustalić, czy ktokolwiek jest w posiadaniu listów pisanych przez Jurka do Iwaszkiewicza. Nie zachowała się żadna wspólna fotografia, choć na podstawie przeczytanej korespondencji pewne jest, że często się razem fotografowali. Pozostają opisy i wspomnienia miejsc, w których bywali, albo adnotacje o datach, kiedy coś ważnego się wydarzyło.

Parę drobnych odkryć, jakich w międzyczasie dokonałam – pozwoliło mi w końcu niektóre nierozstrzygnięte sprawy przemyśleć na nowo. Kim dla rodziny Jarosława był Jerzy? Co czuli wobec chłopaka, który tak zawładnął życiem ich ojca, męża? Częściowo odpowiedzi można szukać w listach wysłanych wiosną 1959 roku do Jurka przez Annę Iwaszkiewicz, w których pisze z troską o tym, że się modli za jego wyzdrowienie, martwi, czy nie czuje się samotny podczas delegacji Jarosława, albo upomina, by się cieplej ubierał. Jest też serdeczny telegram z urodzinowymi życzeniami podpisany m.in. przez ówczesnych przyjaciół: Wiesława Kępińskiego, Szymona Piotrowskiego, Juliana Stryjkowskiego. Zaskoczył mnie pełen sympatii list Marii Iwaszkiewicz, wysłany do Jurka tuż przed śmiercią, w którym rozmawia z nim jak z dobrym kolegą, choć dziś niechętnie wymawia jego nazwisko.

Niewiele to może zmieniło, a może tylko mocniej utwierdziło mnie w przekonaniu, że nic nie jest takie, jakie się wydaje. Byłam już pewna, że nie przełamię pieczęci milczenia, która zamyka w przeszłości tamten czas i tamtą miłość. Po raz kolejny wróciłam do lektury opracowanych już wówczas do wydania listów. Pełna namiętności i cierpienia historia, której zakończenie dobrze znałam, wydała mi się tym razem ważniejsza niż wszystko, co wydarzyło się potem. Wszystko, czego mogłabym się dowiedzieć, i tak byłoby już niczym wobec definitywności i skończoności tamtego związku.

☛ **to tylko miłość**

Nigdy nie zdecydowałam się odszukać rodziny Jerzego. Zrezygnowałam z wypytywania dawnych sąsiadów, szukania internetowych tropów, podejmowania dróg urzędowych. Nigdy też nie zamieściłam w lokalnej prasie ogłoszenia, które być może pomogłoby mi dotrzeć do poszukiwanych. Coraz częściej myślałam o tym, że historia miłości Jarosława Iwaszkiewicza i Jerzego Błeszyńskiego to historia zamknięta. I że nie należy szukać żadnych dalszych ciągów. Czasem nawet myślałam o niej jak o wytworze pisarskiej wyobraźni. Gdyby nie grób na brwinowskim cmentarzu czy odnaleziony nekrolog można by uwierzyć, że żadnego Jurka nigdy nie było. A pozostawione przez Iwaszkiewicza listy przypominają bardziej oryginalną w formie powieść niż autobiografię.

Powstrzymać życie

Jako wydawca, dysponując nabytymi legalnie prawami, podjęłam świadomą decyzję o upublicznieniu tych miłosnych listów. Pomimo wątpliwości najbliższej rodziny, wyrażanych w kolejnych zmianach zdania na temat ich wydania, byłam pewna, że należy te listy opublikować. Nigdzie indziej, niż w tych właśnie tekstach, Iwaszkiewicz nie pozostawia tak wielu tropów dotyczących najważniejszych utworów literackich pisanych w latach pięćdziesiątych i sześćdziesiątych. To z listów do Błeszyńskiego dowiadujemy się, jakie były powody napisania *Kochanków z Marony*, *Tataraku*, *Wzlotu* czy będącego z kolei komediowym zapisem ich miłosnych perypetii *Wesela Pana Balzaka*. Dzięki zapiskom wysyłanym w tamtym czasie do Jerzego wiemy, jak wiele z ich wspólnych przeżyć zostało przeniesionych do literackich utworów. Wreszcie możemy, czytając na zmianę listy do Błeszyńskiego, dzienniki oraz utwory Iwaszkiewicza, nie tylko widzieć w nich znacznie więcej niż literaturę, ale przede wszystkim mamy unikalną okazję obserwować proces przemiany bolesnych emocji i trudnych przeżyć

55

w niezwykłą, poruszającą twórczość. Bycia najbliżej, jak to możliwe, aktu tworzenia.

Wiele osób – zarówno profesjonalnie zajmujących się pisaniem oraz wydawaniem książek, jak i takich, z którymi po prostu dzieliłam się rosnącymi wątpliwościami prywatnie, utwierdziło mnie w przekonaniu, że to słuszna decyzja.

Byli także tacy, którzy próbowali powstrzymać tę publikację. Zetknięcie się z tak skrajnymi emocjami, jakie w ludziach wywołuje ta książka, dało mi tylko pewność, że dla wielu osób będzie ona naprawdę ważna. Dziś wiem także, że przeciwnicy tego pomysłu działali z obawy przed zatarciem budowanych latami narracji na temat pisarza. Być może również z obawy przed zmierzeniem się z historią, która nie pozostawia obojętnym, zmusza do spojrzenia na Iwaszkiewicza w nowy, odarty z uprzedzeń sposób. Iwaszkiewicz – bohater tej książki – nie staje się po zakończonej lekturze gorszą wersją Iwaszkiewicza wielkiego pisarza. Staje się natomiast jego wersją prawdziwszą – człowiekiem tak słabym i tak silnym jednocześnie, że nie można przestać go podziwiać. Mężczyzną tak wrażliwym i uczciwym, że nie mogłam nie darzyć go sympatią. Wreszcie człowiekiem tak głęboko autorefleksyjnym i przeżywającym świadomie własne życie, że nie mogłam przestać myśleć o tym, że chciałoby się choć raz spróbować żyć podobnie.

Po kilku latach bliskich spotkań z Iwaszkiewiczem, po przeprowadzonych badaniach, przeczytanych tekstach i napisanych książkach – wierzę, że sam Iwaszkiewicz chciałby tej publikacji. Jak mało kto rozumiał bowiem, że nie da się przeżywać życia innego niż swoje własne. Nie da się być innym, niż się jest, i nie da się uciec od własnych demonów do lepszego, wymyślonego świata.

A jednak, wiedząc to wszystko, przez całe dorosłe życie, które spędził jako mąż, ojciec, ceniony literat, ikona środowiska i człowiek o nieposzlakowanej opinii, nie odważył się na publiczną deklarację dotyczącą własnej seksualności. Dopiero dzięki dziennikom i tym listom otrzymujemy tak sprzeczny, że niemal niemożliwy do przyjęcia portret osoby, która jest jednocześnie ucieleśnieniem określonego wizerunku i wymykającym się wszelkim ograniczeniom człowiekiem.

Jestem przekonana, że oddaję w ręce czytelników książkę stanowiącą niespotykane być może w skali światowej epistolografii świadectwo odwagi, niezwykłego uczucia i głęboko przeżywanego człowieczeństwa. Trudno jest znaleźć teksty bardziej uczciwe, szczere i pozbawione kreacji, które jednocześnie są doskonałą literaturą. Pisarski instynkt Iwaszkiewicza nie pozwolił mu przekroczyć granicy, poza którą czytanie tej korespondencji mogłoby się wydać niesmaczne czy nazbyt intymne. Jednocześnie niczego nie pominął, stawiając nas twarzą w twarz z najtrudniejszymi tematami i sprawami, które w uniwersalny sposób dotyczą także naszych przeżyć i uczuć.

„(…) Trzymaj tylko za rękę – idziemy, idziemy,
Przed nami obłoki płyną jak łabędzie,
I cały świat odpływa, zielony, niemy,
I już zaraz nic – nawet i strachu – nie będzie".

Jarosław Iwaszkiewicz
wiersz I z cyklu *Droga*, 31.12.1957

listy 1954–1959

Jarosław Iwaszkiewicz
do Jerzego Błeszyńskiego

1

[maszynopis, dedykacja na egzemplarzu *Czerwonych tarcz*[1]]

Stawisko, 12 maja 1954

Kochanemu Jerzemu Błeszyńskiemu
z serdecznym uściskiem dłoni
Jarosław Iwaszkiewicz

2

[maszynopis, dedykacja na egzemplarzu *Listów z podróży*[2]]

Warszawa, 15 IX [19]54

Jerzemu Błeszyńskiemu
z serdecznym uściskiem od autora
Jarosława Iwaszkiewicza

---

[1] *Czerwone tarcze* (Gebethner i Wolff, 1934) – powieść historyczna Iwaszkiewicza osadzona w realiach XII wieku. Opowiada o losach księcia Henryka Sandomierskiego, jednego z synów Bolesława Krzywoustego.

[2] *Listy z podróży do Ameryki Południowej* (Wydawnictwo Literackie, 1954) – relacje, notatki, spostrzeżenia z dwutygodniowego pobytu pisarza w Ameryce Południowej. Iwaszkiewicz wyjechał tam wiosną 1953 r. na Kongres Kultury w Santiago de Chile.

3
[maszynopis, dedykacja na egzemplarzu *Opowieści zasłyszanych*[3]]

W[arsza]wa, 2 marca 1956

Drogiemu Jerzemu Błeszyńskiemu i Jego szanownej małżonce[4]
z serdecznym pozdrowieniem

Jarosław Iwaszkiewicz

4
[maszynopis, dedykacja na egzemplarzu *Chopina*[5]]

Lato 1956

Drogiemu mojemu przyjacielowi
Jerzemu Błeszyńskiemu
z prośbą o pamięć –

Jarosław

---

[3] *Opowieści zasłyszane* (Państwowy Instytut Wydawniczy, 1954) – zbiór sześciu opowiadań dotyczących w większości odległych krajów (*Kwartet Mendelssohna*, *Opowiadanie prowansalskie*, *Opowiadanie argentyńskie*, *Borsuk*, *Opowiadanie z Krainy Papuasów*, *Opowiadanie brazylijskie*). Według deklaracji z przedmowy, to wybór kilku spośród wielu opowieści, które dochodziły uszu autora.

[4] Halina Błeszyńska.

[5] *Chopin* (Państwowe Wydawnictwo Książek Szkolnych, 1938) – biografia Fryderyka Chopina podana w formie eseistycznej, oparta na bogatym materiale źródłowym, głównie listach artysty.

◗ **listy 1954–1959**

5
[maszynopis, dedykacja na tomie II *Opowiadań*⁶]

17 XII [19]56

Kochany Jureczku wpisuję Ci do tej książki parę słów, które
są odbiciem dużej ilości serdecznych uczuć –

JIwaszkiewicz*

* [pisownia oryginalna]

6
[maszynopis, dedykacja na egzemplarzu *Książki o Sycylii*⁷]

[grudzień 1956]

Bardzo kochanemu Jurkowi
Błeszyńskiemu na gwiazdkę
1956 roku

Jarosław

---

⁶ *Opowiadania 1918–1953* (Czytelnik, 1954), t. 1–2 – zbiór zawierający opowiadania: *Kongres we Florencji, Stracona noc, Bitwa na równinie Sedgemoor, Matka Joanna od Aniołów, Stara cegielnia, Ikar, Młyn nad Lutynią, Światła małego miasta, Cmentarz w Toporowie, Młyn nad Kamionną, Kwartet Mendelssohna, Ucieczka Felka Okonia*.

⁷ *Książka o Sycylii* (Wydawnictwo Literackie, 1956) – relacje, refleksje z podróży Iwaszkiewicza do Sycylii. Zbiór dedykowany „Pamięci Józefa Rajnfelda" – młodego malarza pochodzenia żydowskiego, przyjaciela i kochanka Iwaszkiewicza, towarzysza m.in. włoskiej podróży pisarza na Sycylię. Po wybuchu II wojny światowej Rajnfeld przebywał za granicą, poszukiwany i osaczony przez gestapo popełnił samobójstwo w 1940 roku.

7

[Karta z czarno-biały zdjęciem krajobrazu, na dole podpis w języku francuskim]

Les chutes du Rhin au pied du château de Laufen[8]
H. Gross, St-G.

[pismo odręczne, na tylnej stronie karty]

Rabka[9], 6 II [19]57

Mój bardzo drogi!

Mam nadzieję, że otrzymałeś mój ostatni list pisany zaraz po odwiedzinach u Ciebie. Odwiedziny te wydają się mnie jakimś przedstawieniem teatralnym, w którym brałem udział – w każdym razie czymś zupełnie nierzeczywistym. Zostałeś mi w oczach tam w oknie, czyli w drzwiach.

Ja czuję się tutaj głupio i samotnie, przyjechałem wczoraj i oczywiście nie mam jeszcze żadnych wiadomości. Ale mnie to i lepiej. W sobotę 2 bawiłem się na balu w szkole brwinowskiej[10], myślałem bez przerwy o Tobie. Było Cię bardzo brak na tej

---

[8] *Les chutes du Rhin au pied du château de Laufen* (fr.) – wodospad na Renie u podnóża zamku Laufen. Charakterystyczny widok ze Szwajcarii obejmujący renesansowy zamek na skale; największy pod względem przepływu wodospad Europy i kamienny most na Renie.

[9] Rabka to miejsce pracy twórczej, w którym Iwaszkiewicza często spędzał urlopy, mieszkając w willi Paprotka przy ul. Poprzecznej 29 (obecnie Zagórzan 7). Pisarz był bardzo zadowolony z warunków tam panujących: „W Rabce mieszkam jak jakiś król, z dwojgiem służby" – J. Iwaszkiewicz, *Dzienniki 1956–1963*, Warszawa 2010, s. 117. (Wszystkie cytaty z *Dzienników* podane za tym wydaniem, chyba że zaznaczono inaczej).

[10] Liceum ogólnokształcące (obecnie im. Jarosława Iwaszkiewicza) w Brwinowie, miejscowości sąsiadującej z Podkową Leśną, miejscu zamieszkania Błeszyńskiego. Placówka zaczęła działać 1 września 1956 roku, wyodrębniona z tamtejszej Szkoły Podstawowej nr 2. Realizacja przedsięwzięcia była skomplikowana ze względu na trudności finansowe. Od początku pomagał w niej Jarosław Iwaszkiewicz.

b. ładnej i przyzwoitej zabawie. Kto chciał bić w mordę, wychodził do szatni. Bardzo ładnie się bawili.

Tęskno mi bardzo do Ciebie, to znaczy do uczucia, że mogę Cię każdej chwili zobaczyć – a tu wiadomo, że dzieli nas tyle mil. Kochany, bądź cierpliwy i rozsądny, a potem będzie jeszcze parę ładnych chwil. Marzę o wiośnie i o lecie, a tymczasem muszę pisać, pisać... Łapa mnie boli.

Całuję Cię mocno

Jarosław

8

6 X [19]57

Chi è quel che per forza a te mi mena[11]
Kto gwałtem do cię wiedzie mnie, nieznany,
Biada mi, biada, biada,
Kto mnie wolnego związał, w jarzmo kłoni?
Jeśli bez kajdan pętasz mnie w kajdany,
Jeśli pojmałeś bez ramion i dłoni,
Któż mnie przed piękną twą twarzą obroni?

Michelangelo Buonaroti

---

[11] *Chi è quel che per forza a te mi mena* – utwór Michała Anioła – *Kim jest ten, który nieuchronnie prowadzi mnie do ciebie*.

9

HOTEL ERZHERZOG RAINER
WIEN-AUSTRIA
TELEPHON: 654646
TELEGR.: RAINERHOTEL
TELEX: 01–2329
[nadruk na papierze firmowym, odręcznie przekreślony]

[papier listowy, zwykła biała kartka A4, zakończenie na następnej karcie]

Stawisko, 12 X [19]57
Zaraz po powrocie

Drogi i miły!

(Chciałem napisać „najdroższy i najmilszy!", ale po namyśle wycofałem się). Nasza dramatyczna rozmowa w Twoim biurze zmusza mnie do napisania do Ciebie tego listu zaraz po powrocie do domu. Błagam Ciebie, abyś się nie sugerował tym, co mi powiedziałeś, tak jak ja nie chcę sugerować się rzeczami wtórnymi (Twoją urodą, wspomnieniami!). Pomyśl sobie jedno: jak nam jest dobrze razem, nawet kiedy Cię [wyraz nieczytelny] różne niewiasty, jak się czujemy zespoleni prawdziwą przyjaźnią mimo wszystko, to znaczy mimo różnic <u>niesłychane</u> rzeczy, które się między nami odbywają. Drogi przyjacielu, nie miej mi nic za złe, a przede wszystkim nie nastawiaj się przeciwko mnie. Bądź ze mną, bądź mi życzliwy mimo wszystko. Bądź wyrozumiały dla wszystkich moich złych słów. Chcę Ci czasami zrobić przykrość. Ale czy nie mam tych samych uczuć? Ja wiem, jak bardzo jestem winien wobec Ciebie – jak jestem okropny. Ale mi nie odmawiaj słowa i uśmiechu. Zatelefonuj w piątek rano albo w czwartek, albo zaraz. Posłyszeć Twój głos jest mi najwyższym szczęściem. Wybacz staremu wariatowi, wybacz wszystko.

Czy chcesz zrobić tę wycieczkę do Poznania? Chciałbym spotkać się z Tobą znowu na grobli.

Bardzo serdecznie ściskam Twą dłoń –

Roman[12]

[dopisek na końcu]: czy chcesz przeczytać wszystkie inne listy pisane do Ciebie?

10

Stawisko, 23 X [19]57

Miły mój i drogi!

Dlaczego nie zadzwoniłeś, jak obiecałeś? Czekałem przez dwa dni z biciem serca na każdy dzwonek, wreszcie sam zadzwoniłem, ale odpowiedział mi niezadowolony kobiecy głos, że już wyszedłeś. Więc byłeś jednak i nie dzwoniłeś. Okropnie się boję tej kobiety w Kafarze[13], ona zawsze tak rozmawia, jak gdyby miała na Ciebie jakieś specjalne prawa. Ostatecznie więc zdecydowałem się spełnić Twą radę, pisać do Ciebie listy, które nigdy nie będą wysłane, a nawet może nigdy nie będą przez Ciebie odczytane. Tragiczne to i smutne! Ale taki już mój los. A tak mało kosztuje zatelefonowanie do przyjaciela. Twój głęboki głos usłyszany z rana w tubie telefonicznej dodaje mi siły na cały dzień. A siły tej potrzebuję dużo, mam mnóstwo przykrości, o których mówiłem Ci trochę ostatnim razem, cośmy się widzieli. Mam przykrości domowe, redakcyj-

---

[12] Roman – jeden z pseudonimów Jarosława Iwaszkiewicza używanych w korespondencji z Błeszyńskim. Inne to m.in.: Zygmunt, Adam, Edmund, Jakób, Foka Balon, Balon, Przyjaciel, Ojciec, Gabriel, Witold, Xawery oraz pierwsze litery tych imion lub przezwisk. Wszystkie wymienione są w nocie edytorskiej.

[13] Kafar – przedsiębiorstwo budowlane w Brwinowie, miejsce pracy Błeszyńskiego.

ne[14], polityczne, rodzinne, jakie chcesz. Takby mi się przydał Twój spokój, o którym nie mogę zapomnieć. Wtedy w Sopocie w Grand Hotelu[15] tak dobrze na mnie podziałał i ze złości wprowadził w dobry humor. Jakie wspomnienie! Mam takie niezwykłe wspomnienie z ostatniego spotkania w parku i z tego pożegnania na ulicy, kiedy odjeżdżałeś rowerem, jak mi było dobrze i smutno. W Kazimierzu było dobrze[16], słonecznie, cicho, pracowałem dobrze*, ale krótko tego było i mieszkałem w pensjonacie, co dla mnie jest okropne, nie znoszę ludzi... i tych plotek, które powstają zawsze, kiedy ludzie na Ciebie patrzą. Pojutrze wyjeżdżam do Sztokholmu[17], jak bym chciał, żebyś ze mną pojechał, mój Boże! Co z fotografiami z Kopenhagi, czyś już je odbił? Potem jadę do tej NRF[18], okropnie denerwuje mnie myśl o tej podróży. A jednocześnie bardzo interesuje, jak to tam naprawdę to wszystko wygląda. Spać mi się chce, wczoraj dużo piłem, a Ty, jak z wódką, jak ze zdrowiem? Tak mi przykro, że na te pytania nie będę miał odpowiedzi, pozostaną one w powietrzu, na papierze aż do momentu, kiedy odczytam te linie! Prosiłem Cię, napisz mi parę słów, dwa

---

[14] W latach 1955–1980 Iwaszkiewicz pełnił funkcję redaktora naczelnego miesięcznika literackiego „Twórczość". W październiku 1957 gotowy numer pisma został skonfiskowany przez władze. Wspomniane w liście przykrości redakcyjne mogą być echem tych wydarzeń.

[15] Pobyt w sopockim Grand Hotelu – prawdopodobnie w roku 1957., przy okazji wyprawy Iwaszkiewicza i Błeszyńskiego do Kopenhagi.

[16] Iwaszkiewicz przebywał w Kazimierzu nad Wisłą w drugiej połowie października 1957. Pod datą 21 października pisze w *Dzienniku* o pogromie ludności żydowskiej, w ramach *Aktion Erntefest*, która miała miejsce w dystrykcie lubelskim nocy z 3 na 4 listopada 1943.

[17] W dniach 25–29 października 1957 Iwaszkiewicz przebywał w Sztokholmie na sesji biura Światowej Rady Pokoju.

[18] O podróży do NRF (RFN) napisze Iwaszkiewicz w *Dziennikach*: „Szczególnie Monachium było bardzo interesujące – w Starej Pinakotece spotkanie z Peruginem, Kandinsky – a zwłaszcza przedstawienie *Dziennika* Anny Frank w Monachium! To robiło bardzo duże wrażenie, zwłaszcza śmiertelna cisza po przedstawieniu i płacz tej młodzieży na widowni. Pewne rzeczy nie przeszły nad krajem (niegdyś nazywałem go „ukochany kraj"!) bezkarnie" – J. Iwaszkiewicz, *Dzienniki...*, s. 185.

słowa, żebym został w domu. Ale gdzie tam! Co Ty jesteś jednak za gałgan.

Mocno ściskam Twą dłoń

J.

* [dopisek nad tekstem]: z Twoją fotografią przed sobą

11

Sztokholm, 27 X [19]57

Sztokholm! Nie wiem, jak Ci dać to wrażenie północy, jakie się tu ma – i to nawet w taki dzień jak dzisiaj, słoneczny, w miarę wietrzny. Olbrzymie miasto zgromadzone naokoło zatok i jezior, jakieś takie dziwacznie pogmatwane, z którego dna na każdym kroku wyrastają mocne granitowe skały. Gmachy są wielkie, jednak wszystkie ponure. Wielkie ponure gmaszysko, pałac królewski, budowany przez królów wojowników – i aż dziwno, że w nim są dzisiaj też cztery królewny, wnuczki królewskie, piękne jak obrazki i jasne jak złoto: Margareta, Brygitta, Dezyderia, Sybilla[19]. Przemyśl sobie, jak to wszystko dziwnie brzmi. Jak to osobliwie wygląda. Kopenhaga już Ci dała przedsmak tego wszystkiego, ale tu jeszcze bardziej północno, jeszcze bardziej fantastycznie. Stąd królowie szli na Polskę, Karol Gustaw, Karol XII, tu mieszkała polska królewna: ślub brali na Wilnie. Oczywiście są tu narady światowej Rady Pokoju, Erenburg[20] i Kornijczuk[21],

---

[19] Margareta, Brygitta, Dezyderia, Sybilla. Księżna Sybilla Saxe-Koburg-Gotha – żona szwedzkiego księcia Gustawa Adolfa. Para doczekała się m.in. córek: Małgorzaty Désirée Wiktorii, Brygidy Ingeborg Alicji, Désirée Elżbiety Sybilli.

[20] Ilja Erenburg (1891–1967) – rosyjski pisarz, publicysta, poeta.

[21] Ołeksandr Kornijczuk (1905–1972) – ukraiński dramatopisarz i działacz społeczno-polityczny okresu radzieckiego; przedstawiciel realizmu socjalistycznego w sztuce. W okresie luty–lipiec 1944 minister spraw zagranicznych USRR. Mąż działaczki komunistycznej Wandy Wasilewskiej.

Bernal[22] i Izabella Blume[23] – ale to nieważne. Ważne: przerażające widmo wojny, które się coraz bardziej konkretyzuje. Ogarnia mnie lęk przez wyjazdem do Niemiec Zachodnich – a nuż na zawsze zostanę za granicą, już nigdy nie zobaczymy się. Nie zobaczę <u>nikogo</u>. Strach pomyśleć.

I mimo tego wszystkiego, co mnie tutaj zajmuje, co mnie jakoś specjalnie bawi (nie masz pojęcia przerażających i prześlicznych okazów tutejszych chuliganów, cały czas ma się wrażenie, że cię dźgnie nożem albo da po głowie) – co mnie w tej podróży jakoś wciąga – bardzo żałuję, że nie spędzam tego października, który przeznaczyłem na pijaństwo i na podróże, że go nie spędzam w Stawisku. Ostatnie nasze dwa spotkania zostawiły mi wspomnienia jakiejś romantycznej bajki, opowiadania, poematu. Poezja więdnących, spadających liści, ciepłego jesiennego wieczoru, południa przykrytego chmurami... Bażanty w olszynach, psy w krzakach i zaroślach, Twój Puszek[24] uroczy w swoich cielęcych skokach i przede wszystkim to wszystko, czego mi nie powiedziałeś, a co jest szczęściem moich starych dni i co tak bardzo szybko minie. Ach, bo wszystko tak szybko mija. Tak <u>strasznie</u> lubię ten mostek i tę drogę, i tę prześliczną wstęgę wody, która tak ozdobiła Stawisko, jakie to wszystko pełne wdzięku, wspomnień i różnych takich rzeczy, które napisane grubym słowem tracą całą swoją wartość. Po co mi Sztokholm wobec tego? I strach, że nie wrócę, nie zobaczę ani Ciebie – ani tej olbrzymiej ilości ludzi, którą Kocham...

Kiedy Ty to wszystko będziesz czytał, miły mój, kochany. Nie lubisz czytać takich rzeczy, ale jesteś taki mi potrzebny człowiek, człowiek <u>opanowany</u>.

---

[22] John Bernal (1901–1971) – brytyjski fizyk, historyk nauki, futurolog oraz działacz polityczny. W latach 1959–1965 przewodniczący Światowej Rady Pokoju, uważany za postać kontrowersyjną ze względu na poglądy polityczne i działalność publiczną. Był członkiem partii komunistycznej i nie krył sympatii do Związku Radzieckiego. Laureat Leninowskiej Nagrody Pokoju z 1953 roku.

[23] Isabelle Blume (1892–1975), belgijska polityczka. Jest symbolem belgijskiego feminizmu i walki z faszyzmem.

[24] Puszek – prawdopodobnie pies Błeszyńskiego.

Do widzenia, mój drogi, dalej, dalej... mijają widziadła i słowa, i szybko, szybko kręci się świat, wszystko wygląda jak z satelity. Mocno ściskam Twą rękę – wiesz, co zawsze mówię o Twoich dłoniach –

Twój

J.

12
[Kartka pocztowa]

Polen
Pan Jerzy Błeszyński
Szkolna 14
<u>Brwinów</u>
Pod Warszawą

30 X [19]57

Pozdrowienia z Kopenhagi – Roman

13

1 listopada[1957], nad jeziorem Sternberskim[25]
w pełnym, upalnym słońcu!

Mój najdroższy i najmilszy!

Cóż bym dał za to, aby pokazać to wszystko Tobie, czy w ogóle komukolwiek, który tego nie widział. Siedzę na słońcu w restauracji na samym brzegu jeziora, w którym utonął Ludwik II. Jest tak cudownie, jakby to był maj. Przyjechałem tu z Monachium,

---

[25] Starnberger See – jedno z największych jezior w Niemczech, stanowi popularny teren rekreacyjny okolic Monachium. 13 czerwca 1886 roku w wodach jeziora znaleziono ciało króla bawarskiego Ludwika II.

gdzie już siedzę trzeci dzień. Kontrast między Sztokholmem a Monachium olbrzymi. Monachium było rozbite w drobiazgi i teraz odbudowane jest przerażająco. Wszystko pomieszane, style, wysokości domów, sposoby odbudowy. Wyszedł z tego wszystkiego jakiś przerażające miszmasz zapchany towarami bez ładu i sensu. Wszystkiego takie mnóstwo, że ludzie biegają przerażeni. W porównaniu ze Sztokholmem brak smaku, a brak smaku w rzeczach nowoczesnych to coś okropnego. A towary w guście burżuazyjnym i okropne. Biżuteria, zabawki – coś przeraźliwego. I nie tylko ze Szwecją, ale i z Polską bardzo trudno porównać. Jezioro natomiast niebieskie, obramowane jesiennymi drzewami (liście już wszystkie opadły) – trochę zmarszczone, zaludnione żaglówkami i motorówkami cudowne. Twoja fotografia towarzyszy mi bez przerwy – ale taki tam jesteś czarny i ponury, i smutny. Myślę sobie – może się smucisz?

Wczoraj spotkałem tu nos w nos znajomego z Warszawy, historyka sztuki, który tu zwiedzał muzea. Gdzie to się ludzie nie spotykają. Poszliśmy z nim na białe kiełbaski (specjalność Monachijska) – i na białe wino. Wypiłem dwie karafeczki białego – i trochę mi się w głowie zakręciło. Wracałem do hotelu i w windzie zrobiło mi się żal windziarza, ładnego i młodziutkiego chłopca, który nie ma prawej ręki: tramwaj mu ją odciął! Zrobiło mi go się bardzo żal i pocałowałem go leciutko w policzek. Chłopiec zrobił mi awanturę i obawiam się teraz dalszych skutków – tak niewinnej mojej lekkomyślności. Z powodów poważniejszych nigdy mnie nic przykrego nie spotkało, a tu obawiam się z powodu tego głupstwa jakichś nieprzyjemnych awantur. Wyobraź sobie, co by to było, gdyby się policja obyczajowa za to wzięła – która to policja na pewno byłaby ogromnie rada, jakby mogła skompromitować Polaka, który ni z tego, ni z owego znalazł się na terytorium NRF. Ale nie przejmujmy się, chyba i to przetrwam. Wczoraj chodziłem po sklepach i eleganckich restauracjach. Dla ciebie jeszcze nic nie kupiłem, choć bez przerwy myślę, jak ładnie Jurek wyglądałby w tej koszuli, w tej kamizelce, w tym krawacie, w tym złotym zegarku! Niestety moje zasoby materialne są szczupłe, a spis sporządzony przez moją żonę rzeczy, które mam kupić, obejmuje 20 pozycji z czego 20% lekarstwa i przybory medyczne.

Samotnie mi oczywiście tu bardzo, zwłaszcza w dzisiejsze święto. Kupy kwiatów i żałoby przypominają mi brwinowski cmentarz. Ciekawy jestem, jaka pogoda u nas? Czy tak cudowna jak tutaj?

Bardzo tęsknię do Ciebie, do wszystkich. Czy uważasz się za mojego przyjaciela? Całuję Cię mocno, za tydzień będę w Warszawie, czy znowu na mostku? Mój Boże –

Twój

J.

14
[Wycinek z gazety – druk]

ALHAMBRA

** Na ogół wszyscy myślą, że to prywatna kawiarnia. Bo i lokal nie pałacowy i kawa (po turecku) dobra i dywan afgański na środku. Alhambra ma styl kawiarni przedwojennej: zastawiona ciasno niskimi stolikami, zawsze pełna, zadymiona. Co chwila dzwoni telefon i portier wywołuje czyjeś nazwisko.

W Alhambrze bywają Krukowski[26] i Dymsza[27]. Przychodzą redaktorzy „Świata i Polski" oraz „Dookoła Świata". Stałym gościem jest prof. Jerzy Loth[28].

W lokalu widzi się lekarzy, wojskowych i architektów.

---

[26] Kazimierz Krukowski (1901–1984) – polski aktor kabaretowy, rewiowy i filmowy żydowskiego pochodzenia. Również piosenkarz, konferansjer, reżyser i autor tekstów.

[27] Adolf Dymsza (1900–1975) – polski aktor kabaretowy i filmowy.

[28] Jerzy Loth (1880–1967) – polski geograf, etnograf, działacz sportowy. Profesor (a w latach 1945–1946 rektor) Wyższej Szkoły Handlowej oraz Uniwersytetu Warszawskiego. Badał Amerykę i Afrykę.

Mimo sąsiedztwa Cedetu[29] i ponurych barów okolic Brackiej i Widok, Alhambry unikają na ogół indywidua spod ciemnej gwiazdy. A i rekiny czarnego rynku przystosowują się do otoczenia, udając nieszkodliwe złote rybki.

OLGIERD BUDREWICZ[30]
Przekrój, Przewodnik po Ukrainie

[dopisek odręczny Iwaszkiewicza, z boku]:
Także Jarosław Iwaszkiewicz i inż. Jerzy Błeszyński

[dopisek odręczny Iwaszkiewicza, na dole]
Jarosław

15

Monachium, 4 XI [19]57

Mój najmilszy! Gary Cooper[31] w filmie, który widziałem przed chwilą, taki stary i taki uroczy. Więc można być starym i uroczym. Mój Boże. Co ja tak ciągle wzdycham w tym Monachium. Byłem dziś na śniadaniu z moim wydawcą (na śniadaniu to znaczy na obiedzie) w najszykowniejszej restauracji monachijskiej i narobiłem, czyli nagadałem najpotworniejszych głupstw – chcąc bardzo zręcznie ułatwić sobie przez Niemcy Zachodnie moją karierę literacką – ach, jaki ja głupi, niezręczny i jak nie umiem chodzić koło własnych interesów. Opowiem Ci wszystko szczegółowo po powrocie – pojutrze wyjeżdżam przez Wiedeń, będę cały dzień

---

[29] Centralny Dom Towarowy – budynek z 1951 roku, później Dom Towarowy Smyk, stojący przy ul. Brackiej 15/19, u zbiegu ulic Kruczej i Alej Jerozolimskich, poddany gruntownemu remontowi w drugiej dekadzie XXI w.

[30] Olgierd Budrewicz (1923– 2011) – polski dziennikarz, reportażysta, pisarz, podróżnik, varsavianista.

[31] Gary Frank James Cooper (1901–1961) – amerykański aktor filmowy.

w Wiedniu, co mnie bardzo cieszy, bo lubię to miasto, i może mi się jeszcze uda coś eleganckiego kupić – bo to wszystko dosłownie zawalone towarami, ale jakoś tak głupio i nieładnie, co dwa kroki olbrzymie hale z butami (ale bardzo drogimi) i potworne ilości jesiennych płaszczy. Co się z tym robi, bo przecie tego nikt nie rozkupi… Byłem na trzech filmach, jednym potwornym francuskim z Michele Morgan[32]. Nazywa się „Córka Lucypera"[33] i czegoś równie głupiego w życiu nie widziałem. Drugi niemiecki „Przedwcześnie dojrzali"[34] – o młodzieży, z takimi dziewczynami i chłopcami, że oko bieleje – a zapatrzenia te same, co u nas: motor, samochód, rock and roll, i „party", na których odbywa się ogólne chędożenie. Bardzo ciekawe. Nie chędożenie, bo to nudne, ale zagadnienia. Trzeci amerykański, taki sobie, ale z tak uroczymi ludźmi, że aż miętko koło serca się robi. Audrey Hepburn[35], Gary Cooper i Maurice Chevalier[36]. Urocze ustawienie starych panów z cudowną dziewczyną, i w ogóle film dla ludzi w moim wieku, że niby nie wszystko jeszcze stracone. Tak chciałbym, abyś się zaśmiał w tej chwili. Ty nawet nie wiesz, jak ja się przywiązałem do Ciebie jako do przyjaciela. Chciałbym z Tobą pić wódkę i rozmawiać – i żebyś Ty trochę więcej opowiadał. Z Twoich opowiadań rodzą się bardzo dobre rzeczy. Działasz dobrze na mnie, czego nie może zrozumieć doktor Pluskwik[37] i bardzo jest zazdrosny – a ja mimo wszystko wolę Twój charakter. Ale obiecaliśmy przecie nie mówić o tych rzeczach. Nie wiem, czy mój pobyt w Monachium przyda

---

[32] Michèle Morgan (1920–2016) – francuska aktorka filmowa, telewizyjna i teatralna.

[33] *Córka Lucypera* – może chodzić o francusko-włoski kryminał *Opętanie* (1954) w reżyserii Jeana Delannoya, w którym rzeczywiście wystąpiła Michèle Morgan.

[34] *Przedwcześnie dojrzali* – może chodzić o film *Reifende Jugend* (1955), reż. Ulrich Erfurth.

[35] Audrey Hepburn, właśc. Audrey Kathleen Ruston (1929–1993) — brytyjska aktorka, modelka i działaczka humanitarna.

[36] Maurice Auguste Chevalier (1888–1972) – francuski piosenkarz i aktor.

[37] Tadeusz Częścik.

się na co ze względu na moje głupie zachowanie się tutaj i na mój nieokiełznany język. Ale że ciekawy to ciekawy. Miasto zwłaszcza po Szwajcarii i po Sztokholmie wydaje się bardzo dziwne, pełne sztucznego, jak gdyby nienaturalnego, narzuconego ożywienia – podszyte tragizmem, zniszczone, głupio odbudowywane, pełne inwalidów i staruszek, po których widać, co przeszły w czasie wojny. Nie można tu [nie] myśleć na każdym kroku o tym, co było... I tutaj w tym otoczeniu widzieć „Dzienniki Anny Frank"[38] – opiszę to zresztą w jakimś felietonie. Niezapomniane, wstrząsające wrażenie, dawno czegoś podobnego nie przeżyłem. Cała sala – zresztą składająca się z miłej, inteligentnej młodzieży – ryczała jak wół. To coś znaczy. Może jednak i Niemcy się zmienią? Kochany, do widzenia, całuję serdecznie. Myśl moja przy Tobie co chwila, bądź dla mnie dobry, tak się zawodzę na wszystkich.

Rękę ściskam, dłoń o brudnych pazurach, Twój J.

16

Monachium, 6 XI [19]57

Kochany mój!

Już przed chwilą siadałem, aby na wyjezdnym z Monachium popisać trochę do Ciebie, aż tu okazało się, że nie mam biletu lotniczego do Wiednia (a odlot za godzinę) – a ponieważ wczoraj okazało się, że zgubiłem bilet do opery, więc uważałem, że i ten zgubiłem. Możesz sobie wyobrazić tę sytuację! Na wszelkie wypadek przeszukałem wszystko – i oczywiście znalazłem bilet zamknięty w tym oto właśnie zeszycie. Nie chciałem go nosić przy sobie, <u>aby</u>

---

[38] *Dziennik Anne Frank* (1947) – książka powstała na podstawie obszernych fragmentów pamiętnika napisanego przez Anne Frank w czasie niemieckiej, nazistowskiej okupacji Holandii. Anne wraz z rodziną i czwórką znajomych żyła wówczas przez ponad dwa lata w ukryciu. W Monachium Iwaszkiewicz oglądał przedstawienie na podstawie książki.

nie zgubić – i włożyłem go między kartki tego bloku. Z wczorajszym biletem do opery było gorzej: zgubiłem go naprawdę. Na wszelki wypadek przed samym przedstawieniem poszedłem do kasy. Trzeba było stać pół godziny na chłodzie – i już chciałem zrezygnować. Dnie gorące, ale wieczorami zimno i mgła, moja łysina marzła piekielnie – ale ostatecznie zostałem i dostałem się do kasy. Wyobraź sobie, że z tego magazynu, gdzie zgubiłem ten bilet, zatelefonowano do kasy i kasjerka już wiedziała, że bilet zgubiłem, jaki był, który numer i dała mi duplikat. Tym sposobem widziałem operę – a raczej widowisko, które już od dawna chciałem widzieć: „Wozzeck" Albana Berga[39]. Oczywiście „Wozzek" jest zniekształcone Wojciech i chodzi o żołnierza Polaka. Wielkie wrażenie zrobiła na mnie ta opera, bardzo dobrze śpiewana, tylko niegodziwie po malarsku wystawiona. Dziś z rana byłem w muzeum miejskim, gdzie jest wystawa szopek tutejszych – potwornych. Poza tym jest tam stała wystawa wnętrz od XVI do XX wieku. Cudowne meble, zespoły zupełnie nieprawdopodobne ubranych rzeczy, obrazów, dywanów, instrumentów. Bardzo to jednak dziwne, że przy takim zniszczeniu miasta, jeszcze tyle skarbów w nim pozostało. To samo konstatowałem przedwczoraj na wystawie „inkunabułów" (tak się nazywa książki wydane jeszcze w XV w.). Wystawa jest olbrzymia, obfita i bardzo ciekawa, bo zawiera obok książek sztychy, druki ulotne, wszystko ilustrowane albo ręcznie, albo bardzo nieprymitywną techniką rytowniczą. Oczywiście zwiedzając tę wystawę, myślałem przez cały czas o białym popiele biblioteki Krasińskich[40], w którym się zapadało po kolana, popiele naszych druków, rękopisów, starodruków – wszystkiego,

---

[39] *Wozzeck* (premiera Berlin, 1925) – pierwsza opera Albana Berga (1885–1935), kompozytora austriackiego, jednego z prekursorów muzyki atonalnej i jednego z trzech czołowych muzyków drugiej szkoły wiedeńskiej.

[40] Biblioteka Krasińskich – Biblioteka Ordynacji Krasińskich w Warszawie istniała w latach 1844–1944. 25 października 1944, po kapitulacji powstania warszawskiego, celowo spalona przez Niemców, wbrew postanowieniom układu kapitulacyjnego z 3 października 1944, zabezpieczającego ochronę zabytków, bibliotek i zbiorów archiwalnych przez okupanta.

co właśnie oni zgromadzili w jednym miejscu, aby puścić z dymem. W tej chwili odbywają się tu olbrzymie protesty towarzystw ochrony zwierząt i różnych starych Niemek przeciwko męczeniu tej psicy[41], co poleciała w drugim satelicie – uważam, że w kraju, gdzie odbywano takie doświadczenia na człowieku (Ravensbrück![42]), jest co najmniej nietaktowne mówienie o takim męczeniu zwierząt. Inna rzecz, że od chwili otrzymania wiadomości, że ta sunia tam lata naokoło Ziemi, nie przestaję myśleć o niej i modlę się za nią jak angielskie dzieci. Jeżeli ona ma zdechnąć, jak donoszą dzisiejsze popołudniowe pisma, to serce mi się kraje na tę myśl. Bidne suku[43]! Co prawda miał rację ten gość, który odpowiedział na pytanie w tej sprawie, które mu postawiło „Süddeutsche Zeitung"[44] – znam los wielu psów podwórkowych, który jest potworny, i nikt tego sobie nie bierze do serca; dlaczego mam się przejmować losem suki, którą umieszczono w satelicie? Myślę, że rozumowanie słuszne. A mimo to, nie przestaję myśleć o tamtym żywym stworzeniu, pierwszym, które doświadczyło, co to jest brak wagi...

No, więc. Wracamy powoli do Warszawy, mości dobrodzieju. Przez ten czas nie wiedziałem nic, co się tam dzieje. Tu nie podają z Polski żadnych wiadomości. Owszem, w kronice filmowej podano fragment kąpieli małpki[45] z kroniki polskiej zaczerpnięty... Z początku nie orientowałem się, dlaczego tak dobrze się tu czuję, a to właśnie chodziło tylko o to – że nie wiem, co się u nas dzieje. Miałem dwie miłe depesze od żony, a później

---

[41] Łajka (ok. 1955 – 3 listopada 1957) – suka mieszaniec, wystrzelona 3 listopada 1957 roku na orbitę okołoziemską w radzieckim satelicie Sputnik 2.
[42] Ravensbrück – niemiecki obóz koncentracyjny.
[43] *Bidne suku* (z ros.) – biedna suka.
[44] „Süddeutsche Zeitung" – największy dziennik formatu broadsheet w Niemczech, wydawany w Monachium od 1945 roku. Ma charakter liberalny, postępowy i centrolewicowy.
[45] *Małpa w kąpieli* (1959) – film animowany w reżyserii Elżbiety Musiałowicz, na podstawie wiersza Aleksandra Fredry.

prosiła, abym jej kupił krem nocny tłusty Elizabeth Arden[46]. Krem kupiłem. Ale nie wiem, czy dobry, bo zawsze przywożę mojej żonie krem dzienny zamiast nocnego. Sprzedawczynie mnie taki wmawiają, a ja się na tym nie znam. Choć ta baba, co wczoraj mi ten krem sprzedawała, twierdziła, że mężczyźni bardzo często tego kremu używają – i smarują się na noc. Jacy mężczyźni? Chyba tylko w Niemczech. Tak samo jak w Moskwie widzi się na szyldach fryzjerskich: „Damskij i mużskij piermanant!"[47]. Jeszcze jutro ranek w Wiedniu i zobaczymy się niebawem. Nawet nie umiem sobie tego wyobrazić, jaki będziesz, gdzie będziesz – byle tylko usłyszeć Twój głos w telefonie. Z rana takie odezwanie się jest jak zastrzyk kofeiny na cały dzień, mogę się potem borykać ze wszystkim.

Całuję Cię serdecznie i dłoń Twoją ściskam

17

Stawisko, 13 XI [19]57

Nie posłałem Ci i tego listu (patrz wyżej!) napisanego wczoraj po powrocie. Może lepiej, żebyś nie wiedział, co o Tobie myślę. Bardzo już będziesz pewny swego. Dzisiaj cały dzień jest, tak jakbyś był koło mnie i jakbym Ciebie z bliska dotykał. A dzień smutny, ponury, szary – i taki jakiś po jesiennemu nieruchomy. Tak mi okropnie, kiedy siedzę w domu, nikt do mnie nie zatelefonuje i wiem na pewno, że teraz nikomu nie jestem potrzebny. I dlatego może tak często podejrzewam, że ludziom są potrzebne moje pieniądze. Ale Ty jesteś pamiętliwy i zacięty…. to bardzo dziwne, że Twój charakter odsłania się tak zdobnymi cząstkami, coraz to po jednym milimetrze kwadratowym (z maksimum odchylenia ½ milimetra!) Bardzo jestem pod wrażeniem naszego wczorajszego

---

[46] Elizabeth Arden – popularna wówczas amerykańska marka kosmetyków.
[47] *Damskij i mużskij piermanant* (z ros.) – damska i męska trwała ondulacja.

dnia, Fukiera[48], itd. Mam bardzo dobre wspomnienie z tego dnia – i bardzo się cieszę ze wszystkiego, co Tobie powiedziałem. Nie ze wszystkiego, co Ty mnie powiedziałeś. A przede wszystkim cieszę się, że byłeś w dobrym humorze i jednak mimo wszystko zadowolony z Twoich postanowień. Bardzo to potwierdza moją teorię, że Ty lubisz swoje zajęcie – a oczywiście ostatnie doświadczenia z tym, jak Cię prosili, abyś został, potwierdziło Ci i utwierdziło, że jesteś pożyteczny, dobry organizator, odpowiedzialny facet we w ogóle. Co robisz dzisiaj? Nie przestaję myśleć o Tobie, ciągle jesteś przy mnie*. Tyle razy Cię prosiłem, abyś do mnie choć kilka słów napisał – ale nic – od tego upartego czasu, kiedyś pisał do mnie ze szpitala, nie mam od Ciebie ani słówka. Tamte listy odczytuję... Ale chciałbym jeszcze Ciebie zmusić do dalszych zwierzeń, jeszcze o parę milimetrów sięgnąć głębiej, pod skórę. Całuję Cię bardzo serdecznie i mocno

J.

[adnotacja]: * W tym momencie był telefon od Ciebie!

18

14 XI [19]57

Mój drogi!

Po wielkich radościach bywają już tylko rozczarowania. Pocałowałem więc tylko – i to z wielką namiętnością – to drzewo, pod którym czekałeś na mnie zeszłym razem. Rozumiem – Warszawa. Tyle uroków, tyle pokus, tyle prac, tyle wyjść, tyle wódy. Gdzież tu może się zmieścić stary, zmęczony, na razie niepotrzebny człowiek. Marzę tylko o tym, abyś mnie znowu potrzebował,

---

[48] Restauracja u Fukiera – jedna z najstarszych w Warszawie, jej historia sięga początków XVI wieku, kiedy to Grzegorz Korab zbudował na warszawskim rynku kamienicę, by w jej piwnicach otworzyć skład z winami.

zadzwonił do mnie, poprosił o byle co, o ołówek, o muszkę (przygotowałem cztery do wyboru!). Oczywiście postaram się udawać, że to mnie nic nie obchodzi, a ponieważ tego listu nie będziesz czytał, więc tu mogę być szczery. To było okropne. A przy tym łączą się głupie niepokoje, że nagle zachorowałeś, że Cię tramwaj przejechał, że Cię łobuzy pobiły, że siedzisz w ciupie albo w szpitalu... że leżysz. Ale przy kim? Pomyśl sobie, nawet nie mam prawa być zazdrosnym. Żadnych podstaw, podług żadnego rachunku, ani takiego, ani owakiego. Zresztą wiedziałem od razu, że nie przyjdziesz. Mam zawsze takie dziwne uczucie: doszedłem prawie do Twojego biura i „nie czułem Ciebie przed sobą", czułem wielką pustkę, od razu wiedziałem, że nie wróciłeś z Warszawy. Ale naprawdę obawiam się tylko o picie: że pijesz, sam mówiłeś, że ostatnio za dużo pijesz. To dla Ciebie największe niebezpieczeństwo, strasznie się o to boję. Ach, plotę tak, byle coś pisać, byle mieć złudzenie, że mówię do Ciebie, że rozmawiam z Tobą, byle mi oderwać się od tego papieru. Bo kiedy postawię kropkę, zostanę sam na sam z sobą w zimnej pustce jesiennej nocy. Jakaż jesień! Jak ponuro! Na mostku było zimno, samotnie, głucho. Psy szczekały z daleka i torem jechały elektryczne pociągi to w jedną, to w drugą stronę. Na szosie pustka, nie słychać było dźwięku jadącego rowery. To było straszne Jurku. Daj Boże, abyś nigdy nie doznał takiego uczucia. Po prostu straszne.

Do widzenia, kochany, ściskam Twą dłoń
Twój J.

19

Piątek wieczorem
15 XI 1957

Tak mi źle bez Ciebie. Pomyśl o mnie trochę. Strasznie mi smutno, martwię się Tobą bardzo

Roman

20

16 XI [1957], sobota wieczorem

Słuchaj, chłopcze, trzymaj mnie, bo ja już zupełnie wariuję. Nie mogłem z Tobą rozmawiać zupełnie otwarcie przez telefon – i tak za dużo powiedziałem: samochód zepsuty, knajpa Pod Bachusem[49] – i gadałem jakieś wierutne głupstwa. Gdy odłożyłem słuchawkę ogarnęła mnie rozpacz i strach, poleciałem zaraz do biura, ale Ciebie już nie było. Jakiś przyjemny robociarz otworzył mi i powiedział: „Kierownik tylko co był, ale już pewnie poleciał do Warszawy...". I znowu się wszystko we mnie zapadło. Poleciał do Warszawy! Po co, do kogo? Jak spędzi ten dzień, ten wieczór, ja nic o nim nie wiem i nic nie będę wiedział. Szedłem w stronę Brwinowa szybko i rześko, wracałem jak starzec. I znowu siedzę w mgle i ciemności, myśląc, co się z Tobą dzieje. Na dobitkę przyszedł Władek i powiedział, że do Warszawy można pojechać na akumulatorze z samochodu Teresy! Niech Cię piorun trzaśnie. Alem rzeczywiście nie pojechał. Zastanawiam się, co Ty tam robisz – i o Boże, jakże mi ciężko na duszy. Niewiele mam lat życia przed sobą i jeszcze muszę się tak beznadziejnie męczyć.

Odnalazłem wszystkie listy i daty. Byłeś u mnie w „trzecie święto" Wielkanocy 1954 roku – przeszło rok po moim brwinowskim odczycie (1 lutego 1953 r.) po wszystkich Twoich trudnych sprawach i dramatach. Potem byłeś u mnie w sejmie w końcu kwietnia, potem raz nie przyszedłeś i napisałeś kartkę z Bystrej[50]. W listach z Bystrej (jesień 1954) już piszesz różne podziękowania i tłumaczenia. Ale czy Ty byłeś latem tego roku w Zakopanem? Co się działo pomiędzy majem 1954 roku a listopadem? W Bystrej byłeś do 6 stycznia? Kiedy spotkaliśmy się po Twoim powrocie z sanatorium? Jak szło dalej? Jest tylko jedna

---

[49] Pod Bachusem (później zwana po prostu Bachus) – restauracja Eugeniusza Bojanowicza mieszcząca się w Podkowie Leśnej na rogu ulic Modrzewiowej i Wschodniej. Miejsce spotkań artystów i ludzi kultury.

[50] W Bystrej Śląskiej mieściło się Państwowe Sanatorium Przeciwgruźlicze.

notatka, że byliśmy razem na imieninach Wiesia 9 grudnia 1955 roku, dwa lata temu. A w międzyczasie? Zajmuję się teraz rekonstrukcją całej naszej znajomości dzień po dniu, tydzień po tygodniu – ale właściwie dobrze zaczyna się dopiero od mojej wizyty w sanatorium w Otwocku[51]. Dopiero w ten dzień zrozumiałeś, zdaje się, jaki jest mój prawdziwy stosunek do Ciebie. A raczej zrozumiałeś nagle sam (pomiarkowałem po Twojej radości z mojego przyjazdu), że zupełnie niepostrzeżenie zaangażowałeś się uczuciowo, przywiązałeś się do mnie. Prawda? A przedtem jeszcze była ta wizyta moja – 1 sierpnia – u Was zaraz po otwarciu Stadionu Dziesięciolecia. Pojechałem do Brwinowa wprost ze stadionu i zaszedłem na chwilę do Was. I odprowadziliście mnie oboje – i nagle bardzo polubiłem Halinę, zrobiło mi się żal jej – ach, Boże, kochać Ciebie to bardzo trudne zadanie życiowe. Opisałem tę wizytę szczegółowo w moim Dzienniku[52], nazajutrz pojechałem do Szwajcarii[53] w bardzo znaczną to znaczy ważną dla mnie podróż, ważną wewnętrznie, dla mojej duszy. I rozumiałem, że największą radością w moim życiu mogłaby być dla mnie podróż z Tobą. Czy wiesz, że zrobiłem wielkie „opisanie Kopenhagi" – opis całej naszej podróży i przygód:

---

[51] W Otwocku mieściło się sanatorium przeciwgruźlicze.

[52] Pod datą 1 sierpnia 1955 w *Dziennikach* Iwaszkiewicza znajduje się fragment: „Domek wtopiony w zieleń małego zapuszczonego ogródka jest prześliczny. Ale to, co starszy pan widzi w domku, jest bardzo smutne. Jurek B. jest zagrożony gruźlicą i wygląda już jak trup, jego mały synek (dwa lata) chory na ciężki koklusz, urocza, smutna dziecina z olbrzymimi niebieskimi oczami. Żona ma zaledwie dwadzieścia lat, zaczęła pracować na Mokotowie, musi wstawać o piątej, aby dojechać na czas. Ona zarabia osiemset złotych. On, jako budowlany w Żyrardowie, tysiąc dwieście, jest oczywiście babcia do gotowania i pilnowania dziecka. Wszystko razem zupełna nędza. Starszy pan się łudził, że Jurka przyciągnęła do niego jakaś niejasna sympatia, coś z resztek pociągu fizycznego, jakieś przyczyny słabego, ale erotycznego charakteru. Teraz jasno widzi, że tu chodziło o sprawy materialne, o dorobienie sobie chociażby na drodze «puszczenia się» choć trochę pieniędzy" – J. Iwaszkiewicz, *Dzienniki 1911–1955*, Warszawa 2008, s. 507.

[53] 2 sierpnia 1955 Iwaszkiewicz udał się do Genewy jako członek polskiej delegacji na międzynarodową konferencję w sprawie pokojowego zastosowania energii atomowej.

spaceru wieczornego ostatniego po Kopenhadze i nawet noclegu u Boberka. To <u>jedyna</u> stronica[54] mojego dziennika, która jest nieco niedyskretna. Będzie mogła być ogłoszona dopiero po śmierci moich córek. Czy Ty tego doczekasz? Jesteś młodszy od nich, mógłbyś być prawie moim wnukiem.

Zmiłuj się, zatelefonuj jutro. To wszystko minie, zbyt szybko minie, ale na razie ja nie mogę oddychać bez Twojego głosu. Potrzebny mi jest jak powietrze. Błagam Cię o jedno słowo – więcej nic.

Twój
Roman

[Na lewym marginesie, ołówkiem – krzyżyk dopisek]: epoka Niki[55]?
[Poniżej dopisek innym atramentem]

Późno w nocy
tegoż dnia

Gdzie jesteś? Co robisz? Czy choć przez chwilę pomyślałeś o mnie? Zatelefonuj, zatelefonuj…

---

[54] Zapis z 24 sierpnia 1957: „Poszliśmy do Boberka. […] Nie myślałem, że jeszcze mogę przeżyć taką noc, prawie jak z „Panien z Wilka". Jurek zasnął oczywiście zaraz, a ja nie mogłem spać, czując to piękne, a przede wszystkim kochane ciało obok siebie. […] Ale ta noc była nieprawdopodobna, jakże intensywnie czułem życie, które z niego ucieka i ze mnie ucieka, a jest takie upajające. W głowie mi utkwiły kawałki „ucieczki z Tivoli", lampiony, kwiaty i nagle zapadająca cisza. W tym małym drewnianym pokoiku starego domu zamykała się ta bezbrzeżna cisza, radość, i strach śmierci, i wszystko takie piękne i intensywne, jakie bywa tylko wtedy, kiedy się ma koło siebie człowieka, którego się bardzo kocha" – J. Iwaszkiewicz, op. cit., s. 166.

[55] Nika Reisska.

21

Poniedziałek, 18 XI [19]57

Mój drogi –

No, i widzisz. Zatelefonowałeś. Dzięki temu spędziliśmy tych parę godzin rozmowy, które mogę porównać tylko z podróżą do Kopenhagi. Wzruszyłeś mnie, żeś się tak ślicznie ubrał, uczesał, ogolił – i to niby to „dla mnie". Może i nie dla mnie, ale byłem bardzo uradowany. I w ogóle za wczorajsze popołudnie będzie Ci odpuszczona połowa Twoich grzechów w niebiesiech, bo naprawdę dałeś mi chwilkę wytchnienia i spokoju. I chociaż zrobiłem Ci w powrotnej drodze awanturę, ale to tylko dlatego, że byłem pijany i że czasami rzeczywiście nie mogę wytrzymać tego wszystkiego. Dokuczliwych warunków, wadliwej organizacji, a właściwie mówiąc zupełnego braku organizacji mojego życia osobistego, kłopotów, które się na mnie walą bez końca: choroba wnuczki z rana, wieczorem ciężki atak sercowy mojej siostry, nieuzasadnione pretensje żony, naprawdę czasami trudno. I dlatego jestem Ci taki wdzięczny za Twoją dobroć, za wszystko, co mi opowiadasz, za to, że chodzisz ze mną po knajpach, chociaż Cię może nudzić moje towarzystwo – i że jeszcze się dla mnie stroisz. Wiesz, taki „zastrzyk pogody", jaki mi daje parę godzin przegadanych z Tobą i te parę kieliszków wypitych, to stawia mnie na nogi pod względem moralnym. Znowu czuję się zdrowym, mocnym – i mogę pracować i stawiać czoła kłopotom i niepowodzeniom. Widzisz, od wczoraj do tej pory jestem jak naładowana bateryjka (chociaż się nie wyładowywałem) i wciąż mi w głowie jasno i latarnia się pali. Szafa gra. Oczywiście powtarzam sobie w myśli Twoje słowa i nadaję im najrozmaitsze, czasami niepokojące, znaczenia. Zapytuję się: co on przez to chciał powiedzieć? Nie bez tego, żebym się i nie niepokoił pewnymi sprawami. Chodzi tu przede wszystkim o picie wódki, o orgie (w tym lokalu, cośmy byli, i o różne takie rzeczy, prowadzące do utraty zdrowia i do rozróbek. No, oczywiście i wszystkie twoje sprawy z Haliną[56]. I mnóstwo jeszcze innych rzeczy, bo ja należę do ludzi tego rodzaju, że nawet kiedy nie mają o co się martwić, to się martwią. A mając Ciebie za przyjaciela, trudno powiedzieć, że nie ma się o co martwić. O wszystko trzeba się martwić. Martwię się też o Twój stan finansowy. Pytałeś mnie, jak można by było osiągnąć to minimum finansowe, jakie Ci jest potrzebne. Oczywiście ja zawsze mogę Ci uzupełnić – ale to nie jest rozwiązanie sprawy. Bo moje warunki łatwo się mogą zmienić, zabraknie mnie też wkrótce, a Ty zostaniesz na lodzie. Trzeba coś wymyślić, abyś miał te uczciwe trzy kawałki miesięcznie. Za parę lat Piotr[57] pójdzie do szkoły, wydatki Twoje wzrosną... Ach, Boże, co tam o tym myśleć. Ja na razie nic nie wymyślę. Ale Ty? Może owo ogrodnictwo? Bardzo to dobry pomysł, kto wie, może Ci to uzupełni skromność twojej pensji. Niepokoi mnie także myśl o Twoich długach... Ale nie, co tam myśleć o takich przykrych rzeczach. Na razie cieszę się, ale to szalenie cieszę z wczorajszej naszej biesiady. Byłeś dla mnie bardzo dobry, a to mi daje nadzieję, że jeszcze będziesz. Dziękuję Ci.

Roman

22

Stawisko, 19XI [19]57

Kochany!

Dzisiaj zabawimy się w bajki. Będziesz bajecznym księciem Szerchanem. Masz błękitne jedwabne spodnie i zielone aksamitne

---

[56] Sprawy z Haliną – Błeszyński postanawia rozstać się ze swoją żoną Haliną. Doprowadzi do tego niebawem, w styczniu 1958 roku, wyprowadzając się do Warszawy. Iwaszkiewicz pisze na ten temat 29 sierpnia 1958 w *Dzienniku*: „Dlaczego porzucił żonę – będącą w poważnym stanie – nie wiadomo. Twierdził, że spodziewane dziecko nie jest jego dzieckiem, tak mu w złości powiedziała żona Halina, ale to okazało się nieprawdą. W całej hecy moje nazwisko odgrywało także pewną rolę" – J. Iwaszkiewicz, *Dzienniki...*, s. 239.

[57] Piotr Błeszyński – syn Jerzego i Haliny Błeszyńskich.

bolerko haftowane złotem, nałożone na gołe ciało. Spod bolerka widać Twoje opalone, bardzo chude ciało, piersi, brzuch. Na głowie masz czerwoną apaszkę przeplecioną perłami, czerwone końce przepaski zwisają Ci nad czołem. Masz spiczaste szafirowe pantofle z dzwoneczkami zawieszonymi u dziobków. Prowadzisz wspaniałego białego konia, ale jeszcze na niego nie wsiadasz. Idziesz przez łąkę pełną kwiatów, potem wyjeżdżasz na pustynię, szukasz wszędzie Twojej ukochanej Nurunnichary, którą zabrały gdzieś złe dżiny... Ale zamiast ukochanej znajdujesz na pustyni naftę, Amerykanie Ci zazdroszczą. Jeden wlazł na palmę w oazie i strzela do Ciebie. Już i po bajce, bo była głupia.

Trzeba inaczej. Jesteś królem Polinezji. Gdzieś polujesz nagi i brązowy w puszczy pełnej storczyków. Na szyi masz zawieszony naszyjnik z kwiatów i w ręku masz dwie dzidy. Ciskasz dzidami na brzeg, stojąc w łodzi. Jesteś wyprostowany jak struna, a włosy na głowie układają Ci się w beret, granatowy beret. Wyglądasz jak nad Stawem w Stawisku – tylko jest bardzo gorąco i jesteś daleko piękniejszy. Kwiaty w Twoim naszyjniku są jak peonie i dalie, tylko pachną pieprzem i goździkami. Na ramionach masz bransolety, a za nimi zakwitnięte kwiaty i długie puszyste pióra rajskiego ptaka. Anglik strzela do Ciebie, bo za jedną z bransolet zatknąłeś sobie plan kopalni złota ukrytej w głębi lądu. Do dupy.

Trzeba inaczej. Masz na sobie jasnoszare ubranie z bardzo cienkiej wełny, krawat masz ciemnoszafirowy, przerabiany z białymi strzałami, skarpetki granatowe, buty żółte. Koszula niebieska koloru twoich oczu. Siedzisz znudzony na kanapie, patrzysz na nudny, przepiękny pejzaż za oknem i od czasu do czasu podnosisz do ust szklankę z whisky. Ona jest jasna blondynka, bardzo piękna, pakuje sukienki i bieliznę do lekkich kuferków. Wyjeżdżacie razem w podróż naokoło świata. Tobie nie bardzo się chce, ale jej bardzo, ucieka od starego męża. Ona otwiera małą kasetkę podróżną, jest pełna klejnotów i dolarów w złocie. Nudzi Cię to, whisky nie smakuje, wolisz alasz. W tej chwili wchodzi mąż, spostrzega, co się dzieje, i strzela do Ciebie z małego damskiego rewolweru. Głupio jest ginąć od lekkiej broni. I ta bajka głupia.

Jeszcze inaczej. Jesteś młodym duńskim rybakiem. Umówiłeś się ze swoją dziewczyną koło syrenki na Langelinie[58]. Jest późny wieczór, ale to czerwiec i jest jeszcze jasno. Woda ma dziwny jasny połysk. Syrenka siedzi nieruchoma i nie zwraca na Ciebie uwagi. Ona sama jest i smutna. Patrzy na morze, gdzie śpiewają i pląsają jej siostry. A ona nie może. Musi zostać na lądzie, bo pokochała królewicza. Ona go bardzo kocha. I nagle ogarnia Cię zazdrość. Tak strasznie chciałbyś, aby syrenka pokochała Ciebie. Podchodzisz do niej i mówisz: pokochaj mnie, na miłość boską! Żyć bez ciebie nie mogę! Ale syrenka nie odpowiada. Wtedy Ty ją chwytasz za szyję, całujesz w policzek. Ale policzek jest zimny i pachnie jak Ty – rybami. I znowu mówisz: pokochaj mnie, na miłość boską! Żyć nie mogę! Ale syrenka nic nie odpowiada, wtedy Ty staczasz się z kamienia do wody. Ale woda w tym miejscu jest płytka. Nie topisz się. Stoisz tylko w wodzie powyżej kolan i płaczesz jak dziecko. Tak Ci jest strasznie żal siebie i syrenki i szlochasz okropnie. Aż tu przychodzi Twoja dziewczyna, spostrzega Ciebie – i w śmiech. „Axel – mała – Axel, jak ty śmiesznie wyglądasz!" To też bardzo głupia bajka.

 Albo jeszcze jedna bajka, spróbujmy, to będzie ostatnia. Jesteś ubrany w czarne ubranie i taką śmieszną muszkę, szarą z różowym paskiem. Na głowie masz nowy beret, a na ubraniu prześliczny granatowy płaszcz oficera marynarki. Poza tym masz nową koszulę i jesteś bardzo starannie ogolony. Twoja miękka i gładka skóra pachnie dobrą wodą kolońską i jest w dotknięciu jak skórka owocu. Ale tego wszystkiego nie widać. Jest ciemna jesienna noc. Stoisz na ścieżce w parku usypanej zeschłymi liśćmi. Ścieżka prowadzi przez wzgórki zarośnięte lasem. Stare drzewa ledwie widać na tle ciemnego nieba. Stoisz i sam nie wiesz, co robić. Czujesz się głupio, wydąłeś usta, jakby mówiąc: masz,

---

[58] Langelinie – nabrzeże w Kopenhadze. Stoi tam posąg Małej Syrenki przedstawiający postać z baśni Hansa Christiana Andersena o tym tytule. To jeden z najbardziej charakterystycznych symboli Kopenhagi i znana na całym świecie atrakcja turystyczna.

babo, placek! O parę kroków od Ciebie stoi Twój przyjaciel, stary i brzydki człowiek. Poza tym histeryk. Obejmuje gładki pień sosny i płacze – znowuż on – i powiada, że dalej już nie może, że tak nie można wytrzymać. Przyjaciel Twój jest stary, i w gruncie rzeczy poczciwy, ale nudny i bardzo Ciebie irytuje. Nie wiesz, co z tym wszystkim zrobić. „Dobrze – powiadasz – więc spotkamy [...][59].

23

Stawisko, 21 XI [19]57

Przyjacielu mój, braciszku –

Taki jestem już zmęczony, zniechęcony, przygaszony, że nawet nie mogłem należycie się ucieszyć Twoim wieczornym telefonem. Tak już odzwyczaiłem się od tego typu radości. Dopiero teraz po paru godzinach, po tym, że się czuję weselszy, że mi w głowie tak okropnie nie szumi, a przynajmniej tak mi się wydaje, poznaję, że przejąłem się tym bardzo. Więc naprawdę zależy Ci na moim uspokojeniu? Zwróciłeś uwagę na to, że byłem bez humoru? Boże drogi, tak teraz nikt nie zwraca uwagi na te rzeczy, tak nikogo ja naprawdę nie obchodzę. Moja żona twierdzi, że ją bardzo, ale to nieprawda. Ona nigdy nie widzi, jeżeli mi coś jest. Ona nawet nie zarządzi, abym miał dietę na obiad, która obowiązuje już mnie do końca życia. Byłem niezadowolony z mojej dzisiejszej wizyty u Ciebie, bo skonstatowałem, że ukrywasz przede mną wiele rzeczy. Przede wszystkim stan Twojego zdrowia. Wcale nie dlatego nie byłeś w pracy, „że ci się nie chciało", ale dlatego, że naprawdę się źle czułeś, widziałem to po Twoim wyglądzie. Potem robiłeś jakieś głupie aluzje: kto wie, jak to będzie! A kiedy ja mówię o urlopie i o kuracji, to zbywasz mnie tyle czasu i zaczynam mówić

---

[59] List urywa się, brak zakończenia.

o czym innym. Tak nie można, najmilszy. Musisz wypoczywać i leczyć się, masz syna, żonę i przyjaciela, dla których musisz żyć, bo oni Cię bardzo kochają. Oczywiście żona i syn więcej, daleko więcej niż przyjaciel. I dlatego inne zmartwienie moje: Twój stosunek do Haliny. Tak się cieszyłem myślą, że kupisz jej ładną suknię, że pójdziecie na jakiegoś eleganckiego sylwestra, a potem w Nowy Rok przyjdziecie z wizytą – oboje – do nas. Dobrze? A Ty też nie chcesz tego wszystkiego słuchać i opowiadasz mi byle co. Nie myśl, że się gniewam: staram się Ciebie zrozumieć, ale czasami jest mi przykro. Dlatego też czasem masz wrażenie, że mam „niezadowoloną" minę. No, i zawsze się boję, że ja Ci się „narzucam", że nie chcesz, abym przychodził do biura, że w ogóle… Bardzo dużo mnie kosztowało nietelefonowanie do Ciebie przez długie trzy dni – i znowu chciałem zrobić pauzę. Tymczasem Ty zatelefonowałeś sam – stąd radość, wielka radość. Jutro jadę do Warszawy po dzień, w którym miałem pracować i w którym nie zrobiłem nic lub prawie nic. Muszę sobie obmyślić znowu jaki wyjazd, jak w zeszłym roku do Rabki. Dzięki temu wyjazdowi napisałem drugi tom „Sławy i chwały"[60]. Teraz mnie czeka trzeci…

Kochany, do widzenia. Całuję Cię bardzo mocno i ściskam serdecznie. Nie gniewaj się na mnie, nigdy

Twój
Roman

24

25 XI [19]57

Drogi mój i jedyny!
Od trzech dni nic o Tobie nie wiem. To jest zupełnie niemożliwe. Taka straszna pogoda dzisiaj, dużo chodziłem po Warszawie i lało

---

[60] *Sława i chwała* – powieść Jarosława Iwaszkiewicza wydawana w trzech tomach: t. I – 1956; t. II – 1958; t. III – 1962. Saga rodzinna na tle dramatycznych wydarzeń historycznych. Akcja książki rozgrywa się w latach 1914–1947, Iwaszkiewicz opracował w niej literacko wiele wątków autobiograficznych.

na mnie, ale jakoś się dobrze czułem i w niezłym humorze. Ale myślę o Tobie, jak Ty to znosisz, jak się czujesz w tej mgle, czy nie podniosła Ci się temperatura, czy nie przeziębiłeś się? Okropnie mi przykro, że nic o Tobie nie wiem. Wczoraj była niedziela – jak wiadomo najnudniejszy dzień tygodnia – i wszystko się układało tak głupio i bez sensu. Ciągle myślałem o poprzedniej niedzieli, o naszej kolacji i o powrocie parkiem. Wtedy ta wóda jednak mi zaszkodziła, nie tak wóda oczywiście co alasz. Do dziś dnia mój żołądek nie może dojść do równowagi po tym. Ty też zdaje się chorowałeś na skutek tego picia? Naprawdę, Jerzy, powinniśmy być mądrzejsi i poważniejsi. Ty masz dwadzieścia pięć lat – wiek powagi. Ja to już przechodzę do drugiego dzieciństwa, czyli trzeciej młodości – i już jest wszystko jedno, co robię.

Zadzwonisz jutro? Zadzwoń, synu, możemy pojechać razem do Warszawy – albo osobno. „Wszystko jak chcesz"[61]. Doktora[62] brali w tych dniach na dwa lata do wojska, nie masz pojęcia, jak rozpaczał, ale ostatecznie się zwolnił i namawiał, aby z nim pójść na wódkę. Ale ja wolałbym z Tobą.

Do widzenia, kochany, dzisiaj list głupiutki. Uważaj go tylko za dowód, że o Tobie myślałem dziś także. Ściskam dłoń.

R

25

27 XI [19]57
nazajutrz po spotkaniu

Miły, nie obawiaj się, to nie jest zbytnie kłopotanie się, to nie kosztuje mnie za dużo, gdyż wszystko jest nieopłacalne: owe momenty

---

[61] „Wszystko jak chcesz" – zwrot używany często przez Błeszyńskiego wobec Iwaszkiewicza, który wszedł do ich intymnego słownika. Będzie się powtarzał w wielu listach, ostatecznie zostanie umieszczony w dramacie Iwaszkiewicza *Wesele Pana Balzaka* jako kwestia wypowiadana przez panią Hańską do Balzaca.
[62] Tadeusz Częścik.

oślepiającego, oszałamiającego szczęścia. Byłem bliski zemdlenia ujrzawszy Ciebie spóźnionego w kawiarni, krew mi z serca znikła i widziałeś, jak pobladłem. Na takie chwile można czekać całe lata – naprawdę. I nie rób sobie z tego żadnych skrupułów, nawet gdyby mi serce pękło z żalu czy radości, bo właściwie mówiąc, dla takich chwil się żyje. Kiedyś mi powiedział „głupiś", byłem szczęśliwy, to właśnie można było tylko naprawdę odpowiedzieć na moje powiedzonko. Ach, Jerzy, pełen jestem Twojej obecności, pełen radości – nie masz pojęcia, z jakim wewnętrznym humorem odwiedzałem dziś rano Centralny Zarząd Teatrów[63] (w taki cholerny czas, bez samochodu, autobusem, w tłoku, na piechtę potem) i prowadziłem głupie i złe posiedzenie Komitetu Pokoju[64], było mi wszystko jedno i deszczowe niebo śmiało się do mnie, jak gdyby było [wyraz nieczytelny], pociecha to moja na pogody, choroby, kłopoty. Wszystko mnie raczej bawi, choć czuję się chory – bardzo się cieszę z Ciebie. Jeszcze nawet nie wiem, jak zajechaliście do domu. O 7 ktoś dzwonił na Szucha, podniósł słuchawkę Janek – i nikt nie odpowiedział. Przestraszyłem się, że masz mi coś do powiedzenia. Zadzwoniłem na 93-37[65] i odpowiedział któryś z Twoich robotników, z kolei ja milczałem i odłożyłem słuchawkę. Zabawa! Potem rozmawiałem z Władkiem[66], o 9 i powiedział, że dojechaliście dobrze. Uspokoiłem się.

Do widzenia. Ściskam Cię. Całuję Cię w czoło. Twój – R.

---

[63] Centralny Zarząd Teatrów – agenda Ministerstwa Kultury i Sztuki z siedzibą na Krakowskim Przedmieściu w Warszawie. Został powołany w roku 1954, decydował o pracy każdej sceny w kraju, choć też zapowiadał ich decentralizację i usamodzielnienie.

[64] Od 1953 roku Iwaszkiewicz pełnił funkcję przewodniczącego Polskiego Komitetu Obrońców Pokoju. Polski Komitet był częścią Radzieckiego Komitetu Obrony Pokoju (1949–1991) – organizacji o charakterze pacyfistycznego ruchu społecznego, która pod pozorem głoszenia antywojennych haseł dbała o interesy ZSRR, tuszując jego działalność militarną, a koncentrując się na krytyce poczynań Zachodu.

[65] 93-37 – prawdopodobnie numer telefoniczny fabryki Kafar w Brwinowie, w której pracował Błeszyński.

[66] Władysław Kuświk – na przestrzeni lat pełnił funkcje szofera Jarosława Iwaszkiewicza, ogrodnika i pomocy w domu w Stawisku.

26

5 XII [19]57
czwartek wieczorem, po powrocie z Podkowy

Mój najdroższy! Miałem taką leciutką, przed samym sobą skrywaną nadzieję, że pojedziesz ze mną... to znaczy przyjedziesz do mnie do Poznania. W podróży można udawać, że się jest za granicą – i robić przedstawienie dla samego siebie. A tu znowu nic. Cały tydzień – i znowu widzieć Ciebie tak strasznie zapracowanego, nie jedzącego po całych dniach, marnie wyglądającego i w ciągłym pośpiechu jak zagnany zwierzak. Martwisz mnie bardziej, niż to sobie wyobrażasz. Tak bym chciał, abyś prowadził normalne życie, abyś się dobrze ubierał, abyś miał spokój w domu i jadł co dzień przynajmniej ranne śniadanie. Ach, Boże, Boże, jak trudno jest mieć wpływ na innego człowieka.

    Zresztą i sam się człowiek zmienia: spostrzegam, że jestem coraz to inny w każdym z tych listów, że opada moja fala, jestem coraz bardziej płaski. Ale w tych okropnych warunkach życiowych, kiedy tak rzadko mogę rozmawiać z Tobą – a o niektórych rzeczach tylko wśród ciemnych pni podkówskiego parku – mimo woli (poddaję się błotnistej i czarnej, potwornej, pogodzie naszego grudnia – i nie niebiesko jest mi na duszy.

    Do widzenia, do widzenia, do widzenia. Gadałbym noc całą

Roman

27

[Na małej kartce z pofalowanymi brzegami]

Poznań, 8 XII [19]57

Drogi Jurku! – W Poznaniu smutno, deszcz leje i do domu daleko. Myślę, że dziś się bawisz wybornie na imieninach kuzynki[67] (czy „kuzynki"?) i trochę Ci zazdroszczę. Ja jak zwykle siedzę samotnie w hotelu i wyję jak pies na księżyc. Przesyłam Ci serdeczne pozdrowienia –

Roman

28

[Na egzemplarzu *Książki Moich Wspomnień*[68]]

Mojemu kochanemu Jurkowi na pamiątkę

J. Iwaszkiewicz

Poronin, 27 I [19]58[69]

[maszynopis, na odwrocie fotografii][70]

I wielu innych rzeczy

Jarosław

---

[67] Iwaszkiewicz demaskuje w ten sposób Błeszyńskiego, który zataił przed nim swój romans z Niką Reisską, nazywając ją swoją kuzynką.

[68] *Książka Moich Wspomnień* (Kraków, 1957) – pamiętnik opisujący dzieciństwo i młodość Iwaszkiewicza spędzone na Ukrainie, lata wojny i okres odzyskiwania przez Polskę niepodległości. Wspomnienia dają również obraz świata artystycznego, w którym obracał się pisarz.

[69] W latach 1958 i 1959 Iwaszkiewicz i Błeszyński spędzali wspólnie okres po Nowym Roku w Poroninie.

[70] Komentarz poczyniony przez Iwaszkiewicza na kartce, na którą przepisał dedykację z fotografii. Chodzi o zdjęcie autora dedykacji podarowane Jerzemu.

29

12 II [19]58

[maszynopis, dedykacja na egzemplarzu cz. II *Ciemnych ścieżek*[71]]

Mojemu drogiemu przyjacielowi
Jurkowi Błeszyńskiemu –
w dniu urodzin – z uściskiem

Jarosław Iwaszkiewicz

30

Rabka[72], 20 II [19]58[73]

Mój bardzo drogi!

Nawet nie wiem, jak zacząć list do Ciebie, tak dawno już ich nie pisałem. Odzwyczaiłem się zupełnie, jak zaczynam się tutaj powoli odzwyczajać i od Ciebie osobiście. Trochę już wydychałem moje zmęczenie i oszołomienie ostatnimi dniami – ale naprawdę ten galop, który przeżyłem przez ostatnie trzy tygodnie – był przerażający. Pomimo Twojej obietnicy napisania w poniedziałek, do dziś dnia nic nie mam – a dziś to już czwartek. Co prawda byłem na to przygotowany, bo już wiem jak Ty spełniasz obietnice pisania, telefonowania i tym podobnych piekielnie nudnych rzeczy, zwłaszcza jeżeli chodzi o pisanie czy telefonowanie do mnie. Przykro mi, że dziś nic od Ciebie nie otrzymałem – bo dziś są moje urodziny i po trosze imieniny (na drugie mam Leon) – jednym

---

[71] *Ciemne ścieżki* – zbiór wierszy Iwaszkiewicza wydanych po raz pierwszy w roku 1957 (S.W. Czytelnik).

[72] Kolejny pobyt twórczy Iwaszkiewicza w Rabce trwał od 17 lutego do 30 marca 1958 roku (z przerwą na pobyt w Warszawie między 8 a 16 marca). Pisarz pracował w tym czasie nad trzecim tomem *Sławy i chwały*. Dokuczała mu samotność, na co skarży się w *Dziennikach*.

[73] Tego dnia Iwaszkiewicz obchodził swoje 64. urodziny. Ponieważ na chrzcie dostał imię Leon, 20 lutego przypadały również jego imieniny.

słowem to jest „mój" dzień. Oczywiście Ty o tym nie wiesz, ale jakaś wiadomość od Ciebie byłaby dla mnie darem, radością, czymś, co się chce w taki dzień dostać. Mam tylko 4 depesze – i już. O dniu tym nikt nigdy nie pamięta – i trochę mi jest smutno w mojej samotności tutaj. Ale smutno jest w ogóle. Napisałem sobie ozdobnie „bonjour tristesse!" (witaj smutku)[74] na papierowym pasku i nakleiłem sobie na lustrze, aby co rano budząc się, przywitać z moim stałym gościem. Do roboty jeszcze się na serio nie wziąłem, ale chociaż uważam, że to nie ma sensu siedzieć tu i nic nie robić – nie mogę się jakoś przemóc. Bardzo dużo – zbyt dużo jak na moje stare lata – przeżyłem w ostatnich miesiącach. Trzeba troszkę ochłonąć i zastanowić się:

„Zastanów się człowieku, pierwszy śnieg już leży"...[75]

Tak pisałem ćwierć wieku temu, a jakoś się nie mogę zastanowić przez cały ten czas.

Myślę, dlaczego nie mam wieści od Ciebie? Może źle zaadresowałeś, może nie dostarczono mi listu. List mojej żony przepadł tu jak kamień w wodę. Może i Twój. Zadepeszuj, kiedy odbierzesz ten list – a jeżeli nie pisałeś, to napisz. Albo najlepiej przyjedź. Nawet wyobrazić sobie nie potrafię takiej radości.

Pozdrawiam Cię bardzo serdecznie, całuję Cię w czoło i proszę, abyś o mnie nie zapomniał –

Jarosław

Rabka-Zdrój
willa Paprotka
u Pani Łozińskiej[76]

---

[74] *Bonjour tristesse* (1954, wyd. pol. *Witaj smutku*, 1956) – powieść Françoise Sagan opowiadająca o młodej dziewczynie kierującej się w życiu zasadą przyjemności. Bohaterka manipuluje ludźmi, aż w końcu przestaje panować nad wydarzeniami. Ten sam gest, naklejenia na lustrze hasła, opisuje Iwaszkiewicz pod datą 21 lutego 1958 w swoich *Dziennikach* (J. Iwaszkiewicz, *Dzienniki...*, s. 204).

[75] *Zastanów się człowieku, pierwszy śnieg już leży...* – incypit z wiersza Iwaszkiewicza z tomu *Lato 1932*.

[76] Pani Łozińska – gospodyni willi Paprotka, miejsca pracy twórczej Iwaszkiewicza.

31

[dopisek do góry nogami]: Jak się nudzisz którego wieczora, to zadzwoń. – Rabka 13–28 – to zaraz drzwi w drzwi, to mnie poproszą.

Rabka, 23 II [19]58

Drogi i kochany – otrzymałem dziś dwa Twoje listy, pisane 17 i 19 i wrzucone do skrzynki oba 20! Bardzo się niepokoiłem brakiem wiadomości od Ciebie i przeżywałem – jak zwykle – trudne chwile. Listy Twoje nie uspokoiły mnie, łatwo to sobie możesz wyobrazić, tchną taką melancholią, że coś okropnego. Nie dziwię się temu zresztą, bo wiesz dobrze, że uważam Twoje życie za bardzo ciężkie. Żałuję, że nie podajesz mi szczegółów Twoich zmartwień i niepokojów tylko piszesz ogólnikowo. Znając szczegóły, może mógłbym Ci poradzić czy przynajmniej razem pomartwić się z Tobą, co może by Ci choć trochę ulżyło. 1° Ploty brwinowskie. Jednocześnie z Twoim otrzymałem list od mojej żony, w którym pisze „napisz mi, co mam zrobić w sprawie biednego Jurka Bł. i jego żony. Zrobię wszystko, co można i co trzeba. Wzgląd na to, że ktoś mi może powiedzieć, żebym się nie wtrącała do nie swoich rzeczy, nie istniałby dla mnie, jeżeli istotnie można zrobić komuś coś dobrego...". Na razie napisałem jej (uprzednio), żeby nie udawała się do Haliny, ale naprawdę taka kobieta jak moja żona musi coś w tej sprawie pomóc. Postaraj się jednak z nią zobaczyć. Może to wpłynie i na Twoje samopoczucie, że są ludzie, którzy naprawdę myślą, aby komuś zrobić „coś dobrego" – i to całkiem bezinteresownie, nie to, co ja, podły w gruncie rzeczy człowiek. 2° sprawy biurowe. Przyznam się, że to mnie niepokoiło „od zawsze", przerażała ta machina olbrzymia, którą Ty traktowałeś trochę lekkomyślnie, z właściwą Tobie „zbytnią pewnością siebie". Napisz mi naprawdę, co to są za przykrości, jakiego rodzaju – bo będę sobie wyobrażał Bóg wie co – już mój pierwszy przyjaciel, kiedy miałem 17 lat, zarzucał mi „rozpętaną wyobraźnię". Bardzo mnie te Twoje sprawy finansowe, organizacyjne, z „przyjaciółmi" interesowały, wiesz to dobrze – i nie wszystko mi się podobało w załatwianiu tych rzeczy przez Ciebie. Mimo wszystko jeszcze jesteś bardzo młody i dość lekkomyślny, wbrew pozorom powagi. Napisz mi, o co chodzi.

A ploty? Czy o mnie? Oczywiście kwestia Twojego zamieszkania w Warszawie może budzić różne podejrzenia. Ależ masz tam panią Rajską. Wszyscy mówią, że się z nią ożenisz. Nie jest to najgorsze nie tylko jako plotka, ale nawet jakby była faktem.

[dopisek do góry nogami]: Czy widziałeś, jakie wycieczki „Orbis" ogłasza? Jak chcesz? Jak z forsą? Czy przysłać?

[dopisek z boku, z lewej strony]: Zatelefonuj do mojej żony. Ja przyjadę dwunastego rano na pięć do sześciu dni.

Przykro mi, że [z] listu Twojego dyszy apatia i zniechęcenie do życia. Mówisz o naszym spotkaniu, nie było ono ani dziwne, ani w dziwnych okolicznościach: sąsiadowaliśmy, spotkaliśmy się i koniec. Na szczęście czy na nieszczęście? Dla mnie na pewno na szczęście, na najwyższe szczęście, którego rzadko kto doznaje w moim wieku. Mam wielkie uczucie <u>pełni</u>, dzięki Tobie wezbrały we mnie wszystkie zdolności i możliwości, wypełniły się uczuciem jak płuca powietrzem. Dowodem tego są niezłe wiersze, które znasz, i te, których nie znasz, całe moje poczucie, że żyję, cierpię, istnieję, ale zachwycam się życiem (spacer na Gładówkę, olacja w Krokodylu[77]) – a wreszcie dowód największy, *Wzlot*[78],

---

[77] Krokodyl – słynna warszawska restauracja na Rynku Starego Miasta 21. W piwnicach mieściła się część restauracyjna, na parterze – bar kawowy. Częste miejsce spotkań Iwaszkiewicza i Błeszyńskiego.

[78] *Wzlot* („Twórczość" 1957, nr 12) – opowiadanie Iwaszkiewicza, polemizujące z *Upadkiem* Camusa, inspirowane relacją z Jerzym Błeszyńskim. 1 października 1957 Iwaszkiewicz odnotował w *Dzienniku*: „Po długich rozmowach z Jurkiem B., który mi opowiadał swoje życie w drogich knajpach warszawskich, ukończyłem dzisiaj małe opowiadanie *Wzlot*. Oczywiście nie wiem, co to jest warte – na pewno niewiele. Niby taka dyskusja z Camusem. Ale już dawno niczego nie pisałem

który jest cały z Ciebie, który jest pasją, która mnie ogarnia, gdy myślę o Twoim życiu, który napisałem tylko dzięki Tobie – a który mi przysporzył najpochlebniejszych opinii o moim pisarstwie, jakie tylko w życiu miałem, dał mi prawdziwej wreszcie sławy. Więc chyba na szczęście? Dla Ciebie – oczywiście ma to inne znaczenie – ale już w innych kategoriach, ale raczej w kategoriach przyjemności, mniejszych. Ale chyba też coś przesiąkłeś ze mną, jakieś wyższe kategorie życia, przyjaźni, fajki? Np. wieczór w Tivoli[79] i ta ucieczka przez kwiaty i fontanny, żeby jeszcze zastać autobus... To chyba już coś. Parę przeżyć pierwszej klasy – i to co Ty nazywasz „odskocznią". Nie, synu, to nie na nieszczęście spotkaliśmy się – i zresztą świadomie dążyliśmy do tego. Od razu pierwszego wieczoru, kiedyś siedział wraz z delegacją u mnie w gabinecie, zapisałem sobie Twoje nazwisko „żeby nie zapomnieć" – a Ty przyszedłeś ni stąd, ni zowąd po roku... No, nie wspominajmy, Kochanie. Oczywiście ludzie widzą w tym obrzydlistwo, same obrzydlistwa, ale Ty wiesz, my widzimy – głęboką przyjaźń, głęboką miłość dwóch mężczyzn, która ma olbrzymią wartość, już przez to samo, że istnieje. I powinieneś dbać o Twoje zdrowie, aby ocalić to właśnie uczucie, tę męską przyjaźń, to coś, co jest wielkim skarbem. Oczywiście wszystko inne Cię martwi i zniechęca, tylko mi przykro, że jakaś myśl o Piotrusiu nie wraca do Ciebie i nie podtrzymuje na siłach, to takie ważne mieć w życiu syna. Ja go niestety nie miałem, myślę, że to trzecie dziecko[80]

---

z takim wewnętrznym drżeniem, z przejęciem. Co najdziwniejsze – od razu na maszynę – po dziesięć stron dziennie" – J. Iwaszkiewicz, *Dzienniki...*, s. 178.

[79] Tivoli – park rozrywki i ogród położony w centrum Kopenhagi. Iwaszkiewicz udał się do Danii na wycieczkę PEN Clubu w sierpniu 1957 roku. Wraz z nim podróżowali Jerzy Błeszyński, a także m.in.: Michał Rusinek z żoną Józefą oraz córkami – Barbarą i Magdaleną, oraz Jan i Irena Parandowscy, z synami – Piotrem i Zbigniewem. Wspólna zabawa i dancing w Tivoli, a także cała wyprawa do Kopenhagi będzie częstym wspomnieniem Iwaszkiewicza w kontekście relacji z Błeszyńskim.

[80] Iwaszkiewiczowie mieli dwie córki, kiedy Anna ponownie zaszła w ciążę. Z powodu nasilających się problemów psychicznych trafiła do szpitala w Tworkach,

miało być synem, to jest ta moja mała Maria[81], mówiłem Ci już o tym. Cieszę się, że Twoja matka wyrwała się z tej strasznej Indonezji, wyobrażam sobie, co będzie opowiadała. Jeżeli pozwolisz, kochany, to będę teraz często do Ciebie pisywał. Ściskam Cię serdecznie, błagam o troszkę, odrobinę lepszych myśli. Do widzenia kochanie i pisz zaraz po konsultacji u doktora – Twój

Jarosław

32

23 II [19]58, niedziela

Tak mi przyjemnie, mój Jureczku drogi, że wiesz, gdzie ja jestem, i że możesz sobie wyobrazić te moje dwa pokoiki i widok z okna na świerki i na Babią Górę za nimi, i to łóżko wąskie żelazne, na którym ja leżałem, a Ty usiadłeś, i zaniepokojony, zmęczony czy smutny przytuliłeś swą głowę do mojej piersi i tak trwałeś, nic nie mówiąc. Czytam teraz powieść Hemingwaya „Komu bije dzwon"[82] – gdzie są tak wspaniałe opisy wojny, miłości, przyjaźni – mądrości i dzikości ludzkiej – wszystko zanurzone w krwawy opar naszej epoki – trochę to trudne do przebrnięcia – ale gdyby Ci to wpadło w ręce, przeczytaj sobie przynajmniej parę ostatnich rozdziałów. To wspaniałe.

    List ten piszę w niedzielę po obiedzie, gdzie jest bardzo nudno. I tak się nic nie robi, i tak, ale w powszedni dzień nie jest tak nudno jak w niedzielę. Wczoraj (sobota) miałem olbrzymią pocztę – z taką radością wszystko czytałem, dwa listy od Ciebie, jeden od żony, kartki od córki i od wnuków – kocham was wszystkich

---

gdzie w kwietniu 1935 r. podjęto decyzję o aborcji. Iwaszkiewicz był przekonany, że stracił wówczas syna.

[81] Maria Iwaszkiewicz-Wojdowska

[82] E. Hemingway, *Komu bije dzwon* (1940) – studium psychologiczne człowieka będącego świadkiem okrucieństwa wojny.

bardzo. Trochę mi czasami smutno, że mam może za otwarte serce – ale chyba to nie jest największy grzech?

A teraz o rzeczach praktycznych. Moje dziecko, trzeba koniecznie zrobić Ci nowe ubranie, już tyle razy mówiliśmy o tym. Ale jakie? Jakie chcesz? Przyznam się, że ja trochę czekałem, że znowu dostanę forsę na PKO, i mógłbym dla Ciebie coś tam wybrać tak jak te dwa ostatnie moje ubrania takie śliczne. Ale ta forsa jakoś nie przychodzi – trzeba się więc zdecydować. A może Ci coś matka od brata przywiezie z Indonezji? Napisz mi – Tadeusz[83] zrobił sobie jakieś ubranie brązowe, ale brązowe to dobre, jak się ma 15 ubrań, ale jak Ty masz dwa – to najlepsze będzie szare. Takie ciemne jest ładne, ale to trudno dostać. Rozejrzyj się synku po sklepach, co można dostać. I czy masz jakiego krawca? Bo ten mój, to Tobie trochę popartolił – a moje to dopiero te ostatnie dwa dobrze zszył. Napisz prędko, co myślisz o tej sprawie – przyślę Ci czek.

[dopisek z boku, lewy margines]: A jak jest z materiałem na koszulę, który dostałeś na Gwiazdkę? Czy dałeś już sobie ją uszyć?

Dzisiaj cudowny dzień tutaj, mnóstwo śniegu i było słońce, ale w tej chwili ociepla się i chmurzy, może znowu będzie padało. Ja też mam tutaj takiego gazdę do sanek... Tylko mi się nie chce jeździć samemu, najwyżej z Głodkowskim[84]. Moi znajomi tutejsi, np. Rzepeccy proponowali mi dzisiaj spacer [wyraz nieczytelny], ale naprawdę nie mogę się jeszcze zdobyć na rozmowy z ludźmi. Tak mi jest ciężko i smutno, a to gadanie o byle czym, to niemożliwe. Inna rzecz gdybyś Ty tutaj był. Na razie list przerywam do jutra.

---

[83] Tadeusz Częścik.

[84] Stanisław Głodkowski – stróż na Stawisku, towarzyszył Iwaszkiewiczowi w Rabce (w marcu 1957).

33

[24 II 1958], poniedziałek

Poczta już przeszła, od Ciebie nie ma nic. Jeżeli nie napisałeś w sobotę, to będziesz pisał dziś po wizycie u doktora, rzucisz dopiero jutro (jeżeli rzucisz!) – i będę miał jakąś wiadomość od Ciebie dopiero w środę lub czwartek, najpewniej w piątek... to okropne. Te rzadkie wiadomości od Ciebie i ta potworna poczta, która wozi list z Warszawy do Chabówki[85] po trzy dni, to może wpędzić w chorobę. Trochę przeliczyłem się z siłą moich nerwów – nie powinienem był wyjeżdżać teraz z Warszawy. A mam wrażenie, że i Tobie byłbym teraz potrzebny.

Przestudiowałem Twoją parabolę o obtłuczonej popielniczce[86] – i wiesz, co Ci powiem: Ty trochę za wcześnie wyniosłeś się z Brwinowa, ta możliwość mieszkania olśniła Cię – ale po prostu nie mając rozwiniętej wyobraźni, Ty nie wyobrażałeś sobie, że to tak będzie. Że poczujesz się nagle taki samotny i opuszczony – bo chcę Ci wierzyć, że w tej chwili nie masz w Warszawie kobiecej opieki. I czy byś nie zaryzykował powrotu na Szkolną[87]? Pal sześć to mieszkanie i tę forsę, którą w to wsadziłeś, ale może naprawdę lepiej Ci będzie w tej kuchni, do której będą przychodzili Twoi współpracownicy i koledzy, a za drzwiami będziesz słyszał Piotrusia i Halinę? Kochany, Ty mi w gruncie rzeczy tak mało mówisz o sobie, o swoich przeżyciach i uczuciach, że ja pisząc te poprzednie słowa, może niepotrzebnie rozkrwawiam zabliźniające się rany. Ale może rzeczywiście Ty się zagalopowałeś, za prędko wszystko zdecydowałeś, za gwałtownie zerwałeś? Zastanów się, mój drogi, może jeszcze jakoś to wszystko można przerobić. Tak spisuję tutaj myśli, które przyszły mi dziś do głowy podczas

---

[85] Chabówka – miejscowość położona w gminie Rabka-Zdrój.

[86] Parabola o obtłuczonej popielniczce – uwaga odnosi się do wiersza napisanego przez Błeszyńskiego.

[87] Mieszkanie przy ul. Szkolnej – przed wyprowadzką do Warszawy Błeszyński mieszkał z Haliną i synem Piotrem w Brwinowie przy ul. Szkolnej 14.

bezsennej nocy. Nie uwierzysz, jak dużo o Tobie myślę, poobstawiany Twoimi niedobrymi fotografiami, które ledwie, ledwie Ciebie przypominają. Gdybym nie miał wyrytych Twoich rysów w pamięci i całej Twej, widocznie nieuchwytnej dla aparatów fotograficznych, urody – to niewiele bym z tych zdjęć miał. Najlepsza jeszcze ta z psem, taki byłeś, kiedy Cię poznałem. Muszę zrobić z niej powiększenie.

Napisz mi dziś po przyjściu od lekarza, co i jak, a potem po przyjeździe matki. A może jednak zobaczymy się gdzieś tu pomiędzy 1 a 12? Tu mi samotnie i nudno. Kuzynka[88] mnie ciągnie do siebie, ale mi się to nie uśmiecha, choć ma uroczego syna. Wczoraj przesiedziałem cały dzień w mej celi – nie ruszam się – nic dziwnego, że potem nie mogę spać. Pogoda wspaniała – lekki mrozek i śnieg, dziś pada od samego rana. Może wybiorę się z gazdą na spacer. Całuję Cię bardzo serdecznie Twój

J.

[dopisek z boku, lewy margines]: Odczytuję list – i widzę, że tak mało zdołałem przelać na papier z tego, co przeżywam. Wybacz to ubóstwo słów.

34

Rabka, 25 [II 1958], wtorek

Mój drogi, to już dziś dwa tygodnie od mojego wieczoru autorskiego w kawiarni Marysi[89], wierzyć mi się po prostu nie chce – wydaje mi się, że to wczoraj czytałem „twój uśmiech to jest

---

[88] Prawdopodobnie Lidia Rzepecka.
[89] Kawiarnię w wydawnictwie Czytelnik, którą prowadziła córka Iwaszkiewicza, Maria.

najważniejsze"[90]. Ale jednocześnie przypominam, że to właśnie dwa tygodnie temu w Saskiej[91] pokazałeś mi swoje zwolnienia i skierowania, i że miało być wszystko jasne w parę dni. Tymczasem dwa tygodnie minęło i jest wciąż ta sama sytuacja, że nic się nie wie i wszystko w dalszym ciągu takie nieokreślone. Sytuacja ta sama – i nie do zniesienia ani dla Ciebie, ani dla mnie. Musi się to wszystko wreszcie określić – co robisz dalej, dokąd wyjeżdżasz, czy gdzie przeprowadzasz kurację. Nie chce mi się wierzyć, że to prawie dziesięć dni, jakeśmy się widzieli ostatni raz – i w gruncie rzeczy niewiele znam wiadomości od Ciebie i o Tobie. Może będę coś miał jutro, pojutrze. Moja żona pisuje do mnie, ale dosyć bezładnie – i mam wrażenie, że też przede mną [ukrywa] jakieś przykrości. Kupiłem bardzo ładną ramkę do Twojej fotografii, tej z placu Trzech Krzyży, i bardzo ładnie w niej wygląda, ta smutna (nie ta z portfela) – bardzo się do niej przyzwyczaiłem i nawet ją polubiłem, nie ma w niej śladu Twej piękności, ale jest mądra i energiczna; na tym człowieku można polegać, zdaje się mówić: Czy rzeczywiście, mój Jurku? Dobranoc tymczasem – mam dzisiaj

---

[90] *Twój uśmiech to jest najważniejsze* – cytat z wiersza włączonego do cyklu „Droga" w zbiorze *Sprawy osobiste*, wybór i opracowanie Piotr Mitzner, Czytelnik 2010. Utwór pisany dla Jerzego, został po raz pierwszy opublikowany w „Życiu Literackim" w roku 1957.

Twój uśmiech to jest najważniejsze,
A co tam wicher, co tam płacz,
Gdy dnie zimowe coraz krótsze,
Godzinę każdą palcem znacz,

Palcem maczanym w konfiturze –
To nic, że już słodycze mdlą –
Wszystkie gałązki, wszystkie róże
Wcześnie obcięte szybko schną.

Któż myśli o zbytecznym jutrze?
Do rzeki czasu, koniu, skacz!
Twój uśmiech to jest najważniejsze.
Jakiż nieważny jest mój płacz.

[91] Saska – restauracja w Warszawie. Iwaszkiewicz nazwie ją w *Dziennikach* „pustą i żałosną" (zob. J. Iwaszkiewicz, *Dzienniki…*, s. 189).

zamiar pisać... w nocy. To mi się prawie nigdy nie zdarza. Dalszy ciąg jutro.

26 II [1958]

To już <u>miesiąc</u>, jak byłem w Poroninie. Pomyśl, miesiąc. Znowu nic nie ma od Ciebie – przykro mi, ale z drugiej strony rozumiem Ciebie. Kogoś, kogo boli ząb, nic nie obchodzi to, że jego przyjaciel wbił sobie w palec kolec róży czy akacji. A Ciebie ząb boli potężnie, sądząc z ostatniego listu (który pisałeś [wyraz nieczytelny] akurat tydzień temu). U nas co się dzieje! raptem temperatura doszła do dwunastu stopni ciepła – wszystko stopniało lub topnieje, ulicami rzeki brudnej wody, na trotuarach biało. Byłem tylko w mieście po papier listowy i przemoczyłem sobie nogi doszczętnie, powietrze tak ciepłe jak na południu i trudno jest oddychać – po prostu wiosna. Jutro już dziesięć dni, jak tu siedzę, i przyznam Ci się, że mam trochę dosyć. Czy masz emocje przed przyjazdem matki? Ciekawy jestem, co ona będzie opowiadać i czy nie wyłonią się jakieś możliwości wyjazdu dla Ciebie z jej powrotu. Od żony też nic dzisiaj nie miałem. Wobec braku tych Twoich listów, co znaczy liczna korespondencja i inne bardzo miłe epistoły. Nie sprowadziły one na mnie dobrego humoru.

35

Telegram z Rzymu,
czwartek 17.00, Okęcie.
Przyjazd matki
[dopisek odręczny]

Telegram z dnia 26 lutego 1958,
godz. 16.20

36

Nie napisałeś po wizycie lekarza
może zadepeszuj stop
moja żona czeka na telefon wróciła
przyjacielskie pozdrowienia, Roman

Telegram z dnia 27 lutego 1958,
godz. 13.17

37

27 II [19]58

Mój drogi kochany, nie gniewaj się na mnie za dzisiejszą depeszę, ale już nie mogłem wytrzymać. Przez pięć lat naszej przyjaźni nigdy nie dałeś mi poznać, że Cię niecierpliwię – niech będzie i tym razem tak samo. Już ja jestem taki dziwak, że „niepokoję się" i „niecierpliwię się" – i oczekuję listów. Pomyśl sobie przez cały ten czas mam tylko trzy listy od Ciebie z zeszłego roku – i dwa z tego roku. Nigdy nawet małej kartki mi nie przysłałeś z Kafaru – chociaż nieraz o to prosiłem. Aha, i mam jeszcze tę zniekształconą, podwójną depeszę z Poronina, która mi też sporo krwi napsuła. Miałem dziś list od żony, raczej dobry w nastroju, w dalszym ciągu bardzo przejęta Twoją sprawą i bardzo chcąca Ciebie widzieć – nawet wybrać się do Ciebie na ten Twój Mokotów... Wyobraź sobie, że miałem depeszę z Guatemali od mieszkającego tam mojego eksprzyjaciela[92] – z wyrazami podziwu z powodu „Wzlotu". Widzisz, gdzie już nasza sława dociera. Mój eksprzyjaciel pisał mi kiedyś z Guatemala-City: miasto jest otoczone 32 wulkanami, ale nie bój się, bo tylko 8 jest czynnych? Co się dzieje z tą pogodą, wczoraj było 12 stopni ciepła i wszystko stopniało – dzisiaj zaczyna zamarzać: w tej chwili są 2 stopnie mrozu. Oszaleć można z tymi kaprysami pogody. Radio śpiewa w tej chwili: Il arait les yeux evolues du ciel[93]... spytaj się kogo, to Ci przetłumaczy. Muszę siadać do pracy. A więc nie gniewasz się o tę depeszę?

---

[92] Andrzej Bobkowski – polski pisarz i eseista, który w 1948 r. wyemigrował do Gwatemalii. Bobkowski i Iwaszkiewicz utrzymywali kontakt korespondencyjny. Bobkowski napisze w liście do Giedroycia, redaktora „Kultury": „Jak go nie lubię, tak *Wzlot* Iwaszkiewicza jako odpowiedź Camusowi i «pod Camusa» jest świetna. Zmieścił w tym potworny tragizm, odkrył jądro polskiej ciemności. W pewnym sensie wstrząsające. To małe, ale wielkie. Wyszło mu świetnie. Powinno wyjść po francusku!!!!!" – J. Giedroyc, A. Bobkowski, *Listy 1946–1961*, Warszawa 1997, s. 510. We wspomnianej depeszy Bobkowski wyzna: „Dopiero dziś wzlot wspaniałe i wstrząsające jedyna odpowiedź [na] intelektualne upławy Camus'a zachwycony i przejęty" – A. Bobkowski, *„Tobie zapisuję Europę". Listy do Jarosława Iwaszkiewicza 1947–1958*, Warszawa 2009, s. 122.

[93] Poprawnie: *Il aurait les yeux évolues du ciel* (fr.) – miał oczy zmieniające się w niebo.

28 II [19]58

Możesz sobie wyobrazić, moje dziecko drogie, jak się szalenie cieszyłem z Twojego telefonu, szkoda tylko, że było późno jak na tutejsze stosunki, doktorstwo którzy mają telefon, leżeli już w łóżku (doktorowa bardzo ładna blondynka), a telefon stał tuż koło ich łóżka, miałem wrażenie, że przerwałeś im funkcje małżeńskie i doktor był wściekły. Jednego tylko nie rozumiem, powiedziałeś, że pisałeś do mnie, ale dzisiaj znowu nic nie przyszło. Czy miałeś na myśli tamte dwa listy? Ostatni był pisany 19 (i bez życzeń dla mnie – myślałem, że choć to będziesz chciał odrobić) – a przecież jasne było, że powinieneś był do mnie natychmiast napisać po bytności u lekarza, raz, a po urodzeniu się Ewuni[94], dwa. Natychmiast miałem dziś list od doktora Częścika, który pisze, że widział Cię dwa razy i w doskonałym humorze, że się dobrze czujesz i że się niczym nie martwisz. To po co ja się martwię, do cholery? Jak wiesz dobrze – nie lubię tych koniunktur poza moimi plecami – Częścik – Sudzicki[95], Kuświk – Częścik, tak samo nie lubię koniunktury Częścik – Błeszyński. Gdzie wy się widujecie? Po co? Na co? Świnia także jesteś, bo powiedziałeś mi przez telefon, że od wtorku wódki nie pijesz. To znaczy aż do wtorku piłeś – a przecież wiesz, że dostałeś tego swojego ataku w Krokodylu po czerwonym winie – i mogłeś przecie wiedzieć przed orzeczeniem lekarskim – jak Ci to zresztą mówiłem – że każda kropla alkoholu jest dla Ciebie zabójstwem. No, ale już przestanę tetryczyć, bo strasznie się ucieszyłem, że usłyszałem Twój głos, i wywnioskowałem z tego, że nie zirytowała Cię moja depesza, przeciwnie chyba poczułeś wyrzuty sumienia, że nie pomyślałeś o moim niepokoju – i nawet powiedziałeś mi na zakończenie „całuję Ciebie" – co musiałem

---

[94] Ewa Błeszyńska – córka Jerzego i Haliny, siostra Piotra.
[95] Włodzimierz Sudzicki (ur. 1908) – ówczesny sekretarz Jarosława Iwaszkiewicza. Podczas okupacji pomagał Annie Iwaszkiewicz w ratowaniu Żydów. Sam jako urzędnik wystawiał im fałszywe dokumenty, a wraz z żoną Jadwigą ukrywał ich w swoim domu. Małżonkowie zostali odznaczeni medalem „Sprawiedliwi wśród narodów świata" (1980).

w całej pełni docenić i potem całą noc nie spałem, bo proszki nasenne przepisane przez doktora Nędznika (żeby nie powiedzieć inaczej) nie skutkowały. Chciałbym teraz wiedzieć, jaką masz przepisaną kurację, co teraz będziesz robił, gdzie chcesz wyjechać itd. itd. Także nie odpowiedziałeś mi na pytania ostatniego mojego listu w sprawie rzeczy biurowych i przykrości, które masz z tej strony. Czy bywasz w Brwinowie? Gdzie Halina rodziła? I jak w ogóle z tym jest... małą Ewunię już bardzo kocham, tak samo zapewne jak Ty.

W tej chwili trochę się zastanowiłem i doszedłem do przekonania, że jesteś po prostu (bardzo lekkomyślny, czego ja jakoś nie biorę w rachubę w moich przewidywaniach, w liczeniu na Ciebie, w myśleniu o Tobie – a tym się tłumaczy np. fakt, że po prostu zapomniałeś o mnie i o tym, że raczej wypada napisać do mnie parę słów o sprawach, które Ciebie obchodzą, a tym samym i u mnie stają na pierwszym planie. Zresztą nie będę o tym gadał, nagadamy się do syta, kiedy ja przyjadę do Warszawy. Myślę, że tych parę dni spędzę całe w Warszawie, żeby móc jak najwięcej czasu poświęcić Tobie. Nie bój się zresztą – moje „dużo czasu", to jest jeszcze bardzo mało – i nie będę się Tobie niepotrzebnie narzucał. Ale czy Ty czytujesz moje listy? Czy doczytujesz do końca? Czy je chowasz? Pamiętaj, że za parę[skreślone i poprawione] kilkadziesiąt lat Piotruś będzie je mógł sprzedać po dobrej cenie. Jeżeli Ci wygodniej, to telefonuj do mnie, tylko o trochę wcześniejszych godzinach, ja cały dzień od rana do nocy siedzę w domu – czasami wychodzę na spacer koło 11 rano – po południu najczęściej teraz pracuję – jakoś mi się to przeniosło na popołudnie – dzisiaj pójdę do kina, bo nie widziałem „Prawdziwego końca wielkiej wojny"[96].

Załączam „czeczek" bo przypuszczam, że w związku z urodzinami małej masz duże wydatki. Pamiętaj, że zawsze jestem

---

[96] *Prawdziwy koniec wielkiej wojny* (1957) – film Jerzego Kawalerowicza, zrealizowany na podstawie opowiadania Jerzego Zawieyskiego.

spragniony wiadomości – jakiejkolwiek – kartki, depeszy, telefonu – od Ciebie. I nie chodź z Częścikiem na wódkę, bo z tego nigdy nic dobrego nie wynika.

Całuję Cię serdecznie, jak kocham –
Roman

[dopisek z boku, lewy margines]:
Pisz, jak czego potrzebujesz. A co nasze Bieszczady?

38

Rabka, 1 marca 1958

Mój drogi! Wszystko w porządku. Otrzymałem dzisiaj znowu Twoje dwa listy razem. Widzę, żeś lojalnie do mnie pisał – rozmawiając z Tobą przez telefon, myślałem, że mówisz o Twoich pierwszych dwóch listach, i dlatego byłem trochę rozżalony, ale teraz cofam wszystkie wyrazy żalu, wymówki, bolące zęby i tym podobne głupie rzeczy, którymi upstrzyłem swoje poprzednie listy. Jednak jesteś znowu lojalnym przyjacielem, raz jeszcze muszę to przyznać. Trochę mnie niepokoi, że listy Twe idą długo, dłużej niż inne, pisane w różnych dniach przychodzą razem – i koperty wyglądają tak, jakby były odklejone. Cały tył kopert jest tak jakby był zmoczony i zaklejony. Kto Ci rzuca te listy? Może je dajesz do wrzucenia jakiej zazdrosnej kobiecie, która późnym wieczorem wraca z Twojego mieszkania do domu? Z wielkiej radości, że otrzymałem od Ciebie te listy, nie pracowałem dzisiaj cały dzień. Depeszowałem do Ciebie, nie gniewaj się, ale musiałem dać wyraz Twej wdzięczności. Dodałem w depeszy „nie szalej", bo sobie wyobrażam, że będziesz czytał ten telegram, leżąc w łóżku z prześlicznym kociakiem i że pokażesz jej ten dopisek, że uśmiejecie się z tego – i będziecie potem strasznie szaleć. Widzę po prostu Twój uśmiech, który tak lubię, i gest, którym jej pokażesz te słowa. Ale to „nie szalej" jest trochę i na poważnie. Za głowę się schwyciłem, jak przeczytałem w Twoim liście Twoje spędzanie czasu. Dwa razy w tygodniu w Bristolu[97] (to tam spotkałeś Kurwika!?, a niegodny, jak skamle!) – potem spanie do 17, tego samego dnia wizyta u lekarza i urodziny córki – to za wiele, jak na chorego człowieka. Co Ty sobie myślisz? Zresztą sprawy zdrowia omówimy jutro. Chociaż obiecałem Ci w Poroninie, że tamto było ostatni raz, jednak do tego wrócę. Dziś jestem w bardzo świątecznym i podniosłym nastroju. Podejrzewałem Cię, że o mnie nie dbasz, tymczasem okazuje się, że w ciągu dwóch tygodni miałem od Ciebie cztery listy i telefon. Nie można żądać więcej. Przed nadejściem Twoich listów byłem w kiepskim humorze, tym bardziej, że pogoda się popsuła (dziś już jest znowu cudnie) – ale zaciskałem zęby i pisałem. Dużo napisałem i jestem raczej w tej chwili zadowolony z mej roboty, tyle tylko, że mnie bolą oczy i bardzo prawa ręka od pisania. Toteż dziś kontemplowałem padający śnieg, obłoki na niebie – a ostatnio księżyc. Jest już ósma. Zaraz położę się do łóżka i będę czytał do 10 – a potem spać. A Ty co? Znowu w Bristolu. Co znaczy siostra Wiktorczyka?[98] Wiktorczyk niedawno mnie zamęczał w Spatifie[99] na temat „Wzlotu"[100]. Powiedzże jej, że to ty! To dopiero będzie powodzenie. Nie szalej. Bardzo Ciebie, mój

---

[97] Hotel Bristol – założony przez Ignacego Paderewskiego przy Krakowskim Przedmieściu. Pełnił funkcję centrum życia kulturalnego Warszawy. Jego stałymi bywalcami byli m.in. Wojciech Kossak, Jan Kiepura, Karol Szymanowski, który odbywał tu spotkania i burzliwe rozmowy o kulturze i sztuce. Podczas podróży do Polski w Bristolu zatrzymywali się Pablo Picasso, Marlena Dietrich i in.

[98] Zenon Wiktorczyk (1918–1997) – satyryk, konferansjer, reżyser teatralny. Największą popularność przyniosła mu praca w radiu – kierował Redakcją Humoru i Satyry oraz Redakcją Rozrywki. Założyciel kabaretu Szpak oraz Teatru Buffo. W filmie *Miś* (1980) Stanisława Barei, w roli ministra Władka Złotnickiego, wypowiada słynną kwestię: „Wszystkie Ryśki to porządne chłopaki".

[99] Spatif – Stowarzyszenie Polskich Artystów Teatru i Filmu. Iwaszkiewicz ma na myśli słynny lokal ze szklanym sufitem usytuowany przy Alejach Ujazdowskich 45 (dziś restauracja U Aktorów). Było to naturalne, codziennie tętniące życiem miejsce spotkań aktorów, ale również pisarzy i artystów wszelkiej maści.

[100] Opowiadanie Iwaszkiewicza jest pomyślane jako monolog bohatera, który przy knajpianym stoliku opowiada przypadkowemu słuchaczowi historię swojego życia. Rozwiązanie formalne odpowiada realnym okolicznościom. Środowisko

2 III [1958], niedziela.

Wczoraj nie dokończyłem tego zdania, a dziś nie mogę sobie już przypomnieć, co chciałem tu napisać. Zupełnie mi z głowy wyleciało, doprawdy. No, nic, piszmy dalej, może sobie przypomnę. Wczoraj był dzień radości, dzisiaj będzie dzień rozsądku. Radości? Oczywiście, że nie jest radosne to, co powiedział Ci lekarz, nie jest radosne wszystko, co przeżywasz. Ale naprawdę źródłem radości powinno być dla Ciebie, że masz przyjaciela, któremu powierzyć możesz wszystko, który robi wszystko, co może, aby Ci pomóc i ułatwić. A dla mnie? Radością jest, że jesteś, że jesteś dla mnie tak dobry, jak nie był żaden z moich dotychczasowych przyjaciół, że nasza przyjaźń w dalszym ciągu układa się tak harmonijnie. To bardzo wiele w życiu. A jeśli jeszcze do tego dodamy, żeś do tego dążył świadomie, że postawiłeś na swoim, że zbudowałeś tę przyjaźń Twoją wolą, silną jak cholera, jak Twój wystający podbródek. I Ty mi piszesz o sobie „twój Kopciuszek". Ty Kopciuszek? Chociaż to rzuca światło na Twój charakter, szalone ambicje twoje. Rzeczywiście, jak Kopciuszek przebierałeś mak z popiołu, aby pojechać na bal. Chciałeś mnie użyć do tego, a okazało się, że byłem zupełnie kim innym, niż Ty myślałeś na podstawie tego co mówiono w Bryjawie[101]. Teraz dzień rozsądku. Moje dziecko, piszesz, że lekarz przepisał Ci kurację na cały rok. Czy to dobry początek kuracji siedzenie w Warszawie? Obawiam się, żeś się dostał w jakieś bardzo wesołe towarzystwo. Moje dziecko, przecież baby Ci nie dadzą spokoju, z Twoim wzrostem, z Twoim kutasem, z Twoją urodą, która jak mówi Olimpia[102], dławi w gardle, i jeszcze w pustym mieszkaniu. Będziesz chędożył, pił wódkę, machał na wszystko ręką – już ja Ciebie znam. Musisz wyjechać

---

warszawskie doszukiwało się, całkiem słusznie, w fabule utworu wątków z biografii Błeszyńskiego.

[101] Bryjawa – prawdopodobnie jest to przekształcenie nazwy Brwinów, miejscowości, w której mieszkał Jerzy.

[102] Olimpia – nie udało się ustalić tożsamości.

i systematycznie się leczyć. Pogorszenie ostatnich tygodni przeraża mnie. Ale oczywiście to był pogrzeb babci, przenosiny, wóda czy wino z Krankiewiczem[103] i różne takie sprawy, o których mi nie mówisz. Ja Ci też nie wszystko mówię, zatajam przed Tobą niejedną rzecz, która by mogła na mnie rzucić niekorzystne światło. Ale wracając do rozsądku. Ja też powinienem być przywołany do rozsądku. Przywołaj mnie. Jestem zupełnie zwariowany. Wczoraj po Twoich listach nie mogłem się uspokoić i przez cały dzień nic nie zrobiłem, co mi się nawet na Stawisku nie zdarza. W nocy bardzo źle śpię, poranki dra Nędznika nic nie pomagają: i w głowie przewracają się bez końca myśli, wiesz o kim. Bardzo, bardzo to niedobrze. A jeszcze Ci coś napiszę, czego nie mówiłem Ci nigdy i nie powiem już: otóż jestem tak potwornie zazdrosny, tak szalenie, to mnie męczyło przez całe życie, podejrzliwy i zazdrosny. I to o wszystko, o najmarniejsze istoty, o Puszka, o doktora Kurwika (świnia jestem, dla żartu poświęcam oddanego przyjaciela) – nie mówiąc już o ten rój kobiet, który widzę koło Ciebie w mojej wyobraźni. Rozumiesz to? No więc, czy my jesteśmy rozsądni? Jak mi szalenie brak rozmowy z Tobą, bo kiedy Cię widzę, wyobraźnia moja mi pracuje – i wszystko jest tak dobre i ułożone. A potem zaczynają się fantasmagorie chorego łba. Daj mi po łbie – wobec tego! Tymczasem – do jutra.

    3 III. Poniedziałek. Mój drogi, plotę tak trzy po trzy i boję się, i tęsknię cholernie. Ale to nic. Pamiętaj, że ja nie tylko napisałem „twój uśmiech to jest najważniejsze", ale ja tak myślę i czuję.

Roman

---

[103] Krankiewicz – nie udało się ustalić tożsamości.

39

Będę sobota Warszawie
zadzwoń wcześnie Szucha
potem redakcja pozdrowienia,
Roman

Telegram z dnia 5 marca 1958,
godz. 17.17

40

Proszę zamówić stoliki naczynie
inavgvarancja środa, pozdrowienia
dla wszystkich, Prezes
[Całość przekreślona z dopiskiem]
Zarezerwowane

Telegram z dnia 9 marca 1958,
godz. 20.00

41

[maszynopis, dedykacja na egzemplarzu *Pana Tadeusza*]

         16 III [19]58, Warszawa

Drogiemu Jurkowi z serdecznością

                JIW

42

[dopisek u góry, do góry nogami]: Drogę miałem znakomitą. Przyślij mi kilo grapefruitów, dobrze?

         Rabka 17 III [19]58

Kochany Jurku!

Siedzę więc samotnie w Rabce i rozmyślam. Zresztą rozmyślałem całą drogę, prawie nie śpiąc – a wieczór wczorajszy, zakończenie tygodniowego pobytu w Warszawie[104] (a raczej tygodniowego pobytu na Flisaków[105]), dawał dużo materiału do rozmyślań. Przede wszystkim wstyd mi było mojego egoizmu i podziwiałem Twoją lojalność – prawdziwie przyjacielską lojalność – jaką przejawiłeś w stosunku do mnie. Powinieneś był mnie wyrzucić za drzwi, a nie odprowadzać jeszcze na dworzec. Bardzo wyrzucam sobie

---

[104] W dniach 8–16 marca Iwaszkiewicz przebywał w Warszawie. Następnie wrócił do Rabki.

[105] Ulica na warszawskim Mokotowie, gdzie Iwaszkiewicz wynajmował Błeszyńskiemu mieszkanie (dwa pokoje), które nazwał „meliną". Okoliczności przeprowadzki opisuje Iwaszkiewicz: „W połowie stycznia Jurek B. zjawił się w Alhambrze i powiedział, że znany dziennikarz warszawski znalazł dla niego mieszkanie u niejakiego profesora politechniki (konstruktora samolotów), pana P. [Mieczysław Pietraszek – przyp. red.]. Stosunki Jurka z tym dziennikarzem dość niejasne. Dziennikarz notoryczny pedzio, a Jurek zna go od dawna, jeszcze ze szkoły wojskowej we Wrocławiu. […] Chodziło tylko o zapłacenie poważnej sumy z góry, obiecałem ją Jurkowi – i wpłaciłem" – J. Iwaszkiewicz, *Dzienniki…*, s. 238. Mężczyzną, który znalazł dla Jerzego mieszkanie, okazał się Jotem – kochanek i sponsor Błeszyńskiego.

to, że się zgodziłem na Twoją jazdę na dworzec. Miałeś na pewno gorączkę, musiałeś jeszcze robić rachunki – i dzisiaj miałeś jechać do tego utrapionego Kopytowa. A ja zajmowałem Ciebie moimi sprawami, uczuciami i zachciankami. Świnia to już ja jestem. Ale chodzi mi o co innego, o sprawy poważniejsze. Taką wagę przywiązywałem do tego mojego przyjazdu – a okazało się, że on nic w sytuacji nie zmienił. W dalszym ciągu prowadzisz życie prawie normalne, latasz na ten Kopytów, kupujesz po mieście żywność i mieszkasz w niedobrym miejscu. A sam mi powiedziałeś wczoraj, że w takim stanie zdrowia powinieneś leżeć stale w łóżku. I w ogóle (nic się nie zmienia... Wybierasz się do Szczecina, ale to dla Ciebie b. niedobry klimat, nie odkurujesz się tam na pewno, tylko jeszcze zmarniejesz. A potem to chrzciny malutkiej Ewuni! Znowu będziesz musiał przechodzić przez takie rzeczy, a przecie nerwy i ich stan odbijają się na stanie Twego zdrowia, po prostu jest zdrowie Twoje związane z nerwami jak struny z klawiszami. Jednym słowem, cały mój pobyt nie przyczynił się ani na jotę do wyjaśnienia sytuacji i do zajęcia Cię jedyną sprawą, jedyną ważną w tej chwili: leczeniem, leczeniem i leczeniem. A warunkiem

[tego samego dnia]

leczenia musi być przede wszystkim spokój. Zamień swoje mieszkanie z kimś z Anina lub Otwocka i zamieszkaj w <u>spokoju</u>, to chciałem przeforsować, jadąc do Warszawy, i nawet ani razu nie mówiliśmy o tym. Moja żona właśnie o tym też chciała do Ciebie pisać, mój archaniele (wszyscy zawsze mówią o Tobie „piękny jak archanioł" – dlaczego?). Śnieg tu pada potworny, biało i gęsto, spałem już trochę, ale bez przerwy myślę o Tobie i o Twoich zajęciach, o Twoim losie i naprawdę nie sprzyja to pogodzie umysłu. Gdybyż przynajmniej list lub telefon od Ciebie, żebym wiedział, jak się czujesz i czy czujesz przy sobie moją wielką życzliwość, obecność mojej troski! Zastałem tutaj mnóstwo listów – i parę ważnych (wszystkie o „Wzlocie"!). Pomyśl sobie, robimy się fantastycznie sławni: jakaś firma francuska chce wydać „Wzlot" w książce, Bobkowski z Guatemali pisze do Londynu, do redaktora „Wiadomości"[106], oburzając się na niedostateczność wzmianki o „Wzlocie", zamieszczonej w „Wiadomościach". Wreszcie Maria Dąbrowska[107] pisze do mnie cały list na ten temat. A mnie wciąż przez oczami stoi scena w tej knajpie w „Oleandrach" (Partyzantów![108]), gdzieś mi przy wódce opowiadał to swoje życie – i to wszystko, co potem (to znaczy zaraz, jeszcze tego samego dnia) wkomponowałem w moje opowiadanie. Paweł Hertz[109] twierdzi, że to jest najbardziej <u>erotyczne</u> opowiadanie w naszej literaturze. I potem ludzie śmią Cię ostrzegać przed Iwaszkiewiczem! Ach, kochany, jakie to okropne. Co robisz? Gdzie jesteś w tej chwili? Czy Cię bardzo bolą nerki? Czy pomyślałeś choć raz dzisiaj o mnie? Jutro pomyślisz – to wiem. Tak potwornie trudno jest <u>być</u> tutaj bez Ciebie. Oszałamiam się pracą – przepisałem dziś 10 stron maszynopisu dramatu Nazim Hikmeta[110] (straszne gówno – ale trudno!). Czy dasz mi jakoś znać o sobie? Z tego tygodnia w Warszawie mam wspomnienie jednego koszmaru, gorączki, halucynacji. Przecież historia z Austriakiem[111], samochodem [u góry dopisek] (autobusem!), co nas wiózł wieczorem do Bristolu, to nie z prawdziwego zdarzenia – tylko z naszych widziadeł. Koncert To-

---

[106] Mieczysław Grydzewski (1894–1970) – polski historyk żydowskiego pochodzenia, felietonista, dziennikarz, redaktor czasopisma „Skamander" oraz tygodnika „Wiadomości Literackie". W 1946 redaktor wznowił wydawanie pisma w formacie emigracyjnym i skróconym tytule „Wiadomości" w Londynie.

[107] Maria Dąbrowska (1889–1965) – powieściopisarka, eseistka, dramatopisarka, tłumaczka dzieł literatury duńskiej, angielskiej i rosyjskiej.

[108] Ulica Oleandrów w PRL-u nosiła nazwę Partyzantów. Znajdowała się tu jedna z „drogich knajp warszawskich", w których Błeszyński snuł opowieści o swoim życiu, na kanwie których Iwaszkiewicz napisał *Wzlot*.

[109] Paweł Hertz (1918–2001) – polski pisarz, poeta, tłumacz i wydawca. Przyjaciel Anny i Jarosława Iwaszkiewiczów.

[110] Nazim Hikmet (1901–1963) – turecki poeta i dramaturg o polskich korzeniach, komunista. Iwaszkiewicz jest autorem tłumaczenia jest dramatu *Józef i Menofis: sztuka w 3 aktach* („Dialog" 1958).

[111] Dwuznaczna znajomość Błeszyńskiego, postać z – jak określa to Iwaszkiewicz – najciemniejszego okresu życia Jerzego. Pojawiał się również w „melinie".

tenberga[112], krwawa śmierć kota, ostatni wieczór u Ciebie to dalsze ciągi męczących snów. Zbudzić się z życia – znaczy umrzeć.

[dopisek z boku, lewy margines]: Kochany, drogi, przepraszam, że tak dużo piszę, ale to dla mnie jest tylko w tej chwili prawdziwe na świecie: Twoja obecność, rozmowa z Tobą – trochę z moją żoną, ale nie o interesach!! – i dlatego ten list taki długi. I będę pisał często – nie gniewaj się. Twój – Roman.

Tego samego 17 marca [1958], wieczorem

Jeszcze pisać do Ciebie, to znaczy mówić do Ciebie. O najzwyczajniejszych rzeczach, ale żeby mówić. Na kolację było masło w filiżance – nabierając, pomyślałem: kto to mnie pytał, dlaczego jem tak mało masła? A to Ty pytałeś – i już 24 godziny temu. Galopowanie czasu jest czymś przerażającym.

i już 19 marca [1958], święty Józef

Pytałeś się mnie kiedyś, dlaczego ja uważam, że jesteś dla mnie dobry. Otóż piłem dzisiaj sok z cytryn, które mnie dałeś, jadłem serki od Ciebie, czytałem „magazyn", który kupiłeś mi na stacji. Zrozum, nie ma nikogo na świecie, który by pomyślał o tych drobiazgach, o cytrynach, serkach i magazynach. Te Twoje odruchy („uważaj, Jarosław, bo tu ślisko") to są właśnie rzeczy, do których jestem zupełnie nie przyzwyczajony, i które tak szalenie cenię u Ciebie. To są oczywiście głupstwa, ale skoro się jest przyjaciółmi, to trzeba z sobą żyć... a to ułatwia życie.

Wierzyć mi się po prostu nie chce, że to już trzeci dzień jestem tutaj, czas leci potężnymi skrzydłami – wszystko mija jak w wichrze – co prawda w dzień bardzo intensywnie pracuję – za

---

[112] Roman Totenberg (1911–2012) – polski skrzypek zamieszkały w Stanach Zjednoczonych. W marcu 1958 roku przyjechał do Polski na cykl występów. W Warszawie grał 14, 16 i 18 marca.

to w nocy bardzo źle śpię i okropnie mnie ta bezsenność męczy. Dzisiaj w nocy okropnie krzyczałem, tak samo jak na Szucha pierwszej nocy po przyjeździe, męczą mnie koszmary i takie różne przywidzenia. Wczoraj i dzisiaj dużo pisałem na maszynie – ręce mnie bolą dzisiaj potężnie – ale mam przynajmniej to uczucie, że nie na próżno (tu siedzę – że ma to jakieś znaczenie, chociażby zarobkowe. Przetłumaczyłem jakiś dramat Nazima Hikmeta. Dzisiaj właśnie skończyłem przepisywanie i wysłałem do Warszawy, może mi coś z tego kapnie. Chciałbym też tutaj zacząć pisać jakąś oryginalną sztukę, nie ma bowiem zarobku jak coś w teatrze. Wystawili moje „Lato w Nohant"[113] w Lublanie (Jugosławia), ciekawy jestem, czy dużo będę miał z tego forsy. A może byś pojechał do Jugosławii, co? To też ładny kraj – podobno, bo nigdy tam nie byłem.

Trzeba będzie po moim powrocie do Warszawy powrócić do dawnego systemu widywania się 1–2 razy na tydzień. Codzienne moje odwiedziny na ul. Flisaków niecierpliwiły i profesora Pietraszka – i zapewne nudziły Ciebie. A przy tym im rzadziej się widuje – tym ma się więcej sobie do powiedzenia. I ten list także dopiero za parę dni do Ciebie wyślę, bo nie chcę się naprzykrzać ciągłą korespondencją. A co ja tu robię, to i tak wiesz: jem, śpię (w dzień i w nocy), piszę – i myślę bez przerwy o Tobie. Widzisz, jakie to wszystko bardzo niezajmujące? Marzę, żebyś tu przyjechał do mnie, jest tu fotograf, który wynajmuje guziki i góralskie kapelusze. Chcę się tak z Tobą sfotografować – w góralskich kapeluszach!!

[dopisek z boku, lewy margines]: Powinieneś zaprosić moją żonę na chrzestną matkę Ewuni. Na pewno przyjmie.

Tak by mi było tu dobrze i cicho, i spokojnie, gdyby nie ustawiczna myśl o Tobie, o Twoich kłopotach i dolegliwościach. Na pewno

---

[113] *Lato w Nohant* – komedia w trzech aktach, autorstwa Iwaszkiewicza, opublikowana w odcinkach w latach 1936–1937 w „Skamandrze". Jej premiera miała miejsce 4 grudnia 1936 w Teatrze Małym w Warszawie.

miałeś gorączkę, kiedy odprowadzałeś mnie na dworzec – tak mi było przykro i radośnie zarazem. Wnioskuję (z owego kawałka napisanego na maszynie itd.), że masz jakieś wątpliwości co do mnie. Ach, niepotrzebnie, mój drogi, niepotrzebnie. Pewnie, że wolałbym się mniej martwić – ale na razie jeszcze bardzo się martwię. 21 III Tym bardziej, że nikt do mnie nie pisuje. Od przyjazdu nie miałem ani jednego listu – ani z domu, ani z redakcji, ani od Ciebie. A najprzykrzej jest nie wiedzieć, co się dzieje, zaraz sobie wyimaginuje człowiek byle co. Wiedziałem, że w poniedziałek miałeś być w Kopytowie, we wtorek łazić za zwolnieniem – ale co dalej? Nie wiem. I co w domu też nie wiem. Postanowiłem zabijać czas i niepokój pracą, dzisiaj napisałem 12 kartek maszynopisu mojej powieści[114], co jest olbrzymią ilością, zważywszy, że to nie jest machinalne przepisywanie, a przepisywanie twórcze, to znaczy z uzupełnieniami i przetworzeniami dość istotnymi i wymagającymi wysiłku umysłowego, toteż jestem zupełnie wyczerpany i zaraz się uwalę spać. To dobry sposób na niepokoje. Śnieg taki cudowny dzisiaj, biały lekki puch, pada dziś caluteńki dzień bez przerwy, a w tej chwili zrobiło się 10 stopni mrozu. Biedne ptaszki pukają do okna, a najbiedniejsze kawki, bo już pobudowały gniazda i zniosły jajka, a tu gniazdka napełniły się śniegiem i one nie mają gdzie spać, siedzą na tym świerku pod oknem i kraczą, a przy każdym ich poruszeniu lawiny śniegu spadają z drzewa. Bardzo smutno – ach, bardzo smutno. Dobranoc, kochanie – jeszcze nieprędko ten list wyślę.

22 III [1958],sobota rano

Znowu dzisiaj nic, ani jednego listu, a jutro już tydzień, jak wyjechałem z Warszawy; rozumiem, pisywanie listów nie jest

---

[114] *Sława i chwała* t. III – Iwaszkiewicz pracował nad powieścią w roku 1958, podczas pobytu w Rabce.

w obyczajach XX wieku, ale jest przecież telefon, telegraf, telewizja i inne środki telekomunikacyjne – a tu tymczasem tele-fele-kuku dla starego ramola. Zwierzęta wszyscy jesteście. Obawiam się, że wyjechałeś do Szczecina albo znowu masz ataki nerkowe. Tutaj śnieg wali trzecią dobę z rzędu i jest prześlicznie (rano było 10° mrozu) – po południu pojadę na spacer sankami, bo to szkoda siedzieć w pokoju na taki czas. Za tydzień już będę jechał do Warszawy, więc chyba już więcej nie napiszę, tylko zadepeszuję. Serdeczne pozdrowienia łączę –

Roman

43

[dopisek u góry, do góry nogami]: Kupiłem Ci w komisie tutejszym dwie czeskie chusteczki, nie bardzo ładne. Chciałem je przesłać pocztą – ale się nie mieszczą do koperty! R.

Rabka, dn. 24 III [19]58, poniedziałek
list niewysłany*

Drogi i kochany mój Jerzy!

Dopiero dzisiaj otrzymałem Twoją karteczkę, z czego się bardzo ucieszyłem. Nie mogę Ci podziękować „za pamięć", tak jak Ty mi w niej dziękujesz, ponieważ kartkę datowaną 19 marca wrzuciłeś dopiero w sobotę (22) – to znaczy, że nie bardzo pamiętałeś o niej, a co za tym idzie i o mnie. Najbardziej mnie cieszyła oczywiście wiadomość, że wyjątkowo dobrze się czujesz. Nie darmo śnił mi się dziś bardzo piękny, osobliwy pies – a jak wiesz, pies we śnie oznacza przyjaciela. Dużego listu i przesyłki jeszcze nie otrzymałem, choć je zapowiadasz. Jeżeli nie wysłałeś jeszcze, to nie wysyłaj – przecież ja w poniedziałek będę już w Stawisku. Myślę, że do mnie zatelefonujesz w ciągu dnia, bo chyba cały ten dzień spędzę w domu, rozkoszując się towarzystwem ludzi po tej tutejszej pustelni. Więcej chyba do Ciebie ani pisać, ani depeszować nie będę. Ty tylko mi daj znać, gdybyś wyjeżdżał z Warszawy, do Szczecina np. – bo nie chciałbym męczyć biednego profesora[115] moimi telefonami.

    Dzisiaj także dopiero dostałem pierwsze listy z domu, od żony – to znaczy, że przez cały tydzień byłem bez wiadomości znikąd. Znasz już chyba mnie dobrze i moje usposobienie – i wiesz, jak się niepokoiłem przez ten cały tydzień, siedząc bez wieści. Tym bardziej że zostawiłem siostrę po ciężkim ataku sercowym – i Ciebie w nie bardzo dobrym stanie. Myślałem, że miałeś gorączkę, odprowadzając mnie na dworzec. Przez ten tydzień, co siedziałem bez wieści, zacisnąłem mocno zęby i zabijałem się po prostu pracą. Skończyłem przekład dramatu Nazima Hikmeta, a potem uporządkowałem napisane też tutaj rozdziały z III tomu „Sławy i chwały" – i przepisałem je w całości na maszynie. Jest to około 100 stron maszynopisu – więc rozumiesz, jaka to praca. Ale też i zmęczyłem się, od maszyny niestety zawsze mnie bardzo boli krzyż – i tym razem mam tę dolegliwość, i jakoś mi niezręcznie nawet trzymać pióro w dłoni. Może to paraliż postępowy?

    Dzisiaj otrzymałeś (pewnie ze zniecierpliwieniem) mój ostatni list. Rzeczywiście i długi, i głupi – dzisiejszy zresztą nie lepszy. Mój drogi, zwróciłem uwagę, że tak trzymasz moje listy na samym wierzchu w szufladzie. Obawiam się, że dostaną się zbyt łatwo w czyjeś ręce, że mogą kogoś śmieszyć swym przesadnym tonem, jak śmieszą zapewne Ciebie i jak będą śmieszyły mnie za parę lat czy za parę miesięcy. Jeżeli ich nie chcesz zniszczyć, to może je schowaj głębiej. Chociaż spalić to będzie najlepiej.

    A teraz trzymaj się za boki, bo pękniesz ze śmiechu. Na tej kartce, co mi przysłałeś, z tyłu, najwyraźniej odciśnięte są słowa listu, który pisałeś poprzednio. Bez trudu wyczytałem: „do Pani Rajskiej w toto-lotku. Warszawa. Hotel Europejski (*vis-à-vis* Bristolu). Masz załatwioną pracę zgodnie z rozmową. – W rozmowie powołaj się na mnie. O wynikach rozmowy powiadom brata.

---

[115] Mieczysław Pietraszek.

Jurek". Możesz sobie wyobrazić, co sobie ja wyobrażam po przeczytaniu tej kartki. Oczywiście Ty mi wszystko wytłumaczysz, ale nie o to chodzi. Jestem przerażony, że Ty, taki ostrożny, taki przezorny, taki uważający, żeby nawet dwa razy z rzędu nie pójść do tej samej restauracji, popełniłeś taką nieostrożność. Stanowczo pionki źle Ci się ustawiają na kartkach, jak w wypadku dwóch taksówek. Bo przecież ja zawsze słyszałem, że to Twoja kuzynka pracuje w Toto-Lotku? I kto ostatecznie był na obiedzie w Ratuszowej?

Kochany, nie gniewaj się i nie niepokój, bo chociażbyś mi przedstawił wszystkie piętnaście Twoich kochanek, chociażbyś z trzema z nich się ożenił, żebyś mi wyznał cztery morderstwa i dwa gwałty, gdybyś mi nawet dał po mordzie za to wszystko – byłbym zawsze jednakowy. Tylko mnie niepokoi Twój brak głowy – musisz być bardzo zakochany. Nie darmo tak podkreślałeś ostatnio, że kochasz mnie jak przyjaciela, czego dawniej nie czyniłeś. Dlaczego mi się nie zwierzysz z Twojej miłości?

* [dopisek innym kolorem atramentu]

[dopisek z boku, lewy margines]: Zatelefonuj do mnie do Rabki, dobrze? Może w niedzielę rano? albo w czwartek? Czy się boisz może Pietraszka, bo on krzywo na mnie patrzy? po otrzymaniu tego listu. Byle nie w piątek, bo w piątek będę w Zakopanem[116]. Całuję Cię mocno

Roman

[dopisek z boku, lewy margines]: Przed chwilą przyszła paczka – ale nie od Ciebie. Pierwsze egzemplarze drugiego tomu „Sławy i chwały". Wielka radość. Już więcej pisać do Ciebie nie będę. Cieszę się na powrót do Warszawy jak dziecko!

---

[116] Iwaszkiewicz pojechał tam 28 marca 1958. Błeszyński w rozmowie telefonicznej z 27 marca zapowiedział swój przyjazd do Zakopanego, a następnie się z tego wycofał.

44

Stawisko, środa 25 III [1958],
wieczorem

Kochany Jurku! Dzisiaj już nie mam żadnych sensacyjnych wiadomości do doniesienia Tobie. Przed chwilą miałem telefon od Waśkowskiego[117], z Łodzi, który jest zrozpaczony, ale był u dyrektora, który powiedział, że nic na to nie może poradzić i tak już musi być, bo miałem jakieś zobowiązania – kolejnych nie wykonałem. Znalazłem się w kropce[118] i sam nie wiem, co mam robić – żal mi Waśkowskiego z jednej strony, a z drugiej uważam takie postępowanie ze mną za szczyt świństwa. Nie mam się kogo poradzić – jak Ty myślisz, jak można wyjść z tej całej historii? Szkoda mi i roboty, i pieniędzy, sam nie wiem, co mam robić. Napisz.

Na Stawisku cisza i pustka, Hania w Warszawie, Szymek jeszcze dzisiaj nie przyjechał, względnie przyjechał i nie przyszedł do mnie. Chciałbym już go widzieć, bo wszelkie sprawy niezałatwione ciążą już bardzo. Pieniądze od Ciebie przyszły i posłałem je Halinie, ale nie rozumiem tekstu Twojej depeszy: <u>Zdrada pozdrowienia od wszystkich</u>. Co znaczy słowo „zdrada"? Przypuszczam, że to jest jakieś zniekształcenie, ale jakie, nie mogę nic wymyśleć, co to może być. A jeżeli rzeczywiście depeszowałeś „zdrada" – to co to znaczy, czy Ty zdradziłeś, czy też posądzasz mnie o zdradę? Jeżeli tak – to może nawet słusznie – ale po co o tym zaraz depeszować? Bardzo mnie to wszystko irytuje i chciałbym szybkiego wyjaśnienia.

Dostałem znowu kataru i bardzo mnie rozbiera, obawiam się, że to przyjdzie wreszcie owa prawdziwa grypa, a tamta była tylko pozorna. Przykro by było zachorować na same święta!

---

[117] Mieczysław Waśkowski (1929–2001) – polski aktor i reżyser filmowy.

[118] Brak informacji wyjaśniających, co to za sytuacja. Prawdopodobnie zamieszanie jest związane z ekranizacją (lub planami ekranizacji) któregoś z utworów Iwaszkiewicza.

Dzisiaj już załatwiłem sprawy paszportowe na Niemcy i na Francję[119], nie wiem tylko, czy tak bezboleśnie da się załatwić sprawa wyjazdu Hani, a bez niej oczywiście nie chciałbym jechać. Co prawda jak na nasze warunki to trochę za późno przedsięwziąłem te kroki wyjazdowe, no ale może się to da załatwić. Okropnie mi jest przykro, że mamy wyjechać 19, nie będę więc w Warszawie na Twoje imieniny. Postanowiłem już zrobić coś na tydzień przedtem to znaczy 16, we czwartek. Dobrze?

Nie masz pojęcia jak bardzo odczuwam swoją samotność, tak mi jest trudno i smutno, i właściwie mówiąc, nie mam do kogo ust otworzyć. Hania zajęta chorym Maćkiem[120], sprzątaniem, kościołem i wszystkimi tego typu sprawami. Poza tym jakoś trudno mi jest ostatnio porozumieć się z nią, najłatwiej zresztą na Twój temat. Teresa jedzie na święta do Zakopanego, Marysia będzie tylko przez parę godzin w pierwsze święto. Oprócz depeszy z pieniędzmi nic od Ciebie nie mam, bardzo bym chciał mieć choć dwa słowa. Przyzwyczaiłem się do naszych niekończących się rozmów, przez ostatnie tygodnie byliśmy, właściwie mówiąc, bez przerwy razem.

Stosując się do Twoich poleceń, napisanych na pudełku papierosów, nie piję wódki, dużo piszę. Napisałem felieton wielkanocny do „Życia Warszawy", rozmowę o książkach, duży felieton do „Horyzontów" (pisma Komitetu Pokoju), za który dostałem 500 złociszów z miejsca – a jutro mam zamiar zasiąść (o ile mnie grypa nie zmoże) do takiej pracy o „książce", którą obiecałem dla „Czytelnika" ku uczczeniu 15-lecia jego istnienia. Miałem zamiar

---

[119] W roku 1958 Iwaszkiewicz nie pojechał do Paryża. W listopadzie tego roku wraz z żoną przebywał za to w Monachium, Wiedniu i Rzymie.

[120] Maciej Włodek (ur. 1944) – wnuk Iwaszkiewiczów, syn Marii. Iwaszkiewicz napisze o nim 4 października 1958, podczas pobytu w Krakowie: „No i Maciek, nowy, budzący się. Jakież to dziwne! Jakie on będzie miał wspomnienie z tego spotkania, pierwszy obiad w restauracji, spacer z babką, odprowadzanie nas na dworzec. Coraz bardziej interesuję się tym dzieckiem. On jest już obkuty przez życie i zamknięty w sobie pomimo zewnętrznej gadatliwości" – J. Iwaszkiewicz, *Dzienniki...*, s. 247.

niejeżdżenia do Warszawy, ale obawiam się, że sprawy paszportowe zmuszą mnie do tego – więc znowu z III tomu będą nici. Może zatelefonujesz przed świętami? Tak bym chciał posłyszeć Twój głos.

Jutro znowu napiszę, chociaż pewnie będę miał równie mało materiału do pisania. Czy nie słyszałeś przypadkiem wczoraj słuchowiska „Antygona"? Bardzo było piękne.

Całuję Cię po wiele razy, głowę do Twego serca tulę i bardzo, bardzo... Lilię ucałuj, wszystkich pozdrów i lub mnie choć trochę –

Twój

Jarosław

[dopisek z boku, lewy margines]: Jureniu, czy warto siedzieć w Bydgoszczy?

45

Zakopane, 28 III [19]58

Drogi – znowu masz kłopoty, co to wszystko znaczy? Nie spałem dziś całą noc po Twoim telefonie[121] – tak się tym wszystkim zmartwiłem. Tym bardziej, że musiałem wstać o świcie, bo dorożkę zamówiłem na ten pociąg, którym Ty miałeś przyjechać – a przyjechałem nawet na wcześniejszy! Przeżyłem przedwczoraj wieczór szalonej radości, ale już na godzinę przed Twoim telefonem wiedziałem, że ze wszystkiego nici. Opowiem Ci o tym, bo to bardzo zabawne. Rzeczywiście taka wyprawa dobra w piękną pogodę

---

[121] Okoliczności uzupełnia wpis w *Dziennikach* z 27 marca 1958: „Dwie rozmowy telefoniczne, wczoraj i dziś. Wczoraj skonstruowane wszystko w górę: dobrze się czuje, wesoły, przyjeżdża do Zakopanego. Dzisiaj wszystko w dół: źle się czuje, brak pieniędzy, nie przyjedzie, widać, że w złym humorze" – J. Iwaszkiewicz, *Dzienniki...*, s. 215.

i przy dobrym samopoczuciu. Ale pogoda dziś potworna, nogi mam przemoczone do kostek, brnie się po prostu i w Rabce, i tu w topniejącym śniegu. Rozsądek zwyciężył tym razem – ale to nie zawsze dobrze, kiedy rozsądek zwycięża. Jakoś coraz mniej widzę tego rozsądku u Ciebie. Ale to będzie przedmiotem naszych rozmów. Pierwsza musi być bardzo długa i bardzo poważna. Listy, które pisałem do Ciebie przywiozę – parę podarłem. Tak zawsze lepiej. Trochę za bardzo trzymasz moje listy na wierzchu – mogą się komuś wydać bardzo zabawne, jak nam się wydadzą za parę lat czy za parę miesięcy. Skąd kłopoty finansowe? Starałem się Cię dobrze zaopatrzyć przed wyjazdem. I co się zrobiło? Będziemy się naradzać i radzić – już za parę dni. W poniedziałek nie położę się do łóżka, zanim nie zadzwonisz, więc dzwoń jak najwcześniej. Tak piszę, ale ten liścik dostaniesz pewnie dopiero w poniedziałek rano. Nie wiem, o której do was listy przynoszą. Poronin widziałem dzisiaj przez mgłę rozczulenia. Boże, jeszcze takie wspomnienia! Serdecznie Cię pozdrawiam –

R.

[dopisek z boku, lewy margines]: Z wielu względów lepiej, że nie przyjechałeś.

46

[27 III 1958], czwartek
tegoż wieczora zaraz po Twoim wyjściu

Jestem świnia i dureń! W kuchni była przygotowana herbata i kolacja (różne dobre rzeczy), a mnie nie przyszło do głowy, aby Cię poczęstować! To zgubny wpływ obyczajów lilpopowskich na ukraińską gościnność. Byłem wściekły i chciałem Ciebie gonić, ale już było za późno, pewnie już siedziałeś w taksówce i jechałeś... dokąd?

[28 III 1958], piątek rano
Stawisko

Jestem bardzo cierpiący na ten krzyż, boli jak cholera, w kolejce myślałem, że zemdleję. Zatelefonuj błagam, bo nie wiem, czy się prędko zobaczymy.

Proszę Cię raz jeszcze, zastanów się nad sprawą leczenia i sanatorium. Moja żona słusznie zauważyła, że miejsce, w którym mieszkasz obecnie[122] (niskie, błotniste, nad wodą) jest bardzo dla Ciebie szkodliwe. Jeżeli do tego dodasz jazdy motocyklem do Brwinowa – to pomyśl, jak musisz sobie zaszkodzić. Ja nie mam siły perswazji, niestety – i nie mam na Ciebie żadnego wpływu.

Ale chciałbym Cię przekonać: Póki będę mógł, będę Ci wydatnie pomagał – kochanie. Z tym oczywiście, że nie wiadomo jak długo będę mógł... Bo trochę się lękam, że mnie teraz zechcą uderzyć finansowo. Taka nastała polityka – ale zawsze możesz liczyć. Pomyśl kochany, zastanów się. Ściskam Cię, Roman

[dopisek na boku, lewy margines]: Tak jestem zbolały, że do krawca nie zaszedłem – przepraszam Cię bardzo.

47

29 III [19]58

[maszynopis, numeracja odręczna]

Po cóż te wszystkie niepokoje,
Po cóż te wszystkie kłamstwa twoje,
Nie zostaniemy tu we dwoje –
Trzeba nam w rożne strony biec.

---

[122] Mieszkanie przy ul. Flisaków.

Już wyschły wszystkie wodopoje,
Umarły pszczół wyklętych roje,
Ach, i nie w twoje ani w moje,
W łoże nie możem razem lec.

Z darni zielone bywa łoże,
Albo na dnie usypia morze,
Albo spalają czarne zorze –
Śmierć chowa dla nas tysiąc prób.

Jakaż jest hojna – Boże, Boże! –
I choć błagamy ją w pokorze,
Jednego tylko dać nie może –
By nas ogarnął jeden grób.

II
[maszynopis, numeracja odręczna]

Bo tu zupełnie o co innego chodzi,
Kiedy deszcz pada, kiedy smutno,
I wie się, że szczęście się nie urodzi
Ani pojutrze, ani jutro.

Chodzi tylko o trochę wiosennego wiatru,
Żeby włosy rozrzucił na twoim czole,
I żebym, kiedy już te dni się zatrą –
Zapamiętał twą dłoń wspartą na stole.

29 III [19]58[123]

[dedykacja odręczna]

Dla Jurka mojego
Jarosław

---

[123] Wiersze nr. IX i VIII, z cyklu „Droga", w zbiorze *Sprawy osobiste*, wybór i opracowanie Piotr Mitzner, Czytelnik 2010.

48

[Kartka złożona na pół – list pisany na prawym skrzydle, na lewym adnotacja]

La aide – memorie'u[124]
zasadnicza zmiana od niedzieli mojego wyjazdu [16 marca, 1958]

30 III [1958]

Mój drogi! Kończy się mój pobyt w Rabce, okropny, który od początku do końca był jedną myślą o Tobie – też okropną. Ja to piszę dla siebie – nie dla Ciebie. Także nie będę mówił o takich rzeczach – to niebezpieczne. I znudzi Ciebie, i zniecierpliwi, i tak jesteś bardzo znudzony i zmęczony moją osobą, i wciąż (coraz bardziej) lękasz się kompromitacji. Dałeś mi to aż nadto do zrozumienia – ostatnio. W ogóle dałeś mi tyle rzeczy do zrozumienia. I trzeba przyznać w bardzo delikatny sposób. To ładnie z Twojej strony. W ogóle muszę powiedzieć, że się zawsze zachowujesz w stosunku do mnie po dżentelmeńsku – o ile kłamstwa da się połączyć w jedno z dżentelmeństwem. Chociaż Ty nazywasz to tylko tym – że „nie wszystko mówisz" – ale z tego mówienia „nie wszystkiego" wynika oczywiście kłamanie. Ach, jakież były rozpaczliwe te straszne dnie w Rabce, bez listu, bez telefonu, bez niczego. Jak mi opadały ręce, jak płakałem – naprawdę płakałem jak dziecko, stary, głupi dziad. Bo przecież to wszystko jest nieuniknione – jaki ja głupi, nieprawdopodobnie głupi. Przypomina się „Chéri" Colette'y[125]. Jakież to szczęście, że mam jeszcze literaturę...

---

[124] *L'aide – mémoire* (fr.) – pomoc – pamięć.
[125] Sidonie-Gabrielle Colette, znana pod pseudonimem Colette (1873–1954) – francuska pisarka, autorka powieści obyczajowo-psychologicznych. Znana głównie z opartego na motywach autobiograficznych cyklu o Klaudynie (1900–1903) oraz powieści *Chéri* (1920).

49

[30 III 1958]

[Kartka złożona i podzielona na pół. List na prawym skrzydle, na lewym – dopiski]

[Bokiem, z lewej krawędzi]
1) rachunek Jurka
2) forsa niestraszna

[Czerwonym atramentem, u dołu kartki]
Aide – memorie

[Prawa strona karty – część główna listu]
Aide memorie
Do rozmowy z J.B. (dążenie do zawarcia układu[126]!)
1 Zdrowia moje i jego. Jesteś w bardzo trudnej sytuacji

[strzałka do dopisku bokiem na prawym marginesie]
Wpływy Pietraszka i pani R. Pietraszek głównie, cholera!
2 a) Bliższe plany
   b) Dalsze plany
3 Przyczyny mojego zaniepokojenia
   (zresztą zrozumiałe dążenia J.B)
   (domniemany telefon itd.)
4 a) Małe kłamstwa (list, paczka, ów telefon)
   b) Duże kłamstwa
5 Sprawy pieniężne.
   (Czy oddał 1000 zł kuzynce[127]?)
   (Gdzie pracuje kuzynka?)

---

[126] List jest planem rozmowy, którą Iwaszkiewicz zamierzał przeprowadzić z Jerzym.
[127] Ponownie chodzi o Nikę Reisską, kochankę Jerzego, którą przedstawiał jako swoją kuzynkę, a która prawdopodobnie pracowała w Toto-Lotku.

6 Co robił przez te dwa tygodnie, że był taki zajęty?
Czy jest bardzo zakochany?
Gdzie pracuje pani R.? [tu innym, czerwonym atramentem znak: X]
7 Układ stosunków na przyszłość. (kwestia targów za pierwszym widzeniem)
   1) Moje warunki ~~wymagania~~ moje korzyści.
   2) Kwestia „zazdrości" – głupota
      Mogę być zazdrosny o nią albo profesora, ale nie...
8 Zasadnicza sprawa: nieliczenie się ze znajomością moją ludzi i ludzkich spraw i niedocenianie mojej inteligencji (zrozumienia)*
   Dlaczego nie powiedzieć wszystkiego wprost?
9 Wszystkie przykre rzeczy (pierwej odczytać zapis dziennika[128])
   Pokazanie listu do mnie. [pociągnięta strzałka od punktu „Duże kłamstwa"]
Wynik.
Zagranie w otwarte karty

[dopisek z boku, na lewym marginesie]
ew. podróże (Kazimierz)

* [zapis na dole kartki, pociągnięty strzałką do tego miejsca] żeby nie myślał, że mnie nabiera, mnie się ta cała sprawa opłaca

---

[128] Podczas spotkania z Błeszyńskim Iwaszkiewicz odczytał mu fragment *Dzienników*, datowany na 25 marca 1958 roku: „Na pewno nie ma na świecie człowieka w moim wieku, z taką rodziną rozrodzoną, z taką ilością przyjaciół, który by był tak opuszczony jak ja. Dnie takie jak dzisiaj to właściwie jest dno koszmaru. Tylko należy się dziwić, że człowiek wytrzymuje coś podobnego – i to dobrowolnie. Wygnanie, więzienie, obóz – to tylko da się porównać z moimi tegorocznymi przeżyciami w Rabce. [...] Nie wysłałem listu napisanego do Jurka, tego pomylonego szlachcica. Obawiam się, że słowem pisanym można bardzo urazić – i trudno potem odrobić. Gdyby nawet wszystko, co o nim myślę, było prawdą, to jednak zawdzięczam mu tak wiele, że muszę się trzymać – i być dla niego samą wdzięcznością" – J. Iwaszkiewicz, *Dzienniki...*, s. 213–214.

50

[30 III 1958]
[Kartka złożona na pół, zapis na prawym skrzydle]

nie doceniasz we mnie trzech rzeczy:
mojej inteligencji, mojego doświadczenia i mojej dobroci
Romans: przeminęło z wiatrem, wdarł się jakiś chłód

Dlaczego nasze kontakty
są sprawdzane przez policję[129]?

51
[Kartka złożona na pół, zapis na prawym skrzydle]

Stawisko, 2 V [19]58

Okrucieństwo losu, który po tamtych dniach, znowu robi z nas obcych sobie ludzi i daje „słyszeć przez telefon" obojętne wyrazy – jest nie do zniesienia. Dom pełen dzieci i ludzi zajętych wyłącznie dziećmi jest przerażający – i wszystko okropne. Prócz wspomnień – które oczywiście także nie wszystkie są przyjemne. Mimo wszystko zdaje się, że pełnie, bardziej szczerze, nie mogliśmy rozmawiać ani „być" ze sobą. We wtorek pić będę, staraj się dzwonić: środa, czwartek. Bezustannie myślę o wszystkim, co mi powiedziałeś. Całuję Cię
Kłaniam się –
Roman

[dopisek na boku, lewy margines]: Posyłam książkę dla Ciebie i 2 tomy opow[iadań]: dla Leszka[130]

---

[129] Korespondencja Iwaszkiewicza była prawdopodobnie kontrolowana przez Służbę Bezpieczeństwa.
[130] Nie udało się ustalić, o kogo chodziło.

52

[3.5.1958][131]

Mój drogi!

W niedzielę [dopisek u góry, innym atramentem: 4 jutro] (o ile nie będzie deszczu) podpisuję książki w Alejach Ujazd. od 12 do 1 lub 1.30. Zajdź po mnie – pójdziemy gdzie na obiad – o ile chcesz mnie jeszcze widzieć. O 17.44 jadę do Łodzi –

J.

[dopisek z boku, lewy margines]: Listy dla Źr.[132] dostaniesz w poniedziałek.

53
[Kartka złożona na pół – list na prawym skrzydle]

Łódź[133], 5.5.[19]58
późnym wieczorem

Mój drogi!

Chcę się z Tobą podzielić – tak jak się dzielę kłopotami – także wielką radością: nie masz pojęcia, jakie powodzenie miał ten wieczór tutaj, porównania nie ma ze Szczecinem. Sala była przepełniona, mnóstwo ludzi nie mogło się dostać, znakomicie reagowali na wszystko, co czytałem. Widać było, że moja popularność wzrosła bardzo w ostatnich czasach, że mam czytelników i słuchaczy. Czy

---

[131] List pisany dwa dni po powrocie Iwaszkiewicza ze Szczecina, gdzie odbyły się jego dwa wieczory poetyckie. Podczas trzydniowego pobytu towarzyszył mu Błeszyński, który spotkał się wówczas z matką.

[132] Nie udało się ustalić, o kogo chodziło.

[133] Łódź – kolejny przystanek na trasie wieczorów poetyckich Iwaszkiewicza. Po Szczecinie i Warszawie pisarz czytał swoje wiersze w Łodzi.

to nie radosne? Nie mam komu o tym mówić, zresztą to takie jest trochę wstydliwe – mówię więc Tobie, bo zdaje mi się, że to Tobie sprawi przyjemność. Chyba to, co mnie cieszy, i Ciebie cieszy, a to pociecha, że praca moja nie jest darmo rzuconym na wiatr słowem. Najwięcej było młodzieży – nawet kilku bardzo ładnych chłopców, nie tak wszakże pięknych jak Hilary[134] (Hilary, kiedy mówię Hilary to znaczy Jerzy).

Dziś jest tydzień, jak wyjechaliśmy do Szczecina, potem będzie dwa, potem trzy, potem miesiąc, a potem dzień ten zatrze się w naszej pamięci i już <u>nigdy</u>, nigdy nie powróci...

Żyję wciąż Twoim widokiem w te dni. Obserwowałem Cię godzinami, jak spałeś.

Do widzenia, Twój
R.

54

[Kartka złożona na pół – list na prawym skrzydle]

5 maja [19]58
Łódź

Moje dziecko!

Jestem jeszcze przepełniony <u>po pachy</u> wspomnieniami Szczecina i nie mogę odzyskać równowagi. I Ty i ja męczymy się paskudnie – i nic nie można na to poradzić. Bez przerwy myślę o Tobie – nie zawsze są to smutne myśli. Dziś jest w nich i radość. Naprawdę, dużo radości. A to tak dużo w życiu. W Łodzi zimno – ale przyjemnie. Ja lubię Łódź. Wracamy jutro (wtorek) pp. – na koncert.

---

[134] W 1923 Iwaszkiewicz wydał powieść *Hilary, syn buchaltera*. Być może określenie, którego używa wobec Błeszyńskiego, stanowi aluzję do tej książki.

[dalej na prawym skrzydle – ołówkiem]

(Skończył mi się atrament!) Zadzwoń, kiedy Ty będziesz chciał mnie widzieć. W niedzielę miałem trochę wrażenie, że się narzucam. Co z Hilarym? Co z Twoim motocyklem? Co w ogóle? Tak mnie obchodzi każdy szczegół. 20 jadę do Sandomierza[135] na 2 tygodnie popisać.

Całuję Cię
Roman

a propos bardzo chcę pomówić
z Romkiem o sekretariacie
Ołówek odcisnął się na następnym
papierze – jakiś to zdradliwy papier.

55

Warszawa, 12 V [19]58
godzina 10 wieczór

Moje dziecko najmilsze! Nie zatelefonowałeś dzisiaj wieczorem, jak mówiłeś. Czy to znaczy, że zanocowałeś w Brwinowie? Jakoś boję się tych Twoich noclegów... ach mój drogi, jak ja się męczę – ciągle mam wrażenie jakiejś skomplikowanej gry z Twojej strony. Męczę tym Ciebie i siebie – przebacz mi, kochany, jak tyle razy wybaczałeś. Muszę więc czekać na Twój głos aż do niedzieli – to bardzo długo. Chciałem Ci powiedzieć, że było mi bardzo dobrze na herbacie we wtorek – kiedy wracałeś do Brwinowa – pół godziny bardzo mnie uspokoiło – dzisiejszy spacer na grobli ze znalezieniem złotego krzyżyka mniej mi pasował. Nie masz pojęcia, jak tęsknię do Ciebie

---

[135] Iwaszkiewicz dotarł do Sandomierza 25 maja 1958, pracował tam m.in. nad *Tatarakiem*.

w każdej wolnej od zajęć chwili, tak jak dzisiaj – (och, Boże, był telefon, byłem pewien że to Ty – i znowu rozczarowanie) – i bardzo się wciąż niepokoję z powodu motoru[136]. Czy znowu wracasz od Nadarzyna[137] piechotą do Warszawy? Bardzo mnie zmartwiło to, co powiedziałeś mi o samochodzie. Czy nie można zrobić jakoś inaczej? Kupiłbym od razu całość – ale niestety nie mam w tym roku 10 tomów dzieł! I nieprędko będę miał. Piszę bzdury, ech, to tak, jakbym gadał z Tobą. Całuję Ciebie wiele razy –

Zygmunt

[dopisek z boku, lewy margines]: Chciałbym z Tobą pogadać dłużej jesienią w Rycerskiej[138]

56

Stawisko, wtorek wieczorem
dn. 13 maja [19]58

Drogi mój!

Taki byłeś dziś obcy i obojętny, jakiś inny, pachnący fiołkami i kobietami, aż mi się zrobiło smutno. Każdy dzień smutny, kiedy Ciebie nie widzę, a jeszcze smutniejszy kiedy Cię zobaczę. Cieszę się na nasze piątkowe spotkanie – pod wieczór zrobiło się chłodniej i ja poczułem się lepiej nieco. Chciałbym z Tobą pojechać gdzieś bardzo daleko – czy to niemożliwe, żebyś Ty dostał paszport zagraniczny? Ty przecie wszystko możesz, jak chcesz...

---

[136] Motor był podstawowym środkiem transportu Błeszyńskiego, co źle wpływało na jego stan zdrowia. Podczas awarii maszyny Jerzy pokonywał drogę pieszo. Iwaszkiewicz namawiał go do zakupu samochodu i wspierał ten cel finansowo, o czym jest mowa w kolejnych listach.

[137] Nadarzyn – miejscowość pod Warszawą, ok. 13 km od Brwinowa.

[138] Rycerska – restauracja w Warszawie, przy ul. Szeroki Dunaj.

Strasznie się cieszę z Twojego płaszcza, jeszcze teraz trzeba pomyśleć o letniej marynarce. Ja muszę kupić parę koszul sobie. Tak cudnie na świecie, zachód słońca był zachwycający, kochany, drogi, tak bym chciał, aby Ci było dobrze. Wiesz dobrze, że myślę o Tobie bez przerwy. Powtarzam Ci to po wiele razy. Jakiś cudny wieczór wiosenny – do widzenia, do widzenia

R.

57

Stawisko, 16.5.[19]58

Moje dziecko najdroższe, mój kochany, jedyny!

Tak nie można tylko pisać, ale tak nie można myśleć, to nie jest godne człowieka. Jeśli się jest w całym tego słowa znaczeniu człowiekiem – to się przyjmuje prawidła ludzkiej gry – jak prawidła szachów czy brydża. A prawidłem naszej gry jest branie wszystkiego na serio, udawanie, że wszystko, co czujemy i co robimy, jest bardzo ważne i potrzebne całej ludzkości. Pamiętaj, co Ci ciocia Urszulanka napisała: czy świat po Twoim przejściu przezeń będzie lepszy, czy gorszy. Powinniśmy myśleć o tym. Oczywiście może to i prawda wszystko, co napisałeś w Twoim liście (bo chyba to jest coś w rodzaju listu do mnie i muszę to otrzymać) – ale to jest jakieś wymykanie się ze społecznictwa, stawianie siebie ponad wszystko, egoizm czy egotyzm: mnie nie obowiązują ludzkie prawa i umowy. Jeżeli chodzi o wolność – rzeczywiście to słuszne wszystko, co mówisz – pod warunkiem, że słowo <u>wolność</u> coś znaczy. Może znaczyć jedynie codzienny wybór tego, co robimy, codzienny proces wyboru czynności, uczuć i działań, ale nie może oznaczać jakichś abstrakcyjnych oderwań od społeczeństwa. Czas, ludzie, dziedziczność – wszystko nakłada na nas pęta – miłość także.

Mój drogi, pomyśl trochę o Piotrze, i on będzie kiedyś miał Twoje lata, będzie myślał o ojcu (ojciec będzie sławny jako bohater „Wzlotu", jako przyjaciel Iwaszkiewicza, jako typowa i bardzo znana {listy} postać pięćdziesiątych lat XX wieku) – przecież on musi myśleć, że ojciec przeszedł przez życie jak pełny, mądry, piękny człowiek. A samobójstwo, czy nawet myśl o samobójstwie nie jest rzeczą piękną ani mądrą. Zawsze zostaje w stosunku do samobójców coś jak lekceważenie czy lekki wstręt innych ludzi.

Kochanie, nie myślę o samobójstwie jako fakcie gwałtownego pozbawienia siebie życia, bo to idiotyzm, którego nie zrobisz ze względu na Piotra (i może odrobinę na mnie) – ale samobójstwem nazywam cały Twój tryb życia, cały sposób w jaki przyśpieszasz bieg swojej choroby, o czym mówimy tak często i tak długo z moją żoną, która Cię bardzo lubi i bardzo chciałaby Ci pomóc.

Oczywiście na samym końcu i bardzo nieważny, ale przecież istniejący, argument mojej osoby. Wiesz przecie dobrze, czym jesteś dla mnie, i nie potrzebuję Ci tego powtarzać, jak mówię w pewnym nieznanym Ci wierszu noworocznym (1958)[139].

Jesteś mi wszystkim: kochankiem i bratem, śmiercią, życiem, istnieniem, słabością i siłą... a przede wszystkim siłą, czymś, co podtrzymuje we mnie resztki życia i daje złudzenie młodości, co mi pomaga patrzeć na liście, tęczę, kwiaty i piękne kobiety – co tworzy zasadniczą plecionkę mojego życia, a na czym dopiero wyrosła moja twórczość, cały mój byt. Musimy istnieć, mój Jurciu, dopóki nie powstanie trzeci tom „Sławy i chwały", zadanie mojego życia – które zeschnie jak liść bez Twojego życia. Drogi mój i najdroższy, nie napisałem Ci nigdy tego i nie powiedziałem, ale może istniejemy rzeczywiście dla jakichś przeznaczeń boskich czy ludzkich? Co to można wiedzieć? Nic na świecie na pewno wiedzieć nie można.

---

[139] Iwaszkiewicz miał zwyczaj pisania w każdym kolejnym roku, 1 stycznia wiersza noworocznego.

Jesteś moim wszystkim szczęściem, słońcem zachodzącego mojego życia; żona moja zbudziła mnie dziś w nocy, bo powtarzałem przez sen: Jurek, Jurek, Jurek. Dziecko moje, nie bądź aż tak smutny, aż tak samotny. Pamiętaj, że wszyscy jesteśmy samotni, beznadziejnie samotni – ale że jesteśmy ludźmi – i że większego przeznaczenia na świecie nie ma.

Całuję Twoje najdroższe oczy i ręce –

Roman

58

21.5.[19]58

Moje dziecko najdroższe!

Posyłam Ci czek tylko na dwa złote, bo zmieniłem zdanie: powinieneś podjąć tamtą sumę i złożyć na własne imię (na książeczkę) i mieć to na wszelki wypadek. Niech to już będzie u Ciebie – może się nauczysz nie wydawać wszystkiego od razu i chować na <u>samochód</u>?

Zatelefonuj jutro rano, bo trzeba się umówić na ten wyjazd[140]. Może pogoda dotrwa.

Całuję Cię mocno i serdecznie
Jarosław

---

[140] 25 maja Iwaszkiewicz rozpoczął urlop twórczy w Sandomierzu. Dzień wcześniej odbył z Błeszyńskim podróż samochodem do Baranowa, gdzie szukali grobu ojca Jerzego: „Byliśmy na plebanii, w kościele; prosty, ładny budynek, potem u byłego kościelnego, który nas wreszcie zawiózł na cmentarz i pokazał, gdzie mniej więcej mogła być mogiła Błeszyńskiego. Sprawa zdawała się beznadziejna, piętnaście lat od śmierci, Jurek miał jedenaście lat, kiedy był na pogrzebie, nic już nie pamiętał. W ciągu piętnastu lat, kiedy nikt grobu nie odwiedzał, mógł się zatrzeć kompletnie. I oto za białą, sporą brzózką ja odnalazłem krzyż, na którym wpół zatarty napis: «Adam Błeszyński umarł 26 marca 1943 roku». Tak się szalenie ucieszyłem, że mogłem to dla Jurka zrobić i żeśmy nie darmo przyjechali. Jerzy był bardzo wzruszony" – J. Iwaszkiewicz, *Dzienniki...*, s. 222.

59

[Zapisany ręcznie na papierze z ryciną o podpisie „Starożytny żuraw gdański"]

Sandomierz[141], 28 V [19]58

Syny moje najdroższe!

Jedyny to chyba będzie list z Sandomierza, dziś się dowiedziałem od Żony i od Romka, że muszę przyśpieszyć mój przyjazd do Stawiska z tego powodu, że przyjęcie dla Rubinsteinów[142] musi się odbyć 4 czerwca. Nie warto było tu przyjeżdżać, ale cóż robić. Małżonka moja, która tak nigdy nic takiego nie chce, pali się w sposób nad wszelki wyraz snobistyczny do tej historii – i muszę jej ulec. Choć mi tym razem wyjątkowo dobrze jest w Sandomierzu – przede wszystkim ze względu na pogodę. Całymi rankami siedzę nad Wisłą i spaliłem się na brąz. Dzisiaj niestety jakiś chłopak utopił się w rzece[143] i nabrałem lekkiego wstrętu do kąpieli. Deszczu ani burzy wcale nie było od naszego przyjazdu – tylko pali strasznie i wszystko przekwita w try miga. Już po bzach, kasztanach, akacje się zaczynają, tylko Twoje białe kwiatki, które

---

[141] Pobyt Iwaszkiewicza w Sandomierzu, planowany na dwa tygodnie, trwał ostatecznie od 25 maja do 3 lub 4 czerwca 1958 roku.

[142] Artur i Nela Rubinsteinowie. 3 czerwca 1958 roku Artur Rubinstein przyjechał do Polski na zaproszenie Filharmonii Warszawskiej wraz z żoną Nelą i dwojgiem dzieci, Aliną i Johnem. Rodzina odwiedziła wówczas Iwaszkiewiczów, co zostało określone przez Jarosława jako: „Piąte [...] z serii wielkich przyjęć powojennych na Stawisku – i chyba ostatnie" – J. Iwaszkiewicz, *Dzienniki...*, s. 229.

[143] Wspomniany wypadek, obok innych okoliczności, stanowił inspirację dla opowiadania *Tatarak*. We wpisie z 2 czerwca 1958 Iwaszkiewicz wyznaje: „A ten tatarak męczy mnie od Baranowa, gdzie wzięliśmy parę źdźbeł od chłopaczka z ulicy. Historia dr Schinzlowej, chłopak, który się utopił przedwczoraj w Wiśle, i taneczny krok nagiego „czerwonej koszuli" (chyba jest z UB?) [Zbyszek Rammat – młody mężczyzna, którego Iwaszkiewicz obserwował przy rzece – przyp. red.], a przede wszystkim zapach tataraku i wspomnienia z dzieciństwa z nim związane [...], wszystko splata się w jedną plecionkę. Opowiadanie dojrzewa" – J. Iwaszkiewicz, *Dzienniki...*, s. 227.

zerwałeś na wale ochronnym, nie więdną i stoją przede mną na stole. Żółte też.

Zabawne jest obserwowanie miasteczka, chuliganów, pobożnych babulek. Wyobraź sobie, że tylko w sobotę są modne kolorowe, kraciaste koszule. W niedzielę występują śnieżnobiałe z ciasnymi spodniami. Jak widzisz, byłem „na przystani"[144] i w niedzielę – ale bez rezultatów. Miałem zabawny – raczej smutny – incydent, o którym Ci opowiem.

Z drugiej strony cieszę się, że wracam (we wtorek); znowu zaczną się randki na grobli i wieczory w melinie. Nie masz pojęcia, jak mi jest dobrze i spokojnie w Twoim towarzystwie, a ostatnia podróż była urocza. W domu dziecka[145] zachowałeś się jak niedzielny książę. Strasznie lubię Twój sposób bycia – tylko nie lubię, jak opowiadasz kawały.

Chciałbym się dowiedzieć, jak Ci idzie praca, jak działają pompy (wszystkie pompy) i czy się bardzo irytujesz. Czy widziałeś Trzeciaka[146]?

Całuję Cię mocno i serdecznie, strasznie za wszystko wdzięczny –

Jarosław

Czy mógłbyś pożyczyć mi na parę dni parę tysięcy złotych? Podpisane czeki wyczerpały się, a tam potrzebna forsa na to utrapione przyjęcie.

---

[144] Podczas pobytu w Sandomierzu Iwaszkiewicz często chodził na „przystań" przy Wiśle. Towarzyszyli mu Wincenty Burek, Włodzimierz Wachowicz oraz Andrzej Brustman (jemu zadedykuje pisarz opowiadanie *Tatarak*). Spacerował również sam, obserwując przebywających tam mężczyzn.

[145] W Sandomierzu Iwaszkiewicz wynajmował pokój w budynku byłego domu dziecka.

[146] Nie udało się ustalić tożsamości.

60
[Zapis odręczny na papierze z ryciną podpisaną „Dar Pomorza"]

Sandomierz, 29 V [19]58

Jurciu mój kochany, drogi, najmilszy! – Obiecałem Ci już nic nie pisać z Sandomierza, ale dziś pogoda się zepsuła, pada cały dzień i taka mnie ogarnęła tęsknota za Tobą, że siadam choć do listu, aby w myślach przynajmniej pogadać z Tobą. Czuję się zawsze taki opuszczony, gdy Ciebie nie ma w pobliżu i tak mi pusto. Nie ma się kto mną opiekować – bo zawsze Twój stosunek do mnie odczuwam jak opiekę. Wczoraj było jeszcze potwornie gorąco – a dzisiaj od rana chmury (burzy nie było) i zaczęło padać, padało przez cały dzień. Znacznie się ochłodziło i spać się chce cholernie, bo w te upały marnie człowiek sypiał. Jak Ci pisałem, miałem list od mojej Żony i od Romka w sprawach przyjazdu Rubinsteinów – pytałem się już, czybyś nie pożyczył paru groszy? Omówisz to z Romkiem, poza tym może przez Twoje czułe stosunki z „zielenią miejską"[147] nie mógłbyś się wystarać o kwiaty? Duże bukiety róż lub czegoś innego wysokiego, bardzoby to było uprzejme z Twojej strony.

Póki była pogoda, sterczałem nad Wisłą, opalałem się i nie myślałem o niczym, a jak deszcz zaczął padać, zaraz zacząłem tęsknić i filozofować. Nie wyobrażam sobie zupełnie, jak spędzę to lato, które mi się tak obrzydliwie układa, całe w rozjazdach. Jak ja wytrzymam bez Ciebie? Wczoraj dostałem także list z Jugosławii, że mam tam trochę forsy za „Czerwone tarcze" i mógłbym spędzić jesień nad brzegiem Adriatyku. A może byś Ty mógł tam pojechać, może by to było dobre na Twoje zdrowie pooddychanie trochę cieplejszym powietrzem? Zastanów się nad tym.

---

[147] We wcześniejszych listach jest mowa o pomyśle Błeszyńskiego, by dorabiać do pensji w „ogrodnictwie". Tu zapewne nawiązanie do jego kontaktów w tym środowisku.

Zaczynam tęsknić i martwić się, filozofować – a przede wszystkim martwić się starością i zbliżającą się śmiercią. Tak mi się nie chce porzucać tego świata, już jak Ci to kiedyś mówiłem. A jednocześnie pewne osłabienie sił zmysłowych – stale wzrastające, głuchnięcie, roztargnienie – to wszystko zmartwienia. Brak powodzenia u kobiet do tego wszystkiego, i to, co mi mówił Częścik. Jednym słowem – same czarne myśli. A przy Tobie o niczym takim się nie myśli, przy Tobie ja myślę o Tobie, robię plany wakacyjne, myślę o samochodzie. W gruncie rzeczy cieszę się, że niedługo siedziałem w tym Sandomierzu, nie mógłbym tu wytrzymać, głównie dlatego, że bez widywania się z Tobą. Musimy to jakoś usystematyzować przez ten czas, co będę w Warszawie przed wyjazdem do Moskwy i do Sztokholmu[148], abym nie narzucał się i nie przeszkadzał Tobie – a miał jednak możność widzenia Ciebie czy słyszenia Twego głosu; chciałbym też wiedzieć zawsze, gdzie jesteś i co robisz. Nie gniewaj się na mnie.

Z wielkim, ogromnym wzruszeniem wspominam naszą podróż do Sandomierza[149]. Nic nie wiem, jak wracaliście.

Całuję Cię serdecznie
Twój Roman

P.S. Jak z marynarką?

---

[148] Jarosław i Anna Iwaszkiewiczowie wyjechali do Moskwy 2 lipca 1958, na zaproszenie Fiodora Panfiorowa, celem omówienia współpracy między redagowanym przez niego pismem „Oktiabr" a „Twórczością". Podróżnicy odwiedzili także Kijów i Podole. Brak informacji o wizycie w Sztokholmie.

[149] Prawdopodobnie po wizycie w Baranowie Jerzy odwiózł Jarosława do Sandomierza, po czym wrócił do domu.

61

Wracam niedziela rano zatelefonuj
koło południa, pozdrowienia Jarosław
[dopisek odręczny]:
wycieczka z Chińczykami

Telegram z dnia 14 czerwca 1958,
godz. 13.50

62

Stawisko, 17.6.[19]58
wieczorem po Twojej wizycie

Syneczku Kochany! Tak mi jakoś smutno wieczorem samemu, w uszach szumi, spać nie chce i nie chce się pracować – a tyle mam do zrobienia. Miło mi, że byłeś u mnie, tak rzadko mogę Cię mieć w moim pokoju, tak rzadko mogę Cię ugościć, a to taka dla mnie przyjemność. Ten list Ci pewnie wyślę – bo dwa poprzednie zostały nie wysłane, nawet zniszczone. Mówiły one o niepotrzebnych rzeczach, mogły Cię zranić, mogły Cię zniecierpliwić. Bo ja zawsze, od lat, mówię i piszę o niepotrzebnych rzeczach, o których nie trzeba mówić, bo to nic nie zmieni i nic nie pomoże. Prawda?

A mimo wszystko tak chciałbym wedrzeć się we wszystkie Twoje tajemnice, wiedzieć o Tobie to, czego nie wiem. Pomyśl, że ja Ciebie <u>nigdy</u> nie widziałem w towarzystwie kobiet, które Ci się podobają – nie widziałem Ciebie tańczącego, bawiącego się... Z Kurwacką[150] się nie liczy, a i to było bardzo dawno. Wieczory w Rycerskiej – to sen.

Częścik pisze z Bułgarii, opalony, cieszy się, wszystko mu się podoba. Wróci! Będzie gadał, zazdrościł, intrygował. Czy rzeczywiście radzisz mi trafić do Rajskiej przez niego?

Marzę o takim wieczorze z Rajską, gdzie bym mógł mówić tylko o Tobie i słuchać tylko o Tobie – ujrzeć Cię zupełnie innego, niż Cię znam – bo ujrzeć Cię oczami kobiety, której nie kochasz.

Kiedy jesteśmy razem, mówimy wciąż nie o tym, co trzeba. To bardzo męczące. Mam wrażenie, że cały czas myślisz o czym innym – o kim innym. Czy to prawda? Napisz mi jedno słowo: prawda.

---

[150] Kurwacka – prawdopodobnie określenie jakicjś kochanki Błeszyńskiego sprzed lat.

Drogi mój, wieczór cudowny, ciepło, psy szczekają i gwiazdy zapalają się na niebie. W domu cisza zupełna, wszystkie staruszki i wszystkie dzieci poszły spać i czuję się taki strasznie samotny, do dna samotny – i smutny aż do śmierci. Kocham Cię. I co mam robić?

To dobrze, że czujesz się lepiej, że lepiej jesteś ze zdrowiem i z nerwami. Ale to nie ja to sprawiłem – niestety.

Do widzenia, malutki, do widzenia nieprędko, może za tydzień dopiero. Wysypiaj się – i jedz dużo. Jeżeli potrzebujesz forsy, to zadzwoń – i pomyśl czasem o mnie przez małą chwilkę. Ja zawsze jestem myślami przy Tobie –

Zygmunt

63

2 VII [19]58, środa rano w pociągu[151]

Mój drogi! A teraz na poważnie. Właściwie mówiąc, spędzenie wczorajszego wieczoru było zbrodnią. Ta ilość wódy przy Twoim stanie zdrowia musiała być bardzo szkodliwa. Błagam Ciebie, nie pij już więcej, Lilka powinna dbać o Ciebie. Cieszę się, że masz ciepłą kobiecą rękę, tego Ci potrzeba. Przerażają mnie Twoje stany apatii, nie powinieneś ich dopuszczać do siebie. Inna rzecz, że wieczór był uroczy i dobrze się wszystko zrobiło. Strasznie dziękuję Ci za to, coś powiedział na pożegnanie – i za dzisiejszy ranny telefon, który był dobrą wróżbą na drogę. Czy nie będziesz brał biotyków? Trzeba się jakoś podtrzymywać przez ten miesiąc.

Strasznie buja, więc kończę i całuję, do serca tulę i błogosławię –

Twój

---

[151] Iwaszkiewicz wyjeżdża tego dnia do ZSRR na Ukrainę i do Rosji. Opisywane w liście wydarzenia dnia wczorajszego stanowiły zapewne pożegnanie przed dłuższą rozłąką.

64

Adres hotel Ukraina pokój 486
pozdrowienia, Jarosław

Telegram z dnia 3 lipca 1958

65

[List pisany odręcznie na papierze z ilustracją i napisem cyrylicą: „Гостиница Украина, г. Москва[152]"]

piątek, 4 lipca 1958

Mój drogi! Nie przypuszczałem, że tak mi będzie przykro, nie mogąc mieć żadnych wiadomości od Ciebie. Już jestem gotów obrazić profesora i zatelefonować, ale nie wiem, kiedy będziesz w domu. Chociaż przypuszczam, że z powodu nocnych atrakcji dość często jesteś na Flisaków.

Drogę mieliśmy doskonałą, spaliśmy dobrze, pogoda tutaj piękna, a ów 26 piętrowy hotel bardzo wspaniały. Wolałbym oczywiście mniej wspaniałości – coś nieco skromniej – ale trudno, tutaj już taki okazały obyczaj. Nie wiem jeszcze, jak będzie, proponują nam podróż Wołgą, a potem do Kijowa, a ja chcę pierwej do Kijowa, a potem podróż Wołgą. Jeszcze się to zdecyduje – chyba będę miał jakąś depeszę z domu czy od Bieleszewskiego[153]. Dopiero tutaj zorientowałem się, jak bardzo jestem zmęczony ostatnimi tygodniami i w jakim kiepskim stanie nerwów. Chyba zresztą dość powodów miałem po temu. Strasznie Ci jestem wdzięczny za dobroć i za cierpliwość ze mną w ostatnich dniach. Domyślam się, że Ci to przychodziło z niejaką trudnością. A ja byłem nieznośny. A teraz tego żałuję – i strasznie mi brak rozmowy z Tobą i całej tej atmosfery z „meliny", której z początku bardzo nie lubiłem, a teraz bardzo się do niej przywiązałem.

Więcej już nic nie mam do doniesienia Tobie – jest ranek, gorąco, Hanka pobiegła na poszukiwanie kościoła (!) i długo nie wraca, widocznie znalazła – a ja siedzę sam, zastanawiając się nad tym, po co ja tu przyjechałem. Nie bardzo rozumiem. Całuję Cię bardzo mocno, w brwi, oczy, czoło – do serca Cię tulę –

Jarosław

---

[152] Hotel Ukraina, Moskwa.
[153] Nie udało się ustalić tożsamości.

66

[List pisany ręcznie na papierze z ilustracją i napisem cyrylicą: *Гостиница Украина, г. Moskwa*. Tu zaznaczona przez pisarza strzałka do obrazka przedstawiającego hotel i dopisek]: Nasze okna. [Zapis odręczny, czerwonym atramentem]

Moskwa, dn. 5 lipca 1958

Mój jedynaku! – Bardzo Ci dziękuję za depeszę, sprawiłeś mi nią prawdziwą radość. Co prawda wolałbym, abyś to Ty sam, nie Romek nadawał ten telegram, wiedziałbym dokładnie, że myślałeś o mnie o godzinie 19^{50} – a tak nie wiem, o czym myślałeś o tej porze – pewnie o czymś brzydkim.

W Moskwie upał potworny i duszno, serce mi pęka i głowa boli. Mimo to dużo chodzimy z żoną (Hania o 7 rano co dzień do kościoła) i bardzo jesteśmy zadowoleni z pobytu; ona przypomina sobie ulice i domy sprzed 40 lat i trochę mnie zanudza swoimi wspomnieniami, dla których nie mogę mieć tego samego entuzjazmu. Będę jej za to odpłacał w Kijowie – gdzie znowuż ja nie byłem czterdzieści lat[154]. Samochody tu ładne, ale ładniejsze motocykle – gdybyś nie miał już, tobym Ci może przywiózł; obiecywali mi to góry złota za moją książkę, która wkrótce wychodzi[155] – ale jakoś potem to zamilkło. We wtorek lecimy do Kijowa, moja żona chce skrócić tę wizytę do niemożliwości, a ja nie bardzo się na to zgadzam, bo to dla mnie jest najważniejsza część wizyty w Związku! Będziemy się targować. Z nikim – mimo wszystko –

---

[154] Anna Iwaszkiewicz spędziła dzieciństwo w Moskwie, Jarosław Iwaszkiewicz do 1918 roku mieszkał w Kijowie. Wyjazd do ZSRR był dla nich sentymentalną podróżą do krain młodości. Wspomnienia z tej wyprawy zawarł Iwaszkiewicz w artykule *Spacer po Dnieprze*.

[155] W roku 1958 wydane zostały zbiory: wierszy, prozy poetyckiej, powieści, opowiadań oraz dramatów Iwaszkiewicza. Ukazał się również II tom *Sławy i chwały*. Wysokie wynagrodzenie musiało dotyczyć któregoś z tych wydawnictw.

nie podróżuje się tak dobrze jak z Tobą, chciałbym gdzie z Tobą pojechać, jesteś taki uroczy w podróży!

Wyobraź sobie, że mi się skończył granatowy ołówek (od Ciebie), pióro jest bez atramentu i został mi tylko ten czerwony sposób pisania, który tu stosuję.

Całuję Cię bardzo mocno, depesza od Ciebie uspokoiła mnie i nastroiła nieco mniej patetycznie –

Twój
Stary

67

Moskwa, 6 VII [19]58

Syneczku Kochany! Pogoda się tak nagle zmieniła – i podobno w Warszawie tak zimno, jak i tutaj, cały czas myślę o Tobie, czy Ci to nie zaszkodzi i nie pogorszy stanu Twego zdrowia i samopoczucia. Myśmy dziś byli na „daczy" u znajomych i zmarzliśmy jak [wyraz nieczytelny], strasznie przygnębia taka nagła zmiana pogody – i chyba popsuje nasze plany jechania na Wołgę, co mnie bardzo martwi, bo chciałem bardzo odbyć tę podróż. Myślałem sobie dzisiaj – bo to niedziela – co Ty porabiasz? Czy zdobyłeś się na wyjście? Ach, żebym to ja mógł wiedzieć. Śniłeś mi się dzisiaj z dużą brodą, to znaczy bogactwo. Ale tylko nie wiem, czy dla Ciebie, czy dla mnie? Śnisz mi się prawie co noc – i wyobrażam sobie Bóg wie nie co to o Twoim zdrowiu, to o Twoich innych sprawkach. Niepokoją mnie takie Twoje sprawy budowlane itp. Tak bym chciał wiedzieć wszystko, chciałbym siedzieć w melinie na kanapie, a Ty żebyś mi opowiadał. To najlepsze momenty mojego dzisiejszego życia.

Wyobraź sobie, że dzisiaj napisałem 5 kartek trzeciego tomu (XI rozdział) „Sławy i chwały". Moja twórczość prześladuje mnie nawet tutaj, myślę, że ten fragment wydrukuje właśnie w „Oktiabr" – dziwno mi, że te wszystkie rzeczy tak dojrzale siedzą we mnie i że je tylko wyciągnąć – i już są. Trzeba mieć tylko wolną chwilę na zapisanie tego.

Czuję się nieźle, ale ciągle mnie pobolewa ślepa kiszka, przeraża mnie myśl o zachorowaniu tutaj – toby była dopiero heca! Wystrzegam się jedzenia niezdrowych rzeczy, ale czasem tego trudno uniknąć. Na przykład dzisiaj na daczy było wielkie obżarstwo i pijaństwo z olbrzymimi fiszami, o których trudno nawet marzyć, żeby ich poznać tutaj. Bardzo zresztą było przyjemnie i czas przeszedł szybko, a „ucha" z linów była doskonała, opowiem Ci mnóstwo za powrotem, takie podróże bardzo kształcą i rozszerzają horyzonty.

Przedwczoraj byliśmy wieczorem na operze Prokofiewa „Wojna i pokój"[156], wspaniałe przedstawienie i doskonali śpiewacy, orkiestra też. Inna rzecz, że aby robić z „Wojny i pokoju" operę, to trzeba trochę upaść na głowę. Włóczymy się po mieście, które jest potwornie wielkie i imponujące – co krok spotykając rodaków, których tu naprawdę jest pełno. Mieliśmy kilka bardzo śmiesznych spotkań.

Z Kijowa zadepeszuję, myślę, że mi odpowiesz znowu telegraficznie.

Ściskam Cię serdecznie i mocno –
Zygmunt

68

Kijów, 10 lipca 1958

Moje dziecko najdroższe! Dziś dopiero tydzień, jak przyjechaliśmy do Moskwy, a mnie się zdaje, że całe wieki nie widziałem Ciebie i nie mam o Tobie wieści. Depeszę w M[oskwie] otrzymałem – a wczoraj telefonowałem znowu – wybacz! Ale to już taki mój obyczaj. Kijów b. wzruszający – zwłaszcza kiedy odkryłem dzisiaj mały drewniany domek, w którym zaczynałem pisać moje utwory przeszło 40 lat

---

[156] *Wojna i pokój* – opera Siergieja Prokofiewa (1891–1953), rosyjskiego kompozytora, jednego z głównych przedstawicieli awangardy pierwszej połowy XX w., związanego z futuryzmem, ekspresjonizmem, uważanego za inicjatora neoklasycyzmu.

temu. Co za szansa, że się ta buda zachowała. W Moskwie było dobrze – ale w Kijowie męczą nas gościnnością. Pojutrze mamy jechać w moje strony rodzinne[157], a za jaki tydzień mam nadzieję być u Ciebie w melinie. Słabo mi się robi na myśl o tym, choć wiem, że zastanę inny, niedobry dla mnie nastrój. Całuję Cię mocno – w czoło, w brwi, w nos – i do serca tulę zawsze Twe serce

Twój

69

Kijów, 12 VII [19]58

Moje dziecko drogie! Dziękuję Ci za Twój wczorajszy telefon, chociaż zawierał takie przykre wiadomości. Śmierć Pesza[158] jest dla mnie bardzo smutna – a Hania przejęta wnukami Więcka[159]. Głos miałeś taki miły, „dawny", wesoły – nie śmiałem spytać się, kto asystował przy tym telefonie. Wcale nie miałem być miesiąca tutaj – tylko 3 tygodnie, ale sam mi powiedziałeś „wracaj jak najprędzej" – a potem się dziwisz. Nie, ale trochę mam za dużo wrażeń – i już nad Wołgę jechać nie będę miał sił, za chwilę wyjeżdżamy samochodem w podróż, która też będzie miała trudne momenty: upał straszliwy, a serce mi wciąż nawala. Na poniedziałek mamy już bilety na samolot do Moskwy – stamtąd zadepeszuję, bo będę musiał tam czekać, aż mi forsę za książkę (której korektę tu robię) wypłacą. Kochany i miły – całuję Cię bardzo serdecznie, pozdrów wszystkich –

Twój

---

[157] Z Kijowa Iwaszkiewicz postanowił pojechać do Kalnika, miejsca swoich narodzin, oraz Daszowa, gdzie znajdował się grób jego ojca. W podróży towarzyszył mu ukraiński poeta Mykoła Upenyk.

[158] Pesz – chodzi prawdopodobnie o Czesława Peszyńskiego (Ceś) – przyjaciela Iwaszkiewicza z gimnazjum w Kijowie, z którym pisarz utrzymywał kontakt korespondencyjny. Być może chciał się z nim spotkać przy okazji swojej wizyty w ZSRR.

[159] Więcek – znajomy Iwaszkiewicza; jego wnuk zginął w wypadku kolejowym.

70

Jestem hotel Moskwa pokój 651
o przyjeździe zawiadomię,
pozdrowienia Jarosław

Telegram z dnia 15 lipca 1958,
godz. 10.25

71

Moskwa, 16 VII [19]58

Moje dziecko najdroższe! Wczoraj telefon zaczynał dzwonić parę razy – i przestawał – łudziłem się, że może to Ty chcesz pomówić ze mną – ale okazało się, że nie. Przydałaby mi się taka rozmowa bardzo, bo leżę w łóżku – chory na anginę! Możesz sobie wyobrazić, jaka to dla mnie przyjemność; wczoraj miałem wielką gorączkę – dziś gorączka spadła, ale za to bardzo gardło boli. Wspomnienie Kijowa i 900-kilometrowej wycieczki do kraju mego dzieciństwa przedzielone nocą gorączki wydaje się zupełnym snem. Nie masz pojęcia, jakie wrażenia. Opowiem Ci ustnie – bo chyba wreszcie już wrócimy do domu. Przerażony jestem zupełnym brakiem wiadomości z Polski, z domu, z redakcji, od Romka, od Ciebie, niepokoję się piekielnie – nie rozumiem, co to było, coś mówił o Teresie. Zupełnie nie pojmuję, jak można tak nas trzymać bez żadnych wieści. Powiedz Romkowi, żeby skombinował jakąś półciężarówkę na nasz przyjazd, bo będę wiózł lodówkę!... O ile będę miał cierpliwość zająć się jej kupnem, bo trochę mi wstyd. Całuję Cię, do serca tulę – strasznie tęsknię –

72

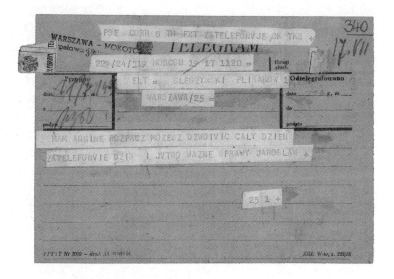

Mam anginę rozpacz
możesz dzwonić cały dzień
zatelefonuje dziś i jutro
ważne sprawy, Jarosław

Telegram z dnia 17 lipca 1958,
godz. 14.20

73

Moskwa, 18 lipca 1958

Mój Jurciuniu najmilszy, najdroższy! Nie ma od Ciebie ani depeszy, ani telefonu i to jest nie do wytrzymania – a ja leżę czwarty dzień w łóżku i taki osłabiony, że ani ręką, ani nogą. Moja depesza ostatnia miała taki sens, że ja będę dzwonić, ale u was zawsze telefon zepsuty, więc dzwoń Ty z jakiego innego numeru. I rzeczywiście próbowałem wczoraj się połączyć, ale powiedziano mi, że 47476 nie odpowiada, więc połączyłem się z Wołosiukiem[160] i jeszcze powiedziałem, co miałem, ale wszystkiego nie mogłem, bo głównie chciałem się coś dowiedzieć o Romku, a tam to już nie trzeba było nagadywać się na niego. Ale naprawdę, zupełnie nie rozumiem tego człowieka. Jak można do tego stopnia nie pojmować tego, co się do niego mówi, czego się od niego żąda. Jeżeli tamtą pierwszą depeszę nadawałeś Ty, to znaczy on się nie odezwał przez całe dwa tygodnie <u>ani razu</u>! A powiedziałem mu zawczasu, że ma mi co drugi czy co trzeci dzień dawać znać: Jurek się rozwiódł, Jurek się ożenił, Jurek spał, Jurek jadł, Jurek spał sam, Jurek spał z kobietą... Żart na stronę, powinien mi był depeszować co parę dni, a nie zostawiać mnie tak zupełnie bez wiadomości – nie tylko o Tobie. (Czy byłeś ostatniej niedzieli w Bydgoszczy[161]? Takie mam wrażenie). Jestem jeszcze, mimo choroby, ciągle pod wrażeniem podróży na Ukrainę, takie to było szybkie, piękne i wywołujące tyle wspomnień; będę Ci o tym długo opowiadał. Teraz mi trudno o tym pisać w łóżku, bo jest tu strasznie gorąco – (jak u nas?) – i ledwo się pióro ręki trzyma. Strasznie to wszystko wyczerpuje – i bardzo gniewa zawsze to samo niezrozumienie

---

[160] Jan Wołosiuk (1922–2002) – drugi mąż Marii Iwaszkiewiczówny (od 1952), zięć Iwaszkiewicza. Publicysta, sekretarz w redakcji „Przeglądu Kulturalnego" oraz „Miesięcznika Literackiego".

[161] Po śmierci pierwszego męża, Henryka Pietraszka, Lilka wyszła za mąż ponownie i mieszkała w Bydgoszczy. Błeszyński często ją tam odwiedzał.

potrzeby wiadomości. To samo było w Rabce, czy gdziekolwiek pojadę, a wam ten czas upływa szybko, a nam się wydaje, że to już wieki, jak wyjechaliśmy z Warszawy, tyle wrażeń najrozmaitszych i tyle przypomnień sięgających mgły naszego życia – Hani w Moskwie, a mojego w Kijowie.

Mimo wszystko bardzo tęsknię do Ciebie mój kochany i odczuwam ten najgorszy lęk, że kiedy wrócę, Ty będziesz inny niż wtedy, kiedy wyjeżdżałem. Tym bardziej, że w ostatnich czasach już byłeś inny. Strasznie się boję naszego spotkania i przeżywam z tego powodu wielkie emocje – boję się Twojej obojętności – Twojej apatii – ach, czy ja wiem czego. Mam nadzieję, że będziesz na dworcu, że Cię choć przez chwilę, choć z daleka, choć w obojętnym tłumie zobaczę. Ty nawet nie wiesz, jakie to wszystko ma dla mnie znaczenie, znaczenie dzisiejsze zaraz, w tej chwili – i jakieś przemożne, jakby cień naszych spotkań przedłużał się na wieczność. Daj czoło –

Zygmunt

74

1 sierpnia [1958], wieczorem

Mój najdroższy! – Przykro mi jakoś, że nie chciałeś mnie widzieć dzisiejszego wieczora. Nawet nie wiem, jakie miałeś zamiary na dziś wieczór, ale nie chciałeś do mnie dzwonić – i nie chciałeś, abym przyjechał do Meliny. W ogóle zauważyłem, że nie bardzo lubisz ostatnio, kiedy zajeżdżam do Meliny. Nudzi Cię to – i niepokoi. Przedwczoraj wolałeś z Flisaków przyjechać motorem na Stawisko (będąc już raz w Brwinowie), bylebym tylko ja się tam nie zjawił. To miałem na myśli, mówiąc, że się bardzo zmieniłeś po moim powrocie z M. Co prawda ostatnie wieczory przed wyjazdem też niespokojny byłeś z powodu moich wizyt u Ciebie. Przykro mi – ale to detal. Taki cudowny dzień spędziłem w zupełnej samotności. Marysia chciała pieniędzy, Teresa samochodu, gosposia pieniędzy, teściowa[162] przez osoby trzecie pieniędzy, Nata[163] pieniędzy (ale od swoich rodziców, tyle tylko, że ja przyjmowałem telefon z Kielc), żona pisała na gwałt o pieniądze, dwa listy przyszły z prośbą o pożyczkę i jeden list anonimowy z wymysłami na „sługę Kremla". Na pociechę zdradziłem Cię – może to Ci sprawi małą ulgę? Strasznie tęsknię, bardzo jestem smutny i śmiertelnie samotny –

Hieronim

75

3 VIII [1958], poniedziałek po południu

Synu Najdroższy! – Taki cudowny letni dzień – nie przestaję myśleć o Tobie. Co robisz w Warszawie, kiedy tak pięknie? Czy się nie nudzisz? Tak bym chciał leżeć gdzieś w trawie – mieć trochę spokoju – co mi się tak rzadko zdarza – i gadać z Tobą o spokojnych rzeczach – słuchać muzyki.

Całuję Cię, masz trudny dzień, myślę o Tobie

Hipolit

---

[162] Jadwiga z d. Stankiewicz 1° v. Lilpopowa, 2° v. Śliwińska (1872–1966) – matka Anny Iwaszkiewiczowej; rozwiodła się ze Stanisławem Lilpopem w 1903 roku i opuściła córkę. Poślubiwszy pianistę Józefa Śliwińskiego, wyjechała z nim do Saratowa. Do Stawiska powróciła w trakcie wojny i spędziła tu ostatnie lata swojego życia. Przez Jarosława Iwaszkiewicza nazywana Śliwińska, Śliwa, a przez rodzinę „babunia Koczkodan".

[163] Nata Iwaszkiewiczówna – bratanica Jarosława, córka Bolesława Iwaszkiewicza (1875–1945), starszego brata pisarza.

76
[dopisek]: do przeczytania kiedyś później za parę dni lub tygodni

4 sierpnia [19]58,
w nocy z poniedziałku
na wtorek

Synu mój najmilszy, jedyny mój przyjacielu, kochany i drogi!

Taka cudowna noc letnia, tak mi szalenie pusto bez Ciebie, i przykro mi (trochę), że o mnie dzisiaj nie myślisz. Bardzo Ci jestem wdzięczny za Twoją delikatność, z jaką mi dajesz do zrozumienia, że masz inne sprawy, które Cię w tej chwili interesują i na których Ci zależy. Doskonale Ciebie rozumiem i nie mam nie tylko żalu, którego w żaden sposób mieć nie mogę, ale nawet nie chowam w sercu smutku z tego powodu. Ja też mam mnóstwo innych rzeczy, które mnie interesują i o których Ci nawet słowem nie wspominam, i nie dziwię się przeto, że moje słowa – w tej chwili nad samym domem przeleciał odrzutowiec i przerwał mi zdanie, którego końca już nie pamiętam: przestraszyłem się.

<u>Chciałem Ci tylko powiedzieć, żebyś pamiętał, że mi dałeś tak wiele, i jestem Ci wdzięczny za wszystko, i nawet jeślibym kiedyś Ci nawymyślał i zirytował się Tobą, to to wszystko nic nie znaczy wobec szalonej mojej radości i szczęścia, którego jesteś przyczyną</u> [fragment ujęty z boku klamrą – wyszczególniony przez Iwaszkiewicza]. Ta noc w Kazimierzu[164], kiedy leżałeś na podłodze półnagi oświetlany przez tyle godzin błyskawicami, które wydobywały z Twej twarzy i ciała niesamowite piękno – nie budząc Cię i nie mieszając Twego snu, była czymś niezapomnianym. A rozmowa Twoja na ławce? Chociaż byłeś chory i taki piekielnie zmęczony, potrafiłeś być dobry, cierpliwy i spokojny. Ty masz

---

[164] Kazimierz Dolny znajduje się na trasie między Baranowem a Sandomierzem. Iwaszkiewicz i Błeszyński mogli tam nocować w trakcie wspólnej wyprawy.

nadzwyczajny charakter. Mam nadzieję, że rozstawiając pionki na szachownicy, znajdziesz jutro kartkę (białą) dla mnie i że będę mógł z Tobą porozmawiać. Telefon w dalszym ciągu nie działa. Mimo wszystko, co mi mówiłeś, <u>niewiele</u> nam dni zostaje do spędzenia razem – a jeszcze chcę na chwilę pojechać do Zakopanego.

Mój dobry, jedyny, jeżeli Ci dobrze jest w tej chwili, jeżeli dobra kobieca ręka koi Cię do snu i zapominasz o kłopotach, smutkach i chorobie – to i mnie jest dobrze, bo myślę tylko o Tobie. Niestety, myślę bez przerwy.

Tymczasem, kochany, nie chcę Cię nudzić tymi słowami, piszę je zresztą bardziej dla siebie niż dla Ciebie, aby mieć złudzenie obcowania z Tobą. Całuję Twoje nogi i kolana, Twoje najdroższe oczy i przyciskam Cię do serca, mój drogi, drogi, drogi. Pomyśl o mnie dzisiaj przez malutką chwilkę – męczę się i jestem szczęśliwy z tego, że jesteś, że się do mnie dzisiaj uśmiechałeś. Do widzenia –

H.

77

Stawisko, poniedziałek wieczór
18.8.[19]58

Najdroższe moje dziecko, mój promienny i bardzo kochany! – Przeczytałem Twoje rozpaczliwe kartki i trudno mi się pogodzić z ich ponurym tonem. Przede wszystkim dotyczy to interpretacji „sam byłem" – to znaczy poczucia samotności. Oczywiście człowiek zawsze jest sam, a co najważniejsze sam cierpi i sam umiera, ale żyje z ludźmi i wśród ludzi. Najbardziej ta Twoja skarga na samotność uderza we mnie: przecież wiesz, że jestem przy Tobie zawsze, o każdej chwili, w każdym momencie Twego cierpienia, smutku i walki. Myślę, że i ci, czy <u>te,</u> które Ciebie prawdziwie kochają (Lilka na pewno, a może i Halina), też są przy Tobie, myślą o Tobie, chcą Ci pomóc. Tak rozumować, jak Ty, nie można. A teraz bilans

Twojego życia. Czy równa się zeru? Przede wszystkim nie musisz bilansować przed zamknięciem rachunków, a kiedy się one zamkną nie wiadomo. Jeżeli chodzi o bilans na dzień dzisiejszy, to znaczy on bardzo dużo. „Ich habe geliebt und geleben"[165] – powiada poeta i to jest już bardzo wiele, „kochałem i żyłem". Pozornie proste, a mało ludzi może sobie tak powiedzieć. Wielki Karol Szymanowski[166] przed śmiercią mi powiedział: „jedno tylko, nigdy w życiu nie kochałem nikogo!". Jakaż to pustka. A poza tym, czyż nie jesteś czymś związanym na zawsze z moim nazwiskiem literackim? Czyż „Wzlot", „Tatarak"[167], „Choinki"[168] i tyle, tyle bardzo przejmujących wierszy nie pochodzi od Ciebie, nie narodziły się przez Ciebie? I chociaż nie są Twoim portretem – istnieją przez Ciebie, zamknięta jest w nich Twoja emanacja, Twoje promieniowanie (nazwałem Cię „promiennym"). Czyż to mało? Ty zdaje się tego elementu nie doceniasz zupełnie. Poza tym piszesz, że nie możesz kochać. To znaczy, że nie możesz chędożyć – ale przecież kochanie, to nie tylko to. Czyż nie kochasz towarzyszy, którzy Cię otaczają? Czyż nie kochasz kobiet, które Cię wielbią? Czyż nie kochasz mnie, w którym wzbudziłeś tak wielkie, potężne, czyste uczucie? Zamykasz się w Twoim bólu, strachu, cierpieniu, samotności. Pomyśl o innych ludziach, ileż jest samotnych, przerażonych, biednych, chorych, nieszczęśliwych. Życie to straszna machina. Miele nas bez przerwy i męczy, a po co, nie wiemy. Ale trzeba myśleć nie o sobie, o innych,

---

[165] Właściwe: *Ich habe geliebt und gelebt* (niem.) – kochałem i żyłem. Cytat z wiersza Rilkego znajdującego się w tomie *Leben und Lieder* (1894).

[166] Karol Szymanowski (1882–1937) – polski kompozytor, pianista, pedagog i pisarz. Obok Fryderyka Chopina jest uznawany za jednego z najwybitniejszych polskich kompozytorów. Kuzyn Jarosława Iwaszkiewicza, który wprowadził go w świat sztuki. Jedna z młodzieńczych miłości pisarza. W życiu dorosłym kuzyni chętnie podejmowali współpracę – Iwaszkiewicz został autorem libretta do opery Szymanowskiego *Król Roger* (1926), zaś Edgar Szyller, bohater powieści *Sława i chwała*, jest wzorowany na osobie kompozytora.

[167] *Tartak* („Twórczość", 1958) – opowiadanie Jarosława Iwaszkiewicza dedykowane Andrzejowi Brustmanowi, inspirowane m.in. jego relacją z Jerzym Błeszyńskim.

[168] *Choinki. Opowiadanie mazowieckie* (1955) – opowiadanie Jarosława Iwaszkiewicza inspirowane relacją z Jerzym Błeszyńskim.

wtedy nam jest lżej. Mógłbym pisać do Ciebie bez końca – uzupełniać naszą dzisiejszą rozmowę, która była taka nieudana. To nic nie szkodzi, kiedyś przytulił się do mnie, czuliśmy to „jedno", które w nas krąży. Ale muszę kończyć, bo chcę naprawdę napisać kawałek „Choinek" dla Ciebie.

Tulę Ciebie do serca, które Tobą bije i męczy się –
i głowę Twoją całuję – Jar

Posyłam Ci dwa dawno (w marcu) napisane wiersze, smutne może, ale bardzo intensywne.

78
21 VIII [19]58,
wczesne rano

Kochany! W dniu wczorajszym tak dużo gadaliśmy, a nie wspomnieliśmy ani razu, że to była rocznica wypłynięcia Batorego do Kopenhagi. Chyba od tej podróży datuje się wiek dobrych i złych dni naszej przyjaźni? Choć i trzy lata temu, gdy nagle zobaczyłem Cię na pogrzebie babci Pilawitzowej[169], poczułem, że jesteś ogromnie ważny. I ta wczorajsza rozmowa – także ważna. Jakoś te dni sierpniowe znaczą epoki w naszych dziejach, w naszej erze. Jeszcze nic nie wiem z wyjazdem, bo rano. Odczytałem wczoraj zapiski i notatki. Bardzo często powtarza się w nich słowo „szczęście" – może zbyt często notowałem je w związku z Tobą – ale jeszcze przedwczoraj, gdy Ci przyniosłem maszynopis „Choinek", mogłem to powtórzyć: Chyba nigdy nie okażę Ci za dużo wdzięczności.

Do widzenia pozdrów Lilkę –
Twój

---

[169] Aniela Pilawitzowa z d. Lilpop (1866–1955) – młodsza siostra Stanisława Wilhelma Lilpopa, ojca Anny Iwaszkiewicz, zaopiekowała się jego córką, gdy został porzucony przez żonę, Jadwigę Stankiewicz.

79

23 VIII [19]58

Kochany! Tak jakeśmy się umówili, przyślę po Ciebie o g. 18 (lub koło) samochód i Szymka. Pogadamy długo, tak czy tak będzie to rozmowa przed długim rozstaniem[170].

Pozdrawiam Cię

J.

80
Notatki z „trzech dni"

24 VIII [19]58

Radio gra taneczne melodie. Bardzo mi smutno, jak zawsze w takich razach. Nigdy ze mną nie byłeś na dancingu. Wstydziłeś się ze mną chodzić. Bałeś się o swoją opinię. Raz byłem z Tobą w Bristolu (i to w Twoim interesie, jak zwykle, z Austriakiem – i nazajutrz już miałeś niby to ten telefon od znajomej przestrzegający przede mną. W ten telefon także nigdy nie uwierzyłem.

Jedziesz do Surabai, a wylądujesz w Bydgoszczy.

9 wieczór

Nie zadzwoniłeś. Jeszcze raz przekonałem się, że nie masz serca. Wszystko u Ciebie jest grą, obliczeniem, zdążaniem do jakichś tam Tobie wiadomych celów na podstawie rozstawiania pionków na szachownicy. Wszystko jest rachunkiem, zimnym rachunkiem.

[dopisek na marginesie]: Rozumiem, że cię kobiety nienawidzą. Ale jak gra to gra. Kto kogo przetrzyma.

---

[170] Iwaszkiewicz uświadamia sobie, że między Jerzym Błeszyńskim a Lilką Pietraszek rozwija się poważne uczucie.

Fragment dziennika, który Ci przeczytałem, miał Ci wyjaśnić, że pomimo wszystko, co o Tobie wiedziałem i wiem, dałeś mi tak dużo, że zawsze jeszcze, mimo wszystko, ja będę Twoim dłużnikiem. Wobec tego, mogę Ci mówić wszystko złe, co o Tobie myślę, to jeszcze nie zrównoważy, nigdy nie zrównoważy dobra, które Ci zawdzięczam. Dlatego mogę mówić z Tobą i o sprawach pieniężnych. Nie powinny Cię zadrażniać, bo żadnymi milionami nie mógłbym opłacić tego, co Ty mi dałeś.

Egoizm Twój potworny. Obliczyłeś naprędce, że jak sprzedasz motocykle, maszyny i co tam jeszcze, to osiągniesz ze 30 patyków, za które Halina będzie mogła żyć przez rok. Chora kobieta[171] z chorą matką i z dwojgiem dzieci. Sam wydałeś w ciągu 5 miesięcy (kwiecień – sierpień b.r.) przeszło sześćdziesiąt tysięcy.

Trochę potem

Jestem w stosunku do Ciebie piekielnie niesprawiedliwy. Przykładam do Ciebie inną miarę niż do siebie. Miewałem znowu stosunki z innymi, nawet wprost wychodząc od Ciebie. Nawet dziś, kiedy jestem na dnie smutku, starałem się o to. Gdybym został sam jeden w mieszkaniu na parę tygodni z osobą, która by mnie kochała, nie wahałbym się ani chwili, od samego początku, ja, stary dziad, a cóż dopiero Ty samotny i bardzo młody, przyzwyczajony do kobiet. To tylko chodzi o to, że nie powiedziałeś „od razu" (od 29 czerwca) i że starałeś się zataić – jakże nieumiejętnie – rodzące się w Tobie uczucia. Z tego zdaję sobie sprawę. Ale nie mogę opanować moich dzikich odruchów. Świnia.

---

[171] W lipcu 1958 u Haliny, żony Błeszyńskiego, zdiagnozowano gruźlicę i skierowano ją do sanatorium w Rudce. Chorobą zaraziła się od męża. W tym samym czasie rozkwita związek Jerzego z Lilką Pietraszek.

81

czwartek
zaraz po Twoim wyjściu
24 sierpnia [19]58

Świnia jestem, głupiec i baran, też gówniarz! Wyobraź sobie, że w kuchni została nakryta cała kolacja, herbata, szynka i różne inne dobre rzeczy, a mnie nie przyszło do głowy, żeby Ci zaproponować zjeść coś! Co za skąpstwo czy roztargnienie? Wpływy rodziny Lilpopów (którzy nigdy nikogo niczym nie częstują) na rodzinę Iwaszkiewiczów? Tak mi się zrobiło przykro, że chciałem lecieć za Tobą i zawrócić, ale już było za późno, bo jeszcze przedtem myłem ręce itd. itd.

Kochany, czekam Twego telefonu – mimo wszystko lepiej jest widywać się rzadziej.

Do widzenia –
Roman

82

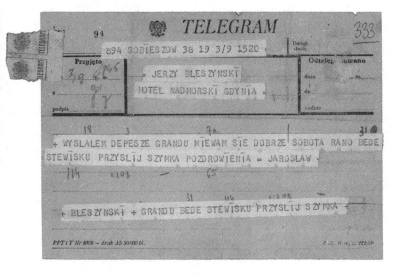

Wysłałem depesze Grandu miewam się dobrze sobota rano będę Stawisku przyślij Szymka pozdrowienia, Jarosław

Telegram z dnia 3 września 1958, godz. 18.45

83

Sobieszów[172], 3 września [19]58

Jerzy, mój najdroższy! Chcę, abyś ten list dostał zaraz po przyjeździe, aby powitał on Ciebie w Warszawie. Nie mam Ci wiele do powiedzenia, ten tydzień w Sobieszowie to tydzień piekielnej pracy (I akt sztuki[173] napisałem w dwa dni) i wielkiego smutku, żalu, żeśmy się rozstali na tyle dni właśnie wtedy, kiedy potrzebowałeś mojej przyjacielskiej ręki. A może dobrze? Bo bardzo Cię ostatnio drażniłem. Bardzo byłem wzruszony Twoim telefonem z Sopot[174], ale zawsze, jak słyszę Twój głos, zapominam języka w gębie i nie wiem, co mówić, dlatego ta rozmowa była taka niewydarzona. Wczoraj depeszowałem do Ciebie z prośbą, abyś ponowił próbę telefonicznego porozumienia, ale ponieważ jednocześnie wysłaną depeszę do Szymka zwrócono mi z adnotacją „adresat w Grand Hotelu nie znany", obawiam się, że i do Ciebie moja depesza nie doszła, nie mam więc na co czekać. Porozumiewanie się depeszami w Polsce Ludowej jednak niewskazane – nie można na nic zupełnie liczyć. Tak bym już chciał widzieć Ciebie i pogadać z Tobą, nawet się pokłócić, ale nie czuć, że jesteśmy tak daleko od siebie, bez możliwości rozmowy, porozumienia, skonstatowania tysiącznych faktów, które nas łączą... i dzielą. Możesz sobie wyobrazić, jak moja „rozpętana wyobraźnia" działa wtedy, kiedy Cię nie widzę, i jakie myśli „zawsze o tym samym" – jak Ty mówisz –

---

[172] Na przełomie sierpnia i września 1958 roku Iwaszkiewicz udał się na urlop do Sobieszowa, gdzie odpoczywał od komplikującej się relacji z Błeszyńskim: „Przede wszystkim odetchnięcie i zerwanie z niezdrową w najwyższym stopniu, chorobliwą i naładowaną zdrożonym erotyzmem [atmosferą] znienawidzonej przeze mnie «meliny»" – J. Iwaszkiewicz, *Dzienniki...*, s. 243.

[173] Podczas urlopu w Sobieszowie Iwaszkiewicz napisał komedię *Wesele Pana Balzaka* („Dialog" 1959).

[174] Błeszyński przebywał wówczas przez trzy dni Sopocie i Gdyni wraz z Szymonem Piotrowskim. Gdy jego powrót się opóźniał, Iwaszkiewicz podejrzewał, że odwiedził również Bydgoszcz. W sopockim Grand Hotelu rozegrał się wspominany w dalszej korespondencji „epizod" z Jotemem.

mnie prześladują. Ogłuszam się pracą i jestem piekielnie zmęczony, nawet fizycznie, bo mnie ręce bolą od maszyny. To szczęście prawdziwe, że mogę się zdobyć na pracę, nie tak jak w Rabce, gdzie mnie oczekiwanie na Twoje nie nadchodzące listy całkowicie sparaliżowało. Ja będę w Stawisku i w Warszawie w sobotę, mam nadzieję, że się zaraz zobaczymy. W poniedziałek ma być to nagranie[175]. Chciałbym, żeby się udało.

Do widzenia, moje dziecko kochane, całuję Twoje czoło i oczy, nie miej do mnie żadnych żalów, ja Ciebie bardzo rozumiem, choć ostatniego wieczora zachowywałem się jak gruboskórny niedźwiedź. Przyznam się, że nie od razu pojąłem, o co chodzi, nie myślałem mimo wszystko, że sprawy zaszły tak daleko. Ściskam Twą rękę Twój

Jarosław

84

Stawisko, 10 września 1958

I[176]

Ty właśnie jesteś gdzieś między Poznaniem a Koninem, a ja wróciłem do domu po świetnym (i bardzo wesołym) obiedzie u Lisowskich[177]. Jadłem kuraki, kraby i sałatę, popijałem czerwonym winem, kiedy Ty odjeżdżałeś. Dlaczego nie chciałeś, abym Cię

---

[175] Iwaszkiewicz zorganizował nagranie w radio Błeszyńskiego czytającego swoje wiersze.

[176] Numeracja rzymska w kolejnych dwudziestu dziewięciu listach została nadana przez Iwaszkiewicza. Listy powstawały podczas pobytu Jerzego w sanatorium w Kruku, a Jarosław traktował kolejne listy tej serii jako próbę „rozmówienia się" z kochankiem, podejmując w kolejnych numerowanych pismach ważne dla niego tematy i stojące pomiędzy nimi problemy.

[177] Lisowscy – Jerzy Lisowski (1928–2004) krytyk literacki, redaktor w SW „Czytelnik", członek i sekretarz redakcji „Twórczości", tłumacz poezji i literatury polskiej na język francuski i francuskiej na polski, z pierwszą żoną, Anną z d. Horoszkiewicz, poślubioną w 1951 roku (później żoną Romana Zaleskiego), przyjaciółką Marii Iwaszkiewicz.

odprowadził?* Ja bym się trzymał mężnie, a zresztą za trzy dni znowu się zobaczymy. Myślałem cały czas o Tobie i patrzyłem co chwila na zegarek, myśląc, że zaraz odjedziesz, że już odjeżdżasz, że już odjechałeś. Mówił mi Szymek, że miałeś dobre miejsce przy oknie, będziesz sobie drzemał, jak zwykle w drodze, jak między Poroninem, a Rabką, jak między Warszawą a Podkową. Mam teraz małą próbkę tego, jak bardzo kłamliwe było moje wczorajsze powiedzenie, że mi kamień spadnie z serca, kiedy Ty wyjedziesz. Wyjechałeś, zobaczymy się za trzy dni, a ja sobie miejsca znaleźć nie mogę, chodzę po pustym domu (żona została w Warszawie) i nie mogę siąść do żadnej roboty, ani do czytania, ani do pisania. I tak mi jest pusto i okropnie jak nigdy – brak mi także moich wnuków, którzy przez tyle lat ożywiali ruchem cały dom. Jest dopiero cztery godziny od Twojego wyjazdu, a ja tak strasznie tęsknię. Ostatnio żyłem tylko w Twoim towarzystwie. W Sobieszowie wyrwałem się trochę spod Twojego wampirycznego wpływu – i zaraz twórczo wybuchłem.

Telefonowałem dzisiaj do Hali Wielowieyskiej[178], prosząc, aby mi przyniosła tamtą taśmę: będzie ona moją własnością, jedyny jej egzemplarz będzie w moim archiwum, bo przecie to było tylko dla mnie. Obiecała, że mi ją przyniesie. Nikt inny nie będzie miał tych wierszy. Wczorajszy dzień był rzeczywiście koszmarny, podziwiałem Twoje opanowanie. W kolejce męczyłem się bardzo, za dużo wypiłem wina w Bristolu. Jak Ci mówiłem, spotkałem w drodze jednego z moich „sąsiadów"[179], ale też nic z tego nie wyszło.

Szalenie mnie zaintrygowałeś Twoimi opowiadaniami o Twoim wywiadzie w Stawisku, oczywiście wiem, że to bujda na resorach, ale czasami myślę sobie, że a nuż nie blagujesz. Bardzo mnie ubawiłeś tym powiedzeniem, że odpowiadałeś mi zawsze na pytania i to ścisłą prawdę. Można i tak. Ale mówienie mi całej

---

[178] Halina Wielowieyska – prawdopodobnie pracownica Polskiego Radia. Osoba związana z nagraniem wierszy Błeszyńskiego.
[179] Kochanek Iwaszkiewicza, chłopak z okolicy.

prawdy, jest już kłamstwem. Wiem zresztą, że jesteś kłamczuch obrzydliwy, ale to nic nie szkodzi. Nie potrzebuję wszystkiego wiedzieć o Tobie, jak Ty nie potrzebujesz wiedzieć wszystkiego o mnie. A Ty bardzo wiele rzeczy nie wiesz i niestety nic Cię to nie obchodzi. Zresztą nie zadawałeś mi nigdy pytań, więc nie mogłem Ci dawać ani całkowitych, ani połowicznych, ani wymijających [odpowiedzi]. Szkoda.

Pogoda się zmieniła, zimno i pada – dobrze, że masz teraz ten cieplejszy płaszcz. Czy masz z sobą tylko nową teczkę? Bardzo się ucieszyłem, że ją sobie kupiłeś, przyda Ci się, gdy się będziesz urywał z sanatorium. Co prawda, kiedy zatrzymałeś mnie w samochodzie po wyjściu z Grand Hotelu, i powiedziałeś, że pojedziemy zrobić razem jeszcze jeden sprawunek – pomyślałem, nawet byłem pewien, że chcesz kupić kwiatów dla mojej żony. Ale pomyliłem się. W związku z tym pomyślałem, że może za bardzo myślisz o sobie. Ale choroba i Twoje powodzenie u ludzi, którzy wszyscy zawsze chcą Tobie dogodzić, musiały w Tobie to rozwinąć. Owe „sto złamanych serc" w jednym z Twoich wierszy[180]. Nie mówię o sobie – bo o mnie zawsze pamiętasz i mam mnóstwo prezentów i prezencików od Ciebie, które bardzo sobie cenię. Pierwszym był zielony składany kubeczek, który chociaż połamany zawsze stoi u mnie na toalecie. Do czerwonego już nie mam takiej sympatii.

Grali tylko co „Bolero" Ravela[181], pociągnęło południem i zmysłami. Tak mi tęskno za tymi rzeczami – otwierają się jakieś słoneczne krainy pełne miłości. Jak to dobrze Jerzy, że Ty tyle kochałeś, jakie to szczęście, jedyna rzecz, dla której warto żyć. Jak mnie sprowadzisz do Surabai, to będziemy mieli wiele kobiet.

---

[180] W okresie od sierpnia do grudnia 1958 Błeszyński pisał wiele wierszy i przesyłał je Iwaszkiewiczowi. Początkowo pisarz traktował twórczość przyjaciela sceptycznie, drwiąc z niedoskonałości utworów. Zaczął je doceniać i przepisywać do *Dzienników* dopiero po śmierci Jerzego. Traktował je jako wyraz tego, czego Jerzy nigdy nie powiedział ani w liście, ani w rozmowie.

[181] *Boléro* (1928) – utwór Maurice'a Ravela skomponowany na zamówienie Idy Rubinstein. W założeniu był muzyką do widowiska baletowego w choreografii Bronisławy Niżyńskiej.

Prawda? Będą nam usługiwać i machać nad nami wachlarzami. Bo muszą przecie gdzieś być piękne kraje, piękne kobiety i szczęśliwi ludzie. Tutaj ich nie widać. Całuję Cię, dobranoc, dojeżdżasz do Szczecina, śpij dobrze – i raz jeden pomyśl o mnie. Poza tym możesz myśleć o tym co zawsze.

Twój
Adam

* [w tym miejscu zaznaczony jest krzyżyk odsyłający do dopisku na lewym marginesie, o treści]: bo jechałeś do Bydgoszczy nie do Szczecina...

85

11 IX [19]58

II

Drugi list miał być o zazdrości. Ale czuję się dzisiaj tak dobrze i lekko, że nie chcę poruszać przykrych tematów, które mnie by denerwowały, a Ciebie drażniły. Więc odkładam zazdrość na później. A dlaczego się czuję dobrze? Bo zbadałem całą sprawę Gostynina Kruka i dowiedziałem się rzeczy pocieszających. Po pierwsze, że to jest ten sam Gostynin – a więc niedaleko od Stawiska, można będzie przyjeżdżać samochodem często i widywać Ciebie, co mi jest potrzebne jak rybie powietrze a ptakowi woda (widzisz, jak ja zawsze wszystko robię na odwrót) – dostarczać Ci wałówy i rozmawiać telefonicznie także. Wszystkiego dowiedziałem się właśnie z książki telefonicznej po prostu, nie przyszło nam do głowy, aby tam zajrzeć. Poza tym dowiedziałem się, już nie z książki telefonicznej, że to jest jedno z najlepszych sanatoriów w Polsce, że jest ładne, to sam widziałem, kiedy to było jeszcze sanatorium psychiatryczne; poza tym ma znakomite warunki klimatyczne, takie jak Otwock – a nie Otwock, którego Ty nienawidzisz, a ja także nie lubię. Tak że będziesz w doskonałych warunkach i tak osiągalny, jak gdybyś był w sąsiednim domu. Napełniło to mnie otuchą i radością – i zupełnie inaczej dzisiaj na świat patrzę. Nabrałem apetytu i przed chwilą tak najadłem się na kolację, że ledwie siedzę przy biurku.

Druga sprawa, która mnie cieszy – to to, że będę miał swoje własne mieszkanie w Warszawie – i to w znienawidzonej (?) melinie. Bo postanowiłem, skoro będę za nie płacił, wykorzystywać Twoje dwa pokoje. Z początku na pracę i na wypoczynek, a potem na dzikie orgie, które podniosą włosy na głowie starego profesora. To mnie też napełnia dziką radością. Wspominam mój pokój w Sejmie[182] i przypominam sobie, jak mi tam było dobrze, wygodnie i przyjemnie. Czy wrócą tamte czasy? Historia się nie powtarza, ale może dla mnie zrobi wyjątek. Zabawiam się wciąż przepatrywaniem moich kalendarzyków, ale tak mało mam tam zapisków, które mnie w tej chwili prawdziwie interesują. W kalendarzu za rok 53 jest Twój adres w Zakopanem, w 54 w Bystrej[183] – a potem już żadnych adresów: umiałem je na pamięć. Bardzo przyjemny taki wieczór pociechy i odprężenia. Tyle co wpadł Szymek, siedzieliśmy przy kolacji, powiedział więc, że wszystko w porządku i pobiegł do domu. Wszystko w porządku, to znaczy że odwiózł Halinę, że samochód poprawiony i że nie miał żadnego wypadku. Przyznam się, że z wielką przyjemnością zobaczyłem Szymka i usłyszałem jego słowa. Trochę mnie denerwowała ta jego dzisiejsza jazda. On trochę za mało uważa w mieście i ta jazda z Tobą była denerwująca, czego mu potem nie powiedziałem. Coraz bardziej lubię Szymka, jest tak oddany Tobie, że to prawie cząstka Ciebie, i tym mi jest milszy. Zastanawiam się nad tym, co mi powiedziałeś przy ostatniej kawie w Grandzie, że ja tak wżyłem się w Twoje życie. Ty masz taki talent, jesteś jak

---

[182] Jarosław Iwaszkiewicz pełnił funkcję posła na Sejm PRL przez wiele kadencji, od 1952 r. do końca życia. Ma tu na myśli przydzielone mu mieszkanie poselskie.
[183] Chodzi o adresy sanatoriów przeciwgruźliczych, w których w tych latach przebywał Jerzy.

wampir, wysysasz z nas nasze siły życiowe i podporządkowujesz Twoich przyjaciół swoim zadaniom i celom. Gombrowicz to nazywa zdolnością „zapupiania". Szymek jest całkowicie zapupiony przez Ciebie, a ja prawie całkowicie. To jest jedna z najosobliwszych cech Twojego osobliwego charakteru.

Tylko nie myśl, że aż <u>tak</u> osobliwego. Jesteś zwyczajnym, przystojnym chłopcem zepsutym przez setki kobiet i przez dwóch mężczyzn. Ale nie lubię, kiedy się puszysz, jeżysz i robisz „demona", kiedy się stawiasz i zgrywasz, i robisz tego twardego i mrocznego człowieka, a w gruncie rzeczy jesteś słaby i miękki, czuły i delikatny. A wrażliwy, niech Cię choroba weźmie. Co prawda tylko raz w życiu spojrzałeś na mnie czule – na Batorym kiedyś mnie spytał, czy Cię przykryłem w nocy. Ale te wszystkie Twoje pijaństwa i brutalności, wszystkie Twoje październiki, grudnie i stycznie – to wszystko tylko zagłuszanie tych delikatnych i smutnych głosów wewnętrznych, które są w gruncie rzeczy Twoją istotą.

Na razie dosyć tego pogodnego listu, bo przechodzi w wieczór. Jutro przeczytasz więcej: o zazdrości, o kłamstwie, o ciele, o miłości i o różnych takich rzeczach. Tymczasem kończę.

Twój
Benedykt

86

III

12 IX [1958]

Wyobraź sobie, że tylko co Wojtek K.[184] przewiózł mnie spory kawałek na motorze, strasznie mi się to podobało i napełniło wielkim żalem, że tyle mogłem się najeździć z Tobą i straciłem tyle przyjemności. Co prawda Wojtek nie leciał tak jak Ty z Rudki[185]

---

[184] Nie udało się ustalić tożsamości

[185] W sanatorium w Rudce leczyła gruźlicę Halina, żona Jerzego

(cholera!) i nie było tak strasznie niebezpiecznie. Skonstatowałem również, że jedną z większych przyjemności takiej jazdy jest tak bliski kontakt z prowadzącym, i to dotknięcie ciał połączone z szybkim ruchem stanowi zupełnie osobliwy rodzaj doznania. Rozumiem, że kobiety tak często narażają się na niebezpieczeństwa, aby doznawać tych uczuć, i rozumiem, że motocyklista zapala się do jak najszybszej jazdy, mając ciało kobiety na sobie. Co by to było, gdyby kobiety prowadziły, a mężczyźni siedzieli na bagażu? Myśleć o tym nie chcę. Chociaż mi mój przyjaciel Gucio Z. opowiadał, że kiedyś jechał na motocyklu do Morskiego Oka z pewną panią, która go onanizowała po drodze. To musi być piekielna radość, górski pejzaż, szybki pęd i takie przeżycie erotyczne. Jakże mój erotyzm jest ubogi wobec tego wszystkiego. Ja mam bardzo małe doświadczenie erotyczne, nic nie „umiem" w tej dziedzinie i kiedy dochodzi do tego, strasznie się spieszę. Przestrzegał mnie kiedyś mój doświadczony kuzyn, aby się nigdy nie spieszyć. Do diabła, ale go nie posłuchałem. Mam wrażenie, że i Ty jesteś bardzo doświadczony i umiejętny w tym względzie – szkoda, że mnie nie nauczyłeś, niedźwiedzia.

Ale dosyć o tym i tak mówisz, że ja zawsze wszystkie rozmowy sprowadzam tylko do „tego", więcej już o tym w tych listach nie będzie, chciałem Ci jeszcze napisać coś o ciele i jego doznawaniu, ale to już potem. Może na zakończenie.

Wiesz, przepatrując tak te wszystkie moje zapiski w kalendarzyku – gdzie tak rzadko niestety spotykam Twoje nazwisko, myślałem sobie o jednym: jak bardzo się zmieniłeś przez te pięć lat naszej przyjaźni. Pomiędzy tym skromnym młodzieńcem ubranym byle jak, w jakiejś tam koszulinie, z byle jak zawiązanym krawacikiem – a tym lordem, który wysiadł przedwczoraj z kolejki w Pruszkowie we wspaniałym płaszczu, cudownym krawacie, ze wściekłą miną (czy dlatego, że ja na Ciebie czekałem w samochodzie), leży zupełna przepaść. Co się dzisiaj rzuca w oczy w całej Twej postawie: to niesłychana pewność siebie, jakieś tryumfatorskie spojrzenie na ludzi, coś w rodzaju dumy. Skąd się to bierze? Chyba z tej pewności, że wszyscy na Ciebie patrzą jak na zjawisko, wszyscy otaczają Cię hołdami i miłością – przede wszystkim oczywiście kobiety. Wtedy byłeś wiernym mężem Haliny, teraz tak kroczysz, jakbyś wszystkie „sto złamanych serc" miał na swej piersi w kształcie orderów. To samo wrażenie mam, odczytując Twoje listy. Jest ich tak mało i są tak krótkie, że odczytanie ich wszystkich (czyniłem to nieraz) zajmuje około 20 minut! Jeden list tylko jest długi – ten pierwszy z Otwocka, pisany po moich odwiedzinach. Odwiedziny te są pamiętne dla mnie też i tak świetnie pamiętam Ciebie wtedy – ach. Otóż i z listów wynika, że jesteś teraz inny. Zresztą rzecz zrozumiała, może i ja przyczyniłem się do tego, że się stałeś takim. Tylko mnie jedna rzecz martwi, jest w Twoim stosunku do świata obecnie jakiś cień dumy czy pogardy, co nie uważam za dobre. Za mało masz w sercu miłości do ludzi. Naturalnie, że Twoje życie, całe Twoje życie od początku do dziś dużo nie przyczyniło się do wykształtowania w Tobie łagodnej wyrozumiałości; szedłeś całe życie na pazury, ale tak by mi się chciało w Tobie widzieć więcej serdeczności, więcej myśli o innych – nie tylko o sobie. Mówię Ci, myślę, że i ja przyczyniłem się do tego, wychowawczy ja nie jestem, raczej psuję ludzi, z którymi się stykam. Moje bezkrytyczne uwielbienie dla Ciebie nie było czynnikiem budującym. Mimo to chciałbym w Tobie widzieć element przebaczania bliźnim, szacunku dla ich odczuć, pewne odsuwanie siebie na dalszy plan. Nie bierz sobie do serca tego, co Ci tu piszę, bądź dla mnie wyrozumiały – i może trochę serdeczniejszy. W listach jesteś taki zimny!

Nie wyobrażasz sobie, jak tęsknię do Ciebie. Jak mi brak obok Twojego życia – Twojego życia ze wszystkimi jego trudnościami i komplikacjami. Wszystko moje wydaje się proste i puste wobec Twojego istnienia, i tego wszystkiego, co Ty przechodzisz. Bardzo się kiepsko jakoś dzisiaj czuję – zdrowie szwankuje i nerwy, jak zwykle. Staram się nie dawać, ale jak długo wytrzymam?

Oto więc masz trzeci list, trzeci dzień lektury. Mam nadzieję, że napiszę jeszcze parę – tymczasem pozdrawiam Cię z daleka, ale bardzo serdecznie

Twój
Cezary

87

IV

Chciałem Ci opowiedzieć jak Cię widzę, kiedy sobie Ciebie wyobrażam. W zeszłym liście opowiedziałem, jak ujrzałem Cię wychodzącego z kolejki w Pruszkowie jako lorda ze złą miną, tak sobie też Ciebie zawsze wyobrażam, ale widzę Ciebie inaczej. Przede wszystkim wtedy, kiedy Cię te baby brwinowskie podprowadziły do mnie, aby mnie zmiękczyć i dostać przyrzeczenie odczytu[186]. Udało się babom mimo gadania. A więc widzę Ciebie siedzącego na krześle (takim zielonym krześle „ze lwami", które teraz stoją na Szucha) na prawo od wejścia do mojego gabinetu. Rozmawiamy o odczycie, a ja rzucam niespokojny wzrok na Ciebie. Siedzisz spokojny, uśmiechnięty uprzejmie z rozrzuconą grzywą włosów, wtedy je miałeś bardzo rozrzucone jak na fotografii z psem. Po skończonej rozmowie wszyscy wychodzą, Ty idziesz ostatni i ociągasz się jak gdyby. Pomiędzy drzwiami gabinetu a schodami zdążyłem spytać Cię o nazwisko. I zaraz je zanotowałem w kalendarzyku. Tak i jest niebieskim ołówkiem, Jerzy Błeszyński. (Nie mogę w tej chwili odnaleźć tej notatki i wściekam się). A teraz taki zapis z mojego dziennika z dn. 30 maja 1957 roku: „Dziwne, jak ktoś, kogo zaczyna się kochać, wyrasta nagle jak cień pod wieczór, staje się nowy, dziwny i znaczący. Staje się symbolem życia, kiedy niedawno był jeszcze czymś zupełnie pospolitym, i czymś, na co się nie zwracało większej uwagi. I po tym jednym można by było poznać rodzące się uczucie, że ktoś, do kogo się miało pociąg, z kim się nawet żyło, to znaczy robiło te dziwne

---

[186] W liście do Wiesława Kępińskiego z 5 lutego 1953 Iwaszkiewicz przedstawia okoliczności bliższego zapoznania się z Błeszyńskim: „W niedzielę [1 lutego] miałem spotkanie w Brwinowie, gdzie opowiadałem o kongresie wiedeńskim, tym razem było bardzo dużo ludzi i w ogóle był miły nastrój. Dzieci pokazywały bardzo ładne tańce i chóry, a przywiózł mnie i odwiózł bardzo interesujący młody człowiek, którego znałem zresztą dawniej z Brwinowa, Jurek Błeszyński. Zdaje mi się, że się z nim zaprzyjaźnię, chociaż on ma dom, żonę i prawie dzieci (tylko co się ożenił)" – J. Iwaszkiewicz, W. Kępiński, *Męczymy się obaj...*, s. 172.

rzeczy, zwierzęce i ludzkie, a niewytłumaczalne – nagle się staje podobny do dżina z bajek arabskich, czymś niezmiennie wielkim i przysłaniającym horyzont. Oczywiście jest to nasza własna emanacja – ale czasem spostrzegam, jak ktoś, tak dobrze znany, staje się wyższym od świerków naszej alei – i nie idzie wśród zieleni lip, ale w chmurach, w zielonych chmurach liści i szczęścia". Tak i Ty czasami, gdy pomyślę o Tobie, wychodzisz spośród świerków naszej alei; widzę Ciebie wśród drzew, w lesie, gdzie wychodziłeś na spotkania „jak zwykle", widzę Cię na mostku, jak zbliżasz się i jesteś nieprawdopodobnie mały, a potem taki ogromny, i mówisz „wszystko jak chcesz". To najpiękniejszy, najprawdziwszy, najlepszy Ty, taki na co dzień, na zwyczajno, bez demoniczności i bez lordostwa. „Mój Jurek". Ale także przypominam sobie Ciebie w Krokodylu na parę minut przed tym, jak dostałeś ataku nerkowego. Wtedy byłeś chyba najpiękniejszy w historii całej naszej przyjaźni. Byłeś w czarnym ubraniu – które tak olśniło Jotema[187] – i z szaro-różową muchą na szyi. Było mało ludzi i światło przyćmione. Chyba świece? Ale widzę zawsze na chwilę przed tym bólem, który Ciebie schwycił, takiego archanielsko pięknego, jak już nigdy potem nie byłeś. A potem widzę Cię śpiącego. Należysz do niewielu ludzi na świecie, którzy wyglądają pięknie, śpiąc. Trzeba być naprawdę pięknym (to znaczy mieć piękne rysy twarzy), żeby we śnie nie wydawać się zwierzęciem i nieco odpychającym. Ale najbardziej pamiętam Twój sen, znużony i niebieski w dzień naszego wyjazdu do Wrocławia, w tę jedyną noc, kiedy nocowałem raz jeden w Melinie. Zasnąłeś nad ranem dopiero i kiedy wszedłem do Ciebie koło szóstej, spałeś twardo położony na prawym boku. Twój profil (nie masz idealnie pięknego profilu, za krótki masz podbródek) rysował się jak marmur na białej poduszce; ręce trzymałeś dziwnie, bo złączone łokciami i złożone na pościeli w kształcie litery V. Wyglądały także jak

---

[187] Jotem – pseudonim kochanka Błeszyńskiego jeszcze z czasów szkoły wojskowej we Wrocławiu. Mężczyzna starszy od Jerzego i majętny. Iwaszkiewicz odkrył po śmierci Jurka, że był on przez pewien czas utrzymankiem Jotema.

wyrzeźbione w drzewie, jak ręce Chrystusa na jakim krucyfiksie, jakby wycięte w lipowym drzewie przez Wita Stwosza; twoje ręce są najpiękniejszymi rękami, jakie w życiu u mężczyzny widziałem. Najpiękniejsze kobiece ręce to są ręce Madonny w ołtarzu Mariackim. Pomiędzy tymi rękami, wpisany w literę V leżał ów prześliczny, czarno-biały kociak. Kociak nie spał, mruczał i poruszał się, to ściągając się w puszystą kulkę, to się wyciągając wzdłuż. Cały obraz był pogrążony w niebieskim świetle pogodnego letniego świtu, stłumionym trochę żółtymi firankami. To było coś tak pięknego, że mi łzy podstąpiły do oczu i serce napełniło mi szczęście z oglądania tak doskonałego w swym pięknie widoku. Chociaż Twój krótki oddech przypominał mi o Twej chorobie, byłem szczęśliwy. To chyba najdroższy mi obraz, który przychodzi mi przed oczy, gdy Ciebie przypominam. Gdy wróciłem po godzinie, już nie spałeś i brutalnie mnie przegnałeś. Myślałeś już o czym innym i kotek uciekł, aby już nigdy nie wrócić.

Widzisz, tak Cię widzę, kochanie – i to prawie bez przerwy staje mi przed oczami to ten, to ów Twój wizerunek.

Twój
Daniel

88

14 IX [19]58

V

Mój Jureczku najdroższy! – Kiedyś, kiedy zajechałem do Ciebie połamaną taksówką i zastałem panią P. śpiącą u Ciebie w łóżku, a Ciebie ubranego śpiącego na kanapie – było to nazajutrz po naszej „ważnej" rozmowie i po wejściu L.[188] jak pani Hańskiej[189]

---

[188] Lilka Pietraszek.
[189] Ewelina Hańska z d. Rzewuska (1801–1882), polska arystokratka, wieloletnia ukochana Honoré'a de Balzaca, a od 1850 roku jego żona. Tu jako bohaterka sztuki *Wesele pana Balzaka* autorstwa Iwaszkiewicza.

do Darowskiego[190] (w szlafroczku) z czego urodziła się cała sztuka – byłeś nieprzytomny i wściekły na mnie. Przyjechałem bez uprzedzenia. Wyprowadziłeś mnie do czekającej taksówki i na pożegnanie znacząco powiedziałeś: pozdrów Wiesia[191]! Nie rozumiałem, co to znaczy, dopiero w „zły czwartek"[192] znowu jakieś aluzje do Wiesia i do Jurka L.[193] pokazały mi prawdę. Byłeś trochę zazdrosny o nich. Powiedziałeś mi także w tych dniach: rozumiem, żebyś był zazdrosny o mężczyzn, ale o kobietę! Zrozumiałem, że Ty jesteś zazdrosny o mężczyzn, o przyjaźń. Więc przede wszystkim wiedz, że jesteś zupełnie poza konkurencją, innych moich przyjaźni nie można porównywać z przyjaźnią dla Ciebie. Zresztą często – może zbyt często? – mówiłem Ci o moim przywiązaniu do Ciebie. Ty nigdy o stosunku do mnie. Ale mniejsza o to, nie to ma być przedmiotem mojego dzisiejszego listu do Ciebie. Chciałem Ci coś powiedzieć o zazdrości.

Zazdrość jest bardzo brzydkim uczuciem. Przede wszystkim jest to uczucie upokarzające. Człowiek pod wpływem zazdrości staje się innym człowiekiem, zatraca swoje pozytywne cechy. Robi się zły, złośliwy i głupi. Ponadto nie bardzo odpowiada za swoje słowa i za swoje czyny. Dyktuje mu jego afekt, zazdrość, i nią powodowany nie może się powstrzymać od słów szkodliwych i nieodpowiedzialnych. Posuwa się do czynów okropnych, podglądania, szukania po kieszeniach, otwierania szuflad. Trzeba być

---

[190] Aleksander Weryho-Darowski – bohater sztuki *Wesele pana Balzaka*.

[191] Wiesław Kępiński.

[192] „Zły czwartek" miał miejsce prawdopodobnie 28 sierpnia 1958 r. Dzień później Iwaszkiewicz jest już w Sobieszowie i zamieszcza w *Dzienniku* rozległą notkę na temat kłamstw Błeszyńskiego. Po tygodniu, pod datą 5 września 1958, notuje: „Chorobliwa atmosfera, którą wytwarza ten stojący u grobu człowiek, jest czymś z gruntu obcym mojej zdrowej naturze. Był okropny ostatniego wieczoru przed moim tu przyjazdem. Wszystko było wymierzone przeciwko mnie – i to idiotyczne uczucie dla tej idiotki. I pewność siebie większa niż kiedykolwiek, powiedzmy po prostu «zarozumialstwo». Trzeba mu to wszystko wybaczyć, bo chory, ale naprawdę moja tolerancja posuwa się chwilami za daleko" – J. Iwaszkiewicz, *Dzienniki…*, s. 243.

[193] Jerzy Lisowski.

bardzo wyrozumiałym, aby zazdrośnika nie przegnać ostatecznie. Rozumiem, że to, że Twoja żona była taka zazdrosna, stało się powodem Twojego ostatecznego zniecierpliwienia. Z drugiej strony człowiek zazdrosny to jest człowiek posiadający wyobraźnię, ktoś, kto potrafi sobie wiele rzeczy wyobrazić. I w gruncie rzeczy wyobraźnia uzupełniona intuicją odkrywa mu wiele rzeczy. To, że moja znów żona nie ma zupełnie wyobraźni, nie umie się przenieść w inną istotę i zrozumieć cudzej natury, jest przyczyną, że jest zupełnie niezazdrosna. Ale, proszę Ciebie, wyobraźnia może być i jest przyczyną wyrafinowanych tortur cielesnych i duchowych. Ktoś, kto spostrzega przy czyimś tapczanie małe pudełeczko nadebrane z lanoliną, może sobie – o ile ma wyobraźnię – zrekonstruować takie obrazy i takie szczegóły, które go jak koszmar będą prześladowały nocami. Toteż, odpychając ludzi zazdrosnych, popełniamy niesprawiedliwość, odpychamy bowiem w nich owo bogactwo wyobraźni, które raczej jest rzadko udziałem przeciętnego człowieka. Człowiek zdolny do zazdrości – chociażby najgłupszej na świecie – jest zawsze człowiekiem o bogatym życiu wewnętrznym. Stąd i ja nie powinienem gniewać się na Ciebie, o ile czasem odczuwasz zazdrość o innych moich przyjaciół.

Ale są różne rodzaje zazdrości. Jest zazdrość o ciało i o duszę. Zazdrość o ciało jest z gatunku tych niższych. Ale tu trzeba być wyrozumiałym. Jeżeli się kogoś kocha, to się go kocha całego, ze wszystkimi szczegółami i ze wszystkimi ułomnościami jego ciała. Kocha się wtedy każdy włos, każdy muskuł, każdy szczegół, nawet i niepiękny. Na przykład nieładne piersi kobiece, znaczki na ciele, dziwny zarost, nawet nieprzyjemny zapach. Oczywiście mówię o prawdziwej miłości, której nie zraża ułomność czy choroba. Ciało ludzkie to dziwna rzecz. Może być najpiękniejsze i najbrzydsze, może być czymś wspaniałym. Ileż radości przynosi człowiekowi własne lub cudze ciało. Jakiż potężny hymn na cześć ciała śpiewają wszystkie poezje świata, od Biblii począwszy, a kończąc na Przybosiu. Ale ciało sprawia największą radość, gdy jest własnością niepodzielną. Stąd radość małżeństwa – no i piekło zazdrości.

W tym miejscu był telefon Twój z... jakim cudem telefonistka nie powiedziała skąd? Musiałeś ją oczarować jak wszystkich i ubłagać, żeby nie powiedziała: „Bydgoszcz dzwoni". A sam się tak wygłupiłeś jak zawsze. Naprawdę, Jerzy, nie zasłużyłem sobie na takie traktowanie. Co Ci szkodziło powiedzieć na moją „wersję", co ty pleciesz? Oczywiście, mówię ze Szczecina. Albo: wyobraź sobie, skąd ja mówię, mówię z Bydgoszczy. Obie wersje byłyby zupełnie zrozumiałe i jasne. Ale Ty musiałeś powiedzieć: to nie ma żadnego znaczenia! aby mnie zostawić w zawieszeniu i niepewności.

Naprawdę, nie gniewaj się, ale czasami zastanawiam się, czy ja zasłużyłem sobie na takie traktowanie? Czy w stosunku do obowiązków, jakie nakłada na nas długoletnia przyjaźń, nie postępujesz niesłusznie? Przede wszystkim czy nie za bardzo ufasz, że ja <u>zawsze</u> będę? Bo wiesz, czasami się człowiek niecierpliwi w jednej chwili... i potem przepadło.

Miałem zamiar napisać Ci dużo takich listów, żebyś miał na czytanie codzienne (po jednym liście) przez jakie dziesięć dni, aż do ponownego zobaczenia się. Ale przyznam Ci się, że po Twoim telefonie odpadła mi ochota do dalszego pisania. I w ogóle zastanawiam się, czy warto było to robić i poświęcać tyle czasu i trudu na tę pisaninę? Dla Ciebie to nie ma żadnego znaczenia. No, trudno.

Tymczasem więc całuję Cię serdecznie i zostaję znowu (?) jednakowym przyjacielem

Twój
Edmund

P.S. Oczywiście ostatnia część tego listu nie jest pisana na serio. To tylko przykład do jak nierozsądnych słów i posunięć może doprowadzić zazdrość. Nie bądź nigdy zazdrosny, Jureczku.

89

[List pisany odręcznie na białym papierze z nadrukowanym rysunkiem zabudowań i podpisem w lewym górnym rogu „Hel ulica"]

[U góry na lewym marginesie – narysowane trzy świderki]

         15 IX [19]58
 VI

Czy jesteś wrażliwy na piękno natury? Chyba tak, lubisz góry, morze. Zachwycałeś się widokiem z Poronina i Bukowiny podczas naszego cudownego zimowego spaceru, widok pełnego morza z Batorego robił na Tobie duże wrażenie. Ale chodzi mi o inne sprawy, o naturę, że tak powiem w miniaturze, o uroki kwiatów (które lubisz, wiem), drzew, ogrodów. W tym samym rodzaju jest umiejętność spostrzegania piękna w różnych, pozornie pozbawionych uroku miejscach. Na przykład zapuszczony staw u nas, z Twojego mostku widok na strugę, jakieś kępy olch czy wierzb – ileż to ma piękna i wdzięku, kiedy się umie na nie patrzeć. Przypuszczam, że i sosny w Gostyninie mogą się wydać piękne. Szczególnie takie mikropejzaże działają na nas, gdy są połączone ze wspomnieniami drogich osób lub chociażby ze wspomnieniami przelotnych, ale intensywnych, przeżyć. Wtedy nabierają jakby wewnętrznego życia, już nie widzi się olchy, dębu czy wierzby, ale widzi się je tak, jak się je widziało podczas rozmowy z tym a tym czy podczas schadzki. U nas w alei jest taki duży kamień kształtu ławki, można na nim siedzieć we dwie osoby. Skąd się tam wziął, nie wiem. Ale dawniej go nie było. Teraz, ile razy widzę ten kamień, przypominam sobie, że kiedyś w jesiennym, przykrym zmroku siedziałem na nim z kimś bardzo drogim. Siedziałem krótko, rozmawiałem o sprawach bardzo codziennych i zwyczajnych, pod baldachimami liści opadających, pożółkłych, w woalu mgły, ale tej jednej krótkiej rozmowy wystarczyło, aby ten kamień stał się pełen jakiejś wewnętrznej treści. Po prostu kocham ten kamień i przechodząc koło niego, patrzę nań z czułością, chociaż gdy powstałem z niego, jakaś ostra gałązka ukłuła mnie w powiekę. Bolało, ale cóż to jest w porównaniu z innymi ostrymi gałązkami, które głęboko przenikają w serce i już tam pozostają na zawsze. Takie bóle pozornie gasną, zapomina się o nich – ale przecie wszystkie ciernie zostają w sercu na zawsze i przypominają się, gaszą nasze uniesienia, tłamszą nasze radości. Trudno jest zapomnieć o upokorzeniach, niepowodzeniach, zawodach. Toteż nie zapomina się ich, tylko się je spycha gdzieś głęboko, w podświadomość, gdzie czyhają, aby się podnieść przy najbliższej sposobności. Całe moje życie składa się z takich upokorzeń i niepowodzeń, trudno być beztroskim człowiekiem, trudno być łatwym w pożyciu, gdy się nosi taki bagaż w sercu.

Przypomina mi się mimo woli nasz wieczór w Kazimierzu. Jak trudno się dopasować dwojgu ludziom, jak trudno, w dwójnasób trudno dopasować dwóm przyjaciołom, dwóm mężczyznom. Ja byłem uniesiony pięknem tego wieczoru, zamglonym księżycem, ciepłym powietrzem, kiedyśmy siedzieli na ławeczce obok ruin – i jadłem coś, sam już nie wiem co, ale byłem „prawie" szczęśliwy. A Ty biedaku byłeś na wpół przytomny i cierpiący, waliłeś się z nóg i cały Twój wysiłek był skierowany na to, aby nie pokazać po sobie Twojego stanu. To zupełnie tak samo jak w epoce moich listów „zblokowanych" to znaczy z października i listopada ub. roku, które są sentymentalne, nawet czułostkowe, naiwne i staropanieńskie – i trafiają w Twoją epokę pijatyk, swobodnego wreszcie chędożenia, zabaw w knajpie podkowińskiej, nieprzespanych nocy i zachlapanych błotem jazd na motorze. Ja czasami się dziwię, że jednak bywały w naszej przyjaźni chwile, gdzieśmy się rozumieli, gdzie nasze rozmowy przebiegały harmonijnie – i gdzie za naszymi głowami nie roiły się drapieżne i sprzeczne myśli; przyjaźń nie jest odwrotną stroną wrogości i zawsze w niej tai się nienawiść, chęć zniszczenia, zamordowania partnera. Myślę, że niejednokrotnie myślałeś: ach, żeby tak zamordować tego Jarosława. Ja myślałem chwilami (w sierpniu), że najlepszym rozwiązaniem wszystkich spraw i mąk Twoich i moich byłoby morderstwo. Nie była tak całkiem na żarty propozycja, którą Ci uczyniłem wspólnego samobójstwa. Gdybyś się zapalił do tej myśli, kto wie, co by było. Co prawda obaj tak kochamy życie, tak je chłoniemy, i chcemy chłonąć. I jeżeli siedzisz teraz w sanatorium, to po to, żeby przygotować się do lepszego, „jeleniego" skoku. Do Surabai na przykład. Nie wyobrażam sobie nawet tego szczęścia, jakim by był mój przyjazd do Ciebie do Indonezji czy do Australii, to byłoby coś tak wspaniałego. Na razie nie pojedziemy do Surabai, tylko ja przyjadę do Ciebie do Gostynina – aby Cię ucałować i uściskać tak mocno, jak cię kocham –

Fryderyk

90

16 IX [1958]

VII

Moje dziecko! Powiedziałeś mi w samochodzie, że nie umiesz kłamać. I rzeczywiście, sądząc z zestawienia dwóch powiedzeń Twoich w czasie wczorajszej podróży, kłamać nie potrafisz. Powiedziałeś na początku: to Ciebie przez cały październik nie będzie? A potem, upewniwszy się, że nie będzie mnie od połowy października do połowy listopada, powiedziałeś: chciałbym wziąć przepustkę na 1 listopada, na Wszystkich Świętych. Sprawa jasna, chcesz się spotkać w Warszawie z Twoją ukochaną[194], jak mnie nie będzie. Najtrwalsze uczucia powstają na grobach pierwszych mężów. Doskonale zresztą wiem, kiedy kłamiesz, a kiedy mówisz prawdę, i niektórym Twoim wiadomościom* (o ostrzegających telefonach, o wstrzemięźliwości itd.) nigdy nie uwierzyłem. Przyznaję Ci jednak, że mało mi kłamiesz, i to najczęściej potem mówisz prawdę – choć nie „od razu". Znam Cię – i myślałem, że dobrze Cię znam – od pięciu lat, tymczasem wczoraj Szymek w powrotnej drodze z przygodami, zaskoczył mnie całkowicie, opowiadając o Twoich wielkich blagach, w wagonie, w Kafarze itd. Twoje opowiadania o podróżach,

---

[194] Chodzi o Lilkę Pietraszek.

o pracach itd. obliczone na imponowanie ludziom, niesłychanie mnie zadziwiły. Oczywiście wiem, że lubisz trochę koloryzować i nie wszystko jest tak jak Ty opowiadasz, czasami i mnie chcesz imponować, ale nie miałem pojęcia, że tak blagujesz wobec ludzi. Nie rób tak. Nie masz pojęcia, jaki ja mam wstręt do tego rodzaju niepotrzebnej blagi. Ja wiem, że mam na Ciebie minimalny wpływ i że obcując ze mną – ostatnio właściwie na co dzień – nie zmieniłeś się ani na jotę, nic nie potrafiłem dać z siebie. Ale z drugiej strony wiem i rozumiem, że chcesz mnie wszystkimi siłami (niekiedy nawet bohaterskim wysiłkiem) zatrzymać przy sobie, boisz się mnie stracić. Otóż powstrzymaj się od tego blagowania, nie opowiadaj Bóg wie czego swoim kolegom w sanatorium np. z powodu swych nalepek na kuferku. I tak masz im nieprawdopodobne rzeczy do opowiedzenia, brat Twój w Surabai, przygody Twojej matki itd. itd. Bądź naprawdę lordem i dżentelmenem. Masz wszystkie po temu zadatki. I jeszcze jedno. Okropnie nie lubię, jak robisz ze mnie fokę czyli balona. Błagam Cię, załatwiaj ze mną wszystkie sprawy prościej i szczerzej. To znaczy nie urządzaj wycieczek ze mną akurat w te dni, kiedy chcesz zniknąć z Meliny, tylko powiedz: wiesz, Jarosław, znikam na trzy dni, jedź ze mną. Albo nie mów: „ja pojadę do Szczecina, a ty przyjedź w parę dni potem", tylko: „ja jadę do Bydgoszczy, a potem do Szczecina, a ty przyjedź wprost do Szczecina". Albo powiedz wprost: „wiesz, nie chce mi się jechać do Słowacji, wolę siedzieć na Flisaków. I tylko opowiadać w Kafarze, że byłeś w Czechosłowacji". Błagam Cię, tylko nie zmywaj głowy Szymkowi za to, że mi to wszystko opowiedział, proszę Cię na wszystko. On to mówi w wielkiej naiwności ducha i do głowy mu nie przychodzi, co to znaczy dla mnie – i nie trzeba go o to winić – tak samo jak wtedy z tą kwestią spania, o której Ty nie chciałeś, abym ja się dowiedział. Coś w tym musiało być.

Syneczku kochany, nikt nawet w przybliżeniu sobie nie wyobraża, jak mnie obchodzi każdy szczegół Twojego życia, jak mnie boli każda Twoja wada czy każdy Twój błąd, jakbym Cię chciał widzieć dobrym i doskonałym, nikt też nie wie, jakie uczucia wywołuje we mnie <u>każde</u> słowo o Tobie. Jak je odczuwam wszystkimi fibrami całego mojego istnienia. Toteż nie wiń Szymona, że czasami mówi o Tobie nieopatrznie. On jest bardzo Tobie oddany, tylko to prosty człowiek i nie zna się na różnych subtelnościach uczuć. On jest całkowicie pod Twoją władzą i przechorował po prostu Twój wyjazd do sanatorium. Kiedy mnie Hania wczoraj zapytała, kto jest dla Szymka Jurek, odpowiedziałem, że Szymek to „upupienie" Jurka. Takeś go upupił. Kochany, te wszystkie „sztuczne" traktowanie zagadnień najprostszych w świecie przez Ciebie, to nierozstrzyganie wszystkich rzeczy „od razu" i „po prostu" – wprowadza pewne, drobne zresztą, fałszyki w nasz stosunek, komplikują niepotrzebnie bardzo proste sprawy. Lepiej jest tego unikać. Prawda? I nie robić ze mnie foki – bo to przecież nie jest ani Twoim celem – ani to jest potrzebne. Czasami mam wrażenie, że podśmiewaliście się ze mnie z Lilką (np. kiedy przyjechałem w ten straszny deszcz do meliny) – i rozumiem, co chciałeś powiedzieć, że chcesz czasami bronić mnie od śmieszności. Masz po stokroć rację – ostatecznie jak zawsze. Stryjkowski[195] powiedział dzisiaj, że wykazałeś wielką siłę charakteru, ukazując się wszędzie ze mną, jeżdżąc do Obór[196] itd. Pierwszy raz słyszałem takie sformułowanie – przeciwnie przykro mi było, kiedy nie chciałeś bywać ze mną w Bristolu itd. Jak te sprawy rozmaicie wyglądają. Ten list jest przykry, za to jutrzejszy będzie o wiele, o wiele przyjemniejszy i bardziej zajmujący. Będzie o faktach. Twój

Gustaw

[*podkreślenie wydawcy – oznacza fragment, do którego na lewym marginesie został zrobiony dopisek: „nie, chciał sprowadzić Lilkę!"]

---

[195] Julian Stryjkowski (1905–1996) – polski prozaik, autor opowiadań, dramaturg i dziennikarz żydowskiego pochodzenia; współredaktor miesięcznika „Twórczość", w okresie znajomości z Błeszyńskim, zaprzyjaźniony z Iwaszkiewiczem. Był przez pisarza wprowadzony w zawiłości relacji z Jerzym.

[196] W roku 1948 w Oborach otworzono Dom Pracy Twórczej im. Bolesława Prusa. Pomysłodawcą projektu był Jarosław Iwaszkiewicz, ówczesny prezes Związku Literatów Polskich.

91

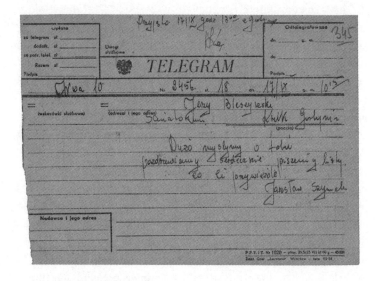

Dużo myślimy o Tobie
Pozdrawiamy serdecznie
(piszemy listy, co Ci przywieźć?),
Jarosław Szymek

Telegram z dnia 17 września 1958,
godz. 10.15

92

17 IX [1958]
VIII

Wczorajszy dzień był pierwszym dniem po Twoim wyjeździe. Spędziłem go w sposób zadziwiająco podobny do tego, jak Ty spędziłeś pierwszy dzień po wyjeździe Lilki. Także próbowałem się leczyć – ale bezskutecznie. Ale najprzód o powrocie z Gostynina. Wyjechaliśmy z obrębu parku w towarzystwie danieli, takich prześlicznych. A zaraz za Łąckiem przebiegł nam drogę wspaniały, ogromny lis. Siadł na brzegu drogi i popatrzył na nas z pogardą. Prędko zrobiło się ciemno i ponieważ był duży ruch na szosie, jechaliśmy bardzo powoli, Szymek się zmęczył i irytował. Wreszcie już pod samym Błoniem zabrakło benzyny w baku i trzeba było dolać. Kiedyśmy dolali, samochód nie chciał zapalić. Bardzośmy się męczyli, popychali i kiedy sytuacja wydawała się beznadziejna, samochód zapalił od korby. Do domu dojechaliśmy dopiero koło dziesiątej. Postanowiliśmy jeździć do Ciebie, tak żeby nie wracać po ciemku. Nazajutrz rano też nie chciał samochód zapalić i trzeba go było wozić końmi naokoło podwórza. Wreszcie Szymek postawił go u majstra na Litewskiej i mieli go tam przepatrzyć. Jaki jest rezultat tego – nie wiem, jeszcze Szymka nie widziałem. Z rana byłem w redakcji, było posiedzenie komitetu redakcyjnego, zresztą dosyć krótkie, ale przyjemne, powakacyjne. Potem poszliśmy ze Stryjkowskim na obiad... do Grandu. Piliśmy wódkę i gadaliśmy bardzo długo, przeważnie zresztą o Tobie. Stryjkowski chce Cię odwiedzić w Gostyninie. Uparcie zresztą powracał w rozmowie do Ciebie i Twojego stosunku do mnie. Doszedł do wniosku, że musisz być do mnie bardzo przywiązany, czemu żywo zaprzeczałem. Przy jednym z dużych stolików siedział Komitet Pokoju z jakimiś Japończykami. Szalenie się ucieszyłem, że ja siedzę przytomnie i nie potrzebuję się wyprzyjemniać oficjalnie. Z Komitetem był jeden z urzędników kancelarii, dzielny Jurek

Gilski[197] (jeden z Jurków), o którego istnieniu nic dotychczas nie wiesz. Jest to bardzo uroczy młody człowiek, który mnie bardzo lubi. Właściwie mówiąc, to on miał jechać ze mną do Kopenhagi, ale nie wytrzymał charakteru i odmówił. Wtedy zaproponowałem tę podróż Tobie. Do dziś dnia zachodzę w głowę, dlaczego nie zrobiłem tak od razu i co za sens miałaby ta jazda z Gilskim. Okropność, wyobrazić sobie tego nie mogę zupełnie, byłem – jak zwykle – idiotą. Otóż gdy wszyscy wyszli, to znaczy komitet i Stryjkowski, zostałem sam przy stole z Gilskim i szoferem Karem i piliśmy mnóstwo wódki. Na tym się skończyło i poszedłem do „rentgena", gdzie się umówiłem z Częścikiem. Znalazł, że moje serce po wódce i po kawie działa znakomicie. Potem mnie wyciągnął do Bristolu. Znowu była wódka i Kuświk – i okropnie mi było nudno i przykro. Tadeusz podpił sobie i opowiadał mi z wielkimi szczegółami swoje przygody erotyczne w Bułgarii i gdzie indziej – i trochę mnie mdliło, a trochę było bardzo smutno. Opowiadania były bardzo wulgarne, tak jak erotyzm tego typu, a zwłaszcza w naszych czasach jest wulgarny i ordynarny. Oczywiście skonstatowałem, że wszystkie te przygody odbywają się z inicjatywy bab. Z wielkim przymusem słuchałem tego wszystkiego i wiesz już, o kim myślałem. I pomyślałem sobie, że może to i lepiej, że nic nie wiem ani o „październiku", ani o „grudniu", ani o „styczniu" i że Twoja metoda odsłaniania wszystkiego po kolei, i nigdy całkowicie, może jest lepsza w przyjaźni. Wreszcie zaczął skamlać, że się Stawisko tak zmieniło w stosunku do niego, zapewniłem go, że nic podobnego i na tym się skończyło. Musiał iść o 9 na jakieś „posiedzenie" w sprawie odzyskania futer bułgarskich! Padał rzęsisty deszcz, odwiózł mnie taksówką na Szucha – i to wszystko. Samotny wieczór w pustym mieszkaniu, gdzie mi wszystko przypominało Twoje „ważne" rozmowy i wieczory, ten w rocznicę „Boberka"[198], i ten późniejszy, i wszystkie nasze kon-

---

[197] Jerzy Gilski – urzędnik z Polskiego Komitetu Obrońców Pokoju.

[198] Boberek – recepcjonista w domu Związku Literatów w Sopocie, gdzie Iwaszkiewicz z Błeszyńskim zatrzymali się na nocleg w roku 1957, podczas podróży do Kopenhagi.

flikty i nieporozumienia, które mi się wydały śmiechu warte. I to uczucie tak pewne – a które i Ty znasz – że nikt nie może mi Ciebie zastąpić i nic nie może zastąpić naszych rozmów. I tęsknota do Ciebie taka, że aż piszczy – i w każdej chwili myśl: co Ty tam robisz? jak się czujesz? Komu co trajlujesz? Wieczorem jeszcze miał przyjść Częścik, ale zatelefonował, że deszcz pada i że nie może. Jakże się z tego ucieszyłem? Sam, sam, w pustce, w deszczu, w smutku – z myślą o Tobie. Nie mam nawet przyjaciela, nad którym bym się mógł trochę poznęcać – jak Ty nade mną w ten „zły czwartek". Ach, to był okropny wieczór, dopiero zrozumiałem miarę wszystkiego. Dobrze, że zatelefonowałem nazajutrz z Sobieszowa i że telefon nie był zepsuty. Niestety, to nie był ten telefon, na który Ty czekałeś (odezwał się Twój głos od razu w słuchawce, czatowałeś) i miałeś tyle siły charakteru, że powiedziałeś: ucieszyłem się z Twego telefonu! Chciałem Cię wtedy uściskać, bo wiedziałem że ten telefon był dla Ciebie zawodem. Otóż masz opis mojego smutnego dnia, mnóstwo wódki i kawy, dużo „przyjaciół" i ta bezgraniczna pustka. Przesyłam Ci najlepsze wyrazy, mój jedynaku, mój synciu kochany, mój malutki i bardzo drogi – przebacz mi te wyrazy, które wcisnęły się pod pióro, już ich nie znajdziesz w następnych listach –

Twój
Hieronim

93

17 IX [1958]

IX

Pogoda zmieniła się zasadniczo, jest deszcz i zimno. Cały czas myślę sobie, jak Ty tam znosisz swoją samotność, swój rygor sanatoryjny i wszystko to, co lekarze Tobie gadają i z Tobą wyprawiają. W Stawisku odczuwam pustkę nie do zniesienia, i to okropne uczucie, że dziś się już nic nie zdarzy. Bo wszystko, co się mogło „zdarzyć", to się odnosi do Ciebie. Trzeba przyznać, że zepsułeś mnie ostatnimi czasy pod tym względem. W ciągu ostatnich miesięcy każdy Twój telefon, każde moje odwiedziny w „melinie" przynosiły jakieś zdarzenie, jakiś projekt, jakąś historię albo nawet i bombę. A teraz cisza zupełna, chodzę obok telefonu i sam sobie się dziwię, że ten instrument stracił dla mnie wszelkie znaczenie, nie patrzę nań ze drżeniem i nie lecę pędem po schodach, kiedy zadzwoni. Telefon w ostatnim okresie ogromną odgrywał rolę, wciąż czekałem, aż się odezwie, albo walczyłem sam ze sobą, żeby nie podnosić słuchawki. Czasami nie chciałem telefonować, aby nie usłyszeć rzeczy, które by mi pomogły do tworzenia „własnych wersji" – np. Nie ma go, bo poszli do sklepiku, lub coś w tym rodzaju. A tak ubóstwiam Twój głos w telefonie, ten głos, który utrwaliłem tak skandalicznie[199]. Dawniej mówiłeś: „tu mówi Błeszyński", potem mówiłeś: „tu Jurek mówi" – a wreszcie sakramentalnie „dzień dobry, kłaniam się". Pewnie nie uwierzysz, kiedy powiem, że za każdym razem, co to słyszałem, nogi się pode mną załamywały. Bo kto by w takie rzeczy wierzył? Rozumiesz, i to że nie mam przez cały dzień żadnego niepokoju, żadnej myśli, co robi? może pojechał na motorze? może ma atak kaszlu? może wręcz przeciwnie? Kto do niego przyszedł, z kim mówił? O czym myśli? Z tych wszystkich pytań tylko to ostatnie przetrwało. O czym myśli? Wiem, zresztą, o czym myślisz i jak się czujesz. Chciałbym być przy Tobie, pomóc trochę i nie mogę. Ale bez tych innych niepokojów czuję się jak bez ręki, brak ich stwarza właśnie tę pustkę którą nie wiadomo czym zapełnić. O pracy literackiej oczywiście nie ma mowy. Więc pozostaje chodzenie po domu (zimno jak cholera!) i wyobrażanie sobie, jak wyglądasz, jak się śmiejesz, marszcząc nos jak Staś Baliński[200], jak mówisz o bakteriach Kocha, jak siedzisz ponury lub jak jesteś wściekły, że ja jestem w Pruszkowie i że może trzeba będzie przyznać się, że jedziesz do Bydgoszczy a nie do Szczecina. Posłałem do Ciebie depeszę, abyś wiedział, że

---

[199] Aluzja do taśmy z nagraniem Błeszyńskiego czytającego swoje wiersze.
[200] Stanisław Baliński (1898–1984) – polski poeta, prozaik, eseista i dyplomata. Przyjaciel rodziny Iwaszkiewiczów.

nie jesteś sam na świecie, że są ludzie, którzy tak intensywnie i tak mocno o Tobie myślą, przypuszczam, że się ucieszyłeś trochę. Wyobrażam sobie nieco twoje samopoczucie.

No, i telefon zadzwonił mimo wszystko! Zupełnie się tego nie spodziewałem i kiedy powiedziano mi „zamiejscowy", myślałem że, mnie będą nudzić gdzieś w jakiś wieczór autorski. Siedzieliśmy sobie po kolacji przy stole, moja żona, moja siostra[201], ja i Pogrozińska[202]. Było takie zwykłe rodzinne pokolacyjne gadanie. Mówiłem, że Tadzio Częścik opowiadał mi wczoraj cały wieczór o swoim powodzeniu u kobiet. Zresztą nie przechwalał się, bo on rzeczywiście ma to powodzenie, dlaczego – nie wiem. Jakoś przy tej okazji rozmowa zeszła na Ciebie, mówiono, że tak zwracasz powszechną uwagę swoją urodą, że Pilawitzowie nie mogli się uspokoić, że Ty taki piękny, a moja siostra powiedziała: Nie dziwiłabym się, żeby za tym kobiety szalały. [tu następuje fragment zamazany, przekreślony przez Iwaszkiewicza, nieczytelny]. Odpowiedziałem: rzeczywiście szaleją – i chciałem dodać: nie tylko kobiety, ale ugryzłem się w język. I właśnie w tej chwili zadzwonił telefon. Tak się ucieszyłem, że dobrze było słychać, i jestem teraz szczęśliwy jak po prawdziwej rozmowie z Tobą. O wszystkich sprawach Twoich będziemy rozmawiać w niedzielę, ale czy będzie wtedy Twój lekarz, bo z nim też będę chciał pogadać. Wielu ludzi wybiera się do Ciebie, Stryjkowski, i dr Częścik, bo on by chciał porozmawiać z lekarzami, ale ta wizyta chyba nie sprawiłaby Ci przyjemności. Po Twoim telefonie nabrałem dobrego humoru

---

[201] Jarosław Iwaszkiewicz miał trzy siostry. Anna (Nucia, 1882–1944) była matką chrzestną córki Iwaszkiewiczów, Marii. Zginęła w powstaniu warszawskim. Helena (1879–1964) w czasie choroby Anny Iwaszkiewiczowej zajmowała się córkami Iwaszkiewiczów – Marią i Teresą. W ostatnich latach życia mieszkała w Stawisku. Jadwiga (1886–1979) mieszkała w wraz z siostrą Anną w „Majątkach" w Podkowie Leśnej. W latach 60. przeprowadziła się do Stawiska. Wzmiankowaną tu siostrą jest prawdopodobnie Jadwiga.

[202] Jadwiga Pogrozińska (?–1961) – piastunka i wychowawczyni wnuków Iwaszkiewicza (dzieci Marii Iwaszkiewicz i Stanisława Włodka) – Macieja Włodka i Anny Włodek.

i znowu patrzę na ten instrument jak na łaskawe zwierzątko. Jutro chyba będzie list od Ciebie – jednym słowem, co najważniejsze, nasz stały kontakt się nie przerywa, to ma ogromne znaczenie dla Ciebie ze względu na kurację, ale [dla] mnie ze względu na moją pracę. Stryjkowski i Jurek Lisowski przeczytali mojego Balzaka[203] i bardzo się to im podobało, Balicki[204], dyr. Teatru Polskiego, wziął to do czytania, myślę, że to wystawi i to nie bardzo długo, na premierę będziesz musiał wziąć przepustkę, nie wyobrażam sobie, żebyś nie miał na tym być, dopiero na scenie zobaczysz, ile tam jest z naszych przeżyć, uczuć i powiedzonek, jak cała ta sztuka, pomimo zdawałoby się tak odległego tematu, przesiąknięta jest tym „naszym latem", pamiętnym latem 1958 roku. Ach, nie myślałem, że jeszcze takie namiętne, burzliwe, gorące, młodzieńcze lata przeżyję. Chwilami zdaje mi się, że to był taki sen.

Wyobraź sobie, że dzisiaj dostałem z sądu olbrzymi papier, przestraszyłem się na razie, bo chodzi tu o alimenta. Czyżbym w tym śnie – pomyślałem – spłodził syna? Z kim? Z Polą? Okazało się, że mam ja potrącać alimenta z pensji wypłacanej... Romualdowi Bieleczewskiemu. Wypłacać na rzecz Marianny Skrobowskiej. Widocznie nie była taka Skrobowska, kiedy potrzebuje alimentów!

Wczoraj zacząłem pić wódkę ze Stryjkowskim, potem piłem z Gilskim a wreszcie z Częścikiem. Czuję się więc bardzo głupio i zaraz idę spać. Więc tymczasem do widzenia, całuję Cię mocno jak kocham Twój

Ignacy

---

[203] *Wesele Pana Balzaka* (1959) – dramat Jarosława Iwaszkiewicza dedykowany Jerzemu Błeszyńskiemu. Premiera sztuki: Teatr Polski (Teatr Kameralny), 9 lipca 1959 roku Inspiracją dla poszczególnych postaci, sytuacji i dialogów była relacja z Błeszyńskim, o czym mowa w dalszych listach.

[204] Stanisław Balicki (1909–1978) – publicysta; dyrektor i kierownik literacki teatrów. W latach 1957–1964 dyrektor Teatru Polskiego.

94

X

[18 IX 1958]

Ty głupia istoto, ty kruku marny i złowieszczy, jak będziesz nam groził samobójstwem to przestanę do Ciebie pisywać, przestanę przyjeżdżać i w ogóle znać nie chcę. Masz w tej chwili przed sobą takie perspektywy, posiadanie ukochanej kobiety (czy może być coś cudowniejszego jak objęcie po prostu osoby, którą się kocha, przytulenie się do niej, ucałowanie samych oczu – nie mówiąc już o innych rzeczach. Nawet gdyby to miało trwać krótko, to już jest tyle – chociażby ten pocałunek, kiedy Ci przynosiła płatki owsiane – miłość z wzajemnością, to musi być cudowne, ja o tym nic prawie nie wiem – a jednak jeszcze się cieszę z tych ułamków i okruchów, które padają na mój stół) – a jeżeli nie miłość, to wyjazd do Surabai, na niesłychane ciepłe morza, do krain, gdzie wszystko jest nowe, tajemnicze i podniecające. Musisz każdej chwili myśleć o tym, że musisz być zdrów i to jak najszybciej, stosować się do wszystkich poleceń lekarskich, nie łazić po zachodzie słońca i w deszcz do portierni, aby telefonować bóg wie do kogo – i w ogóle nie szaleć. Tak się strasznie cieszyłem na Twój list, z biciem serca otwierałem kopertę i spotkało mnie wielkie rozczarowanie. Czyż to można nazwać listem tych parę słów nakreślonych na karteczce? Bo „wiersze" to inna sprawa. Nie napisałeś mi na serio, proszę, wszystkiego, co czujesz, nie napisałeś, co myślisz o moich „listach" – (nie trzeba ich było czytać od razu (wszystkich, bo to nuda szalona) – nie napisałeś, czego potrzebujesz i co Ci trzeba przywieźć, nie napisałeś mi ani jednego serdeczniejszego słowa – a przecież coś nie coś mi się chyba należy. Zastanawiam się nad jednym zjawiskiem, mianowicie nad tym, że Twoje listy – odczytuję je wielokrotnie – są jak gdyby poniżej Twojego poziomu, są niedbałe, nieumiejętne – i właściwie mówiąc, nic nie wyrażają, podczas kiedy Twoje „wiersze" zawierają i myśli i uczucia[205], które by na pewno lepiej nadawały się do wyrażania w prozie, w listach. Jeśli mówiłem, zdaje się, że chyba lepiej by było, abyś zamiast pisania wierszy, które są niezdolne, robił sobie notatki dziennika, powstałaby w ten sposób na pewno rzecz ciekawa, odpowiadająca Twoim intensywnym przeżyciom duchowym, mógłbyś w nich traktować sprawy tak bardzo Ciebie obchodzące ze ściślejszymi szczegółami, które teraz nieraz poświęcasz do dość wątpliwych rymów. Trzy kawałki, które mi przysłałeś, są wyjątkowo słabsze od dotychczasowego Twojego „dorobku", ale zawierają mnóstwo uczuć i myśli, które wyrażone prozą przemówiłyby może bardziej bezpośrednio, wymowniej, mniej pretensjonalnie. A teraz o myślach w tych wierszykach wyrażonych: wstydziłbyś się, chłopcze, jesteś przecie mężczyzną, i to mężczyzną opanowanym, zimnym, wyrachowanym. A gdzież Twoje wyrachowanie, a gdzież pionki postawione na szachownicy? Czyż można tak się poddawać niemądrym i dziecinnym uczuciom osamotnienia, beznadziejności? I dlaczego to tylko „nowa miłość" ma Cię ocalić od samobójstwa? „W życiu jest dużo dobrego i bez szczęścia" – jak powiada Turgieniew[206]. Miłość minie, przemknie, zostanie świat taki cudowny, przyjaciele tacy wierni i tak bardzo oddani, zostanie dużo piękna, które jest wszędzie, gdzie tylko spojrzysz. Tylko trzeba umieć spojrzeć. Smutno mi także, że moja osoba gra tak małą rolę we wszystkich Twoich odczuciach i rozumowaniach. Czyż spotkasz drugiego człowieka, który by żył tak bardzo Twoim życiem, który by wszedł tak bardzo we wszelkie szczegóły Twego ciała i Twego ducha? Takim zawsze obojętnym gestem odsuwasz moją rękę, która Cię chce

---

[205] Po śmierci Błeszyńskiego Iwaszkiewicz będzie zapisywał w *Dzienniku* jego wiersze, opatrzone refleksją: „Wiersze Jurka to nie jest grafomania *pura distillata*. Przede wszystkim chciał w nich wyrazić to wszystko, czego nigdy nie powiedział ani w listach, ani w rozmowie. [...] Dopiero śmierć nadała im znaczenie ostateczne i definitywne. Mają teraz sens, którego się wówczas nie widziało. Śmierć jest zawsze ostateczną rzeźbiarką znaczeń" – J. Iwaszkiewicz, *Dzienniki...*, s. 290–291.

[206] Iwan Turgieniew (1818–1883) – pisarz, klasyk literatury rosyjskiej. Specjalizował się w analizie psychologicznej bohaterów.

wesprzeć? Wdzięczność – tak, ale to może trochę mało. Już nie chcę wdzięczności, chcę dobroci, przywiązania, szczerości. Ach, mój drogi, wiem, że takie moje „chcę" niewiele pomoże. Najpiękniejszy chłopiec świata może dać tylko to, co ma. I stąd moje rozczarowanie Twoim listem, Twoimi wierszami – stąd mój pokarm: smutek, samotność. Przysłała nam do redakcji jakaś doktorka opowiadanie, o miłości między rzeźbiarzem a jego pięknym modelem, chłopcem – gdzie dowodzi, że miłość taka to nieszczęście, to jest właściwie czysto duchowa, wewnętrzna, a musi się wyrażać zewnętrznie jakimiś cielesnymi gestami i że człowiekowi trudno jest zdobyć się na czysto duchowe obcowanie z drugim człowiekiem. Opowiadanie niedobre i głupio napisane – ale teza może słuszna. Z drugiej strony do tej miłości „duchowej" dochodzi się poprzez ciało – i jak mówi moja żona, to jest trochę niesprawiedliwe, że do kochania Ciebie, do całego stosunku do Ciebie dochodzi się poprzez Twoje ciało i poprzez Twoją niewiarygodną urodę. Gdybyś nie był mi tak piękny – wszyscy odnosilibyśmy się do Ciebie inaczej – i kto wie, czyby przebaczyli tak łatwo Twoją oschłość, Twój chłód, Twoje opanowanie i co tu dużo gadać, Twój egoizm. Synku, tyle razy Ci mówię, zobacz wreszcie innych ludzi, poczuj do nich miłość i żal nad nimi, wyjdź poza Twoje wymęczone, zbiedzone, ale ciasne, „ja". Może i Tobie wtedy będzie lżej? Kochany i miły, nie myśl tak źle o życiu i o sobie, staraj się znaleźć dobroć i piękno naokoło siebie, stań się wewnętrznie godny Twojej archanielskiej urody. Masz teraz czas na rozmyślania i na pracę nad sobą, nie roztkliwiaj się nad sobą, nie żałuj sam siebie, ale żałuj innych ludzi. Gdy piszę „innych ludzi", nie myślę bynajmniej o sobie, ale o tych, co Cię otaczają wszędzie i zawsze, teraz np. w sanatorium, poczuj się ich bratem.

Widzisz, jak się rozgadałem jak ksiądz na kazaniu, przepraszam Cię i za to, jak za wszystko przepraszam. Obawiam się, że w niedzielę będzie nam trudno rozmawiać. No, więc rozmawiajmy na papierze.

Całuję Cię mocno, do serca tulę, kochany, Twój

Jakób

95

[18 IX 1958]
wieczorem
XI

Mój najmilszy! Obiecałem, że nie będę używał czułych wyrazów, więc nie będę pisał tego, co bym chciał, a miałem w tej chwili pod piórem repertuar słów jak muzyka czułych, pieszczących i pełnych uczucia, ale żadnego z tych wyrazów, żadnego z określeń Twej osoby, Twej powierzchowności, Twoich rąk i Twego ciała, które mi się na usta cisną nie użyję. Ale chciałem Ci powiedzieć, że takie życie, to nie jest życie, ja nie mogę bez Twego głosu, Twoich telefonów, Twoich przygód, Twego spojrzenia, nawet bez Twojej cichej, ale chwilami bardzo wymownej, złości. Nie mogę istnieć wśród obojętnych, nieznośnych ludzi, nie mogę być w tej chwili ciszy i samotności, w której Hania wymadla dla Ciebie u Pana Boga zdrowie, pomyślność i możliwość zawarcia drugiego małżeństwa. Byłem dzisiaj w PEN Clubie[207] na przyjęciu dla Haldora Laxnessa[208], poszedłem tam dopiero po południu, pojechałem kolejką (jak może wieczne pióro robić kleksy?) już w jesiennym płaszczu. PEN Club mieści się w pałacu Kultury, i nagle przechodząc przez Jerozolimskie koło Danusi[209], stanąłem jak wryty. Ludzie gapili się na mnie, a ja stałem jak głupi, gapiąc się na drzwi od kawiarni i wyobrażając sobie parę spotkań w tej kawiarni z Tobą, i zobaczyłem Cię jak wchodzisz, wysoki, niedbały, nonszalancki... i kiedy pomyślałem sobie, że Cię tak długo nie zobaczę w takim ansztalcie, serce mi martwiało. Ja nie umiem teraz

---

[207] PEN Club – międzynarodowe stowarzyszenie pisarzy założone w 1921 roku w Londynie. Celem działalności organizacji jest utrzymywanie przyjaźni oraz kontaktów intelektualnych pomiędzy pisarzami z całego świata. Polski Oddział PEN Clubu założył Stefan Żeromski w roku 1925, w latach 1950–1965 Jarosław Iwaszkiewicz pełnił funkcję wiceprezesa Zarządu Polskiego.

[208] Halldór Kiljan Laxness (1902–1998) – pisarz islandzki, laureat literackiej Nagrody Nobla w roku 1955.

[209] Chodzi o nieistniejącą już kawiarnię Danusia przy Al. Jerozolimskich 59.

żyć bez Twojego życia, moje własne wydaje mi się za nudne i za ubogie. Pisz do mnie jak najwięcej, aby mi zastąpić choć w części Twoje istnienie, Twój głos, Twoje kłopoty i biedy, które są moimi kłopotami i biedami. U tej „Danusi" nie tylko ze mną bywałeś, domyślam się, że to był [wyraz nieczytelny] w październiku zeszłym, i w grudniu; ja byłem tylko jednym ze zdarzeń Twojego życia – i nigdy Ci nie biło serce z niepewności, czy mnie spotkasz. A mnie biło. Na przyjęciu oczywiście byli Parandowscy[210], mówiłem z nimi, śmiałem się, dokuczałem Parandowskiej – i wciąż miałem przez oczami tamte rzeczy z przed roku (już roku i miesiąca!) i najdroższą, najukochańszą Kopenhagę, która zawsze była najukochańszym miastem dla mnie, pomimo nieszczęść, które mnie tam spotkały – a teraz stała się miejscem nieprawdopodobnej radosnej bajki, czegoś, co w życiu zdarza się tylko raz i potem już do końca brzmi jedynym, niezapomnianym tonem, melodią podobną do kurantów kopenhaskiego ratusza. Parandocha schudła i była w niebieskim kapeluszu, ale pamiętałem ją z ulic Kopenhagi, grubą i na czerwono. Zabawne, że mi się tak zlali we wspomnieniu z Twoją osobą. Nie pamiętam, kiedyśmy byli u nich na kolacji. W Twoim „mundurku" wyglądałeś tak pięknie, uroczo i nic nie mówiłeś. Ale Parandocha zakochana we mnie, nie próbowała nawet flirtu z Tobą. Nie znajduję tej daty w kalendarzyku, dlaczego nie zapisałem, nie wiem. Przepatrzyłem całą jesień – i nie znalazłem. Z tych zapisek dowiedziałem się, a raczej przypomniałem, że dopiero w Sylwestra dowiedziałem się o istnieniu pani Rajskiej. Poza tym jest taka notatka „całe połacie jego ujścia odsłaniają się powoli przede mną". To było złudzenie, nigdy się nie odsłoniły. Czy Ty wiesz, że ja dałem Marysi pieniądze na <u>całego</u> Sylwestra, pod warunkiem, że Ty będziesz miał zaproszenie. To był Sylwester dla Ciebie urządzony, a Tyś go tak zmarnował

---

[210] Jan i Irena Parandowscy. W latach 1933–1978 Jan Parandowski pełnił funkcję prezesa Polskiego Oddziału PEN Clubu. Irena Parandowska (1903–1993) – żona Jana Parandowskiego. W 1988 roku ustanowiła Nagrodę Polskiego PEN Clubu im. Jana Parandowskiego.

przez poprzednie pijaństwo. Tak się zmarnowało wiele moich inicjatyw, chciałem urządzić dla Ciebie kolację na Szucha wtedy, kiedy pognałeś do Rudki z Lilką[211] na balaście. Ach, jaki ja byłem mimo wszystko głupi. Powinienem był się wziąć do Ciebie ostro, a nie modlić się do Ciebie jak do świętego Michała. Ale ja jestem także Twój „upupieniec" i robiłeś ze mną, co chciałeś. I znowu ten chłód z Twojej strony, to „Jarosławie" na początku listu, to, że przeczytałeś moje listy, ale co Ty o nich sądzisz? Hania jedzie dzisiaj do Częstochowy, ale ona też uważa waszą rozmowę za niedokończoną i chce przyjechać do Ciebie, aby ją dokończyć. Czy to miało jakieś znaczenie? Chyba tylko dla niej.

Ten list krótszy od innych – mniej się będziesz przy nim nudzić i ślęczeć nad moim pismem, które nie wszędzie jest wyraźne. Ale chyba już nauczyłeś się je czytać? Tyle do Ciebie napisałem – Ściskam Cię mocni i serdecznie

Twój
Karol

96

19. [09.1958]
wieczorem

XII

Dziś dzień zwyczajny, myśli tylko niezwyczajne. Postaram się nimi z Tobą podzielić, ale nie wiem, czy mnie zrozumiesz, bo samemu się jeszcze nie całkowicie uświadomiły. Byłem dzisiaj po południu z Szymkiem u starych na Flisaków, zabieraliśmy rzeczy i papiery w Twoim pokoju. I dopiero kiedy wszedłem do tego przybytku, do którego tyle razy wchodziłem z bijącym sercem, a z którego jeszcze częściej wychodziłem z głuchą rozpaczą – zrozumiałem,

---

[211] Z listów wynika, że Jerzy pojechał do Rudki, gdzie jego żona leczyła gruźlicę, razem ze swoją kochanką, dla której postanowił rozwieść się z Haliną. Jego lekkomyślne zachowanie zbulwersowało Iwaszkiewicza.

że nie będę mógł używać tego mieszkania. Nie będę mógł w nim przebywać. Za dużo tu rzeczy przeżyłem ważnych, istotnych – i w gruncie rzeczy tragicznych – abym potem mógł tam siedzieć przy Twoim biurku, spać na Twoim tapczanie i słuchać Twojego radia. Przerażenie mnie ogarnęło, jak mi te wszystkie koszmarne przedmioty przypominały przeżycia u Ciebie – i jak biorąc wszystko do kupy, przeżyć przyjemnych było o tyle mniej od ciężkich, złych i upokarzających. Kanapka przypominała mi tylko Twoje zmęczenie i sen na niej, który kiedyś w dzień tak niepotrzebnie przerwałem, tapczan przypomina mi już sam domyślasz się co; stół – owe nieszczęsne kolacje, na których byłem niepotrzebny, i ową historię z nakryciami (o dwa więcej), która mi ostatecznie otworzyła oczy. Nawet maszynka gazowa przypomina mi chwilę, gdy zobaczyłem Ciebie i Lilkę przy niej, i z samego podania przez Ciebie zapałek jej poznałem, że jesteście kochankami. W tym geście drobnym i niepozornym było tyle wymowy, tyle porozumienia, tyle wspólnoty – którą zdobywa się tylko spaniem w jednym łóżku. Może bym nawet nie pisał do Ciebie o tym wszystkim – ale przed chwilą przez radio nadawano koncert nagrany w BBC przez orkiestrę Filharmonii Narodowej i w programie był Pierwszy Koncert Skrzypcowy[212] Karola Szymanowskiego. Jest to utwór, który zawsze otwiera przede mną słoneczną przepaść miłości. Jest przesączony erotyzmem, ale nie tym erotyzmem, polegającym na chędożeniu bez końca, na włóczeniu się za kobietami, na częścikowaniu – ale erotyzmem wielkich uczuć, wielkich zespoleń, wspaniałego współżycia duchowego, które jest jedyną rzeczą cenną na tej ponurej ziemi. Jest to jasna, nie ponura przestrzeń, gdzie człowiek łączy się z człowiekiem nie ciałem, ale czymś innym – co niektórzy niedokładnie nazywają duchem – jakąś inną struną swojej istoty, lepszą stroną, czymś, co wyrzuca nas poza nas samych, jak wybuch gorącej treści ziemi. Co łączy nas gdzie

---

[212] *1. Koncert skrzypcowy* op. 35 Karola Szymanowskiego – utwór powstały jesienią 1916 roku, uważany za pierwszy „nowoczesny" koncert skrzypcowy, doceniony w kraju i za granicą.

indziej, w innym świecie, świecie świateł, tonów, muzyki – bezmiernego szczęścia, polegającego na wyjściu poza granice istoty i połączeniu się z inną istotą. Nie jest to ani miłość, ani przyjaźń, a tym bardziej nie perwersja, jest to największe osiągnięcie, na jakie może się zdobyć ludzka natura. Dla uproszczenia tego, co piszę, będę to nazywał „miłością". Taką miłość chciałem Ci dać, taką miłość chciałem Ci pokazać, w takie przestrzenie chciałem Cię porwać. Osiągałem to prawie na wieczorze w Tivoli, na noclegu u Boberka, może trochę w Poroninie. Twoje wyniesienie się z Brwinowa (trochę takiego duchowego obcowania było w naszych spotkaniach rok temu w lesie na Stawisku) nie spełniło moich nadziei. Właśnie póki byłeś w Brwinowie, mimo potwornego sposobu Twego życia, pomimo pijaństwa, pomimo puszczania się – jakoś udawało się mi zgrywać z Tobą, brać od Ciebie bardzo wiele, czerpać z Ciebie do mojej twórczości, żyć razem z Tobą wyższą formą życia. Pamiętny dzień 6 stycznia[213] i dla Ciebie był – mimo że usiłujesz temu zaprzeczyć – dniem osobliwym, lepszym od innych. Mieszkanie Twoje na tym podobnym bagnie, na flisaków, na mokrym dołku, zabiło w Tobie ową możność „innego życia". Dlatego też tak nienawidzę tej meliny, poczułem to dziś ze specjalną gwałtownością. Nie zrozumiałeś świata, jaki przed Tobą chciałem otworzyć, nie poddałeś się moim wpływom. Zasmakowałeś w ciepłej atmosferze tamtego domu, zlękłeś się gorąca i ustąpiłeś atakowi, który wykonała na Ciebie zwyczajna, mieszczańska miłość, zwyczajne mieszczańskie szczęście. Zlękłeś się zimnych szczytów, na które Cię wyprowadziłem i czym prędzej uciekłeś na wygodne, zaciszne zatoki zwyczajnej, dobrej miłości. Ja to wszystko rozumiem doskonale, nie miałeś tego

---

[213] 7 stycznia 1958 Iwaszkiewicz zapisał w *Dzienniku*: „Chyba właśnie szczęście to brak samotności, a ten dzień spędzony wczoraj z Jerzym w Brwinowie i Warszawie był potwierdzeniem naszej wspólnoty, czymś jak dwóch naczyń połączonych. Nasze wczorajsze rozmowy (byliśmy razem od 10.30 do 5.30! bez przerwy) były podobne do rozmów młodości, do czegoś, co się w tamtych czasach nazywało przyjaźnią" – J. Iwaszkiewicz, *Dzienniki...*, s. 192.

w swoim życiu, brakowało Ci tego domowego szczęścia, Halina Ci tego nie dała – poszedłeś za tamtym mirażem prostego szczęścia, a nudnego, starego Jarosława wykopnąłeś. Tak, tak, nie irytuj się, wykopnąłeś. Był Ci niepotrzebny, mącił zwyczajność Twojego intymnego, ciepłego szczęścia. Poniosłem klęskę. I nie dziw się, że jestem obojętny wobec Haliny, pani Rajskiej czy Loli[214] (kto to jest Lola? Znowu ktoś, kogo przede mną zakryłeś) – a Lilka nie jest dla mnie obojętna: jest symbolem mojej rozpaczliwej klęski. Klęska to jest już nieodwołalna, gdy wyjdziesz z sanatorium, wyjdziesz już nie ku mnie, ale ku niej. A my oboje nie będziemy się mogli zmieścić w Twoim życiu. Jesteśmy przedstawicielami zbyt różnych stron świata. Lilka kazała mnie pozdrowić, ona nie jest o mnie zazdrosna, zbyt wielki i zbyt jawny jest jej tryumf nade mną. Nawet nie zauważysz, że mnie już nie będzie w Twoim życiu, nawet nie dostrzeżesz, jak mnie od siebie odepchniesz, nawet się nie obejrzysz za mną, Ty, jedyny, który się zawsze rozstając – oglądałeś. To był znak, że jednak ku mnie coś Cię ciągnie. Teraz już tego nie będzie. Może teraz zrozumiesz niektóre moje uczucia i ich wyraz, wyglądający czasami na słabość. Ale ja jestem silny. Ja to wytrzymam. Całuję Cię –

Leonard

---

[214] Lola – prawdopodobnie jedna z kochanek Błeszyńskiego.

97

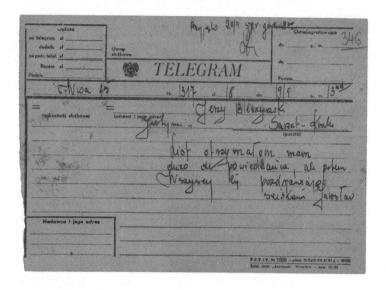

List otrzymałem mam dużo
do powiedzenia, ale potem.
Wszyscy Cię pozdrawiają,
ściskam Jarosław

Telegram z dnia 20 września 1958,
godz. 13.00

98

XIII

20 IX [1958]

Mój bardzo kochany! Poprzedni list trzeba nam zapomnieć. Takie rzeczy mówi się raz w życiu albo wcale się nie mówi. Także raczej proszę, abyś go nie czytał, a jak już przeczytasz, to zapomnij o nim i nie odczytuj już nigdy. Życie się tak ułożyło i koniec. Wszystko zależało od tego spotkania w Alhambrze, na którym powiedziałeś mi, że jest mieszkanie, ale trzeba 2000 zł. To był zakręt śmierci. Słusznie powiadasz, że my się miotamy na wszystkie strony, a los prowadzi sprawy w jednym, zabawnie określonym kierunku. Powiada perskie przysłowie, biedny nigdy się nie zbogaci, co się wykłada: Iwaszkiewicz nigdy nie będzie szczęśliwy. A więc o innych sprawach.

Bardzo lubię te jesienne dnie, kiedy wszystko uspokaja się i układa na zimę. Zaczyna się rok szkolny, sezon w teatrach i kiedy miłość wchodzi w swe normalne tory. Przeszedłem się wczoraj po Warszawie i aż dziw, jaka mi się wydała ładna, pełna życia i zachęty do życia, zabawna i miła. Aleje Jerozolimskie nabrały swego całkowitego kształtu, biały dom koło Cedetu bardzo wykończył tę ulicę i wszystkie załatane dziury po przeciwnej stronie; tak bardzo lubię iść sobie ulicami Warszawy spokojnie, nie spiesząc się, oglądać się i rozglądać. Kobiety po powrocie z urlopu są wzruszająco piękne i robią wszystkie wrażenie dobrych. Żadna nie wygląda na cholerę. Jest to jedno z owych jesiennych złudzeń, które tak uspokajają. Na rogach ulic olbrzymie stosy kolorowych gruszek, śliwek i pomidorów stwarzają również wrażenie obfitości. Coś szczęśliwego jest w tym jesiennym obrazie warszawskiej ulicy. Jeszcze jedno złudzenie, ja wiem – ale takie miłe złudzenie. A potem Krakowskie Przedmieście, ogród pod Wizytkami, ruch – i mimo szarej barwy deszczu, która wszystko przykrywa – pogoda.

Pałac, w którym się mieści Ministerstwo Kultury[215], Bristol, pałac Rady Ministrów[216]. Ładnie tam i pełno kwiatów. Bristol – byłem tam wczoraj na obiedzie z Jurkiem Lisowskim. Bardzo było przyjemnie[217]. Po wizycie w Twoim mieszkaniu na Flisaków musiałem się napić wódki, zjedliśmy po śledziku, potem kotlety z mózgu, potem po wspaniałym befsztyku, melbę i na zakończenie mocnego szatana. Po wódce było czerwone wino, Egri Burgundi[218], jak zawsze. Niestety, rozmowa się nam nie kleiła, mogłem mówić tylko o dwóch przedmiotach, to znaczy o Tobie i o mojej sztuce. I cokolwiek zahaczyliśmy – wracałem mimo woli do tych dwóch spraw, powtarzałem je jak refren w piosence. Sprawa jasna, tylko te dwie sprawy mnie dzisiaj obchodzą i muszę do nich wracać z uporem maniaka. Jurek zresztą mało wiedział o Tobie i musiałem mu pewne rzeczy wyjaśnić. Ale nieszczęście w tym, że jego te obie sprawy bardzo mało obchodzą (w przeciwieństwie do Stryjkowskiego), nie rozumie on zupełnie mojej sentymentalnej natury – więc czułem to, że go powracanie moje do tych tematów poczyna nudzić i niecierpliwić. Nie mogłem nic na to poradzić. Moja sztuka o Balzaku bardzo wszystkim się podoba i ci, co to czytali, chwalą to szalenie, co mnie nawet niepokoi. Ale jeden Stryjkowski wyczuł, ile w niej jest z moich spraw osobistych, z Ciebie, z przygód w melinie i to go bardzo uderzyło. Ale nawet Stryjkowski nie zna tych powiedzonek, aluzji, słówek, które z naszych rozmów i z naszego umownego słownika przeszły do tej sztuki. Bardzo niecierpliwię się o nią, już bym ją chciał

---

[215] Pałac Potockich przy ul. Krakowskie Przedmieście 15.

[216] Chodzi o Pałac Prezydencki w Warszawie, w którym po II wojnie światowej mieściło się Prezydium Rady Ministrów.

[217] W *Dzienniku* pod datą 20 września 1958 Iwaszkiewicz opisuje spotkanie z nieco innej perspektywy: „Wczoraj byłem na obiedzie w Bristolu z Jurkiem Lisowskim. Zapewne bardzo się wynudził, bo mogłem mówić tylko o dwóch przedmiotach: o moim *Balzaku* i o moim Jurku" – J. Iwaszkiewicz, *Dzienniki...*, s. 246.

[218] Egri Burgundi – czerwone wino węgierskie.

widzieć w próbach, już widzieć na scenie. A robota teatralna taka długa cholernie – i nigdy nie wiadomo, co jak wyjdzie.

Szymek był dziś rano u mnie i pił ze mną herbatę (bo jestem sam, Hania w Częstochowie[219]) poleciał teraz do Warszawy po sprawunki dla Ciebie. Biedaczysko skarżył mi się na plotki Brwinowskie, których teraz z kolei on jest ofiarą. Nie mogę mu darować tego, że się goli i że włożył krawat, którego podobno dawniej nie nosił. My go jednak, Jureczku, przerobimy, przyzwyczaimy do naszego lordowskiego stylu życia. On szeroko otwiera oczy na wszystkie takie rzeczy – zresztą sam widziałeś go [u] nas morzem. A propos Bristolu, ile razy tam jestem, widzę ten stolik na rogu i przypominam ze wszystkimi szczegółami tę naszą kolację (tylko nie pamiętam, cośmy jedli – Lilka chyba nic, bo boi się utyć) i tę moją ówczesną głupotę: starałem się nie widzieć Twoich czułych oczu na nią obróconych i oszukiwałem sam siebie, wierząc Twoim nieprawdziwym zapewnieniom. A przecież wtedy nie rozmawiałeś ze mną, nasłuchując cały czas, co się dzieje na dole, i zgodziłeś się wyjść na miasto dopiero wtedy, kiedy zaproponowałem, żeby ona z nami poszła. A potem przy pożegnaniu dałem się wziąć na to „wracaj jak najprędzej", które mi brzmiało w uszach przez cały czas podróży po Rosji. A przecież nie chciałeś, abym wracał, po powrocie nie chciałeś, abym pojechał do meliny, bałeś się mnie. Wszystko już wtedy się odmieniło.

No, wiem, powracam wciąż do tego samego. To musi Cię piekielnie drażnić, wobec tego przerywam ten list. I w ogóle przerywam te listy – już nie będę ich pisał. Trzynaście – to wystarczy.

Tymczasem całuję Cię mocno, do serca przycisnę, kocham
Twój Łukasz

---

[219] Anna Iwaszkiewicz pojechała na Jasną Górę modlić się w intencji Jerzego Błeszyńskiego.

99

Stawisko, 21.[09.1958]
zaraz po przyjeździe

XIV

Moje dziecko najmilsze! Dojechaliśmy doskonale w dwie godziny. Faceta, którego podwoziliśmy, zostawiliśmy w Błoniu bez żadnych kłopotów. Wróżę mu inne nieszczęścia, sądząc po tym, jak się zainteresowałeś jego żoną. Nawet nie spojrzałeś na odjeżdżający samochód, tylko patrzyłeś na tę kobietę – rzeczywiście warta była tego, bo bardzo ładna. Oczywiście natychmiast usiadłem i przeczytałem to, co napisałeś, a raczej, co mi dałeś, bo przecież większość z tego już przedtem znałem, czytałeś mi lub przysłałeś. Dobrze, że mnie uprzedziłeś, że nie mam tego wszystkiego brać na serio, bobym się szczerze zmartwił Twoimi „wierszykami". Najgorsze, co może być to to, co piszesz, żeśmy Ciebie usunęli do sanatorium, aby się pozbyć kłopotu z głowy. Syneczku, nie dodawaj do swojej biedy jeszcze i tej „uwagi", właściwie mówiąc potwornej. Podejrzewanie ludzi, którzy Cię kochają i którzy radzi by Ci nieba przychylić, o to, że dla ułatwienia sobie życia wysłali Cię do sanatorium – to naprawdę byłoby potworne, gdyby nie było bzdurą. Jeżeli o mnie chodzi, wiesz dobrze, czym był Twój wyjazd z Warszawy dla mnie, zupełną klęską – i po wyjeździe tym uspokoić się nie mogę. Wyobraźnia pracuje gorączkowo, myślę sobie Bóg wie co, z czego wynikają owe gorączkowe, jak we śnie pisane listy, które Ci dzisiaj dostarczyłem. A właśnie, listy. Czy gdybym się ucieszył z Twojego wyjazdu i korzystał z twojej nieobecności, czybym zajmował sobie tyle czasu pisaniem takich olbrzymich listów „o wszystkim, co Ciebie lub nas dotyczy"? Czybym odtwarzał w tych listach tak szczegółowo bieg moich myśli, czasami fantasmagorie, czasami zupełne bajki, które człowiekowi przychodzą do głowy w bezsenne noce – czybym się w tych listach starał zastąpić moją rozmowę, ze wszystkimi moimi „wersjami"– złośliwościami, przykrymi uwagami, uszczypliwościami – i nagłymi nawrotami nieopanowanego uczucia. Jakże Ci nawet na chwilę mogły powstać w głowie takie głupie myśli? A tego, co ja napisałem w moich listach i co powiedziałem Ci dzisiaj, także nie bierz na serio, że niby ja i Lilka nie pomieścimy się w Twoim życiu. Może tak będzie, a może inaczej, przesądzać tego z góry nie można i nawet nie wolno. Postaram Ci się teraz moje listy posyłać pocztą – i żeby były normalniejsze, będę pisał o codziennych sprawach moich i Twoich, a będę unikał zadziwiających – i czasami sztucznych rozważań, bo wiadomo, że takie rozważania nigdy do niczego nie prowadzą – a niejedno słowo napisane wygląda inaczej niż powiedziane, i trwając na papierze czasami może szkodzić rzeczom istotnym i poważnym. Jedna rzecz konkretna w twoich „wierszach", że prosisz mnie o pisanie listów. To mi sprawiło przyjemność, bo chwilami myślałem, że nie dbasz o ten dowód mojej pamięci i że może obszerny rozmiar i częstotliwość moich listów niekiedy Cię niecierpliwi.

Przyjechałem do pustego samotnego domu i nigdy może nie wydał mi się taki zimny i tragiczny. Hania oddana swojej modlitwie i wnukom – nieobecna w tej chwili, tak często jest nieobecna duchem i tak mało umie mi pomóc, chociaż w jej szczerość i miłość nigdy nie wątpię. Biedna moja mała wnuczka[220] – znowu ofiara rozstających się małżonków, a poza tym (cisza i pustka w tym olbrzymim domu, natłoczonym meblami i wspomnieniami. Niestety wesołych wspomnień mało, małżeństwa moich obu córek takie niefortunne, śluby nagłe i niepotrzebne, jakiś taki brak serdeczności w stosunku do rodziców – a może i moje wielkie winy w stosunku do nich, wszystko to składa się na nastrój smutku, opuszczenia, dziwnego przygnębienia – jak w dramatach Ibsena[221]. A propos od jutra zaczynam epokę chodzenia do kin i do teatrów. Jutro mam w redakcji wizyty rusków, potem muszę zajść do Wiesia, a potem posiedzenie Zarządu PEN Clubu. Wiesiek od jutra będzie leżał w łóżku, telefonował przed chwilą, pytał

---

[220] Magdalena Markowska (ur. 1951) – córka Teresy i Eugeniusza Markowskich, której rodzice się rozwiedli.
[221] Henrik Johan Ibsen (1828–1906) – dramatopisarz norweski.

się, jak mi się udała droga i jak zastałem Ciebie. Uspokoił się co do swoich podejrzeń – to tylko są miedniczki nerkowe. Ale pojutrze na „Norę" Ibsena[222], bo chcę zobaczyć Barszczewską[223] w roli Nory, a w czwartek pójdę na „Wojnę i pokój"[224]. Od jakiegoś czasu Wiesiek statystował w „Wojnie i pokoju". Chciałem go zobaczyć – ale cóż, będzie właśnie leżał. Opiszę Ci oczywiście moje wrażenia z tych przedstawień. Nie niepokój się, wódki teraz nie będę pił, ale chyba zrozumiesz, że po Twoim wyjeździe chciałem się jakoś oszołomić i piłem wódę z Gilskim, Częścikiem, Lisowskim, jak Ty po wyjeździe Alicji[225] całowałeś się z każdą napotkaną kobietą. Naturalnie będę Cię także informował o przebiegu sprawy zaakceptowania przez teatr i wystawienia mojego „Balzaca". Wbiłeś mi ćwieka w głowę powiedzeniem, że chciałbyś się gdzieś urwać <u>ze mną</u> na parę dni. Do głowy mi to nie przychodziło, że chciałbyś jeszcze gdzieś ze mną pojechać – dla mnie, wiesz dobrze, czym by to było – radością, o której nawet myśleć nie chcę, aby nie urzec. Ty wiesz, jak ja <u>szalenie</u> lubię podróżowanie z Tobą, być z Tobą gdzieś, Ty jesteś naprawdę wielkim artystą podróży, tak jak Ty podróżować nikt nie potrafi. Chciałbym z Tobą pojechać gdzieś dalej, ale jeżeli nie można dalej – to wystarczy i blisko. Gdybyś w zimie wyjechał gdzieś w góry, to oczywiście i ja umieściłbym się gdzieś koło Ciebie (aby Ci dokuczać).

Piszę taki długi ten list, bo muszę czuwać i czekać na przyjazd Hani, która najwcześniej musi przyjechać o jedenastej (a teraz już jest dziewiąta) – przychodzi mi to z pewnym bólem, bo dostałem szalonego bólu głowy, jakiego dawno nie miałem. Zaczął on się jeszcze w Kruku, a teraz w drodze przyszły jeszcze

---

[222] *Nora* (inny tytuł *Dom lalki*, 1879) – sztuka Henrika Ibsena.

[223] Elżbieta Barszczewska (1913–1987) – aktorka teatralna i filmowa.

[224] *Wojna i Pokój* – sztuka według powieści Lwa Tołstoja, w adaptacji Erwina Piscatora, Alfreda Neumanna i Guntrama Prüfera, wystawiana w Teatrze Powszechnym (premiera 29 czerwca 1957) w reżyserii Ireny Babel. W przedstawieniu, jako żołnierz, statystował Wiesław Kępiński.

[225] W listach Iwaszkiewicz kilkukrotnie nazwie tak Lilkę Pietraszek.

spaliny i duża ilość papierosów (zdenerwowanie) i głowa mi po prostu pęka. Podobno takie migreny to choroba młodości. Błagam Cię, nie włócz się w nocy, nie rób żadnych głupstw i naucz się spokojnie nudzić. Zapytaj, czy dyr. Burakowski[226] będzie w sobotę lub poniedziałek, tobym przyjechał specjalnie z nim się zobaczyć jeszcze, przed podróżą do Krakowa[227].

Całuję Ciebie mocno i serdecznie,

Jarosław

[Na lewym marginesie dopisek]: Prześwietlaliśmy się 31 lipca – mam zapisane.

[Na kolejnej karcie, na lewym marginesie dopisek]: Widzisz, prawdopodobnie w ciągu tego lata nabrałeś tego dorosłego, dojrzałego wyglądu, o którym mówiłem dzisiaj, i straciłeś swoją młodzieńczość. Ponieważ latem widywałem Cię codziennie, nie zauważałem tych zmian, i dopiero gdy Cię ujrzałem po dłuższej przerwie, spostrzegłem te przemiany. No, cóż, już jesteś mężczyzną!

100

22 IX [1958]

XV

Synusiu ukochany, drogi, złoty! Najgorsze jest w tych naszych spotkaniach, że Ty uważasz za konieczne, za obowiązek mężczyzny nakładanie maski spokoju i obojętności. Dlaczego Ty nigdy

---

[226] lek. med. Wacław Burakowski – od 1953 r. dyrektor sanatorium w Gostyninie.

[227] W notatce z 4 października 1958 czytamy: „Dwa dni w Krakowie, Kraków zawsze cudowny o tej porze. Ciepło, pisałem listy na Plantach, młodzież tak prześliczna, że napatrzeć się nie można. Życie, życie..." – J. Iwaszkiewicz, *Dzienniki...*, s. 246–247. Iwaszkiewicz wyjechał do Krakowa 30 września 1958; celem podróży był wieczór autorski.

nie powiesz, prostymi ludzkimi słowami, że Ci jest źle, że tęsknisz, że chcesz do Warszawy, do Bydgoszczy, do Brwinowa? Dlaczego nie powiesz, że niepokoisz się o dzieci? Dlaczego zawsze jesteś w tym przeklętym żelaznym pancerzu. Czyż Ty nie rozumiesz, że i dla Ciebie i dla mnie jest tak o wiele ciężej? Wyniosłem z naszego spotkania wrażenie niedosytu, czegoś niepełnego i nierzeczywistego, bo Ty mi nic nie powiedziałeś istotnego, nic z tego, czym naprawdę żyjesz w twoje bezsenne noce i jałowe dnie? Oczywiście wiem, co Ty mi na to odpowiesz: że przecie i tak wiesz, co ja myślę i czuję. Oczywiście, że wiem – i może nawet tym razem wiedziałem więcej, bo jakoś ta wewnętrzna komunikacja (bez słów i bez czułości) działała bardzo dobrze, ale czasami, wierz mi, parę serdecznych słów, jedno szczere zdanie przynosi taką ulgę w natężeniu, jakie zawsze czuję w Twojej obecności. Dzisiaj znowu cały dzień piłem – to istrę[228], to wódę, to znowu istrę. Najprzód z ruskimi w redakcji „Twórczości", potem byłem na obiedzie w Kameralnej z Pawełkiem Hertzem, potem na posiedzeniu zarządu PEN Clubu z Parandowskim i z Marią Dąbrowską. Już mi we łbie szumi od tego picia (co dzień przez cały tydzień) i czuję, że tak dłużej nie może być. Ale w ogóle czuję, że tak dłużej nie może być – chociaż na razie nie myślę o środkach radykalnych, którymi Ty mi grozisz. Ja jestem idiota, bo jakoś nie bardzo zwróciłem uwagę na to, co mówiłeś o przygotowywanym pokoju, w razie gdyby chciał ktoś zamieszkać niedaleko sanatorium. Jak to się przedstawia? Czy na przykład nie mógłbym przyjechać na 4–5 dni, pomieszkać tam i pisać, a Ty byś się tam do mnie urywał. Czy to możliwe? Czy można by było przy tym uniknąć, tego żeby mnie widziano w sanatorium? Czy to można byłoby zrobić potajemnie? Czy przeciwnie – zupełnie oficjalnie? Czy to nie przeszkodziłoby Twojemu nowemu sanatoryjnemu flirtowi? Chociaż jeżeli o to chodzi, to podziwiam Twoje zdanie, że trudno flirtować, kiedy myśl jest gdzie indziej. Przekonałem

---

[228] Istra – wino aromatyzowane.

się o tym na sobie samym. Trzepię się jak ryba o lód i ta wóda itd., a przecież myśl jest cały czas zupełnie gdzie indziej. Zabiłeś mi prawdziwego ćwieka tym pokojem i marzę już o jesiennych dniach w tych tam lasach z możliwością widzenia Ciebie <u>co dzień,</u> co jest potrzebą po prostu, od której nie mogę się odzwyczaić. Napisz mi zaraz czy zatelefonuj, jak ta sprawa stoi. Moja żona wybiera się do Ciebie z najbliższą wizytą, a ja bym przyjechał po przyjeździe z Krakowa i już na parę dni. Nawet myśleć nie mogę o tym, jaka to byłaby radość. Trzeba tak zrobić, bo mi się kroi dłuższa podróż[229] do Londynu, NRF i Włoch, co chyba zajmie miesiąc – chciałbym 15 X–15 XI. Zresztą wszystko jest do omówienia z Tobą i uzależniam to od terminu, kiedy będziesz chciał wziąć parę dni urlopu z san., bo nie wyobrażam sobie, abyś te dni urlopu poświęcił wyłącznie innej osobie, eliminując moje towarzystwo. Rozważ to wszystko z kalendarzykiem, a ja rozważę ze swoim. Szymek dzisiaj odstawił samochód do Putki[230], znowu pęknie 1200 złotych – przerażony jestem moimi wydatkami, zwłaszcza na samochód, a przyznam się, że teraz nie wyobrażam sobie życia bez samochodu, chociażby ze względu na komunikację z Tobą. Zresztą którego dnia spróbuję i połączenia kolejowego, zwłaszcza jeżeli trzeba będzie „potajemnie" zamieszkać w okolicach sanatorium to najlepiej będzie przyjechać koleją. Po co kto ma wiedzieć? Byłem dzisiaj u Wieśka, który leży w łóżku, w różowym pokoiku, pod niebieską atłasową kołdrą – i jest bardzo miły, dziecinny – i też potrzebuje forsy. Bardzo rozpytywał się o Ciebie i kazał Cię serdecznie pozdrowić. Późno przyjechałem z Warszawy i pod muchą, więc nie mogę dłużej pisać – zmartwiona żona zagania mnie do spania, irytując się na moją „młodzieżową" postawę. Kiedy samochód będzie, nie wiem – Szymka nie widziałem. Ale będę chciał być u Ciebie jak

---

[229] Ostatecznie w listopadzie 1958 roku Jarosław wraz z Anną pojadą do Wiednia, Monachium i Rzymu.

[230] Putka – określenie warsztatu samochodowego, z którego korzystał Iwaszkiewicz.

najprędzej – może jeszcze przed Krakowem. Moja żona wczoraj przyjechała o północy z Częstochowy i Kielc i bardzo mnie rugała. Ale o tym potem. Całuję Ciebie bardzo mocno, do serca głowę Twą tulę i w ogóle –

Twój
J.

[Dopisek na lewym marginesie]: Wszystkie moje listy to lipa, przecież Ty to wiesz.

101

[Dopisek na górze (do góry nogami)]: U starych na Flisaków nie byłem, jak nie mam samochodu, to mi bardzo trudno jest tam się wybrać – a poza tym jak Ci mówiłem, trochę mnie zatyka (mój motor), kiedy tam wchodzę. Za dużo wspomnień – nie wszystkie przyjemne. Chyba mnie rozumiesz?

23 IX [19]58
XVI

Nie masz pojęcia, synku kochany, jak spieszyłem się z miasta do tego kawałka papieru, jakby to była naprawdę rozmowa z Tobą czy widzenie się. Tak mi się zdawało, że kiedy usiądę do tego listu, to i Ty będziesz tu koło mnie i będziesz mi odpowiadał – zimno i rozsądnie, jak zawsze, na całe to moje gadanie. Niestety, kiedy siadam do biurka, widzę, że jestem sam – a ponieważ nie reagujesz na moje listy, nawet nie wiem, co Ci się w nich podoba, co nie podoba – czego byś chciał się dowiedzieć, co Cię bardziej interesuje, co mniej. Muszę więc tak sobie to wszystko improwizować i pisać, co mi ślina na język przyciesie, a jeżeli Cię to znudzi, no, to trudno – tak już będzie. Dzień dziś prawdziwie jesienny, smutny, dżdżysty i niewesoły, myślę sobie – co Ty tam robisz w taki dzień, moje dziecko drogie, jak musi być Ci źle, smutno i ponuro. Co by

Ci wymyśleć i posłać, abyś się bawił? Sam nie wiem. Ja tu dzisiaj jestem na czarno zamalowany (od środka naturalnie) – wczoraj cholernie dużo kawy wypiłem, bo to i z ruskimi, i z Pawełkiem, i potem w PEN Clubie i nie spałem pół nocy, a dzisiaj ledwie chodzę, nogi jak z bawełny i serduszko cały czas nawala. Myślę sobie, że to dla Ciebie byłoby okropne, gdybym ja nagle umarł – a w tej chwili znajduję się w takiej sytuacji, że nic Ci materialnie zapewnić nie mogę. Żeby już ta sztuka poszła! Co prawda pójdzie w Małym Teatrze[231] i dochód nie będzie chyba duży, ale zawsze podtrzymanie będzie pierwsza klasa. Chyba w tej chwili, w sanatorium nie potrzebujesz osobiście wiele pieniędzy, a o dzieciach to my tutaj pomyślimy (po pierwszym). O jakie Ci rękawiczki chodziło i jak myślisz, gdzie je można dostać? Poszukalibyśmy z Szymkiem. A tu wciąż przychodzą niespodziewane wydatki, wczoraj nagle objawił się mój dawny przyjaciel, eksmarynarz, któremu się w sobotę urodził syn, oczywiście trzeba było na to konto coś mu dać, i tak na każdym kroku. Zresztą nie o tym chciałem pisać, a zupełnie o czym innym.*

Dzisiaj był u nas w redakcji pisarz angielski Angus Wilson[232]. Co za kontrast z dniem wczorajszym, wizytą ruskich. Tamci nadęci, jakby kija połknęli i trudno o jakiś kontakt z nimi. Puszą się – i zaraz zaczynają od rad: a to jak pismo trzeba wydawać, jak redagować, jak powiększyć nakład. A przecie o tym wszystkim nie mają pojęcia, bo nie znają naszych miejscowych warunków i nawet nie raczą się nimi zainteresować. A z tym Anglikiem, kontakt od razu zawarty, mówimy tym samym językiem, o tych samych sprawach. Nigdy mi tak wyraźnie to nie stanęło przed oczami, że jesteśmy narodem zachodnim. Po Angliku przychodził ten marynarzyk po forsę, a potem przyjechał sam dyrektor Balicki z Teatru Polskiego rozmawiać o sztuce. Niestety rzecz smutna, bo oczywiście sztukę przyjął i chce ją wkrótce wystawić,

---

[231] Premiera *Wesela Pana Balzaka* odbyła się w Teatrze Kameralnym.
[232] Angus Wilson (1913–1991) – angielski autor powieści i opowiadań.

ale zupełnie nie ma aktora, który by mi zagrał Balzaka. Stąd płyną wielorakie trudności – i zapewne przewlecze się sprawa przedstawienia. To mnie także zmartwiło, przyznam się, choć tak jestem przemęczony, że mnie się i zmartwienie nie ima. No, ale jak może trochę przeczekamy, to będziemy mieli lepiej sztukę wystawioną. Dnie takie krótkie, i u nas i u was po kolacji, myślę sobie, co Ty tam robisz: oczywiście wersji mam dużo, ale żadna mi nie odpowiada. Żebyś Ty naprawdę raz kiedyś napisał, co myślisz, czujesz, po prostu – w liście, w wierszykach zawsze coś wychodzi sztucznie. Zirytowałeś się na Halinę (sądzę z wiersza), że Cię poprawiła, że nie pisze się „Rutka" tylko „Rudka". Czy zirytujesz się i na mnie, kiedy się będę zastanawiał nad Twoją ortografią? Najzabawniejszy Twój błąd – i stale się powtarzający – to piszesz „udzić się" zamiast „łudzić". Co za pogarda do „ł"! A przecie nagrywałeś wiersze do radia? I co? I pani Wielowiejska nie odniosła mi tej taśmy, obawiam się, że tam wynikła jakaś chryja. Jutro cały dzień mam siedzieć w Stawisku i pracować, zobaczymy, co z tego wyjdzie!

Tymczasem kończę, jutro może więcej napiszę, ale dziś mam suszę w głowie i oczy mi się kleją, przy tym) marznę –

Całuję Cię mocno –

J.

*[Dopisek na lewym marginesie]: Samochód postawiony w Putce, będzie gotowy w piątek, 1500 zł pęknie.

[Dopisek na lewym marginesie]: W klozecie woda leje się z sufitu, Pogrozińska przyjechała, ruda suka chrapie i śmierdzi, Szymek był w złym humorze, telefonowali, żebym miał wykład gdzieś tam, oczywiście honorowany (300 zł!), na kolację było za mało fasolki, pomidory zgniły, wylęgło się mnóstwo komarów w moim gabinecie, Hania się domyśliła, że [wyraz nieczytelny] był u Ciebie itd. itd.

102

24 IX [19]58

XVII

Drogi mój, jedyny, najdroższy na świecie! Przed chwilą rzuciłem w Brwinowie XVI list do Ciebie – a po powrocie zastałem Twój list. Czytam go i odczytuję, i nie mogę ochłonąć, zrobił na mnie takie potężne wrażenie, że cały się trzęsę. I wstyd mi za moje listy, za moje „wersje", za wszystko, wszystko złe, co Ci zrobiłem. Zresztą uprzedzałem Ciebie, że tych listów nie trzeba brać dosłownie, pisane na odległość, pełne „mocnych" myśli, oczywiście są przesadzone. Przesadzam, przesadzam zwłaszcza w sprawie „mieszczańskiej miłości", do której nie mam prawa się wtrącać, a tym bardziej nie mam prawa żądać od Ciebie jakichś wyrzeczeń. Ale te wszystkie dobre, kochane, wstrząsające słowa Twojego listu raz mi się należały. I jak powiedziałem w „słynnym" liście dwunastym, takie rzeczy pisze się tylko raz w życiu, ale raz trzeba było je napisać. I serce moje przepełnione jest taką radością i wdzięcznością dla Ciebie, że bije jak młotem. I ja mówiłem i Ty mówiłeś, że pewne rzeczy wie się o sobie i że słowa są chwilami niepotrzebne. Na pewno tak jest w naszych stosunkach. Ale wiesz, czasami się ma wahania, wątpliwości, trudności w uwierzeniu – i czasem, oczywiście bardzo rzadko, słowo jest potrzebne. Niech Ci Bóg wynagrodzi te słowa, których tak potrzebowałem – i o których myślałem, że już od Ciebie nie posłyszę. Widzisz, po takiej wymianie not, możemy znowu pisać o głupotach, kłócić się o takie czy inne rzeczy, dąsać się i irytować, ale baza pod tym wszystkim będzie o wiele pewniejsza niż dotychczas. Przykro mi, że może za bardzo przejąłeś się moimi listami i niejedno chciałbym z nich wycofać, ale zrozum przede wszystkim to, że to są listy „literata", którego słowo zawsze pociąga, pióro mu leci i czasami nie tam trafia, gdzie chce. Podczas kiedy Twój list jest prosty i drogi, znalazłeś najprostsze słowa, aby mi dać ową najgłębszą radość, jakiej doznałem w naszej przyjaźni. Ach, jaki Ty jesteś dobry i drogi, naprawdę ja z Tobą w porównaniu jestem stara świnia, zazdrośnik i w ogóle swołocz. Piszę i piszę ten list, ale nie mogę znaleźć słów, aby wyrazić swój stan, moje uniesienie, mój „wzlot". Jak powiadam, to się pisze raz – teraz trzeba milczeć. Całuję Ciebie bardzo mocno na podziękowanie, na pieczęć naszej przyjaźni.

Jak Ci mówię byłem z rana w „Bryjawie". Byłem u dentystki, potem poszedłem na pocztę rzucić list do Ciebie (może nierozsądnie zrobiłem?) i nadać list do mojego niemieckiego wydawcy, potem kupiłem w rynku gruszek i poszedłem do fryzjera się ostrzyc. Ranek był prześliczny i przeszedłem się z przyjemnością. Miałem tylko to wrażenie, że wszystkie brwinowskie baby, których kupy mijałem, patrzyły na mnie ze zgorszeniem i z nienawiścią. Bałem się, że w końcu zbiorą się razem i mnie pobiją. To byłaby piękna historia na zakończenie! Ale przyjemnie mi było przejść się po tym miasteczku, które się teraz tak ucywilizowało. Co prawda idąc i wracając, tak szedłem, żeby nie przechodzić koło Kafaru, za dużo bym miał wspomnień i żalu, Ty możesz sobie przejechać koło tej budy spokojnie, ale ona dla mnie inne miała znaczenie.

Wracając do Twojego listu, o którym nie mogę przestać myśleć. Piszesz, że ja Ci nie wierzę – złoto kochane, zawsze Ci wierzę, a jeżeli żartuję czasami – to wierz, jest to wina mojej bujnej wyobraźni – a także i tego, że nie mówisz mi wszystkiego, a ja sobie dorabiam jakieś olbrzymie fantastyczne historie. Ale wiedz, kochanie, że w gruncie rzeczy zawsze Ci wierzę, że na tej wierze oparty jest stały stosunek mój do Ciebie i nie rób z tego żadnych szkopułów. Widzę, że masz czas na rozmyślanie o najrozmaitszych rzeczach – to bardzo dobrze, tylko się w tych rozmyślaniach nie spiesz, mamy czas na powzięcie decyzji najrozmaitszych i dotyczących wszystkich spraw Twojego życia. W tych rozmyślaniach na pewno wiele Twoich spraw i zagadnień zobaczysz w innym świetle. Ja także – o ile czas – dużo na ten temat myślę i sądzę, że tygodnie spędzone przez Ciebie w tej [wyraz nieczytelny] samotności przyniosą Ci i spokój i dobrą radę. Póki żyję, zawsze na mnie możesz liczyć, i we wszystkie swoje kalkulacje możesz włączać moją osobę, jako bazę, jako podstawę. Tak Ci będzie łatwiej.

Muszę już kończyć, syńciu drogi, bo zostałem dzisiaj w domu po to, aby pracować; muszę napisać artykulik do „Życia Warszawy"[233], podstawowy artykulik do „Twórczości" na listopad, no i parę jeszcze rzeczy. A teraz już jest popołudnie – i tak byłem zajęty Twoim listem, że nic nie zdążyłem zrobić, a najbliższe dnie będę miał bardzo załadowane – przy tym chcę raz pójść do teatru, przenocować na Szucha, i przygotować się do wyjazdu do Krakowa.

Całuję Cię bardzo mocno i serdecznie, do serca Cię przyciskam – i bardzo, z głębi duszy dziękuję. Za wszystko.

J.

103

25 IX [19]58

XVIII

Syneczku Kochany! Jeszcze nie ochłonąłem w wrażenia po Twoim ostatnim liście, który mnie zdumiał, ucieszył – i wierz mi – był dla mnie zupełnie nieoczekiwany – a tu już mam od Ciebie drugi list, taki poważny w tonie i poruszający akurat te tematy, które przygotowywałem sobie na najbliższą z Tobą rozmowę. Mówiłem Ci już, że spostrzegłem nagle w Kruku, że zrobiłeś się poważniejszy, nie młodzieńczy, dorosły. Otóż bardzo chciałbym, abyś się stał dorosły i wewnętrznie, abyś zastanowił się nad pytaniem: kim Ty jesteś? Wydaje mi się, że odpowiedź jest prosta. Nie jesteś nikim takim, których rolę lubisz odgrywać: ani wielkim panem (lordem), ani wielkim intelektualistą, ani poetą. Jesteś zwykłym chłopcem – o naturze bardzo dobrej, ale chimerycznej (to znaczy z kaprysami) i chcącym siusiać powyżej dziurki. Oczywiście wszystkie Twoje niepoważne zagrania są skutkiem Twojego rozpieszczenia – przez

---

[233] Od lat 50. do 70. XX w. Iwaszkiewicz publikował w „Życiu Warszawy" cotygodniowe felietony pt. *Rozmowy o książkach*.

setki kobiet i jednego mężczyznę. Nawet sobie bardzo wyrzucam, że moje ślepe przywiązanie do Ciebie, raczej miało zły wpływ na Ciebie – ale może były w tym i dobre strony. Oczywiście nie to podawanie ręki i wyciąganie z bagna, kiedy „całe społeczeństwo" się od Ciebie odwróciło, jak to piszesz w liście, bo chyba takiej chwili nie było. Chciałem tylko, abyś w Twoim trudnym życiu, w Twojej chorobie, w Twojej szarpaninie – miał ułatwione pewne momenty przez moją wielką przyjaźń. To wszystko. Ale widzę, że i Ty dzisiaj się zastanawiasz nad tymi sprawami (pisałem zresztą o tym wczoraj) – musimy wszystko obmyślić dla Ciebie, całe nowe życie. Rodzaj nowej pracy, „uskromnienie" obyczajów – i wreszcie sprawę skromnego domku czy mieszkania, jednym słowem jakiegoś ustabilizowania. Twój pobyt w Kruku bardzo się nadaje do tego, aby to ostatnie obmyślić – a co ważniejsze – duchowo się do tej stabilizacji przygotować. <u>Jednocześnie musisz pomyśleć także i nad sprawą Lilki. Z jednej strony nie zawracaj głowy kobiecie, jeżeli masz zamiar ją wystawić do wiatru, z drugiej, jeżeli to jest poważne uczucie, to można i trzeba walczyć o przezwyciężenie wszelkich trudności po temu. Mnie będziesz zawsze miał po stronie Twojego dobra i szczęścia, chociażby mnie to nie wiem ile kosztowało.</u>* Tutaj wysuwa się na pierwszy plan sprawa Twojego zdrowia. To jest najważniejsze, nad tym musisz pracować i męczyć się – dlatego też bardzo obawiam się tych trzech dni w Warszawie i obiadu w Rycerskiej – i myślę, że to trochę lekkomyślne z Twojej strony. Ten Twój przyjazd niepokoi mnie z wielu względów, ale o tym pomówimy już ustnie – możesz chyba wyobrazić sobie, jak mimo wszystko cieszę się z Twojego przyjazdu i z tego, że będziemy mogli dużo i na spokojnie gadać – a przecie gadać mogę z Tobą całymi dniami.

Dzisiaj chodziłem znowu po Warszawie, taka mi się wydawała piękna w dzień wrześniowy, z przelotnymi obłokami, z wesołym tłumem na ulicach. Obiad jadłem w Bristolu („sam byłem"), a potem byłem w Bibliotece Uniwersyteckiej wyłapać ostatnie szczegóły o pani Hańskiej. Tak lubię podwórzec uniwersytecki. Praca pracą, a czybyś Ty się nie chciał uczyć? O tym też wiele myślę.

O planach na najbliższe miesiące też pogadamy. Nic mi nie odpowiedziałeś w sprawie tego pokoju pod Krukiem. Może już jest zajęty przez kogo innego? Chciałbym tam pomieszkać parę dni w początkach października – potem chciałbym wyjechać na parę tygodni za granicę, ale to mi się nie bardzo w tej chwili układa z powodu pieniędzy, a dewiz mi bezpłatnych nie dają. Potem wróciłbym do Polski – i gdybyś pojechał gdzieś w góry, umieściłbym się niedaleko Ciebie (albo i razem – niech gadają). Zresztą to omówimy wszystko ustnie, zależy to od b. wielu rzeczy, od pieniędzy, od wyjazdów, jednym słowem od mnóstwa okoliczności.

Przykro mi, że nie piszesz wierszyków**, była to niewinna zabawa, a na pewno przyczyniła się w Tobie do usunięcia wielu kompleksów, do poruszania spraw, które sam przed sobą przemilczałeś. Czasami miałeś rzeczy b. niefortunne (jak np. wiersz o mężu[234] Lilki), ale na ogół były one pełne treści. A może Ty piszesz, tylko mnie nie posyłasz?

To będzie chyba ostatni list przed naszym ujrzeniem się – druga seria pójdzie po moim powrocie z Krakowa. Myślę o Tobie dniem i nocą, dzisiaj cały dzień chodziłem po Warszawie z Tobą, ale to już taki mój zwyczaj w ostatnich latach. Byłem dziś u Wiesia – lepiej trochę, ale wygląda jak trup. Doktor[235] w sobotę jedzie do Jugosławii, Irka[236] za nim okrętem, aby go pilnować. Ale nie upilnuje! Prędzej worek pcheł! Hania czeka na list od Ciebie – mam wrażenie, że biedna stara po prostu podkochuje się w Tobie, oglądała wczoraj twoje fotografie.

Całuję Cię mocno

Jarosław

* [Podkreślenie Iwaszkiewicza – czerwoną kredką]
** [Dopisek u góry, nad tekstem]: czy Cię do tego zraziłem?

---

[234] Lilka Pietraszek, będąc w związku z Błeszyńskim, pozostaje zamężna.
[235] Tadeusz Częścik.
[236] Prawdopodobnie chodzi o partnerkę Tadeusza Częścika.

[Dopisek na lewym marginesie]: Zostawiłem u Ciebie mój beret, a że czapkę posiałem u sąsiadów, chodzę z gołą głową i złapałem katar. Nie zapomnij mi przywieźć ten beret. Już mnie ludzie na ulicy zaczepiają, dlaczego nie mam porządnego kapelusza. Naprawdę.

104
[List pisany na papierze hotelowym – u góry godło i napis]:

HOTEL ERZERZOG RAINER • WIEN AUSTRIA[237]

[U góry, do góry nogami dopisek]: Stan zdrowia Szymka też mnie niepokoi, myślę, że on klepie biedę, i te ploty[238] też nie zostają bez śladów. Przepraszam za szczupłość tego listu, następny będzie b. długi.

26 IX [19]57[239]

Synku kochany! Już jest po Twoim telefonie, który mnie zaniepokoił, wydałeś mi się bardzo podniecony Twoim przyszłym wyjazdem do Warszawy. Coraz bardziej się przekonuję, że masz chore nerwy nie płuca, takbym Ci chciał coś w tym pomóc – a tu nawet tego samochodu nie ma. <u>Szymek jest bardzo zdenerwowany ostatnio, bo zbliża się termin ponownej rozprawy, na której już musi być.</u>* Wszystko naokoło mnie jest w podłym stanie nerwów – nic dziwnego, że to się i na moich nerwach odbija. Wyraża się to przede wszystkim w niemożności pisania i w wypalaniu przeraźliwej (jak na mnie) ilości papierosów dziennie.

---

[237] List pisany na papierze korespondencyjnym, bez związku z miejscem przebywania Iwaszkiewicza.
[238] Jako znajomy Błeszyńskiego i sekretarz Iwaszkiewicza, Szymon Piotrowski był obiektem plotek obyczajowych.
[239] Zapewne pomyłka Iwaszkiewicza – list pisany w 1958 r.

Przyszły tydzień przeraża mnie po prostu, wszystko skupiło się na przestrzeni kilku dni: w poniedziałek mam zaproszenie na obiad, odczyt o Tołstoju, imieniny wieczorem (Michała) i Twój przyjazd. We wtorek wyjazd do Krakowa, wieczór autorski, potem powrót i wizyta pisarzy radzieckich w Stawisku. Wczoraj był u mnie facet z [wyraz nieczytelny] belgijskiego, żeby mu podpisać książkę – ludzie mnie zamęczają. Nawet nie potrafię należycie się cieszyć, że Cię zobaczę i że będziemy gadać na wszelkie tematy. Zresztą takie zapowiadane rozmowy nie zawsze się udają. Jestem od dwóch dni strasznie przemęczony i czuję coraz mniej sił do tego życia, jakie prowadzę. A tu trzeba pracować bez przerwy.

[Dopisek Iwaszkiewicza na początku kartki, dodany prawdopodobnie po napisaniu całego listu]: Niepokoiłem się o list wrzucony do skrzynki w Brwinowie – ale widać listy z B. idą dłużej. Całuję Cię mocno Twój

Jar.

* [Podkreślenie Iwaszkiewicza – czerwoną kredką]

105

28 IX [19]58
Stawisko, niedziela wieczorem
po telefonie

Syneczku Kochany! Tak przykro mi, że nie dotelefonowałeś się dzisiaj. Ja cały dzień nie odchodziłem od telefonu – i rzeczywiście i o jedenastej, i około piątej był krótki brzęk w aparacie, ale kiedy podnosiłem słuchawkę, nikt nie odpowiadał! Oczywiście myślałem, że nie dzwoniłeś i miałem już różne „wersje" na ten temat. Dobrze, że zadzwoniłem, bo przynajmniej masz spokój na noc, że będziesz miał samochód i nie będziesz się pchał koleją. Ja się też nadenerwowałem, czekając na Twój dzwonek. Cały mój poniedziałkowy rozkład wyjątkowo nafaszerowanego dnia ma Szymek w ręku – jeżeli dość wcześnie przyjedzie do Warszawy, to będziemy się mogli zobaczyć między 16 a 18, – a jeżeli nie, to dopiero o dziesiątej wieczór. To pech prawdziwy, że mi się to tak głupio ułożyło. Chwała Bogu, że pogoda dobra, tylko żebyś się ciepło ubrał i jakiś szal na szyję włożył. Ja miałem dzisiaj kiepski dzień, jeżeli chodzi o samopoczucie. Wczoraj za to wieczorem byłem z <u>przyjemnością</u> na koncercie i pomiędzy ludźmi (z żoną i córką) – a całe popołudnie spędziłem na przyjemnej rozmowie ze Stryjkowskim. Przyjemność polegała na tym, że mogłem rozmawiać o Tobie. Z nim jednym rozmawiam o tym bardzo szczerze – i jego jednego to interesuje. Nie zdaję sobie sprawy z tego, że Cię jutro zobaczę. Tymczasem ściskam Cię – Twój

Jar

106

XX
Kraków, 1 X [19]58

Nie myśl, że kartki to zawsze oznaka zdenerwowania – czasami to tylko dlatego, że innego papieru pod ręką nie ma. A pisać mi się chce. Najcenniejszy mój chłopcze tak jestem jeszcze przepełniony naszą wczorajszą rozmową, że o niczym innym myśleć nie mogę. Nie spałem w wagonie i dopiero o 4 byłem w Krakowie, cały czas myśląc o wszystkim, co przeżyłem przez te dwa dni. Z początku martwiłem się i niepokoiłem. Bardzo mnie niepokoiła cała sprawa, dla której zostałeś wezwany do Warszawy. Dopiero teraz uprzytomniłem sobie, że Ty jeszcze jesteś za wszystko odpowiedzialny i potwornie się tym przejąłem. Poza tym, jak Ci mówiłem, ogromnie mnie zmartwiło, że ten świetny Twój wygląd, jasna cera, błyszczące zęby – wczoraj po tej kilkugodzinnej rozmowie na posiedzeniu zniknęły jak za dotknięciem czarodziejskiej różdżki. Oczywiście wyobrażam sobie, że mi nie o wszystkim powiedziałeś, żeby mnie nie niepokoić, i że nie o wszystkim mogłeś powiedzieć. I kiedy pomyślę, że Ty w ten cudowny dzień (piszę, siedząc na ławce na Plantach, jest 25 stopni w cieniu) zamiast być w sanatorium, ujadasz się z tymi rozmaitymi okropnymi ludźmi, serce mi się kraje. Strasznie mi szkoda tych kilku dni, które popsują całą Twoją dotychczasową kurację. W miarę jazdy uspakajałem się powoli – i przyszło znowuż uczucie wielkiej radości z naszej przyjaźni, dawno nie byliśmy tak blisko siebie jak w tej rozmowie na kanapce na Szucha. Tam się w ogóle dobrze rozmawia, prawda? W tej rozmowie dotarliśmy bardzo daleko w głąb samych siebie, rozmawialiśmy jak ludzie, o sprawach bolesnych, ale ważnych – i z tego wszystkiego wynika ta najgłębsza radość i najważniejszy sens, że jesteśmy razem, że kochamy się nawzajem jak rzadko kto wśród ludzi i że możemy się zdobyć dla siebie na bardzo wielkie ofiary. Kraków przypomina mi oczywiście naszą wizytę[240] sprzed trzech lat – ale co za różnica, mimo wszystko. Jakie tam to wszystko było powierzchowne i byle jakie, a jak teraz jesteśmy związani na zawsze. Tamto mogło minąć bez śladu, dziś już śladów naszej przyjaźni w nas samych nic nie zatrze. W taksówce myślałem, że się jakieś najgłębsze [wyraz nieczytelny] rozrywają, znowu rozstanie, znowu męka, znowu tęsknoty – no, i zazdrość, bo moje listy oczywiście odkładasz do <u>drugiej</u> szuflady, a w pierwszej masz inne. Kupiłem maleńki, ale ładny prezencik, który poślesz jej – oczywiście od siebie i nie mówiąc, że to ja o tym pomyślałem. Kraków cudowny w taki dzień, co za pogoda, zupełne Włochy, i jakaś piękna ludzkość w tym mieście! Kobiety fantastyczne (studentki?) – jedna była podobna do L., ale daleko ładniejsza i młodsza. Spadochroniarze w wiśniowych

---

[240] Wspólna podróż Iwaszkiewicza i Błeszyńskiego do Krakowa odbyła się w listopadzie 1955 r. W *Dziennikach* Iwaszkiewicz wspomina wyjazd: „Mam wrażenie, że Jurcio jechał pierwszy raz wagonem sypialnym – ale zgodnie ze swoimi zasadami niczemu się nie dziwił. Staliśmy w Grandzie, miałem dwa wieczory, przy tym jeden w Nowej Hucie z dyskusją na temat Poematu dla dorosłych Ważyka. Boże, jak to wszystko przeminęło i jakie wtedy było szczęśliwe. Jurek był ze mną w Nowej Hucie, potem jedliśmy kolację z Jerzymi Kwiatkowskimi, było tak spokojnie, miało się tyle nadziei, pod każdym względem" – J. Iwaszkiewicz, *Dzienniki...*, s. 272.

beretach zupełnie nieprawdopodobni. Bardzo są piękni i mam nadzieję, że nie odegrają takiej roli, co spadochroniarze w Algierii. Trochę jestem zmęczony ostatnimi dniami, ale bardzo pełny życia, miłości, uwielbienia dla świata i dla ludzi. Stąd bezgraniczna wdzięczność dla Ciebie – chyba dogadaliśmy się wczoraj na ten temat ostatecznie. Myślę, że zaraz napiszesz do mnie z Kruka, bo Szymek oświetli mi wszystko niezupełnie. A może jeszcze Cię zastanę w Warszawie? W takim razie ten list będzie zbędny. A może nie. Nigdy nie można tyle powiedzieć, co napisać. Kiedy gadamy – każdy chce się pierwszy wygadać. A w liście monolog bez przeszkód. Syneczku, przypuszczam, że nie czytałeś mojej sztuki[241], to trudne jest do czytania – zobaczysz to na scenie, mam nadzieję, że dość prędko zagrają. Zagadani o sprawach „ważnych" i obliczonych na daleką metę, nic nie mówiliśmy o moim wyjeździe za granicę. Zresztą naumyślnie nie tykałem tego tematu – bałem się, że nie będę miał siły wyjechać, gdybyś zaprotestował, a wyjechać muszę. Myślę, czy nie zdecydować się na ów pokój na „wiosze" – tak mi trudno być tak daleko od Ciebie. No, kochany więcej kartek już nie zapiszę, chociaż chciałbym bez końca. Do serca Cię tulę, całuję Cię i całuję –

J.

107

Kraków, 2 X [19]58

XXI

Jurek! Ja nie mogę istnieć bez Ciebie, trudno i darmo, tak szalenie tęsknię, że nie mogę wytrzymać. Ja się najlepiej powieszę, to Tobie i mnie będzie lepiej. Ale żart na stronę, naprawdę tak mi ciężko, jak nigdy – i tu w Krakowie jakoś specjalnie – czy to

---

[241] *Wesele Pana Balzaka*.

wspomnienie, czy to to, że zostawiłem Cię w Warszawie i nawet nie wiem, co się z Tobą dzieje, gdzie jesteś i kiedy wracasz do Kruku, czy to resztki naszej rozmowy, gdzie decydowały się tak ważne i tak smutne dla mnie rzeczy – dość, że bez przerwy myślę o Tobie i nie mogę sobie dać rady. Jeszcze na dobitek moja stara widać zakochała się w Tobie na dobre, bo bez przerwy mówi o Twojej urodzie i nie da na ten temat wypowiedzieć najmniejszych zastrzeżeń. Drugi dzień w Krakowie taki piękny, wczoraj był mój wieczór, nawaliły takie ilości ludzi, takie mnóstwo młodzieży, że mała salka literatów[242] (gdzieśmy jedli obiad z Wiktorem[243], pamiętasz?) pękała po prostu od zebranych tłumów. Cieszyło mnie to, czytałem „Choinki" (bo to Tobie dedykowane) i różne wiersze, między innymi i „Nie chcę ja młodości..."[244] Wiersze stare jakoś tak dobrze pasowały do dzisiejszych czasów, a „Plejady"[245] były jak gdyby dziś napisane:

> Za chwilę i na ziemi wszędzie będzie biało
> Lekki chłód noc cienistą jak igłą przenika
> I śni mi się już tylko jakieś białe ciało
> Przykryte złotą tkanką planet października.

Ale cyt, o tym dopiero jutro. Zamiaruję napisać do Ciebie wielki list nie numerowany (do spalenia) stawiający pewne kropki nad „i". Dlaczego pytałeś mnie o gaszenie papierosów? Myśl moja pracuje nad tym i mam już różne wersje.

Trochę mnie boli to, że zrezygnowałeś z wyjazdu do Surabai, że już o tym nie myślisz, że taki zrobiłeś się rozsądny (?).

---

[242] Wieczór autorski Iwaszkiewicza odbył się w stołówce Klubu Domu Literatów przy ul. Krupniczej 22, która po godz. 16 służyła m.in. jako sala spotkań literackich.

[243] Wiktor – znajomy Iwaszkiewicza i Błeszyńskiego. Towarzyszył im podczas wspólnej wizyty w Krakowie.

[244] „Nie chcę ja młodości..." – wiersz Iwaszkiewicza.

[245] *Plejady* (1942) – cykl pięciu utworów Iwaszkiewicza, dedykowanych Janowi Kreczmarowi.

Na ten rozsądek rozmaicie można się zapatrywać – to właśnie raczej z nierozsądku się bierze rozsądna myśl nieliczenia na egzotyczne wyprawy. Boże, jakbym pojechał do takiej Surabai! Ale tak smutno, bo mam zapał do wielu rzeczy, ale sił mi już nie starcza, a co najważniejsze – serce pomału odmawia swej służby. Napracowało się, nabiło, a chociażby ostatnio przez to lato, to już były uczucia i emocje ponad jego stare siły. I teraz odczuwam je i myślę, że już nie mógłbym przedsiębrać żadnej długiej podróży. Ani może nowego „wielkiego" uczucia? Na razie wolę pozostać przy starym. Żona mi tylko co powiedziała: „mam nadzieję, że stąd do Jurcia nie piszesz i nie telegrafujesz!". Jak mimo czułej wyrozumiałości swojej mało rozumie z tego wszystkiego i mało wie – może to i lepiej. Wczoraj Maciek[246] jadł z nami obiad, robi się z niego miły i ładny młody człowiek, już wszedł w trudne życie, kiedy patrzę na niego, ogarnia mnie smutek i rozczulenie. On musi wszystko na nowo zaczynać, i nic jeszcze nie wie, będzie się kochał, mordował, męczył, bał śmierci – a potem przeminie, jak wszystko przemija. Ach, Jurciu mój kochany, to życie jest tak dojmująco smutne, chociaż są w nim takie radości, spokojne i głębokie jak nasza rozmowa na Szucha. Ty jesteś w tej chwili całym środkiem mojej istoty, wszystkim, czym żyję, i tak się cieszę, że znowu będę myślał o Tobie, martwił się o Twoją przyszłość, o jazdę do Kruka, o wszystko. Kocham Cię bardziej, niż to można powiedzieć. Bardzo mocno Cię ściskam, do serca Twojego się tulę stary i głupi.

K

[Dopisek na lewym marginesie]: Piszę trochę niewyraźnie, ale bądź cierpliwy. Całuję!

---

[246] Maciej Włodek, wnuk Iwaszkiewicza.

108
TWÓRCZOŚĆ MIESIĘCZNIK ZWIĄZKU LITERATÓW POLSKICH
REDAKCJA: WARSZAWA
ul. Wiejska 16 – Tel. 734-65 albo 401-80 do 90 wewn. 22*

~~Warszawa~~, 5 października 1958 r.

> Motto
> Po cóż te wszystkie niepokoje,
> Po cóż te wszystkie kłamstwa twoje...
> Ji[247]
> (XXII?)

Drogi Przyjacielu!

Zaczynam tak jak Ty Twoje listy. Tylko że Ty tak zaczynasz i podpisujesz „Czort" z głupich tendencji konspiracyjnych, aby nie wiadomo było, kto i do kogo pisze (czy i dlatego daty nie stawiasz?) – a ja [tak], aby nadać od samego początku ton poważny temu listowi. Bo chcę, aby on był bardzo poważny. Bardzo mi przykro, że napisałem Ci z Krakowa dwa tak czułe listy, jak zwykle uderzyły one w zupełną próżnię i musiałeś się z nich śmiać w kułak. Zapewne nawet nie zdajesz sobie sprawy, dlaczego piszę ten list na poważnie i po dłuższej przerwie, gdyż jesteś tak lekkomyślny, iż nawet nie zdajesz sobie sprawy, coś Ty narozrabiał. Myślę jednak, że tym razem przesoliłeś. Mam już dosyć robienia <u>ze mnie balona</u> i zaraz Ci wytłumaczę dlaczego.

<u>Znowu mnie ośmieszyłeś</u> – <u>tak samo jak wtedy, ale jeszcze gorzej</u>. Pozostawiłem Twojej delikatności sprawę korzystania z samochodu. Ja też nie jestem bezmyślny i naumyślnie nie wydałem żadnych poleceń Szymkowi, aby mógł tak rozłożyć swój czas,

---

[247] „Po cóż te wszystkie niepokoje..." – cytat z Iwaszkiewicza opisujący relację z Błeszyńskim.

żeby przyjechać po nas na dworzec, w czwartek o dziesiątej wieczór. Myślałem, że nam obu przyjdzie to do głowy, że dwoje starych ludzi nie może się tłuc z tobołami późnym wieczorem, ciasno zatłoczonym tramwajem, nosić wszystko samemu z dworca do kolejki, z kolejki do domu. Bardzo się zdziwiłem, nie zastawszy samochodu, a już się bardzo zaniepokoiłem, kiedy nazajutrz rano Szymek się nie zjawił, a Kuświk przyszedł zameldować z uśmiechem, że <u>obu</u> samochodów nie ma w garażach. Myślałem przez chwilę, że <u>sprzedaliście je oba i umknęliście za granicę</u>. I nawet słówka nie zostawiliście na piśmie, aby mnie uprzedzić. [na lewym marginesie, ołówkiem dopisek]: złodziej.

Ale żart na stronę, możesz sobie wyobrazić mój niepokój, kiedy dowiedziałem się, że wyjechaliście w czwartek o 8, a w piątek o 14 nie było was w Gostyninie. Zaalarmowałem profesorów, Jurka Lisowskiego, milicję miasta Warszawy, milicję drogową wojewódzką, Gostynin, Sochaczew i Błonie. Wyglądałem jak trup, Dąbrowska na spotkaniu w PEN Clubie spytała się, czemu mam taką tragiczną minę? Urżnąłem się oczywiście – i wracając ze strachem i rozpaczą do domu spotkałem przy klombie maszynę powracającą zdrowo wraz z Szymkiem do domu. Przyznam się, że uściskałem go z płaczem, jakby wracał z tamtego świata. Nasze hipotezy: ciężki wypadek, ale milicja stwierdziła, że nie było; to że zostaliście zlikwidowani [wyraz nieczytelny]z różnych spraw, ale Lisowski mówił, że nie zrobiono by tego w moim samochodzie; tylko kobiety rozumiały, i moja żona i profesorowa powiedziały, że pojechałeś do Bydgoszczy. Na to ja odpowiadałem, że Szymek by przecież nie pojechał, ale Ty go upupiłeś doszczętnie. [Wykreślony fragment]:Przez tydzień używałeś mojego samochodu mojego sekretarza. Czy to nie za dużo?

A wszystko to (<u>tyle nakładu kłamstwa!</u>), aby pojechać do Bydgoszczy!! I znowu Iwaszkiewicz <u>gonił po szosach swojego kochanka, który mu uciekł</u> do swojej bogdanki. A przecie tak łatwo było powiedzieć, kiedy prowadziliśmy tę, zdawało mi się, miłą rozmowę na kanapce na Szucha: Jarosław, wszystko bujda, żaden Kafar mnie nie wzywał, chcę żebyś mi dał samochód, bo ja pojadę do Bydgoszczy. Powiedziałbym Ci wtedy: jedź do Bydgoszczy koleją, po co masz <u>zadawać szyku, samochód, szofer, płaszcze</u>, kapelusz – po co Lilka, a zwłaszcza <u>jej rodzina mają myśleć, że masz olbrzymie pieniądze</u>? To wam życia nie ułatwi.

<u>Kłamałeś synu, kłamałeś ciągle, stale, zawsze – a najbardziej kłamałeś w tych „ważnych", serdecznych rozmowach</u>. Cały czas na Szucha myślałeś o wyjeździe do Bydgoszczy, mówiłeś, że jeżeli zajedziesz do Gostynina w czwartek wieczorem, to zatrzymasz Szymka na noc. Nic na to nie odpowiedziałem, bo przecież Ty wiedziałeś, że moja żona i ja potrzebujemy samochodu w czwartek wieczorem. Ale Ciebie nic to nie obchodzi, że się wszyscy w <u>domu w kułak śmieją, że państwo profesorstwo latają na piechty z pakami, bo samochód odwiózł pana inżyniera do kochanki.</u> To był cel Twojej wizyty u mnie – nie inny.

(Wersja oficjalna: mieliście defekt motoru na zapadłej wsi, nim was dowleczono do Gąbina końmi, nim defekt zreperowano zapadła noc, dopiero w południe samochód zreperowano i dojechaliście w ten sposób do sanatorium).

Chciałbym mimo wszystkich innych spraw, abyś się zastanowił, w jaką historię się pakujesz – i nas, całą naszą sytuacją. <u>Chcesz wziąć „dupę w troki" i przenieść się do Bydgoszczy</u>. Dobre to jest, kiedy się zjawiasz piękny i elegancki, własnym samochodem, kiedy Jóźwiakowa[248] wpatrzona w Ciebie – <u>ale kiedy się okaże, skąd masz samochód, ubranie i do najdrobniejszego szczegółu tego, co posiadasz – i że poza tym żadnych dochodów nie masz, nie wiem, co na to powiedzą rodzice Lilki</u>. A przy tym trochę mi wstyd za Ciebie. Z dwóch powodów – że się tak wpakowujesz w to, jak Ci Lilka jeszcze w kwietniu pisała, że tak poszedłeś na lep tego czego ona chciała. Po drugie, że się wpakowujesz tak ordynarnie, „na kocią łapę", żonaty, dzieciaty, nierozwiedziony, z żonatą, dzieciatą, bez żadnego wstydu. I to Ty, „mój Jurek", <u>którego miałem zawsze za dżentelmena! I zostawiasz żonę i rodzone</u>

---

[248] Jóźwiakowa – prawdopodobnie matka lub teściowa Lilki Pietraszek.

dzieci (dlaczego przez tyle czasu dowodziłeś mi, że Ewa nie jest twoim dzieckiem?) na pastwę losu, przejmujesz opiekę nad chłopcami, synami bóg wie kogo. Chory jesteś, Halina chora – może i Lilka zachoruje? Tak mi przykro, że to wszystko nie tylko na zewnątrz jest nieładne – ale wewnątrz, dla nas samych, dla Ciebie i dla mnie jest nieładne. Starasz się utrzymać mnie za wszelką cenę – dlaczego? Abym Ci utrzymywał nową kochankę, pasierbów, teściów – jak utrzymywałem Pietrachów[249]? Pomyśl o tym w momentach, kiedy nie jesteś nieprzytomny z miłości.

Nieopatrznie dla samego siebie powiedziałem Ci, że dla szczęścia warto dużo poświęcić – a już przede wszystkim przyjaciela. Ale czy to będzie szczęście? Jurek, pomyśl. Przecież Cię po trzech miesiącach wygnają, jak tamtego wygnali, gdy się okaże, że jesteś goły jak święty turecki. Poza tym powiedziałem i napisałem, i Ty podkreśliłeś czerwonym ołówkiem, że zawsze będę po stronie Twojego szczęścia. Ale co ja Twoim szczęściem nazywam? Przede wszystkim – i tu chyba nie będziesz miał żadnych zastrzeżeń – przede wszystkim zdrowie.

Tu dochodzimy do konkluzji. Jesteś ciężko chory. Na szczęście skonstatowano w sanatorium, że masz zdrowe nerki. Natomiast płuca są w bardzo złym stanie – sam o tym wiesz i nie potrzebuję Ci tego powtarzać. Twoje lekkomyślne zachowanie pogarsza stan płuc z miesiąca na miesiąc. Poprawę w Twoim zdrowiu może dać tylko systematyczne leczenie i dłuższy pobyt w sanatorium. Po pierwszych dwóch tygodniach zerwałeś się z kaprysu na cały prawie tydzień i zmarnowałeś początek leczenia. Ten tydzień przebyłeś w złych warunkach, przerwałeś zastrzyki, jadłeś niesystematycznie, piłeś – i już na drugi dzień wyglądałeś jak śmierć (coś Ty robił cały wtorek, w Twoje narady w MSW[250] a zwłaszcza w Twoją na nich rolę nie wierzę?) To jest niemożliwe.

---

[249] Pietraszkowie.

[250] Kłamstwo Błeszyńskiego, prawdopodobnie w celu usprawiedliwienia wyjazdu do Bydgoszczy i spotkania z Lilką.

Otóż będziesz siedział w sanatorium, dopóki Burakowski Ci każe, bez żadnych wyjazdów i jak długo trzeba będzie, 3–4 miesiące, pół roku. Jeśli opuścisz sanatorium przed czasem, nie dostaniesz ode mnie ani grosza. Będziesz się musiał urządzić, jak potrafisz – z dwiema żonami i czworgiem dzieci. Nie jest to żadna złośliwość z mojej strony, ale chęć zaleczenia Twoich płuc! Wierz mi. Oczywiście jesteś mężczyzną, możesz postawić na swoim i nawet może dasz sobie radę. Jesteś mocnym człowiekiem i może nawet potrafisz się wyciągnąć z tego wszystkiego. Niestety, nie będziesz mógł zarobić więcej niż 2000 złotych miesięcznie. Resztę będziesz musiał kraść, a wiesz, do czego to prowadzi. Zresztą przykro jest kraść programowo i mimo wszystko nie bardzo wierzę, abyś to potrafił. To dobre było jak kochałeś Halinę i Piotruś miał pół roku, ta bida, te koszulki i jeden krawacik, to ubranko zmyte i wyplamione, ongiś granatowe. Pan lord przyzwyczaił się obecnie do czego innego i nie wiem, czy łatwo się będzie odzwyczaić. Może miłość to ułatwi? Zwracam Ci uwagę bez żadnej złości (przeciwnie z wielką radością i z wdzięcznością dla Ciebie, że w ciągu ostatniego roku (w ciągu 9 ostatnich miesięcy) wydałeś blisko 220 000 złotych, to znaczy, więcej niż ja wydaję na cały dom. Jak się od tego odzwyczaisz? Jeszcze raz Ci powtarzam, że piszę Ci to tylko, aby Ci uprzytomnić wszystkie fakty, ale bynajmniej nie z wymówką. Zresztą, jeżeli policzymy „Wzlot", „Choinki", „Balzaca" i wiersze – suma ta nawet pod względem materialnym zwróci mi się, nie mówiąc o tej największej moralnej radości, jaką była dla mnie Twoja przyjaźń. Otóż to jest mój warunek wypłacania Ci tej reszty, dzięki której możesz imponować różnym głupawym ludziom – leczenie w sanatorium do tej pory, do której uzna to za potrzebne Burakowski.

  Po Twoim wyjściu z sanatorium i po miesiącu spędzonym w górach (bez Lilki, to mój warunek) będziesz mógł postąpić, jak będziesz chciał. Jeżeli jeszcze będę żył wtedy, to omówimy możliwość wypłacania Ci renty przeze mnie. „Zejdziecie się" wtedy z Lilką i wszystko będzie pięknie.

Tylko, że mnie wtedy nie będzie. Takie kondominium, jakie chcesz zachować swoją dziecinną i naiwną „dyplomacją", przejrzystą jak Twoje oczy – jest rzeczą niemożliwą. <u>Musisz wybrać albo mnie, albo Lilkę</u>. Oczywiście wybierasz Lilkę, co jest sprawą naturalną – i szlus!

<u>Przez ten czas co Ci nie będę wypłacał żadnych pieniędzy, będę się opiekował Twoimi dziećmi</u> – może i Haliną – <u>więc się o to nie niepokój</u>. Myśl o sobie i swoim przyszłym szczęściu – czyli o zdrowiu.

<u>Wszystko to piszę</u> raczej <u>na spokojno</u>, widzisz po charakterze pisma. Pewne zdenerwowanie wynika z tego, że przestałem palić. Zrobiłem to na intencję, aby Cię przestać kochać. I widzisz, jak skutkuje, piorunem. Rozumiem teraz Halinę, kiedy się Ciebie przestaje kochać, zaczyna się nienawidzić. U mnie to stadium jeszcze nie nastąpiło, ale już widzę, jak to wygląda.

Całuję Cię mocno
Foka Balon[251]

Verte

[Na lewym marginesie trzy dopiski]:
4 X 12^{45} był dzwonek nikt nie odpowiedział – pewnie dużo piłeś.

[Cała notka przekreślona dwoma przekreśleniami – całkowicie czytelna]:

Jeżelibyś mógł, odeślij mi mój szlafrok, bo mi bez niego trudno.

Nie wyobrażam sobie, abym mógł teraz przyjechać do sanatorium, będzie nam trudno rozmawiać. Koło 15 wyjeżdżamy na miesiąc do Włoch, może po powrocie zdobędę się na zobaczenie Ciebie. Wszystkie rozporządzenia zostawię Szymkowi.

---

[251] Foka Balon – tak mówił o sobie Iwaszkiewicz, kiedy czuł się oszukany. Kolejne listy podpisuje Foka, Balon Foka lub skrótem B.F.

I jeszcze jedno. Co chciałem powiedzieć przez to, co mówiłem o tamtym Twoim drogim liście. Nie to ważne, co tam piszesz, bo to nieprawda, ale ważne, co chciałeś napisać. Ważne, że chciałeś, abym myślał, że jestem czymś „w rodzaju twego serca", że mam na Ciebie wpływ (!), że mnie szanujesz czy kochasz. To dobrze, że chcesz, abym ja tak myślał. I ja bym chciał tak myśleć. Ale wiem dobrze, że są to tylko Twoje układne słowa – i moje chwilowe złudzenia. Do widzenia.

109

Stawisko, naprawdę 5 paźdz[iernika] 1958
(tamten był antydatowany)

XXIII

Zapomniałem zanumerować poprzedni „wielki" list, oczywiście miał numer 22, najważniejszą cyfrę w moim życiu.

Ten list to nie jest jeszcze ten ważny[252] i który nie będzie numerowany. Ten list jest w sprawach potocznych.

Przede wszystkim jednak chciałbym, abyś się dowiedział definitywnie o ten pokój na wsi, chciałbym jednak pomieszkać 3–4 dni w pobliżu Ciebie, aby mieć możliwość codziennego choć przez chwilę zobaczenia Ciebie i pogadania. Praca – nieważna, wieczorami będę spał. Przy najbliższym moim przyjeździe specjalne plany. Ale przedtem jeszcze przyjadę chyba ze dwa razy albo raz ja, raz żona.

Druga sprawa i ważna. To Szymek. Mój drogi, on jest bardzo przywiązany do Ciebie i bardzo Tobie oddany, ale nie można go tak traktować, jak Ty go traktujesz. On Ci oddaje olbrzymie

---

[252] Prawdopodobnie chodzi o list z 2 listopada 1958 r., z adnotacją: „List oficjalny «Nota dyplomatyczna» ostrzeżenie nr 13".

przysługi, bardzo jest Ci pożyteczny i wierny, dla sprawowania opieki nad Haliną i dziećmi – konieczny. Nie można go traktować tak pogardliwie, jak Ty to czynisz: idź, Szymek, przynieś, idź zrób, skocz zobacz itd. Poza tym nie potrzebujesz mu imponować, bo on i tak wszystko lub prawie wszystko o Tobie wie; nie potrzebujesz udawać, że to jest Twój szofer, im bardziej będziesz podkreślał, że to jest Twój przyjaciel, tym będzie lepiej. Przez to Twoje nie bardzo taktowne traktowanie go w nim się gromadzą pokłady goryczy i niechęci. Jeszcze ich dużo nie ma, ale są – jest w stosunku do Ciebie ironia i zniecierpliwienie, mnóstwo zastrzeżeń, co do Twojego postępowania i charakteru. Nie rób sobie wrogów z przyjaciół (masz specjalny talent pod tym względem) – a wynika to z ogólnego Twojego stosunku do ludzi. Stosunek ten jest czymś sztucznym. Bo naturalny Twój stosunek – do robotników, do portiera, do pani Zeny – jest zainteresowanie, przyjacielskość, serdeczność. A czasami zaczynasz stawiać się, chcesz imponować, zgrywać. Po co? Czy nie lepiej zaimponować bezceremonialnością, serdecznością, tym „patrzcie, jaki ja wielki pan, ja na wszystko sobie mogę pozwolić". To Ci ułatwi w ogóle stosunki z ludźmi.

    Bo przede wszystkim trzeba unikać jednego, żeby się ludzie do nas nie rozczarowali. Patrzcie, jaki on piękny, patrzcie, jaki on lord – a raptem wychodzi z niego chamstwo (oczywiście nie o Tobie mówię) – i wtedy wydajesz się ludziom gorszy, gorszy niż jesteś w istocie. Naprawdę bądź dobry i przyjacielski (na równej stopie) dla Szymona. On rozgoryczony może mi nagadywać na Ciebie, a ja i tak wiele o Tobie wiem – choć byłem zaślepiony – i nie chcę mieć w moim pobliżu kogoś, kto na Ciebie kracze. Ja sam wiem, niestety. Np. w ostatnim liście piszesz: „nicpoń denerwował mnie bardzo między innymi tym, że nie chciał jechać, nie słuchał się mnie i musiałem używać różnych nacisków, aby tę całą sprawę zlikwidować od razu…". Czy nie miał racji? Zastanów się!

    Bardzo było dobrze, żeś zatelefonował. Ucieszyłem się z tego w duchu okropnie – bo mimo wszystkich Twoich „wyczynów" nie mogę sobie dać rady bez Ciebie. Tylko już byłeś za bardzo pewny swego, mówiąc, że siedzisz w portierni, wiedząc, że jeszcze raz zadzwonię. (Na inny Ty telefon czekałeś, cholero!). Żeby nie moja żona, nie zadzwoniłbym trzeci raz. Ona powiedziała: słusznie się na niego gniewasz, ale w tym gniewie nie może odgrywać żadnej roli zazdrość: że on pojechał do tej kobiety! Dobrze jej mówić; ale mi się miękko na sercu zrobiło, kiedy tak powiedziała, rozczuliłem się nad nią, no i oczywiście nad <u>sobą</u> (nie nad Tobą, byku), no i zadzwoniłem – i „mogłeś pójść spokojnie…".

Więc chyba przyjadę w tych dniach, choć mi trudno będzie spojrzeć na Ciebie i mówić z Tobą. Ciężko mi bardzo żyć, mój bardzo drogi. Ale o tym w następnym, <u>ważnym</u> liście. Ściskam Cię

Balon Foka

110

[5 października 1958]
niedziela, późny wieczór

Jeszcze tylko jeden mały dopisek, a nie chce mi się otwierać tamtych kopert. Jest cudowna, ciepła, październikowa noc, wychodziłem tylko co na spacer. I przyszło mi na myśl, jaki Ty jesteś w tej nocy samotny. Leżysz na tym swoim łóżku, z otwartymi oknami, z otwartymi oczami i myślisz o Lilce, o Halinie, o dzieciach, może nawet przez chwilę o mnie i taki jesteś zupełnie sam. Płakać mi się chce, gdy o tym myślę. Stary dom zburzyłeś, chyba własnymi rękami, i po co? Będziesz miał nowy, ale z nowymi, obcymi ludźmi, Jóźwiakowie – nie znasz ich, dzieci obce i może niesympatyczne, czy znowu po paru miesiącach, po paru latach nie będziesz sam? Bez przerwy myślę o Tobie, Ty moje dziwadło głupie – i dziwię się, że ja mogłem czasami narzekać na moją samotność.

[Dopisek na lewym marginesie]: Serce nawala na całego

Cóż to jest w porównaniu z Twoją! Mam żonę, mam dzieci, przyjaciół – przed chwilą wyjechali Stryjkowski i Lisowski, mam moją twórczość, mam poezję, mam moją miłość życia… A Ty, kochany, drogi, samotny jak palec. Jestem przy Tobie myślą i w dzień, i w nocy, pijany jestem moją miłością. To prawie wiersze – ale ta noc taka cudowna i myśl o Tobie cudowna, że jesteś, że istniejesz, że czasem pomyślisz o mnie. Tęsknię jak wariat, chyba przyjadę w środę i jeżeli można będzie, zostanę na parę dni. Nie mogę czekać do 16. Nie gniewaj się na mnie i nie mów, że ja się rządzę tylko uczuciem. Ja mam wiele rozsądku, ale rozsądek w tej chwili śpi. I ja zasnę. Dobranoc

B.F.

Otwieram kopertę już zaklejoną i wsadzam jeszcze jedną kartkę, bo mi Hania w niejakich zarysach powtórzyła waszą rozmowę. Zadziwiające jest jedno, że nasze kobiety przerażone są siłą naszych uczuć, i jak gdyby obie boją się pełnym głosem wołać o swoje naturalne prawa. Masz jeszcze jeden dowód, jak wiele znaczysz w moim życiu – i że to bez śladu przejść nie może. Jednak to jest wspaniałe, żeśmy się spotkali – i że spotkałeś Ty nas oboje, może to Cię natchnie lepszym mniemaniem o ludziach w ogóle. Przynajmniej tak się łudzę, że czujesz, że wygrałeś los na loterii. Mój drogi i kochany, cieszę się z tej waszej rozmowy i jestem przekonany, że Ci ona dobrze zrobi, napełni większą ufnością do życia i do ludzi.

Mamy bardzo, ale to bardzo wielkie przykrości z Teresą i jej mężem[253]. Wszystko można wytrzymać, ale gdy zaczynają wchodzić w grę kwestie pieniężne, to już wytrzymania nie ma. Ach, Jurku, kiedy ja już będę miał trochę spokoju, naprawdę chyba mi się to należy.

Całuję Cię mocno, obejmuję za Twoje takie szerokie plecy i do serca tulę. To by mnie trochę dziś uspokoiło. Do widzenia

Twój
Foka

---

[253] Córka Iwaszkiewicza, Teresa była wówczas podczas rozwodu z Eugeniuszem Markowskim, który finansował remont części domu na Stawisku, gdzie mieli się z Teresą wprowadzić. Nie doszło do tego i powstał spór także natury finansowej.

111

7 X [19]58

Nienumerowany dopisek, bo pewnie jesteś zmęczony moimi wczorajszymi listami – i pewnie się śmiejesz, że jedno drugiemu przeczy. Ale zaraz Ci wytłumaczę, że nic podobnego – wszystko ma swój sens i harmonijnie się ustawia. Tak się cieszę na spotkanie, a będę się z Tobą kłócił –

Całuję Cię mocno w czoło
BF

112

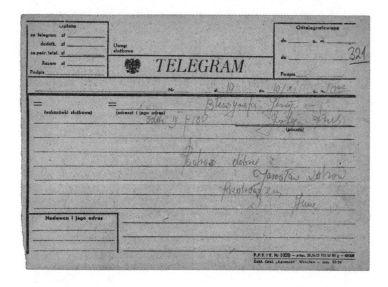

Podróż dobrze. Jarosław zdrów,
pozdrawiam Hania

Telegram z dnia 10 października 1958,
godz. 10.22

113

[Zapis na karcie z logo i napisem:]
2-E CONGRES MONDIAL DES PARTISANS DO LA PAIX
(w 7 wersjach językowych).
Warszawa dn......... 1950 r. Dom Słowa Polskiego

Stawisko, niedziela 12 X [1958]

Moje dziecko najdroższe, mój jedyny, mój kochany! I znowu skazani jesteśmy na korespondencję – i to na długi czas, podczas kiedy ta bajka mojego pobytu we wsi, którą wołają Pasieki, a piszą Alisin, dawała tylko cztery dni. Zauważ, że właściwie nigdy dłużej nie byliśmy razem, nawet cała „wyprawa" do Kopenhagi, łącznie z Boberkiem także trwała cztery dni. To okropny palec losu – kiedyś Ty już całe lato, czyli dwa miesiące był z nią... Mój złoty, mój kochany, musimy kiedyś – i to w najprędszym czasie spędzić gdzieś razem dwa lub trzy tygodnie – chyba mi to ofiarujesz kiedy, dobrze? Nie czekając na budowę Jurcina[254]! Może w górach, może w zimie kiedy. My się właściwie nie kłócimy, będąc razem, przy sobie – kłótnie zaczynają się na odległości. Kochany, jeżeli Ci się ten medalionik podobał, to schowaj go sobie, zwłaszcza że tam jest moja fotografia – a ja dla Lilki kupię coś ładniejszego, co jej się będzie bardziej podobało (może za granicą?) Te cztery, a właściwie trzy dni w chłopskiej chacie z tym widokiem i z ogródkiem, i te noce gwiaździste, i te drzewa wysokie – i moje tak gładkie poruszenie (płakałem wczoraj rano, zanim Hania przyjechała, jak dziecko) zostaną na zawsze w moim sercu, jak nowy paciorek w łańcuchu wspomnień tak bezcennych i tak intensywnych, związanych z Tobą. To było może nawet piękniejsze niż nocleg u Boberka – a w każdym razie równie intensywne. I tak mnie zadziwiło to, co napisałeś na tej

---

[254] Jurcin – pieszczotliwa nazwa domku, jaki Iwaszkiewicz chciał wybudować dla siebie i Błeszyńskiego we wsi Elzin.

fotografii, że ja „wyrzekłem" się Ciebie. Ja mogę gniewać się na Ciebie, mieć w sercu głęboki żal, może mnie do szaleństwa doprowadzać zazdrość (tak uzasadniona), ale nie mogę się Ciebie wyrzec, nie mogę dobrowolnie urwać tej nici, która nas łączy tak intensywnie i od tylu już lat. Oczywiście mogę robić Tobie te lub owe uwagi – których Ty nie znosisz – mogę mieć jakieś pretensje, mogę się czasem pogniewać – a przede wszystkim mogę mieć żal za różne Twoje stanowiska (głównie za niemówienie mi całej prawdy, czasami w rzeczach najważniejszych) – ale nie mogę się „wyrzec" Ciebie, chociaż nie jesteś moim rodzonym synem, ale wszczepiony jak najgłębiej w sam rdzeń mojej istoty. Może to minie, może to przejdzie – na pewno przejdzie, ale tymczasem tak jest. Co do cierpliwego znoszenia uwag: powinieneś naprawdę nie brać ich do serca, czy są słuszne czy niesłuszne. Zirytowałeś się na biedną siostrę[255], kiedy Ci przypomniała godzinę spoczynku, a przecież miała rację. Robisz mi uwagi, chociaż jestem o tyle starszy, i ja je zawsze przyjmuję chętnym sercem, bo są słuszne. (Uwaga o „Choinkach", uwaga o moim odczycie). Miałeś rację, że mi te uwagi zrobiłeś – pozwólże na to, że ktoś zrobi Tobie uwagę. Niecierpliwisz się, na przykład, że Halina czy ja mówimy o Twojej ortografii. Oczywiście to wynika z Twojej nieuwagi (np. na fotografii napisałeś raz „wyżeka się", a drugi raz dobrze „wyrzeka się") – więc zwrócenie Ci na to uwagi da pewne rezultaty, a Twoje listy są także miło i wielokrotnie odczytywane – lepiej, żeby nie miały felerów. No, więc dosyć o tym. Przyjechaliśmy bardzo dobrze, tylko już od Błonia była mgła, ciemno i potworny ruch na szosie: krowy, baby, wózki dziecięce, wszystko waliło przed nami – aż wreszcie w Grodzisku przejechaliśmy czarnego kota! Szymek był tym bardzo zmartwiony. O 6 już byliśmy w domu, studiowałem moją korespondencję, która jest dość skomplikowana. Zastałem także w domu mnóstwo książek, między innymi dwa nowe tomy moich „Dzieł". Chyba nie przysyłać Ci ich do Kruka?

---

[255] Mowa o pielęgniarce w sanatorium, w Kruku.

Co będziesz z nimi robił? Dzisiaj od rana znowu cudowny, letni dzień. Tak dobrze sobie wyobrażam teraz Ciebie, sanatorium i „Alisin". Kwiatów w Stawisku mnóstwo; i na dworze, i u mnie na biurku. Cudowne świeże dalie... Hania wywiesiła na balkonie na słońce kostium, w którym wczoraj byłem u Ciebie, a że obok tego schnie jeszcze jakieś jej dessous, które wyprała, dokuczam jej, że wietrzy wszystkie rzeczy, do których dotykały się Twoje ręce. Bardzo się na mnie gniewa za takie żarty, ale się śmieje. Mimo wszystko widzę, że stara zakochała się, tak jest! Nic mi o rozmowie z Tobą nie mówiła, żadnych treści istotnych – tylko że tam to i owo, mniej więcej to, coś Ty mnie już obiecał. Myślę, że były tam rzeczy – w tej rozmowie – których ani Ty, ani ona mnie nie powtórzyliście. Oboje zresztą lubicie „nie mówić wszystkiego". Jest to takie samo przekleństwo natury, jak „mówić wszystko" – co jest znowuż właściwością mojej natury. Nie wiem, czy zasmakujesz w lekturze tej książki, którą ona Tobie przywiozła. Ale zdaje mi się, że w ogóle mógłbyś więcej czytać. Chyba stan Twoich nerwów poprawił się po mojej wizycie, kiedy się przekonałeś, że Jarosław to jest Jarosław. I że w końcu zawsze na niego możesz liczyć. Mógłbyś może wyzyskać ten stan zdrowia i humoru na to, aby nie uczyć się, nie, ale jakoś systematyczniej czytać, czy w ogóle czytać z pewnych dziedzin, czy znowuż coś z literatury, coś, co by Cię interesowało i o czym moglibyśmy mówić: Na przykład coś z tych książek, o których mówiłem w odczycie, Conrada np. – dowiedzieć się z nich, jak jest w tej Surabai. Uważam Cię za człowieka o dużej inteligencji i wielkiej wrażliwości, wszystko to jeszcze wymagałoby okrzesania, przed trzydziestką mógłbyś jeszcze bardzo dobrze uzupełnić luki Twojej wiedzy i erudycji. Oczywiście nie mówię tu o wiedzy technicznej, ale o humanistycznej. A propos wiedzy technicznej: narysuj plan „Jurcina". Ja chcę, żeby na parterze było tak[256]

---

[256] Rysunek odręczny przedstawiający wyobrażenie Iwaszkiewicza na temat rozkładu pomieszczeń we wspólnym domu

a na pierwszym piętrze tylko pokój z balkonem na stronę jeziora – to chyba będzie wschód, nie? Garaż i składzik lepiej zrobić osobno zaraz od drogi, w dole – chociaż to zwiększy koszta, ale samochód trudno pchać pod górę. Ja bardzo na serio myślę o tej budowie, chyba jak pójdzie „Balzac" na sceny, to można będzie to zrealizować, tak jak mówiłeś z żużlu na fundamencie ceglanym. Oczywiście wszystko bardzo skromne. Chciałbym trochę pomieszkać w tej miejscowości, która dla mnie już na zawsze połączyła się ze wspomnieniami Twojej dla mnie dobroci, oznak Twojego przywiązania – i tego połączenia smutku i szczęścia, jakie mi tak bardzo odpowiada. Chciałbym mieć tę chatę nad jeziorem – i żebyś tam czasem do mnie przyjeżdżał, i żebyśmy tam byli sami jak w Elzinie i bez niepotrzebnych koszmarów w oczach. Narysuj, narysuj – ten domek. Ja robię takie plany, jakbym miał żyć wiecznie – niestety moja aorta nie pozwala mi na takie plany, ale cóż to szkodzi? Będziemy zatem planowali najróżnorodniejsze rzeczy: przede wszystkim Jurcin, potem dwa tygodnie w lutym razem w górach, może w Bukowinie, chce mi się znowu bardzo w góry po przeczytaniu „Róży bez kolców"[257] – a na wiosnę musimy się machnąć razem na dłużej za granicę. To absolutnie, musimy się zdobyć na tyle energii, aby to przeprowadzić. Będziesz mi pomagał. Kiedy będziesz miał już swój cel w ręku – to nie tak się będziesz bał wyjeżdżać ze mną. Ma do mnie przyjechać zaraz jakiś nudny pan, którego nie widziałem ze 12 lat, skoro zapowiedział swoją wizytę, to na pewno nie darmo, musi mieć jakiś interes do mnie.

---

[257] *Róża bez kolców* (1903) – powieść autorstwa Zofii Urbanowskiej.

W środę się stelefonujemy, z moim wyjazdem jeszcze nic nie wiadomo, bo mnie nie bardzo chcą puścić do Włoch „ze względów prestiżowych" – ale myślę, że mi się to jakoś ułoży – jak nie do Włoch to do Niemiec i Paryża. Oczywiście o przebiegu przygotowań do wyjazdu będę Cię zawiadamiał. Dziś dzwoniłem do Stryjk[owskiego] i przekazałem mu pozdrowienia od Ciebie. Pali się on do wycieczki do Gostynina – i ma o wszystkim bardzo naiwne pojęcie.

Muszę się jeszcze kiedyś z Tobą urżnąć i niektóre kwestie wyjaśnić „pod muchą", bo na trzeźwo to trudno.

Całuję Cię mocno i po wiele razy, w oczy i w czoło moje ukochane, możesz sobie wyobrazić, co czuję, właściwie mówiąc, w środku. Przeniósłbym się na stałe do Elzina – do Elzium – całuję –

J.

114

Stawisko poniedziałek
13 X [19]58, wieczór

XXIII (?)[258]

Moje dziecko kochane! Mój chłopcze najdroższy! Zacząłem pisać do Ciebie list na maszynie, ale tak głupio mi było wystukiwać różne czułości i intymności, że to przerwałem, i napisany maszynopis wyrzuciłem – jakoś nie mogę się zdobyć na to, żeby na maszynie pisać szczerze i istotnie. A chciałem Ci powiedzieć, że jeszcze nigdy tak nie tęskniłem do Ciebie, nigdy mi tak nie brakowało Twojego głosu, Twojej osoby, tego wszystkiego, czym Ty dla mnie jesteś. Tak mi strasznie pusto – i mimo potwornego zawracania głowy, tysiąca zajęć i zmartwień, i to poważnych – wciąż mam przed oczami

---

[258] List zgodnie z numeracją nadaną przez Iwaszkiewicza powinien mieć numer XXIV. Późniejsze listy mają więc konsekwentnie numerację niepoprawną.

Twoją postać (jak stajesz w drzwiach mojego mieszkania) i wciąż mi brak rozmowy z Tobą. Ja nawet nie wiedziałem dotychczas, że Ty mi jesteś do tego stopnia do życia, do oddychania potrzebny – i przerażenie mnie bierze na myśl, że Cię tak długo nie będę widział. No, ale dosyć tych rozczuleń, całuję Twoje drogie oczy, które tak kocham, obejmuję Cię i mocno do serca przyciskam – a teraz już sprawy konkretne i ważne, których tym razem jest dużo. 1° telefonowałem do Twojego adwokata[259] i powiedziałem mu, że raczej niepożądany Twój wyjazd z sanatorium o tym czasie. On powiedział, że może sprawę odroczyć, ale musi mieć świadectwo lekarskie przesłane sobie przed 30, na który to dzień rozprawa jest wyznaczona. Na tym stanęło – ale ja po refleksji myślę, że może byś jednak na tego 30 przyjechał, to jest w czwartek, w sobotę jest 1, czyli święto, potem niedziela, może by Cię na cztery dni wypuścili. Ale czy to warto? Dnie te zazwyczaj bardzo słotne, możesz się przeziębić – mnie w tym czasie nie będzie w Warszawie (1 premiera „Lata"[260] w Mediolanie). Lilka też nie wiem, czy będzie mogła przyjechać do W-wy i czy będziesz się chciał z nią widzieć na Flisaków. Zastanów się nad tym – a ja się dowiem przez Szymka, jak z Haliną, czy będzie mogła też być. W każdym razie adwokat jest tak nastawiony, że Ciebie nie będzie, a rozprawa będzie odroczona. Co za śmieszny typek ten adwokat, rozmawiałem z nim tylko przez telefon – i wydał mi się nieprawdopodobnym dziwakiem. Teraz 2°. Miałem dzisiaj telefon z Monachium od mojego Schondorffa[261], bardzo nalega, abym jak najprędzej przyjechał do NRF, spieszy mu się ogromnie, o czym on myśli, nie wiem – ale ja będę się starał z tego wycisnąć jak największą ilość forsy. Interweniowałem w biurze policyjnym w Bonn, gdzie mają przyspieszyć moją wizę – tak że obiecał mi, że w czwartek lub piątek wiza będzie już

---

[259] W tym czasie Jerzy Błeszyński rozwodził się ze swoją żoną Haliną.

[260] *Lato w Nohant* – sztuka Jarosława Iwaszkiewicza, komedia w trzech aktach, publikowana w odcinkach w latach 1936–1937. Prapremiera: Warszawa, Teatr Mały 1936.

[261] Joachim Schöndorff – niemiecki wydawca Iwaszkiewicza.

w Warszawie – i prosi, żeby już w początkach przyszłego tygodnia przyjechać do niego (<u>zaprasza</u> mnie na pobyt w Monachium) – tak że wyjazd nastąpi wcześniej, niż ja myślałem, i pójdzie Wiedeń–Monachium–Mediolan itd. w zależności od forsy i wiz. Właściwie mówiąc, jest to o wiele lepiej – a czas zajmie mi ten sam. Będę więc chciał przyjechać do Ciebie w początkach przyszłego tygodnia, aby się pożegnać. Ale myślę, że przyjadę jednego dnia, przenocuję (czy można u Wilamowskich[262]?) i nazajutrz w dzień wyjadę, bo jazda teraz po nocy, we mgle i w deszczu bardzo nieprzyjemna, trudna i dla Szymona bardzo męcząca. Wrócę tak samo, jak miałem przyjechać, ku końcowi listopada, więc ten plan, jaki naszkicowaliśmy sobie nie zmienia się wcale. Zresztą bardzo bym chciał, abyś został w Kruku przez grudzień – wszystko zresztą zależy od tego, jaki będzie do tej sprawy stosunek Burakowskiego. Omówimy to wszystko za naszym widzeniem się. Jestem dzisiaj trochę nieprzytomny, pierwszy deszcz całodzienny i pierwsza ciepła wilgoć ma na mnie bardzo zły wpływ: mam ciągły przykry szum w głowie to z tych jam Hajmora[263], poza tym bardzo mnie męczy zajęcie w Warszawie – jak mówiłem Ci, bardzo mnie przygnębia niemożność oglądania Twojej osoby, brak mi Twojego rozsądku i spokoju, Twojego: „Jarosławie, nie denerwuj się"; poza wszystkim zmiażdżony jestem sprawą Teresy, zobaczysz kiedyś, jak Twoja malutka Ewa nagle przyjdzie do Ciebie jako dorosła gruba kobieta i zacznie Ci płakać jak dziecko na Twojej piersi. To jest coś tak okropnego dla mnie, że nie mogę się absolutnie z tym pogodzić. Widzieć smutek i cierpienie własnego dziecka, na które chuchało się od kolebki, to okropne, to mnie zupełnie wytrąca z równowagi.

 Szymek też zupełnie mętny chodzi i co gorsza mętnie jeździ – obawiam się wypadku lada chwila, nie daj Boże! Jutro mam posiedzenie komisji kultury w Sejmie ze sprawozdaniem

---

[262] Wilamowscy – właściciele mieszkania w Gostyninie, gdzie Iwaszkiewicz szukał kwaterunku.

[263] Zatoka szczękowa zwana zatoką Hajmora.

ministra. Dzisiejszy dzień zacząłem od posiedzenia w sprawie budowy szkoły w Podkowie Leśnej u Sienkiewicza[264] w Pruszkowie – niestety musiałem na nim przewodniczyć – i przyznam się, mam taki mętlik w głowie, a przy tym tak zupełnie nie nadążam za współczesną biurokracją, że wszystko mi się plątało, a poza tym (przyznam się Tobie) nic nie rozumiałem. Tak mi się plączą wszystkie instytucje, inwestorzy, kopie, pozwolenia, dokumentacje itd., że zupełnie jestem głupi – Ty byś oczywiście w tym wszystkim się orientował, ale ja siedziałem jak na niemieckim kazaniu – a najgorsze, że od czasu do czasu musiałem zabierać głos i ode mnie czekali jakichś konkluzji, a ja ani w ząb. Myślałem o Teresie, o wyjeździe za granicę, o Tobie – i nie bardzo byłem przytomny na naradzie.

Światło tak podle się pali, że w ogóle trudno jest coś robić, a cóż dopiero pisać tak drobnym makiem, jak ja to czynię. Czy Ty wyczytujesz to moje pismo, czy też w połowie rzucasz listy do kosza? Nie, ale rzeczywiście trudno coś wyczytać niebieskim atramentem na niebieskim papierze. Aha! Dostałem dzisiaj list od jakiegoś literata włoskiego, który chce tłumaczyć „Wzlot"; Niemiec[265] dzisiaj zachwycał się przez telefon tym opowiadaniem – jednym słowem robię karierę światową na tej małej historyjce, której Ty w swoim czasie nie doceniłeś – byłeś pierwszym czytelnikiem „Wzlotu" – pamiętasz?

Muszę już kończyć, bo późno, a ja jeszcze parę listów muszę napisać, ale mi trudno oderwać się od papieru. Póki piszę, mam to głupie złudzenie, że rozmawiam z Tobą, że jesteś gdzieś niedaleko, że mam jakiś z Tobą kontakt. Wiesz, to bardzo głupio, że my marnujemy czas na rozmaite niepotrzebne rzeczy, zamiast ciągle być z sobą, póki jeszcze można, póki Ty nie ożeniłeś się i póki ja jeszcze żyję.

---

[264] Posiedzenie odbyło się prawdopodobnie w Książnicy Pruszkowskiej im. H. Sienkiewicza.

[265] Może chodzić o Joachima Schöndorffa.

Całuję Cię mocno, obejmuję Cię za szyję, znakiem krzyża czoło Twoje najmilsze znaczę i myślę o Tobie każdej chwili. Bądź dla mnie dobry i nie śmiej się ze mnie

Balon Foka

Do Lilii jeszcze nie pisałem, trudno mi się zebrać.

115

Wtorek, 14 X [19]58

Synku kochany, czyli świnio zielona! Nie mogłeś to w ciągu trzech dni napisać choć słowa do mnie, do innych piszesz, nie bój się – a mnie się ciągle zdaje, że to trzydniowe latanie Twoje do Pasieki[266] mogło Ci zaszkodzić i że gorzej się czujesz – i dlatego nie piszesz. To, że siadam w tej chwili do listu, jest najwyższym poświęceniem, gdyż jestem zmęczony potwornie po dwóch dniach najrozmaitszych posiedzeń połączonych z piciem czarnej kawy. Wczoraj, jak Ci pisałem, byłem w Pruszkowie u Sienkiewicza, dzisiaj przed południem miałem w sejmie komisję kultury, a po południu posiedzenie jury tego konkursu łódzkiego, do którego czytałem u Ciebie te powieścidła. A między jednym a drugim była w redakcji wielka kłótnia o Marka Hł[askę][267]. Wypiłem

---

[266] Elzin – wieś nad jeziorami, miejsce wypoczynku i spotkań z Jerzym. Pod datą 11 października 1958 napisze Iwaszkiewicz w *Dziennikach*: „Kiedy spytałem się dziś mojej gospodyni, jak się nazywa wieś, w której mieszkamy, powiedziała: «Wołają na nią Pasieki, a pisze się: Alsin». Okazuje się, że nazywa się naprawdę Elzin. Jestem tu od trzech dni, mieszkam w nowo zbudowanej chacie chłopskiej. [...] Jurek przychodzi do mnie po czwartej, odprowadzam go, kiedy już jest ciemno, gwiazdy świecą olbrzymie, cisza zupełna w tym zapadłym kącie. [...] Z Jurkiem gada się dobrze, wszystko wydaje się jasne. O mój Boże, dlaczego to tylko cztery dni. A potem znowu. Chcę zbudować domek nad jeziorem. Muszę pokazać to miejsce nad jeziorem. Chciałbym tu mieszkać, tworzyć, kochać. Zapominam, że mam tyle lat..." – J. Iwaszkiewicz, *Dzienniki...*, s. 247–248.

[267] Iwaszkiewicz był przychylny Hłasce i doceniał twórczość kontrowersyjnego pisarza. Przedmiotem sporu mógł być wyjazd Hłaski do Paryża (1958), a także

5 filiżanek kawy i jestem w tej chwili jak po dobrej wódce. Zapomniałem Ci w poprzednich listach napisać, że „wielki" portier[268] był dla mnie potwornie niegrzeczny, ledwie przywitał się, kiedy wjeżdżałem z Szymkiem, i wcale się nie pożegnał. Czy to on myślał, że ja od razu mu wszystko zrobię i zmienię ustawodawstwo na jego korzyść; czy też spodziewał się jakiej forsy? Miałbym go gdzieś, ale przestraszyłem się, że on może Tobie zaszkodzić i robić jakieś awantury, napisz mi koniecznie – o ile masz zamiar pisać do mnie – co to może znaczyć i jak on zachowuje się w stosunku do Ciebie. Bo przecie „mały" portier był bardzo miły, kiedyś Ty tam u niego odbierał telefon z Bydgoszczy. Na dobitkę – kiedy byłem tak zajęty dzisiaj, samochód wysiadł, akumulator ostatecznie okazał się do dupy i całkiem wyładowany, tylko co był facet z Putki, założył akumulator ze skody – i ruszyło. Nie będę teraz używał samochodu przez parę dobrych dni, bo chcę, aby był możliwy na dojazd do Ciebie. Bo nie wyobrażam sobie, abym mógł nie pożegnać się z Tobą przed wyjazdem, który coraz konkretniej zarysowuje się przed nami. Dzisiaj dzień w pełni jesienny, barometr spadł na łeb, na szyję i chyba już nie należy spodziewać się pogody. Ciągle myślę o Tobie, jak Ci tam smutno i samotnie w tym całym Kruku – i dziwię się trochę, że nie piszesz do mnie – i w ogóle nie piszesz. Pewnie zajęty jesteś słuchaniem radia.

Mam pogadankę w radiu pojutrze 16, ale niestety o 10^{20} wieczorem, więc chyba nie będziesz mógł słuchać ze względu na ciszę. Zresztą mój głos w radiu brzmi tak okropnie, nie tak jak Twój („Nie chcę ja młodości..."[269]) – i średnia to przyjemność

---

jego pierwsze wydane właśnie powieści: *Ósmy dzień tygodnia* (1957), *Następny do raju* (1958), *Cmentarze* (1958).

[268] „Wielki" portier, „mały" portier – przezwiska nadane portierom sanatorium w Gostyninie przez Iwaszkiewicza i Błeszyńskiego.

[269] „Nie chcę ja młodości..." – fragment wiersza Jarosława Iwaszkiewicza z cyklu „Droga", który prawdopodobnie Jerzy Błeszyński czytał w radio podczas nagrania zorganizowanego przez Iwaszkiewicza..

słuchać bredni gadanych przeze mnie – dla chleba, panie, dla chleba. 18 listopada będzie ładniejsza pogadanka, o muzyce w ogóle z bardzo piękną ilustracją muzyczną także o tak późnej porze. Ale ta już bardziej nadaje się do złamania regulaminu. Dostałem wczoraj bardzo ładną fotografię od Andrzeja Brustmana, wiesz, tego, co mnie fotografował w Sandomierzu i któremu jest dedykowany „Tatarak", przy którego powstaniu asystował. Z was dwóch z dodatkiem „czerwonej koszuli" to się wszystko urodziło, nie wiem tylko, czy dobrze? Lilka czytała to z zainteresowaniem. Nie wiem, jaka będzie reakcja publiczności. Fotografia Andrzeja urocza, bo „na dziko" nad augustowskim jeziorem (na dziko, to znaczy nieogolony, ale ubrany) – stoi teraz przede mną na biurku wraz z Twoją tu w parku w sanatorium, nie ostatnią, ale poprzednią (tą w swetrze), która stała się moją ulubioną, bo jest coś w niej nareszcie z Ciebie – wszystkie inne są do lufki, stoją także fotografie Bartka, które też bardzo lubię, chyba dlatego, że dostałem je od Ciebie. Od tygodnia nie wiem, co się dzieje z Wieśkiem – nie telefonował; co prawda telefon działa, jak sam chce, w ciągu dnia jest mnóstwo dzwonków, a kiedy słuchawkę podnoszę, połączenie się urywa. Może i Ty tak dzwoniłeś? Jutro robię sobie dzień wypoczynku, będę pisał oficjalne listy i rozmyślał nad różnymi sprawami – może mi poczta i coś od Ciebie przyniesie. Te trzy dni, nasze trzy dni wydają mi się czymś nierzeczywistym i odległym. Smutno piekielnie. Ale Tobie na pewno smutniej. Całuję Cię kochanie mocno i ręce Twe ściskam. Zostawiam trochę miejsca na jutro

Foka Balon

Wiesiek telefonował – potrzebuje forsy.

[Dopisek pod listem, ukośnie]: 15 X [1958] Nie czekam na telefon, bo Szym[on] jedzie do W., napiszę dzisiaj wieczorem. J

[Dopisek na lewym marginesie]: Oczywiście Hania wyskakując wczoraj z tramwaju, wykręciła sobie boleśnie nogę. Leży teraz i stosuje okłady. Zawsze tak jest przed wyjazdem.

116

15 X [19]58,
Środa,
Tydzień, jak przyjechałem
XXIV

Pomiędzy jednym telefonem a drugim telefonem zawieszony jestem pełen niepokoju. Przede wszystkim dziwi mnie fakt, że nie dostałeś ani jednego mojego listu. Napisałem jeden zaraz w niedzielę i rzuciłem w poniedziałek, potem rzucałem we wtorek i wreszcie dzisiaj, powinny były być u Ciebie już dawno – bo przecież mówiliśmy, że listy dostajesz na drugi dzień. Irytuje mnie, że akurat te listy gdzieś ugrzęzły po drodze i byłeś przez tyle czasu bez wiadomości. Widzisz, kochanie, mój system telegrafowania jest lepszy, jak wszystkie staroświeckie systemy, gdybym posłał depeszę w poniedziałek z rana, nie potrzebowałbyś się niepokoić. Głupio jakoś kojarzę ten brak listów u Ciebie z tą miną „wielkiego" portiera, która naprawdę była zastanawiająca. Co to może być? Po drugie niepokoję się z powodu Twojego zakatarzenia, mówiłem Ci, abyś nie latał po nocy tylko w sweterku (co prawda miałeś grubą ciepłą bieliznę, ale to tym gorzej, bo pociłeś się i mogłeś tym bardziej się przeziębić). Oczywiście, że ta pogoda wczorajsza i dzisiejsza bardzo sprzyja tego rodzaju przeziębieniom, ale w każdym razie nie jest to dobre. Czy gorączkujesz przez to i czy nie zwiększył Ci się kaszel? Tak głupio strasznie być od Ciebie tak daleko – i wiesz dobrze, jak moja wyobraźnia pracuje w takich razach, i już sobie wyobrażam Bóg wie co. Czekam z niecierpliwością na Twój telefon wieczorny, aby się upewnić, jak z Twoim zdrowiem, a z drugiej strony wiem, jaki to może mieć niedobry wpływ, jak na deszcz pójdziesz aż do portierni. Okropne mam wyrzuty sumienia (niestety w tej sprawie, o której mówiłem Ci przed samym wyjazdem), ale i z tego powodu, że może mój pobyt w Kruku przyczynił się do pogorszenia Twojego zdrowia. Przy okazji rozmowy z Burakowskim zapytaj się go, czy Tobie dobrze by zrobiła kuracja klimatyczna wysokościowa, np. w Szwajcarii, w Davos czy w Aros[270]. Hania ciągle o tym mówi, może by rzeczywiście coś dało się w tym kierunku zrobić, jak będę miał forsę za granicą. Na taką pogodę, jak dziś, musisz się czuć fatalnie. U nas dzisiaj szalone rzeczy, bo imieniny mojej córki i mojej siostry, mojej teściowej i pani Pogrozińskiej, ale wszystkie te imieniny bledną wobec faktu, że dzisiaj, a nawet właśnie w tej chwili, pani Pogrozińska bierze ślub z panem Zaorskim[271], na razie cywilny potem dopiero będzie kościelny – a Teresa jest ich świadkiem. Pani Pogrozińska nie spała dziś całą noc, takie miała emocje przed tym dniem, a liczy sobie 68 lat – względnie wiosen żywota! Widzisz, Jerzy, jak to jest na świecie, jak bardzo wszyscy zawsze poddają się jarzmu miłości. Zwłaszcza w takie dżdżyste dnie jesienne, o wiele więcej odczuwa się tzw. wolę bożą niż na wiosnę. Przynajmniej ja to tak odczuwam. Jakoś mi się te długie wieczory i noce jesienne bardziej kojarzą z przeżyciami erotycznymi niż wiosna. Zresztą jeszcze Cycero o tym mówi (w pierwszej mowie przeciw Katylinie[272] – co za erudycja!!). Dzisiaj siedzę cały dzień w Stawisku i na świat Boży tyle wyjrzałem, co poszedłem złożyć życzenia mojej siostrze o parę kroków od naszej furtki, toteż nie mam Ci nic ciekawego do doniesienia. Siedzę i załatwiam korespondencję, a mam bardzo dużo zaległych odpowiedzi. Napisałem również list bardzo ostrożny i spokojny do pani Alicji Pietraszkowej[273] w Bydgoszczy. Nie bój się – nie ma w nim nic dramatycznego, tylko informacja o Twoim zdrowiu i o Twoim wyglądzie. Żadnych drażliwych spraw nie poruszałem. Pomyśl sobie, że to dzisiaj już miesiąc,

---

[270] Davos – miasto uzdrowiskowe we wschodniej Szwajcarii, miejsce akcji *Czarodziejskiej Góry* Tomasza Manna. Aros – miejscowość uzdrowiskowa we wschodniej Szwajcarii; ośrodki specjalizujące się m.in. w leczeniu gruźlicy.

[271] Józef Zaorski – zarządca gospodarstwa rolnego na Stawisku.

[272] *Mowy przeciwko Katylinie* – płomienne przemówienia przed senatem rzymskim, w których Cyceron dyskredytuje swojego politycznego przeciwnika, Lucjusza Sergiusza Katylinę, ujawnia jego spisek i winę.

[273] Chodzi o Lilkę Pietraszek.

jak Cię odwiozłem do Kruka, pomyśl sobie, jak czas leci. Był to piękny słoneczny dzień i bardzo mnie bawiło załatwianie przez Ciebie sprawunków na Chmielnej, tylko obiad był przykry – ale droga cudna. Słusznie wtedy powiedziałem do Szymka, ile razy będziemy jechali tą drogą! Rzeczywiście. Ostatni powrót był doskonały i nic nie zapowiadało, że samochód wysiądzie – okazało się, że to jednak wszystko ten przeklęty akumulator, z którym nie można dojść do ładu. Szymon jutro zabierze go do Warszawy i znowu trzeba będzie wszystko da capo robić i oczywiście znowu forsę bulić.

Po telefonie: Byłem bardzo szczęśliwy, słysząc Twój głos, ale martwiłem się, że musiałeś wyjść do portierni na taką psią pogodę. Niepokoję się o Twoje zdrowie, wydawałeś mi się mocno schrypnięty. Chciałbym bardzo przyjechać do Ciebie we wtorek, ale nie wiem, jak będzie z samochodem. (Cholera z tym piórem, zaczyna systematycznie robić kleksy!)*. Zadepeszuję jeszcze do Ciebie. Jeżeli uważasz, że lepiej wynająć osobne pokoje dla mnie i dla Szymka, to zrób tak. Może mi się to opłaci? Jak myślisz? „Wszystko jak chcesz" – jak mówi pani Hańska do Balzaca. Strasznie jestem przejęty tym wszystkim, moim ewentualnym wyjazdem, rozstaniem z Tobą – wszystkim, co możesz narobić przez czas mojej nieobecności. Pamiętasz, co powiedziałem: coś jesteś za rozsądny, przygotowujesz jakąś wielką rozróbkę! No, dosyć już tego listu i tego gadania, trzeba jeszcze i o innych rzeczach pomyśleć! Ściskam Cię mocno i serdecznie. Jakoś niezadowolony jesteś z mojego pierwszego listu po rozstaniu. Co Ci się w nim nie podobało? Jak potwornie leje, jeżeli tak będzie lało w przyszłym tygodniu, to nie przyjadę. Do widzenia, żona kazała Ci się kłaniać –

Twój
Foka Balon

*[na wysokości tego zdania kleks].

117

15 X [1958], wieczór

Mój drogi!

Brak wiadomości od Ciebie, brak telefonu (rano i wieczorem) jest czymś przerażającym, prawie nie do wytrzymania. Nie wiem, czy to rozumiesz – pewnie nie – ale moje nerwy są naprężone do ostateczności i przez cały dzień ani jednej chwili, abym nie myślał o Tobie. To straszne. Zupełnie, ale to zupełnie takie samo uczucie, jak gdyby mnie przez cały dzień bolał ząb. Ból nie ustaje ani na chwilę, choć pozornie rozmawiam z kolegami w redakcji, czytam nowe numery tygodników czy też składam kondolencje w Ambasadzie Czechosłowackiej. Do tych spraw – że nie chcesz mnie znać, że Ci się znudziłem, że masz coś atrakcyjniejszego – dołącza się także moment niepokoju. Doktor Pluskwik telefonował dziś rano i chciał, abym się z Tobą porozumiał. Sudzicki zadzwonił, ale stary dozorca powiedział: „nikogo nimo, dozorca sam" i odłożył słuchawkę. Zaniepokoiłem się nie na żarty, czy nie zachorowałeś? A może masz jakieś przykrości? A może coś poważnego, a może Piotruś chory. Dlaczego nie dajesz mi znać? Widzisz, kiedy się zobaczymy, będę udawał, że to wszystko mnie nie obchodziło, i tylko dlatego szczerze tutaj o tym piszę, że wiem, że Ty czytać tego nie będziesz – albo będziesz czytał bardzo nieprędko. I tylko jak jakaś radość sprzed stu lat brzmi Twój przedwczorajszy głos w telefonie, daleki, ukochany głos o tak przedziwnej barwie. Wydaje się niemożliwym szczęściem sprzed stu lat, a to nawet nie ma jeszcze stu godzin. Ale każda godzina to 60 minut męki, czekania, myśli. Zupełnie, ale to zupełnie zwariowałem. Próbuję sobie tłumaczyć i już nawet wytłumaczyłbym sobie: co Cię obchodzi ten obcy człowiek, który ma swoje życie, swoje sprawy, swoje losy i swoje interesy? Co Cię obchodzi ta prowincjonalna piękność, „najlepszy tancerz w całym powiecie?". I tak sobie to powtarzam – i nawet sobie to wszystko wyperswaduję – tylko nagle ściska mnie w piersiach i mam uczucie umierania, jak ten koń, co przyzwyczaił się do niejedzenia. Ależ oczywiście: pracuję – czytam – rozmawiam. Tylko pisać mi trudno, chyba te fikcyjne listy. I znowu mam to uczucie: pisać byle bzdurę, byle co – aby się tylko nie odrywać od papieru, to znaczy nie przerywać mówienia do Ciebie. A potem oglądanie zawsze tych samych fotografii i potem sen. Ciężki, trudny, przerywany spotkaniami z Tobą w sennych krainach zaświatów. Jesteś tam czasami twardy jak ten świerk, który wczoraj całowałem, a czasem nieuchwytny jak mgła. Nieuchwytny, jak każdy inny człowiek, nieuchwytny jak wszystko, co kiedykolwiek kochałem, nieuchwytny jak mgła, która w tej chwili zbiera się za oknami...

Całuję Ciebie raz, ale mocno, myślę o Tobie bez żadnej przerwy –

J.

118

XXV

Stawisko, 16 X [19]58

Synku mój kochany! Zaczynają mi się nie podobać fiki-miki z naszymi listami, jak w Rabce! Ty dostałeś tylko jeden list – a do środy powinieneś był dostać trzy, ja dostałem dzisiaj Twój list wczorajszy, ale karty, o której mówiłeś i którą zapewne napisałeś w poniedziałek, wcale nie dostałem. Czy to taka zielona karta z tych kopertek, co Ci dałem? Twój list bardzo mnie wzruszył, poruszasz w nim mnóstwo spraw. A i ja mam Ci mnóstwo konkretnych rzeczy do doniesienia. Przede wszystkim nie pamiętam, jaki był ten list, który otrzymałeś – i dlaczego miał być pogodny i wesoły? Oczywiście to jest jasne, wyjechałem tym razem z Alisina <u>przekonany</u>, to znaczy nie mam żadnych wątpliwości, co do Ciebie, i nie mam najrozmaitszych świadomych czy nieświadomych podejrzeń. Mój stosunek do Ciebie niewątpliwie oczyścił się i wyklarował – może dlatego i list był pogodny, i nie mam w duszy burz – i w domu jestem miły, cierpliwy i raczej wesoły. Jesteśmy ogromnie związani z sobą – i teraz jestem pewien, że to powiązanie zostanie, nawet kiedy przyjdą inne powiązania dla Ciebie – i że to będzie trwało wszystko, jak długo będziesz chciał albo jak długo los będzie chciał. Oczywiście jeszcze będzie mnóstwo burz i wahań – ale w tej chwili jasno na niebie i żeby nie ta okropna tęsknota do Ciebie – to byłbym naprawdę szczęśliwy. Zresztą nie tylko to mnie niepokoi, niepokoją mnie pewne nieuniknione objawy starzenia się, które przychodzą akurat nie w porę. Mój drogi, pamiętaj także o tym, że na razie nieskromną rolę w moim życiu spełniasz, ale bardzo dużą, jestem tak bardzo napełniony Twoją istotą, potrzebny mi jesteś do życia i do twórczości, pamiętaj zawsze o tym – i niech to Ci także, obok innych bodźców, pomoże przetrwać ten okres sanatoryjny. Przykro mi jest, że Ci trudno się wdrażać w jakieś ramki, że czujesz się, jakbyś się budził ze snu. Doskonale rozumiem ten stan Twój, ale jednocześnie widzę, że go przezwyciężasz; na tym polega Twoja „dorosłość", o której tyle ostatnio mówiłem, Twój rozsądek, którego się obawiałem, jednym słowem Twoje dojrzewanie, którego oznaki bezspornie odnajduję w Tobie. Poważniejesz, bo życie dobrze się po Tobie przejechało, i zobaczyłeś, że się nie wykpisz byle czym. Cieszy mnie, że i ja odgrywam jakąś rolę w Twoim życiu, że przywiązałeś się do mnie. „Ja o tym wiem". I to jest jedną z wielkich radości moich starych lat.

 Teraz sprawy konkretne. Niestety, wszystko mi się plącze i nie układa w sposób zgoła niemożliwy: wszystkie daty nakładają się jedna na drugą i w ogóle nie umiem sobie poradzić z rozkładem najbliższych tygodni. Dziś przyszła depesza z Rzymu, że premiera w Mediolanie jest 29 października, wcześniej niż rachunkowaliśmy – wobec tego będę musiał jechać do Włoch przed Niemcami, co mnie bardzo nie urządza – raz. Teraz nie wiem, jak i kiedy przyjechać do Ciebie. Bo jest jednocześnie przekazywanie dzierżawy, posiedzenie państwowej komisji wyborczej, wizyta Stefana

Spendera²⁷⁴, wizyta Korniejczuka i Wasilewskiej²⁷⁵, sprawa Szymka²⁷⁶ (22!) i to wszystko w pierwszych dniach przyszłego tygodnia. A w końcu tygodnia już trzeba wyjechać, o ile się chce zatrzymać jeszcze po drodze w Wiedniu. Wszystko mi się w głowie kiełbasi i nie umiem się na nic zdecydować. Oczywiście jeszcze nie mam ani wiz, ani dewiz, ani paszportu – jednym słowem wszystko do luftu. Rozumiesz, że nie mogę Ci nic określonego powiedzieć. Tak też i będę depeszować jutro – nic nie załatwiaj u Wilamowskich, przyjedziemy, to gdzieś przenocujemy, a może wcale nie przenocujemy, bo się to nie opłaca! Wrócimy tego samego dnia – a może przyjadę z Kuświkiem, nie z Szymkiem, to mi też może trochę ułatwi sprawę, bo będę mógł się nie oglądać na rozprawę Szymona.

Jeżeli chodzi o Twój przyjazd na 30, to uważam, że nie powinieneś się zrywać z Kruka, a Halina z Rudki. Zwłaszcza wyjazd Haliny jest niewskazany, ją ta cała sprawa rozwodowa więcej kosztuje niż Ciebie (może?), a w każdym razie kosztuje bardzo dużo nerwów, a przyjazd do domu i do dzieci, gdzie ta stara baba zawraca jej głowę wykańcza ostatecznie. Ostatecznie nie zależy Ci na tym rozwodzie natychmiast, bo go nie potrzebujesz. Chyba? Chciałbym jeszcze z Tobą o tym wszystkim porozmawiać bardziej szczegółowo – no, i chciałbym wiedzieć, jakie jest zdanie Burakowskiego i jego stosunek do Twojego wyrywania się ciągle z rygorów sanatorium. Kochany, przypuszczam, że w najbliższych dniach będę piekielnie zajęty i nie będę miał czasu na pisanie listu, w sobotę zadepeszuję do Ciebie, a w niedzielę pod wieczór będę czekał na Twój telefon. Tymczasem do widzenia, do widzenia, „Досвидания – здравствуйте –"²⁷⁷. Trochę mnie zdenerwowa-

---

[274] Stephen Spender (1909–1995) – angielski poeta i prozaik oraz tłumacz poezji Rilkego i Lorki. Jako uczestnik Stowarzyszenia Kultury Europejskiej oraz redaktor pisma literackiego „Encounter" wielokrotnie spotykał się z Iwaszkiewiczem.

[275] Małżeństwo, podobnie jak Iwaszkiewicz, działało w Światowej Radzie Pokoju. Utrzymywali stosunki towarzyskie z Iwaszkiewiczami.

[276] Mowa o sprawie sądowej Szymona Piotrowskiego.

[277] *Досвидания – здравствуйте* (ros.) – do widzenia, dzień dobry.

ły ostatnie dni, a zwłaszcza że bardzo kiepsko czuję się po wódce. To po co ja nie palę papierosów?

Całuję Cię
Balon

119

[List pisany na karcie z II Światowego Kongresu Obrońców Pokoju[278]. W lewym górnym rogu – logo wydarzenia. W prawym roku nazwa wydarzenia zapisana w 7 wersjach językowych (francuski, angielski, rosyjski, polski, włoski, hiszpański, niemiecki)].

~~Dom Słowa Polskiego~~[przekreślone odręcznie]
Warszawa, 17 października 1958

XXVI

Moje dziecko kochane! Niestety ten mój list nie będzie ani pogodny, ani tym bardziej wesoły, bo jestem bardzo zdenerwowany z tysiącznych powodów. Oczywiście zasadniczy powód to okropna pogoda i podkład wilgoci, dzięki któremu odczuwam ostre bóle ręki i trudno mi jest pisać – i to właśnie prawa ręka mnie boli. Druga sprawa, która mnie irytuje, to jest sprawa mojego wyjazdu, widzę coś, że kręcą z moim paszportem – i co tydzień mi mówią, że będzie komisja, która ostatecznie ten wyjazd zadecyduje i później znowu wszystko od początku. Ostatni raz dzisiaj byłem w Ministerstwie Kultury, a jeżeli nie, no to nie, mam ich w dupie. Wcale się nie palę do wyjazdu, tylko przykro mi ze względu na żonę, która już się wybierała jak czajki za morze. Nie palę się do wyjazdu, co przyznam Ci się, byłoby mi bardzo trudno rozstać się z Tobą teraz i nie mieć tej możliwości każdorazowej dojazdu do

---

[278] II Światowy Kongres Obrońców Pokoju odbył się w dniach 16–21 listopada 1950 roku w Warszawie. Przypadkowa kartka, bez związku z treścią listu.

Ciebie, kiedy mi się zechce czy kiedy będę mógł. Bardzo tęsknię do Ciebie w ostatnich dniach i po prostu wyobrazić sobie nie mogę, że nie będę Cię widział przez czas dłuższy, widywanie się z Tobą i rozmowy z Tobą stały się dla mnie nałogiem, bez nich jak bez papierosów. A właśnie dzisiaj wstępuję w trzeci tydzień niepalenia i bardzo się czuję zdenerwowany z powodu braku papierosa. Twierdzę mojej żonie, że to specjalnie mi szkodzi i że więcej mi szkodzi niepalenie, niżby miało zaszkodzić palenie.

18. [10.1958], z rana

Przyszedł do mnie wczoraj Wiesiek i poszliśmy na „Popiół i diament"[279] (przedtem byłem u literatów na cocktailu dla Stefana Spendera, poety angielskiego) – bardzo mi się ten film podobał, a na Wieśku zrobił wręcz wstrząsające wrażenie. Chciałbym, żebyś Ty to zobaczył, trochę to jest i o Twoim pokoleniu – i bardzo tragiczne, znakomicie grane, Zbyszek Cybulski[280] jest znakomity, Ewa Krzyżewska[281] (córka mojego długoletniego przyjaciela) śliczna i w ogóle wspaniały film. A przed nim dają kolorową krót-

---

[279] *Popiół i diament* (1958) – polski dramat filmowy w reżyserii Andrzeja Wajdy, zrealizowany na podstawie powieści Jerzego Andrzejewskiego pod tym samym tytułem.

[280] Zbigniew Cybulski (1927–1967) – polski aktor teatralny i filmowy. Jego kreacja Maćka Chełmickiego w filmie *Popiół i diament* przyniosła mu opinię jednego z najwybitniejszych i najpopularniejszych aktorów powojennej Polski.

[281] Ewa Krzyżewska (1939–2003) – polska aktorka, córka Juliusza Krzyżewskiego i Marii z Piotrowskich. Rodzice aktorki przyjaźnili się z Iwaszkiewiczami, wzięli udział w powstaniu warszawskim, podczas którego polegli. W swoim *Dzienniku* pod datą 18 października 1958 Iwaszkiewicz notuje: „Byłem wczoraj na filmie *Popiół i diament*. Zrobił na mnie wielkie wrażenie, ale nie o to mi chodzi. Wszystko w nim jest pomnożone przez fakt, że główną rolę kobiecą gra Ewa Krzyżewska, córka Julka. Tak sobie wyobrażam tego chłopaka, który trzydzieści lat temu jeździł ze mną kolejką z Komorowa do Warszawy. W kolejce było tak pusto jeszcze wtedy (i te mrozy!), żeśmy się wreszcie poznajomili – i potem zaczęła się ta niemożliwa przyjaźń. Był zupełnie narwany. I ta jego miłość do Marysi, i te listy do Kopenhagi jeszcze, a potem czasy okupacji i ostatni ich przyjazd na Stawisko przed samym powstaniem, już z małą Ewunią" – J. Iwaszkiewicz, *Dzienniki...*, s. 248.

kometrażówkę „Wesele na Bukowinie"[282], coś prześlicznego, kolorowy, w śniegu, z góralami – tyle mi się przypomniało z dawnych czasów i z ostatniego roku, zachciało mi się strasznie w góry i do górali, musimy pojechać właśnie na Bukowinę, ten filmik dostał I nagrodę w Brukseli na konkursie filmów folklorystycznych[283] i rzeczywiście zasługiwał na to. Po kinie poszliśmy z Wiesiem do Bristolu i tam zastaliśmy Jurka Gilskiego z takim radzieckim tłumaczem (Tarasiewiczem), którego bardzo lubię i którego znam od 10 lat, a który przegapił swój pociąg i niespodziewanie został na cały dzień w Warszawie. Oczywiście we czwórkę popiliśmy zdrowo, zresztą był bardzo miły wieczór. Ten Tarasiewicz sympatyczny chłopak. Z Gilskim zabawna historia, bo umówiliśmy się z nim przed dziesięciu dniami właśnie na wczoraj, ale on wczoraj zatelefonował, że dopiero dwa dni jak wstał z łóżka, że przeprasza, ale nie może: i przyłapałem go w tymże Bristolu, gdzieśmy się umówili. Bardzo był zawstydzony! Wyobraź sobie, jaka bieda u Szymka, brat jego jest w wojsku, jechali ciężarówką z pijanym szoferem, i walnął w drzewo, siedemnastu żołnierzy ciężko rannych, rodzice Szymka jeździli tam, brat Szymka cały potłuczony, będzie musiał leżeć dwa do trzech miesięcy, leży na pasach zawieszony w powietrzu – Szymek był bardzo zdenerwowany wczoraj, bo spodziewał się najgorszych wiadomości. Tego szofera to powinno się rozstrzelać bez sądu.

Nie wiem, syneczku, czy Cię bawi, kiedy opisuję, gdzie byłem i co widziałem – czy też Ci jest przykro, bo zazdrościsz mi swobody poruszania się? Napisz mi szczerze. Ja sądzę, że raczej powinno Cię to bawić, bo wszędzie jestem z myślą o Tobie, wszędzie widzę Ciebie przy sobie – i tutaj na Szucha przypominam sobie wszystkie nasze rozmowy na tej kanapce, wszystkie <u>ważne</u> rzeczy życiowe tutaj mi komunikowałeś. Bardzo

---

[282] *Wesele w Bukowinie* (1958) – dokument w reżyserii Włodzimierza Borowika.
[283] Międzynarodowy Festiwal Filmów Turystycznych i Folklorystycznych – cykliczna impreza odbywająca się w Brukseli.

to przyjemnie tak patrzyć na tę kanapkę i przypominać sobie Ciebie! Chociaż te rzeczy, które mi tu mówiłeś, nie zawsze były przyjemne. Prawda?

    Moje dziecko, nic nie wiem, kiedy do Ciebie przyjadę, zależy to od sprawy Szymka, ale pewnie w czwartek. Gdyby Szymona posadzili do ciupy, to prosiłem Władka, żeby mnie powiózł. Tylko czy samochód będzie olrajt. Mocno Cię ściskam, do serca tulę, w łeb Twój łysiejący całuję – Twój

Foka Balon

[Dopisek na lewym marginesie]: Po wódce czuję się lepiej z nerwami.

[Na kolejnej stronie dopisek na lewym marginesie]: Czy otrzymujesz listy codziennie tak jak wysyłam?

120

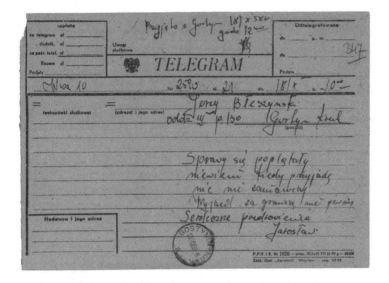

Sprawy się poplątały nie wiem
kiedy przyjadę nic nie zamawiaj.
Wyjazd za granicę niepewny.
Serdeczne pozdrowienia, Jarosław

Telegram z dnia 18 października 1958,
godz. 12.40

121

XXVII

19 X [19]58.

Syneczku mój najukochańszy! Tak się gniewam na samego siebie, że posłałem do Ciebie ten telegram głupio jakoś sformułowany, na pewno Cię to zirytowało i zdenerwowało, myślałem, że wczoraj wieczorem zatelefonujesz, żeby omówić te sprawy – pewnie dzisiaj dopiero będziesz dzwonił, a przez ten czas irytujesz się i martwisz. Dlaczego, właściwie mówiąc, Ty nie dzwonisz <u>co dzień</u>? Przecież ja bym pokrywał koszty tej przyjemności, a przynajmniej byś wiedział, co się dzieje. Z listami nie wiem jak postępować około niedzieli, bo chyba nawet gdybym rzucał list w niedzielę, to co poniedziałek nie będziesz go miał.

<u>Po telefonie</u>. Przyznam się, kochany, że bardzo mnie zdenerwował Twój telefon, oczywiście nie z Twojej winy. Przede wszystkim ta niemożność porozumiewania się: telefonu nie słychać, depesze chodzą jak listy, a listy giną. Miałem od Ciebie w tym tygodniu tylko jeden list – a myśl o tym, że depesza wysłana w sobotę rano przychodzi dopiero w poniedziałek, jest przerażająca. A gdyby to była depesza, że umieram i chcę Cię widzieć przed śmiercią? Właściwie mówiąc, jedyny sposób porozumiewania się z Tobą to jeżdżenie do Ciebie samochodem – ale to trudno jednak tak ciągle cyrkulować. Właściwie od tygodnia, to znaczy od powrotu do domu, nie mam od Ciebie solidnej wiadomości. No, miałem list, i bardzo miły i istotny, ale to dla mnie mało. Dzisiaj czekałem przez cały dzień na ten telefon, kręciłem się z biciem serca koło słuchawki, a potem nie można się dogadać i trzeba przerywać. Najbardziej mnie niepokoi fakt, że z początku, zaraz po Twoim zakwaterowaniu się w sanatorium, listy chodziły jak w zegarku. A pamiętasz Twój pierwszy telefon? Słychać było jakbyś był w tym samym pokoju. Wyobraź sobie, że mam nagle dzisiaj wielkie kłopoty z żołądkiem, czy to wóda wypita z Wiesiem i z Gilskim, czy to ohydne jedzenie w Grandzie (w piątek), czy wszystko to razem tak mnie rozstroiło, że muszę

ciągle biegać. To dobrze, że mnie to nie spotkało w Elizinie, bo byłoby to trochę bardziej skomplikowane. Przy tym mam dotkliwy ból wątroby, muszę nic nie jeść – a tu jak na złość byli dzisiaj goście, a jutro muszę iść do tej ambasady, którą mijaliśmy, jadąc do meliny – i to z samego rana na jakieś żarcie i picie! Czuję się pod zdechłym medorkiem – na dobitkę ujrzałem dziś wieczorem u Teresy jej amanta[284], dla którego ona rozstaje się z mężem. Coś tak okropnego, jakieś chamisko z nieprawdziwego zdarzenia. Jak do naszego brzegu co przypłynie, to albo trzaska, albo gówno. Naprawdę córki „największego" domu w Polsce mogłyby mieć trochę bardziej udanych mężów. Pierwszy mąż[285] Marysi, na którego narzekaliśmy w swoim czasie, wydaje się dzisiaj szczytem lordostwa. Możesz sobie wyobrazić, jak mnie szalenie przygnębia sytuacja Teresy, ten cały jej głupi rozwód, złe postępowanie jej męża (któremu się zresztą nie bardzo dziwię) i ten cały galimatias, który ona sobie bierze na głowę – i nie umie absolutnie rozwiązać. Moje córki jak moje siostry są zupełnie w sprawach życiowych – nie umieją układać sobie życia, tak aby było choć trochę znośne. Teresa zawsze otacza się smarkaterią, najwięksi przyjaciele to Wiesio i Stasio Kępińscy[286], i jakieś okropne typy zawsze się u niej widzi. Ach, mój drogi, naprawdę my z moją żoną zasługiwalibyśmy na mniej kłopotów chociażby pod tym względem.

---

[284] Wojciech Suda – drugi mąż Teresy, młodszej córki Iwaszkiewiczów (ślub w maju 1961 w Zakopanem). Pracownik wydawnictwa Wiedza Powszechna.

[285] Stanisław Włodek (1918–2005) – pierwszy mąż Marii (w latach 1944–1951), starszej córki Iwaszkiewiczów. Grywał w filmach, następnie zajął się sztuką kulinarną (wraz z Marią jest autorem książek kucharskich przepisami z różnych krajów).

[286] Stanisław Kępiński (ur. 1926) – starszy brat Wiesława. W pierwszych latach okupacji został wywieziony do Niemiec. Po powrocie do Polski nie mógł znaleźć stałego zatrudnienia i lokum. Na prośbę Wiesława w 1951 roku przyjęty na Stawisko jako pracownik z pensją, mieszkaniem i wyżywieniem.

Dzisiaj dzień bardzo przeładowany, byli na obiedzie Wanda z mężem[287], Zygmunt Myc[288] i Żukrowski[289], było znośnie, choć trudno pod względem towarzyskim, obiad był bardzo skromny, ale dobry. Za to z trunkami był kłopot – bo czerwone wino (takie samo, jakie piliśmy w Elizinie) kupione wczoraj przez Szymka – wybuchło, takie było sfermentowane i zepsute. Poza tym Marysi ktoś wpakował jako prawdziwą starkę straszny bimber, a do pieczarek omylili się i podali słodką „benedyktynkę". Widzisz, jakie kłopoty ma wielki pisarz polski. Teraz wieczorem byliśmy u Teresy, gdzie jest kilku jej znajomych, ale mówię Ci, to wygląda jak makabra. Jutro mam dzień piekielny: 9 rozmowa z dzierżawcami i młodym małżeństwem, 11 ambasada, 13 wizyta w redakcji Stefana Spendera, 16 posiedzenie jury konkursu na powieść, 20 posiedzenie państwowej komisji wyborczej. I gdzież tu miejsce – już nie na życie, ale na myśl jakąś, czy zastanowienie się. Oczywiście jutro nie będę miał czasu napisać do Ciebie listu, ale myślę, że we wtorek jakoś dogadamy się przez telefon. Szymek wczoraj miał porządną grypę i nie wiem, czy jutro przyjdzie, ale jeżeli nie będę miał samochodu i to wszystko będę musiał robić na piechtę – ewentualnie z szukaniem taksówki – to możesz sobie wyobrazić, jak będę wyglądał. Do całego zdenerwowania dochodzi jeszcze

---

[287] Prawdopodobnie Wanda Wasilewska i Ołeksandr Korniejczuk.

[288] Zygmunt Mycielski (1907–1987) – polski kompozytor, publicysta, pisarz i krytyk muzyczny. Przyjaciel Iwaszkiewiczów. W lutym i marcu 1951, ze względu na trudności ze zmianą mieszkania, pomieszkiwał na Stawisku. Skomponował pieśń na głos i fortepian *Brzezina* – do słów Iwaszkiewicza. Iwaszkiewicz napisał libretto do jego baletu *Zabawa w Lipinach*.

[289] Wojciech Żukrowski (1916–2000) – prozaik, autor książek dla dzieci i młodzieży. W 1953 roku wyjechał na stałe do Chin, a pod koniec tego roku jako korespondent wojenny do Wietnamu, gdzie przebywał do 1954 roku. W latach 1956–1959 pełnił funkcję radcy do spraw kultury w Ambasadzie PRL w Indiach. Iwaszkiewicz pisze o nim 14 września 1958: „Ogromnie lubię tego człowieka – od zawsze. Poznałem go w 1945 roku. Ma on tę rzecz, którą dość rzadko się spotyka: łatwo jest z nim nawiązać kontakt. Czuję się z nim zawsze jak u siebie w domu, chociaż on ma w głowie «nie wszystko po porządku» i trochę blaguje. Ale to, co mnie zasadniczo zniechęca do blagierów, u niego mnie nie razi. Jest i mądry, i dziwaczny, i nieoczekiwany" – J. Iwaszkiewicz, *Dzienniki…*, s. 244.

sprawa wyjazdu, który nagle z zupełnie pewnego stanął pod znakiem zapytania. Ja bym się o to nie gniewał, i tak wolałbym pojechać za granicę na wiosnę (i jak będę miał więcej forsy), ale moja żona już się tak przygotowała do tego wyjazdu, przykro mi będzie, kiedy wszystko spali na panewce. A przy tym nasłuchałem się niemało. Widzisz, piszę Ci tylko o tych zmartwieniach i kłopotach, niepotrzebnie zresztą, bo Ty masz dosyć swoich – ale nawet nie wiem, w jakim stanie nerwów (ducha) jesteś, bo ani listów od Ciebie nie mam, ani z dzisiejszej rozmowy nic nie mogłem wywnioskować. W każdym bądź razie niepotrzebnie zaprzątam Ci głowę swoimi niewesołymi sprawami, lepiej by Ci napisać było jakiś wierszyk albo żarcik, opowiedzieć jakąś anegdotę! Wczoraj minął tydzień, jakeś mówił: jedziesz sobie, jedziesz sobie! Jakby to była moja wina, że musiałem jechać precz! Moje dziecko, od tej chwili tęsknię do nieprzytomności, właściwie mówiąc, nic nie czuję naprawdę i jestem jak gdyby zwinięty w gruby kokon, o który obijają się wszystkie strzały losu, wrażenia dnia, wszystko, co ludzie do mnie mówią. Cudowna tęcza dzisiaj była nad Stawiskiem, olbrzymia i bardzo intensywna w barwie, podwojona znakomicie. I oto pod tą tęczą wyobrażałem sobie Ciebie lecącego na jakichś ptakach czy skrzydlatych wozach – schodziłeś ku mnie jak archanioł – bo przecie jesteś piękny jak archanioł. Plotę duby smalone, ale chciałbym, abyś trochę zdawał sobie sprawę z moich odczuwań – jak daleko jestem od rzeczywistości, jak nie mogę się przejąć naprawdę niczym – jak przed dwoma miesiącami tylko Balzakiem i Tobą, tak teraz tylko Tobą i sprawą Teresy. Oczywiście moja żona obwinia teraz mnie, że nie umiałem wpływać na córki umoralniająco. Oczywiście, że nie wpływałem, ale pytanie, czy mogłem? Nie mówmy już o tym wszystkim, kochany. Zagadnienia moralne to nie jest ani moja, ani Twoja specjalność, zostawmy to innym, żyjmy po prostu. Czekam, czy jutro może dostanę list od Ciebie, może wreszcie coś dojdzie – strasznie chcę przyjechać do Kruku, ale straszno mi, że to może będzie ostatnie nasze spotkanie przed moim wyjazdem i że nie zdołamy <u>wszystkiego</u> omówić do końca. A znowu nie chcę spisywać planu rozmów, bo to wygląda śmiesznie i pedantycznie. Kupiłem Ci taki sam papier jak ten, na którym piszę, i jutro Ci wyślę. Szkoda trochę, że kupiłeś sobie drugi sweter podobny do pierwszego. Chciałem, żebyś miał gruby, jednokolorowy i z golfem. Całuję Cię mocno i do serca tulę, chciałbym to zrobić osobiście! Telefonuj jak najczęściej – Twój

FB

122

Wtorek, 21 paźdz[iernika], 1958]
z rana, w łóżku

Drogi przyjacielu! Przed chwilą dostałem Twoją kartę pisaną wczoraj (dlaczego inne listy nie doszły? Pewnie ich wcale nie pisałeś?). Z Tobą rzeczywiście nigdy się człowiek nie znudzi! Ciągle coś nowego i przeraźliwego! Zupełny jesteś gałgan i idiota. Tak sobie samemu wszystko psuć. Tylko jednego mnie nie potrafisz od siebie odpędzić, bo ja jestem jak pies, im więcej się go bije, tym bardziej macha ogonem. Co się z Tobą dzieje? Co Ty wypisujesz? Masz żonę, do której możesz wrócić, masz dzieci, masz kobietę, która mówi, że Ciebie kocha, masz starego przyjaciela, który Cię ubóstwia i psuje jak rozkapryszone dziecko – i raptem trach, wszystko nie ma sensu, wszystko niedobre i nie wiesz „gdzie iść". A, niech Cię piorun strzeli! Wszystko dlatego, że posprzeczałeś się z Lilką. Chyba to jest nie pierwszy raz? I nim ten mój list do Ciebie dojdzie, na pewno już będziesz miał list od niej albo telefon. (Przynajmniej tak byłoby ze mną – prawda?). Drogi, kochany, leciałbym do Ciebie na skrzydłach, aby powiedzieć ustnie to, co chcę napisać, bo to zawsze lepiej działa i bardziej przemawia – ale wyobraź sobie, jestem chory, wczoraj miałem piekielny dzień, bo ząb mnie bolał, rozwolnienie takie, że lało się ze mnie wiadrami jak woda, i byłem zajęty od 9 rano do 10 wieczorem bez przerwy, coś okropnego. Dzisiaj rozwolnienie w dalszym ciągu (już trzeci dzień) i leżę w łóżku, nic nie jedząc – jestem osłabiony i nie ma mowy o jechaniu do Ciebie, Szymek ma grypę i sprawę! Dwie rzeczy, które go mocno absorbują – a jeżeli go po rozprawie wsadzą do ciupy, to jak dalej będzie – nie wiadomo. Samochód działa jako tako – na razie klakson wysiadł – i akumulator cudzy, nowy będzie jutro – jednym słowem same bidy. Zresztą wyłożę Ci to wszystko za parę godzin telefonicznie, o ile będziesz słyszał. Najważniejsze, że premiera w Mediolanie odłożona do 15 listopada, nie potrzebuję się więc spieszyć z wyjazdem.

Zdążę przyjechać do Ciebie, bylebyś tylko siedział na miejscu cierpliwie. W głowę zachodzę, co mogło być między Tobą a Lilką takiego, abyście się tak pokłócili!! A nie mówiłem, że się bardzo boję, kiedy jesteś taki rozsądny, bo wtedy zawsze narozrabiasz. I rzeczywiście!

Widzisz listy to niedobra rzecz, bo ten mój jest odpowiedzią na Twoją pesymistyczną kartkę – staram Ci się wyperswadować różne rzeczy – a to pisanie zastanie Cię już w zupełnie innym nastroju, bo przecież one zmieniają się u Ciebie z każdym powiewem wiatru, te nastroje, i będziesz się podśmiewywał ze wszystkiego, co Ci tutaj piszę. Mój wczorajszy piekielny dzień i moja choroba tak mnie wyczerpały, że z trudnością kreślę te wyrazy i nie bardzo umiem wykrzesać z siebie jakąś rozsądną myśl. Zadziwiające, jak te sprawy mają wpływ na mózg, który jakoś ani rusz nie może się poruszać, kiedy nie jest dobrze nakarmiony. Dobrze, że chociaż dziś jest trochę słońca, które pada na moje łoże boleści – i pomaga w otrząśnięciu się z apatii, w którą mnie wprawia ból zęba, ból wątroby (silny) i biegunka. Toteż oczywiście moje słowa pociechy czy otuchy zwrócone do Ciebie brzmią blado, ale wierz mi, że tak naprawdę myślę, że nie rozumiem po części Twoich rozczarowań. Poczekaj cierpliwie, aż ja wrócę z zagranicy, porzucisz wtedy Kruka i wszystkie rzeczy jakie jego są, pojedziemy sobie w góry, pogodzisz się z Lilką, będziesz pracował i uczył się, Piotruś zaprzyjaźni się z Adasiem[290] i wszystko

---

[290] Adam Pietraszek – syn Lilki i Henryka Pietraszków. Prawdopodobnie nazwany na pamiątkę starszego brata Henryka, Adama Pietraszka, który zginął tuż po wojnie trafiony zbłąkaną kulą.

będzie dobrze. Na moim grobie będą kwitły tulipany, a potem akacje, i raz na rok przyjdziesz tam z Lilką i powiesz: „wiesz, chyba ten Jarosław nie był złym człowiekiem. Trochę głupi, tak, ale...". No, nie? Nie będzie tak.

Zjadłem trochę kleiku i chce mi się śmiertelnie spać. Przyjechał doktor Częścik i zbudził mnie, powiedział mi, że jestem zdrów jak ryba, pomacał trochę i znowu poleciał do Warszawy (miał być o 2 w ubezpieczalni – a jest 2, a on tu sterczy) – zapisał mi jakieś świństwo i na tym koniec.

Przeczytałem ten list i widzę, że bardzo głupi. Przepraszam Cię za to, ale całuję Cię mocno, tulę się do Ciebie, czoło Twe żegnam – chcę wyrazić Ci we wszelki możliwy (i niemożliwy) sposób moje dla Ciebie uczucia. I chciałbym, aby te uczucia wlały w Twoje serce trochę wiary w życie i we własne przeznaczenie, w to wszystko, o czym jeszcze niedawno, bo w poprzednim liście tak do mnie pisałeś. Naprawdę, moje dziecko, to, co nas łączy, to jest ważna sprawa i nie można tego zbywać byle czym. A poza tym na pewno wszystko się naprawi, tylko nie zacinaj się jak kozioł, już niejedno swoim uporem zmarnowałeś.

Chcę, żeby ten list zaraz poszedł, może dojdzie do Ciebie w porę – i nie będzie błąkał się tyle. Twoja kartka przyszła nazajutrz! Kończę więc w pośpiechu – całując Cię mocno i wzywając do rozsądku. Kochany, drogi, miły – naprawdę nie można być starą histeryczką. Pamiętaj zawsze, że jesteś dżentelmenem –

Do widzenia
Foka

123

22 X [19]58

Syny moje najdroższe! Straciłem już numerację listów, daty i wszystko – straciłem głowę po prostu, wiedząc, co się z Tobą dzieje, i nie mogąc polecieć do Ciebie. Wczoraj w telefonie wydałeś mi się zły i gorzki, jak w „zły czwartek", wieczorem, w dzień wyjazdu Lilki z Warszawy. Jak wtedy, tak i teraz moja pomoc niewiele by wskórała, ale zawsze chciałbym być przy Tobie, nawet zachowując się „jak niedźwiedź". Mimo wszystko myślę, że moje słowa, moja obecność nawet, coś by znaczyły dla Ciebie. Niestety, muszę się ograniczyć tylko tą pisaniną, zdając sobie sprawę, że to jest dla Ciebie zupełnie niewystarczająca pomoc. Rozumiem wszystkie Twoje rozczarowania, ale niestety nie ma na nie innego sposobu jak cierpliwość, której Ci co prawda nie brakuje, ale od czasu do czasu wyczerpuje Ci się ona i trzeba nakładać nowy akumulator, zupełnie jak w samochodzie. Syneczku i przyjacielu, mój kochany, bądź cierpliwy, wszystko się ułoży, Ty mój miły i drogi. Tak bym chciał Cię przytulić do serca, gdzie naprawdę mógłbyś odnaleźć spokój i sen, i wszystko. Ja mam bardzo wielkie zmartwienia z córkami, ale nic Ci już o tym nie piszę, bo po co mam Cię zajmować smutnymi cudzymi sprawami. Masz swoich dosyć, a ja mam swoje i Twoje, i nie jest to dla mnie źródłem zgryzoty, a raczej radości, że choć kłopoty Twoje z Tobą podzielam. Bywaj zdrów, kochany, do widzenia prędkiego. Cieszę się na 1 listopada. Zawsze Twój

Foka

124

Stawisko 23 X [19]58

Drogi przyjacielu! Widzenia się widzeniami, a listy listami. Chcę Ci parę słów odpisać w odpowiedzi na Twoją „zieloną kartę", którą dzisiaj z rana dostałem. Może nie będziemy mieli czasu jutro, aby o tym mówić. Piszesz w tej karcie, że ja rzadko mówię o swoich osobistych sprawach i kłopotach – i że teraz się u mnie to zmienia. Przyznam Ci się, że tego po prostu nie zauważyłem. Tak zawsze z Tobą szczerze i o wszystkim mówię, że nawet nie pomyślałem o tym, że może czegoś nie domawiam. Zresztą działał zapewne tutaj mój instynkt, który mi kazał nie absorbować Ciebie moimi sprawami i moimi kłopotami, skoro tak wiele sam masz smutków, zmartwień i zagadnień. Cóż by Ci z tego przyszło, żebyś wiedział, że oprócz Twoich zmartwień mam na głowie i moje własne – i to wcale nie najmniejszych rozmiarów. Widocznie sprawy te nabrzmiały u mnie i stały się już tak natrętne, że nie mogę ich trzymać pod kocem – i napisałem Ci o nich. Oczywiście nie piszę Ci wszystkiego, nie omawiam kłopotów pieniężnych albo spraw z dzierżawcami, nie mówię Ci o całości moich zmartwień z córkami i zięciami, nie opowiadam Ci o wszystkich trudnościach, jakie mam z usposobieniem dziecinnym i w gruncie rzeczy nienormalnym mojej żony; nie skarżę Ci się na kłopoty z Wiesiem[291] czy z Częścikiem. A przecież, gdzie rzucisz kamieniem, wszędzie trafisz na jakąś moją biedę czy kłopot – i nie ma żadnych specjalnie jasnych momentów. Nawet cała nasza przyjaźń, którą uważam za zjawisko w moim życiu pozytywne, nie przynosi mi tyle radości, ile mogłaby, a to ze względu nie tylko na Twoją chorobę, ale i na Twój charakter trudny w obcowaniu i ze względu na Twoje kłopoty małżeńskie i niemałżeńskie, które znowu są dla mnie źródłem zmartwienia. W tej chwili jedyną pociechą w moich kłopotach mogłyby być moje sukcesy literackie, które są raczej duże. Ale niestety, nie mam wielkich ambicji na tym polu i sprawa ta jest mi prawie zupełnie obojętna – a już w żadnym razie nie może rekompensować tego wszystkiego, co mnie niepokoi. Tak mieszkam po prostu (i od tylu lat) w atmosferze kłopotu, biedy, strachu o najbliższych, że stało się to dla mnie codzienną strawą, powietrzem, którego nie zauważam – i dlatego może nie bawię tym innych, nawet tak mi bliskich jak Ty, ludzi. Chętnie Ci zresztą wszystkie moje biedy wyliczę – ale to chyba nie jest zajmujące.

Bardzo cenne są dla mnie Twoje ostatnie kartki, chociaż takie smutne. Mam wrażenie, że po moim pobycie w Elizinie jakoś się wyważyła cała nasza przyjaźń, dojrzała i uspokoiła się.

---

[291] Wiesław Kępiński skarżył się w tym czasie w listach do Iwaszkiewicza na problemy finansowe, które mocno rzutowały na jego samopoczucie. Iwaszkiewicz wspierał go materialnie.

Dobrze mi jest z tym uczuciem, pomimo wszystko – i chciałbym, żeby trwało jak najdłużej. Nie mam też tego lęku przed wyjazdem z Warszawy, jaki miałem, jadąc do Rabki – a zwłaszcza przed wyjazdem do Rosji. W obu wypadkach miałem zupełnie jasne powody – zresztą.

No, widzisz – list wyszedł całkiem teoretyczny bez żadnych konkretnych faktów. Tym lepiej!

Całuję Cię mocno –

Foka Balon

125

25X[19]58

(Tiutczew[292])
I choć ubywa w żyłach krwi,
Czułości w sercu nie ubywa…
Ostatnia już miłości – ty
I beznadziejna jesteś, i szczęśliwa.

Jeszcze, jeszcze mówić z Tobą. Tak przepełniony jestem wczorajszą wizytą (pomimo całej jej beznadziejności), że nie mogę się wstrzymać od pisania do Ciebie. Chce mi się bez końca mówić Tobie – o wszystkim i o niczym, tylko być przy Tobie wciąż, wciąż. Nigdy mi się jeszcze nie wydał tak piękny ten pejzaż między Łąckiem a Krukiem, te jeziora, lasy i chaty jakieś zapuszczone a bogate, te domki w brzozowych laskach. Jerzy, koniecznie zbudujmy ten domek, zróbmy wszystko, aby zrealizować to marzenie. Tak mało naszych marzeń się urzeczywistnia. Tak mało mamy z siebie nawzajem, tak się chce utrwalić nasze uczucia i myśli. Zbudujmy ten domek nad jeziorem, w brzozowym lasku, malutki domek, gdzieżby nam było spokojnie i daleko od wszystkiego, od

---

[292] Fiodor Tiutczew (1803–1873) – rosyjski poeta. Cytat jego fragmentem jego utworu *Ostatnia miłość* w przekładzie Juliana Tuwima.

Warszawy, Bydgoszczy i Stawiska. Bardzo kiepsko spałem dzisiaj w nocy – i nie pojechałem do Warszawy, myślałem tak dużo o Tobie. Bardzo się obawiam o Twoje flirty krukowskie[293], których jest więcej, niż mi oczywiście powiedziałeś. Całe Twoje życie trzeba zawsze zestawiać, składać z kawałków, zszywać z gałganków, zbierać ze słówek – dopiero takie zgromadzone powiedzonka i niechcący rzucone słówka zebrane do kupy rekonstruują Twoje życie codzienne. Nic dziwnego, że przychodzi tysiąc najrozmaitszych „wersji" i interpretacji, coraz to inaczej brzmi każde Twoje powiedzenie, pod które podkłada się rozmaite znaczenia. Wiecznie czarujesz, przemilczasz, zmieniasz tematy rozmów itd. Dlatego jesteś taki męczący i nikt długo z Tobą nie wytrzymuje, ale może dlatego jesteś taki zajmujący: powiadam, z Tobą się człowiek nie znudzi. Tak krótko byłem w Kruku tym razem i tak boleśnie mi było wyjeżdżać, i jeszcze na dobitkę trzech facetów obcych w samochodzie, nie mogłem z Szymkiem dwóch słów na Twój temat zamienić. Zresztą boję się z Szymkiem o Tobie rozmawiać, bo on widzi Ciebie prawdziwego, a ja widzę Ciebie jak w bajce, jak w legendzie, jako królewicza, jako Cygana, jako lorda, jako „mojego Jurka" – i nasze wyobrażenia o Tobie zderzają się boleśnie.

Nudno mi się zrobiło, nie pojechałem do Warszawy, mam dosyć, miałem w domu pracować – nie chcę! Fala lenistwa ogarnęła mnie wraz z jesiennym dniem, z wiatrem, z ciepłem w mieszkaniu (napalono!) i chciałbym tylko myśleć o Tobie, wspominać każdy Twój ruch, każdy uśmiech, każde Twoje słowo, każde powiedzenie. Wszystko pamiętam, wszystko, najdrobniejsze poruszenie powiek, całą gamę Twoich spojrzeń. Jesteś bardzo opanowany, w twarzy Twej żaden rys nie drgnie, ale nie oczy, oczy zdradzają Cię zawsze. Wzrok w kabinie Batorego, na szosie pod

---

[293] Flirty krukowskie – Błeszyński prowadził w sanatorium Kruk bujne życie towarzyskie.

Mińskiem[294] – wszystko pamiętam. Wczoraj też miałeś takie jedno spojrzenie – do zapamiętania. Słuchaj, Jerzy, nie rób mi jakich świństw, bo to już wszystko należy do historii, nie okaż się świnią wobec potomności, o to jedno Cię błagam, abyś na stronicach mojej biografii zjawiał się zawsze piękny i szlachetny, „mój Jurek" a nie bestia, z której będą drwili (a raczej ze mnie). Co ja wypisuję! Przebacz, nie gniewaj się, pamiętaj, wspominaj, przyjeżdżaj, uśmiechaj się, wzrusz ramionami, daj mi w mordę, wykopnij, poklep po plecach...

F.B.

[Dopisek na lewym marginesie]: Przypomnij mi, abym Ci opowiedział o „wielkim i małym życiu".

126

Piątek wieczorem,
31 X [19]58

Jurek! Ja się tak nie bawię. Siedzieć w domu i myśleć, że Ty jesteś w Warszawie, a ja Cię nie widzę – to męka, to okropność. Dlaczegośmy się tak urządzili? Jakie to niemądre. Nie mogę myśleć o niczym ani pracować, ani mówić – trochę słuchałem muzyki, ale mi się na płacz zbiera. Bardzo tęsknię do Ciebie. Całuję mocno i ręce Twoje ściskam

Jarosław

[Dopisek pod listem, zapis pionowy]: Słuchaj, Jerzy, to jest naprawdę coś bardzo wielkiego – ale i cielesne to jest też. Ach, żebyś Ty wiedział –

---

[294] Mińsk Mazowiecki. Z późniejszych listów wynika, że Iwaszkiewicz spotkał tam Błeszyńskiego jadącego na motorze z Lilką do Rudki, gdzie leczyła się jego żona, Halina.

127

Stawisko, sobota 1.XI. [1958]
zaraz po powrocie

Moje dziecko, nie wierzę ani jednemu Twojemu słowu, czego dowodem była dzika radość, z jaką odjechałeś z placu Unii, i to szczęście (prawdziwie męskie), jakie widzimy zawsze w oczach mężczyzny jadącego z kobietą w podróż... podróż, ileż w tym pojęciu jest erotyzmu, podniecenia, czegoś nowego – zobaczysz, jak pojedziemy do Paryża. Nie wierzę w nic, co mi mówiłeś, nawinęła się okazja, nagle zobaczyłeś, że kochasz Lilkę, że znowu możesz ją mieć (o tym „mieniu" pisałem w poprzednim liście) – no jednym słowem, jesteś mężczyzną, i to młodym mężczyzną, i to nie tylko takim, jakiego lubią kobiety, ale takim, który sam lubi kobiety. Czy mogę robić Tobie z tego zarzut? Wcale nie, mogę Ci tylko zazdrościć, bo całym nieszczęściem mojego życia jest to, że nie lubię kobiet. Zajechaliśmy przed dom (Szymek strasznie nerwowo reperował koło i poranił się podle w lewą rękę, w wielki palec!) i stanąłem tak w ciemnej, ciepłej ciszy przed domem, noc mnie ogarnęła i samotność. Mówiłem do siebie: po co ci to wszystko, stary? Na co ta męka, te smutki, rozpacz i rozczarowania – i te ubogie, niepełne radości? Porzuć to wszystko, do cholery, przejdź się samotnie po lesie – to najważniejsze, noc, drzewa, ptaki (te czarne cholery znowu zlatują się na noc do naszego lasu) – daj sobie spokój – on będzie dzisiaj szczęśliwy, radosny, on ciebie nie potrzebuje, on jest zupełnie zwyczajny, „jak z kobietą szczęsny w tej godzinie"[295] – jak mówi Rimbaud – to taki francuski poeta, wymawiaj Rębo.

Wszystko, co masz od niego, to ochłapy z pańskiego stołu – i za to powinieneś go całować w nogi, bo dobrze, że na ciebie spostrzega, jest młody, piękny, wesoły, normalny – jeżeli uśmiecha się do ciebie, to już powinno być Twoim największym szczęściem.

---

[295] Fragment wiersza *Wrażenie* Arthura Rimbauda, w: *Liryka francuska. Serya pierwsza*, wyd. J. Mortkowicz, Warszawa 1911, s. 86, tłum. Bronisława Ostrowska.

Jeżeli pozwala ci patrzeć na siebie, to już jest bardzo, ale to bardzo dużo. Powinieneś być mu wdzięczny za wszystko – nawet za to, że cię dręczy, czaruje, trajluje…". Tak sobie mówię, Ty mój stary gówniarzu, dziecinny, niemądry i kochany.

To bardzo okrutne z Twojej strony właśnie wtedy, kiedy się wszystko wyrównuje i uspokaja, wycinać takie sztuki. Myślałem, że naprawdę się uspokoiłeś, zreflektowałeś, wycofałeś – a potem na jedno mrugnięcie tej kobiety lecisz jak wariat, jak ćma do światła. Jesteś lekkoduch, gałgan, awanturnik, okropnik, rozbójnik, blagier, okrutnik, cynik, borsuk, rozpustnik, obłudnik, świnia, najmilszy, najdroższy, najobrzydliwszy – jedyny na świecie. Jakaż to szkoda, że jesteś taki, jaki jesteś, czemu nie jesteś mały, brzydki, trochę garbaty, kulawy, ospowaty, z kuprawymi oczami, z krostami na łysinie, ze śmierdzącymi nogami i zawszonym pępkiem – wtedy bym dopiero Ciebie kochał bez żadnych przeszkód. A tymczasem, bądź zdrów, niech Ci się przez całą noc śnią moje oczy, które Cię będą śledziły aż do świtania. Ach, Jerzy, Jerzy – co Ty wyrabiasz. Teraz naprawdę mogę się podpisać jako

Balon

128

Stawisko, 1XI[19]58
wieczorem

Drogi przyjacielu!

Zapewne nie orientujesz się, jak bardzo moja przyjaźń dla Ciebie wytrąca mnie z równowagi. Twój ostatni przyjazd był pod tym względem czymś rekordowym. Z początku była to frenetyczna radość, nieprzytomny byłem z tego powodu, cieszyłem się bardzo i szalałem – mimo piekielnego zmęczenia – zupełnie jakbym Cię pierwszy raz w Warszawie widział. Zakończenie Twego pobytu było niesławne – i właśnie kiedy osiągnąłem, jak Ci mówiłem, pewien spokój w stosunku do Ciebie – dało mi pałką po głowie.

Mogę je tylko porównać do wycieczki (mojej) do Mińska Mazowieckiego. Myślałem, że chwile takich zaskoczeń już się nie powtórzą. Chciałem Ci zwrócić uwagę na to, że takie wytrącenie z równowagi odbija się nie tylko na moim zdrowiu (to Ciebie nie bardzo obchodzi) – ale i na mojej pracy. W ciągu dnia wczorajszego i dzisiejszego miałem zrobić poważną robotę dla „Nowej Kultury"[296], która miała stanowić początek nowej książki. Oczywiście po ~~wczorajszej twojej~~ dzisiejszej naszej [przekreślone] rozmowie i po Twoim tak specyficznym wyjeździe mowy nie ma o tym, abym coś napisał. I to właśnie chciałem Ci powiedzieć: ja już nie mogę pozwolić sobie na luksus takich stosunków, które przyprawiają mnie o takie niepokoje i taką dezorganizację nie tylko życia mojego i mojej rodziny – ale nawet na dezorganizację pracy, która jest podstawą mojego bytu – i na razie Twojego. Gdy z perspektywy dzisiejszego dnia patrzę na naszą rozmowę – przykro mi przypominać wszystkie Twoje sofizmaty i wykręty, które miały tłumaczyć Twój wyjazd do Bydgoszczy. Nie myśl, że mi cokolwiek w tym względzie przetłumaczyłeś – co miałem robić? Myślę, że moje natychmiastowe pożegnanie meliny pod Flisakiem mogłoby doprowadzić do zerwania naszej znajomości, czego ja sobie nie życzę – na razie. Mówiłeś wielokrotnie, że z perspektywy paru miesięcy inaczej patrzy się na wszystkie rzeczy, inaczej patrzy się na Twoją wyprawę z Lilką do Rudki. Potakiwałem Ci, co do tego – ale nieszczerze. Tamta historia jest zawsze dla mnie przestrogą co do twojej lekkomyślności i co do <u>niedowierzania</u> Tobie, bo zawsze, za każdym Twoim czynem dobrym, za każdym uśmiechem, za każdym uściskiem dłoni, czyha coś nieobliczalnego, co mnie wystrycha na dudka. Tutaj właśnie także w tym Twoim wyjeździe do B[ydgoszczy] najbardziej mnie boli (tak, kochanie, boli, bo mnie to wszystko boli – jak uderzenia w odarte ze skóry miejsce ciała – boli, rozumiesz, boli) to owo wystrychnięcie

---

[296] „Nowa Kultura" – tygodnik społeczno-literacki wydawany w latach 1950–1963 w Warszawie. W latach 1950–1956 Iwaszkiewicz publikował w nim wiersze, prozę i recenzje.

mnie na dudka, robienie ze mnie balona. Prowadzenie mnie do Haliny[297], cała ta Twoja intryga, i potem to coś zrobił teraz – to naprawdę rzeczy nie do pogodzenia. Rozumiesz, że te rzeczy się sumują i że w pewnym momencie ja mam tego dosyć. Tych rzeczy w ten sposób się nie załatwia – oczywiście jeżeli chcesz, abym Cię uważał za coś w rodzaju przyjaciela. Mam także to wrażenie, iż Ty myślisz, że mnie można zrobić wszystko (nawet świństwo – przed którym się tak bronisz) i że ja wszystko zniosę cierpliwie. Otóż, bratku, nie. Wszystko do pewnego stopnia. Dopóty dzban wodę nosi, dopóki mu się ucho nie urwie. Wreszcie i moje ucho się urwie. Dosyć będę miał wszystkich Twoich szusów.

Powiedziałeś mi, że cieszysz się, że Ciebie zrozumiałem – i potem ze śmiechem pojechaliśmy na ten Waliców[298]. Ale chyba rozumiesz, że te śmiechy, chichy były nieszczere. Twój tryumfalny odjazd taksówką z uśmiechem pogardy i wyższości w stosunku do mnie był ukoronowaniem tej mojej bolesnej drogi. Widzisz – mogłeś to wszystko zrobić inaczej. Całą sprawę ukartowałeś w głowie już 15 września, kiedyśmy jechali pierwszy raz do Kruka – i wszystko, co robiłeś i mówiłeś potem, było tylko udawaniem przede mną. Trochę mi przykro odnajdywać w Tobie tyle fałszywych myśli, podstępnych kroków, taki brak szczerości. No, trudno, powinienem był się do tego już dawno przyzwyczaić. Powiadam Ci, rozumiem, że Cię można nienawidzić – za tego typu postępowanie. Wszystko, co mi dzisiaj powiedziałeś – było wykrętem. Nawet nie trzymało się kupy. Co znaczyło, że inicjatywa zerwania musi wyjść od Lilki i dlatego musisz jechać do Bydgoszczy? Co znaczyło powiedzenie, że musisz się porozumieć z rodziną Lilki i dlatego musisz jechać do Bydgoszczy? Co znaczyło, że musisz się zobaczyć z bratem Lilki w sprawie tych łusek rybich i dlatego musisz jechać do Bydgoszczy? I to Twoje bezsensowne powtarzanie o tej metodzie działania na długi

---

[297] Błeszyński zapowiadał zerwanie z Lilką i powrót do żony i dzieci. Aby uwiarygodnić swoją decyzję, pojechał wraz z Iwaszkiewiczem do Brwinowa, by zobaczyć się z rodziną. Jednak niedługo potem udał się do Bydgoszczy, do Lilki.

[298] Ulica w Warszawie na Woli.

dystans? Nie mogłeś mi przytoczyć żadnego istotnego argumentu popierającego Twój wariacki wyczyn, oprócz jednej sprawy – chęci spędzenia jednej nocy w domu ukochanej. Moje dziecko, to jest argument – ten ostatni, i użyłeś go wówczas, kiedy pytałem, dlaczego z Szymkiem nie nocowaliście w hotelu. Rządziłeś się wtedy uczuciami, rządziłeś się dziś uczuciem – ale dziś było Ci wstyd, że się temu uczuciu na ślepo poddajesz, że mnie tym oszukujesz, że wszystko cośmy przez te „cztery dni" mówili, zmazujesz jednym gestem jak kredę na tablicy...

Dostaniesz ten list nieprędko. Nieprędko po nim się zobaczymy: mam nadzieję, że przez ten czas rozważysz sobie, jak bardzo krzywdzące mnie było Twoje postępowanie, jak pełno w nim takich rzeczy, jakich w stosunkach między dwoma bardzo bliskimi sobie ludźmi nie powinno być.

Mija 24 godziny od chwili, kiedy skreśliłem te słowa: „Jerzy, pamiętaj, że to wielka rzecz..." i teraz już chwyta mnie śmiech, jak mogłem to napisać! Tak to <u>była</u> wielka rzecz, ale ją zmarnowałeś. Szkoda.

Życzę Ci dobrej zabawy dziś w nocy i tej nocy, kiedy będziesz czytał ten list, i zawsze, i abyś nie myślał o mnie, ani tej nocy, ani jutro, ani nigdy – bo chyba to myślenie nie byłoby przyjemne?

Do widzenia
Twój
Przyjaciel

129

[U góry strony, dopisek czerwonym długopisem, w okrągłej otoczce]: brulion

Stawisko, 2 listopada [19]58

Drogi Przyjacielu!

Domyślasz się zapewne, ile mnie kosztowało przeprowadzenie drugiej części naszej ostatniej rozmowy i naszego pożegnania w tonie swobodnym i prawie wesołym. Odpokutowałem ten wysiłek atakiem wątrobianym dziś w nocy i całonocną bezsennością. A Ty jak spałeś dzisiaj?

Nie myśl jednak, że zmieniłem w czymkolwiek moje wybitnie negatywne zdanie o Twojej wyprawie do B. W obronie powodów – dla mnie zupełnie jasnych – tego czynu nie przytoczyłeś ani jednego rozsądnego argumentu. Bo chyba sprawy emalii z łusek rybich nie uważasz za rozsądny argument? Masz bardzo słaby charakter, Jerzy. Wydaje mi się, że tym razem przesoliłeś. Nie dziw się, że nie będę z zagranicy ani pisał, ani telegrafował, ani telefonował do Ciebie. Może w ten sposób odzwyczaisz się od mojej pobłażliwości wobec Twoich wszystkich pomysłów. Zobaczymy się zaraz po moim powrocie.

Gdybyś gwałtownie potrzebował pieniędzy, to zwróć się do Szymka, będzie on miał instrukcje w tym względzie. Szymek też będzie miał o mnie wiadomości.

Napisałem do Ciebie w tych dniach parę listów. Są one dość ostre. Ale myślę, że byłoby Ci je przykro czytać teraz bez możliwości natychmiastowej odpowiedzi. Zostawiam je więc Szymkowi. Gdybyś mimo wszystko chciał je przeczytać, to zażądaj ich od niego, on Ci je prześle. Do widzenia

Jarosław Iwaszkiewicz

130

Stawisko 2 XI [19]58

[Po lewej stronie dopisek czerwonym długopisem]: ten list jednak posyłam, inne zatrzymałem, jak piszę w liście „oficjalnym".

Moje drogie dziecko!

Chyba rozumiesz, że wszyscy odnoszący się do Ciebie z zainteresowaniem, z miłością, ja, Hania, Szymek pragnęliby tego, abyś powrócił do Haliny. Ja Ci nigdy nic w tej sprawie nie mówiłem, ale takie jest moje uczucie, chociaż może ja jeden w całości rozumiem, jakie to dla Ciebie trudne, prawie niemożliwe. Ale kiedy byłem u was na Szkolnej na herbacie, parę dni temu, kiedy zobaczyłem Twoje dzieci, takie urocze i takie biedne, zrozumiałem, że to jest ten Twój trudny obowiązek, Twój krzyż, który musisz wziąć na swoje barki, aby po pierwsze być w porządku z samym sobą, po drugie mieć cel w życiu, wiedzieć „gdzie iść". Rozumiem, że Halina jest trudna w pożyciu, nudna dla Ciebie, nie zajmująca – że wyszedłszy z tego środowiska, przyzwyczaiłeś się już do czego innego, ale myślę, że tylko mocne postanowienie spełnienia tego obowiązku da Ci wewnętrzne zadowolenie i spokój, którego jesteś tak bardzo pozbawiony. Wobec Haliny masz dużo win, przede wszystkim to, co się dawniej nazywało „uwiodłeś" ją kiedy była prawie dzieckiem, zapędziłeś ją w ciążę i jeszcze zaganiałeś do skrobanki (pomyśl, nie miałbyś teraz Piotra), potem udzieliłeś jej swojej choroby, a potem porzuciłeś ją z powodów dla mnie dotychczas niejasnych, mętnych zarówno dla otaczających Cię, jak i dla Ciebie samego. Ty oczywiście z Twoim fantazjowaniem powiesz, że porzuciłeś ją przeze mnie – ale to jest oczywista nieprawda. Nie kochałeś mnie nigdy tak bardzo, aby porzucać dla mnie żonę i dzieci – a zwłaszcza w owym okresie, kiedy nasza przyjaźń była dla Ciebie tylko przygodą. Rozumiem więc jaką radością było dla mnie (i dla Sz. też), kiedy na horyzoncie zarysowała się nagle możliwość takiej sytuacji; nie chodzi tu o Halinę, nie, ale o Twoje dzieci pozbawione ojca i zwłaszcza o Ciebie samego, odnajdującego jakiś sens i cel życia. Wszystko to – całą naszą radość – zabiłeś jednym gestem – wyjazdem z L[ilką] do Bydgoszczy. Czy uległeś jej namowom, czy chciałeś jej dać jeszcze jedną noc miłosną, czy znowu poddałeś się działaniu jej silnego charakteru (a Ty masz słabiutki, synu!) – diabli wiedzą, i nikt już nie będzie wiedział, bo Ty będziesz miał na wytłumaczenie tego tysiące różnych wersji – i sam już nie będziesz wiedział, która najbardziej zbliża się do prawdy – dość, że zrobiłeś to, co zrobiłeś.

Jerzy, pogrążyłeś mnie w smutku i rozpaczy, nie ze względu (tym jedynym razem na mój egoizm), ale ze względu na samego siebie. Urwała się mała trawka nadziei, za którą się trzymałeś, płakałem nad tym ogromnie. Sam jesteś kowalem swego życia – ale co Ty kujesz z tej złotej podkowy? Same pluskiewki, które nic nie trzymają. Ach, co za smutek, co za bieda. Całuję Cię, bo trudno inaczej, ale z bardzo ściśniętym sercem, biedne Twoje dzieciaki, całuję Cię, całuję, do serca przyciskam, ale w sercu wieje zimny wiatr, ile razy o Tobie pomyślę, biedny tu jesteś, Jerzy, i ja z Tobą

Balon

131
[Z lewej strony dopisek czerwonym długopisem]: List oficjalny „Nota dyplomatyczna" ostrzeżenie nr 13.

Stawisko, dnia 2 listopada [19]58

Drogi Przyjacielu!

Domyślasz się zapewne, ile mnie kosztowało przeprowadzenie drugiej części naszej ostatniej rozmowy i naszego pożegnania w tonie swobodnym i prawie wesołym. Odpokutowałem ten wysiłek atakiem wątrobianym dziś w nocy i całonocną bezsennością. A Ty jak spałeś dzisiaj?

Nie myśl jednak, że zmieniłem w czymkolwiek moje wybitnie negatywne zdanie o Twojej wyprawie do B. W obronie powodów – dla mnie zupełnie jasnych – tego czynu nie przytoczyłeś ani jednego rozsądnego argumentu. Bo chyba sprawy emalii z łusek rybich nie uważasz za rozsądny argument? Masz bardzo słaby charakter, Jerzy. Wydaje mi się, że tym razem przesoliłeś. Nie dziw się, że nie będę z zagranicy ani pisał, ani telegrafował, ani telefonował do Ciebie. Może w ten sposób odzwyczaisz się od mojej pobłażliwości wobec Twoich wszystkich pomysłów. Zobaczymy się zaraz po moim powrocie.

Gdybyś gwałtownie potrzebował pieniędzy, to zwróć się do Szymka, będzie on miał instrukcje w tym względzie. Szymek też będzie miał o mnie wiadomości.

Napisałem do Ciebie w tych dniach parę listów. Są one dość ostre. Ale myślę, że byłoby Ci je przykro czytać teraz bez możności natychmiastowej odpowiedzi. Zostawiam je więc Szymkowi zapieczętowane. Gdybyś mimo wszystko chciał je przeczytać, to zażądaj ich od niego, a on Ci je prześle do Sanatorium.

Jarosław Iwaszkiewicz

[Dokładnie przepisana treść wcześniejszego listu z tego samego dnia. Za wyjątkiem drobnych zmian w dwóch ostatnich zdaniach.]

132

Jeszcze 2 listopada [1958],
ale już prawie jest 3

Mój jedyny, mój najdroższy! – Przez cały dzisiejszy przerażający dzień zastanawiam się nad tym, jak Ty mogłeś znowu tak postąpić wobec mnie. Wspomnienie upokarzającej dla mnie rozmowy z tryumfującą Pietraszkową nasłuchującą na dole, jest dla mnie koszmarem nie do zapomnienia. Przerzuciłem się na ton wesoły, aby zaoszczędzić jej radosnych uczuć. Zresztą teraz naśladuję Ciebie, przypisując sprawom zupełnie przypadkowym i nieskoordynowanym jakiś z góry powzięty plan i piekielną machinację. To typowe Twoje chwyty. Zresztą Ty sam byłeś zażenowany własną decyzją (własną słabością – chciałem powiedzieć) i plotłeś trzy po trzy, zupełnie, właściwie mówiąc, bez sensu, usprawiedliwiając swój wyjazd do Bydgoszczy. Przy czym z powodów poprzedniego zagalopowania się, nie mogłeś użyć argumentu, jakim mnie rozbrajałeś uprzednio, że skoro ja zawsze kieruję się uczuciem, nie mogę mieć Tobie za złe, że się uczuciem kierujesz. Jednym słowem wieczne trajlowanie – dobrze, żeś się do mnie nie dotelefonował i nie przyjechałeś sam na Stawisko, bo ta konfrontacja dwóch rozmów, na górze i na dole, w Twojej przeklętej melinie – obym już jej nigdy nie ujrzał wraz z tym pępkiem czy babskim cyckiem na

Królikarni – była dla mnie bardzo pouczająca i wyjaśniająca bardzo wiele spraw, a właściwie mówiąc „sprawek". Słusznie powiadałem, że najgorszych rzeczy trzeba się spodziewać wtedy, kiedy zaczynasz mówić rozsądnie. Ale tym razem naprawdę uwierzyłem Tobie (nigdy nikomu nie należy wierzyć) i byłem taki spokojny, taki pewny Ciebie. Czy nie pamiętasz, że mówiłem Ci, chyba wtedy wracając od Haliny: tak mi dobrze, bo nareszcie ufam Ci. Jakże okropnie zawiodłeś mnie zaraz na drugi dzień. Pomyśl o tym, chłopcze, człowieku. Dzisiejszy dzień jest jednym koszmarem, z jedną myślą tylko, o Tobie i o Bydgoszczy, o tym zawodzie, jaki mi przyniósł Twój pobyt w W-wie, nie darmo nie chciałem tego spotkania, wiedziałem, że będę przeszkadzał Tobie i Pietraszkowej (Boże, to nazwisko – w zestawieniu z Twoim!). Jedyną pociechą jest Hania, która chodzi na palcach naokoło mnie, o nic nie pyta i chociaż nic nie powiedziałem jej, mówiła, jadąc do Warszawy: ja wiem, że Ty masz bardzo dużą przykrość. Nie wiem, czego się domyśla.

W takich okolicznościach wyjazd za granicę wydaje mi się czymś przeraźliwym, z drugiej strony myślę, że może to już koniec i sprawdzi się przepowiednia, że umrę za granicami kraju. Mimo całej mojej miłości życia, mimo całej intensywności, z jaką to życie odczuwam – powitałbym śmierć jak ulgę. Myślę często o samobójstwie, ale panom w moim wieku i na moim stanowisku nie wypada bawić się w takie rzeczy. Chociaż mój teść[299] zastrzelił się w moim wieku. Mądry był i odważny, wiedział, co robi. Miał też ostatnie uczucie, które go zwiodło. Widzisz, zastanów się, do czego Ty mnie doprowadził. A można było wszystko załatwić tak ładnie. Ale Ty w Twoim namiętnym zaślepieniu nie myślisz o tym, co robisz.

Do widzenia, kochany, w tym czy tamtym świecie

Jarosław

---

[299] Stanisław Wilhelm Lilpop (1863–1930) – ojciec Anny Iwaszkiewiczowej; ziemianin, myśliwy, fotografik; był pierwowzorem dwóch postaci literackich: Wiktora Liebe z powieści Józefa Weyssenhoffa *Soból i panna* oraz Hubego ze *Sławy i chwały*. Zmarł śmiercią samobójczą, pochowany na cmentarzu z Brwinowie.

[Dopisek na lewym marginesie]: Na wypadek mojej śmierci zostawiam w papierach małą kopertę dla Ciebie. Niestety są to tylko słowa, nie mam w tej chwili nic konkretnego do przekazania Tobie. Całusy.

133

3 XI [19]58

Przeczytaj sobie na nowo te listy sprzed roku i uśmiej się. Dawno nie czytałem czegoś tak głupio naiwnego. Gdzie ja miałem oczy?

Jarosław

134
[Zapis na czystej kartce z brulionu]:

Listy do Jurka

[W dolnym prawym rogu przekreślony, ale czytelny dopisek]: fragmenty wciągnąć do Dziennika[300]

---

[300] Między 25 października a 23 listopada 1958 roku w *Dziennikach* Iwaszkiewicza pojawia się luka. Pod datą 7 grudnia 1958 zapisany został list do Jerzego Błeszyńskiego z fragmentem: „Ten list zapisuję w dzienniku, pisany jest bowiem dla mnie, nie dla Ciebie – ty już masz dosyć moich listów. Chcę sobie wyobrazić, że mówię z tobą – rozmowy nasze będą trudne i niedobre, to wiadomo" – J. Iwaszkiewicz, *Dzienniki...*, s. 257. Iwaszkiewicz był wówczas na wyjeździe w Wiedniu, Monachium i Rzymie, stąd radykalna przerwa w widywaniu się z Błeszyńskim.

135

Warszawa, dn. 4 listopada 1958 r.

Dwa razy zaczynałem ten list – i dwa razy wyrzuciłem do kosza początki. Piszę trzeci raz, ale już nie o tamtych sprawach. Byłem wczoraj w kinie, na filmie „Porte des Lilas"[301] – zobacz koniecznie. Jest to film o przyjaźni – a młody bandyta (piękny) z oschłym sercem bardzo mi przypominał kogoś znajomego. Tylko że go przyjaciel wreszcie kładzie z rewolweru – a ja nie miałem broni! Cholera! Dziecko drogie, nie gniewaj się na te żarciki, głupie są, ale do niczego innego nie mam głowy. Mam wielki żal do Ciebie, bardzo wielki, wiesz zresztą; dostaniesz w tej sprawie „pismo oficjalne". I mam wstręt do siebie, po takim poniżeniu i upadku (wczoraj), o którym nawet Tobie wstydziłbym się opowiedzieć. Ohyda! Wszystko, co Ty robisz, w porównaniu z moimi czynami jest piękne jak poemat Dantego. Ale mimo wszystko strasznie przeżyłem ten Twój nagły skok do Bydgoszczy i bezwzględność, z jaką to zrobiłeś, ciągle zapewniając mnie o swoim przywiązaniu. Ależ większego balona ze mnie trudno było zrobić, jak za ostatnim przyjazdem Twoim do Warszawy.

W głowie mi się mąci, jestem na pół przytomny, wszystkie hece z Tobą, nasz wyjazd, różne sprawy publiczne – ach, i jeszcze mnóstwo prywatnych, brzuch boli, do konsulatu austriackiego, trzeba po 3 fotografie, bilet do Paryża kosztuje 1500 złotych i wszystko się ma gdzieś. Kobiety telefonują – ale niestety same stare i o sprawy mieszkaniowe nie łóżkowe. Wytrzymać nie można.

Całuję Cię i kończę, bo mam mnóstwo spraw do załatwienia, między innymi rzeczami <u>generalną</u> rozmowę z Szymkiem.

Twój
Foka

---

[301] *Porte des Lilas* (1957) – film w reż. René Claira, pol. tytuł: *Brama bzów*.

136

Warszawa – Sejm, 5 XI [19]58

Moje dziecko kochane, mój jedyny na świecie! Nie masz pojęcia, w jak dobrym humorze jestem po naszej wczorajszej rozmowie telefonicznej, chociaż jestem bardzo cierpiący (na wątrobę, czy na żołądek), jednak nasze kolacyjki i obiadki odbiły się fatalnie na stanie mojego zdrowia. Nie gniewaj się na mnie i nie miej mi nic za złe, wybaczaj mi moje wady, jak ja wybaczam Ci tyle (bardzo wiele – wierz mi), bo przecie nikt Cię już nie będzie tak kochał jak ja, bo i ja nikogo tak jak Ciebie nie kochałem. Wszystko się na to składa, i mój wiek stary, gdzie ze starczą namiętnością przywiązałem się do Ciebie, że jesteś dla mnie i synem, i nie synem, i symbolem uciekającego życia, które tak bardzo kocham – i w ogóle wszystkim. Musisz więc mi wybaczyć wiele, zresztą robisz to regularnie – ale ja się zawsze boję, że się zniecierpliwisz. Tak samo, jak się boję, że się zniecierpliwię i zrobię coś co zaszkodzi całej naszej przyjaźni zupełnie radykalnie. Wściekły jestem, że medalion oddałeś[302], ale oczywiście nie mogłeś inaczej postąpić skoro „Przekrój" znalazł się w Bydgoszczy. Mam nadzieję, że wyjąłeś z niego moją fotografię, a włożyłeś swoją – i że wytłumaczyłeś Lilce, że to Ty właściwie napisałeś ten wiersz, a ja tylko podszywałem się pod Ciebie (jak wtedy w radio). Całe dzieje tego medalionu i wiersza bardzo mnie bawią, to jest cała powiastka – i właściwie można ją spisać. A na sam medal zwróciłem uwagę w Krakowie, bo moja matka[303] miała taki sam zupełnie, tylko trochę większy i „kocia łapa" miała na nim inny kształt.

---

[302] Iwaszkiewicz podarował Błeszyńskiemu medalion ze swoim zdjęciem oraz napisał wiersz miłosny, w którym wykorzystał ten motyw. Błeszyński, ukrywając przed Lilką swoje relacje z Iwaszkiewiczem, podarował jej medalion i przekonywał, że to on jest autorem wiersza, którego ona z kolei jest adresatką.

[303] Maria Iwaszkiewicz z d. Piątkowska (1854–1927) – matka Jarosława Iwaszkiewicza, od roku 1874 żona Bolesława Antoniego Iwaszkiewicza (1842–1902). Pierwsze lata małżeństwa spędziła w Kalniku, gdzie narodził się Jarosław. Po śmierci męża mieszkała kolejno w Warszawie, Elizawetgardzie i Kijowie. Jako re-

Będę musiał poszukać dla Ciebie czegoś innego, co byś mógł nosić na szyi (z fotografią mojej ukochanej – czyli Ewuni) – ale tamten medalion tak bardzo lubię, przypomina mi dzieciństwo. Mój kochany, ucieszyłem się także bardzo z tego, że wróciłeś do Kruka już w niedzielę wieczorem. A może Ty rzeczywiście robisz się rozsądny? Może mądrzejesz? Jakby to było dobrze – chociaż nudniej, bo to Twoje niespodzianki urozmaicają życie. Wolałbym mniej takich urozmaiceń – ale skoro inaczej nie można... W każdym razie to także poprawiło mi humor. Tylko strasznie żałuję, że nie mogę jeszcze Cię odwiedzić w sanatorium, tak bym Cię chciał jeszcze zobaczyć przed wyjazdem. Stryjkowski Cię odwiedzi – mówiłem z nim o tym – i Szymek ma polecenie przywieźć Ci go. Na wszelki wypadek podaję Ci jego adres: Julian Stryjkowski, Plac Konstytucji 7 m. 31. tel. 8-32-24. Gdybyś potrzebował się z nim porozumieć.

137

5 listopada 1958

Wróciłem z sejmu do domu (a dobry ten list napisany na porządku dziennym dzisiejszego posiedzenia?)[304] i wściekły jestem, poczta hula w dalszym ciągu. Był tylko <u>jeden</u> list do mojej żony, a poza tym nic, ani druków, ani gazet, które codziennie przynoszą, ani nic od Ciebie, a myślałem, że już coś dostanę. Bardzo dobrze się składa, że nie wyjeżdżamy dzisiaj, bobym pojechał bez wieści od Ciebie – co byłoby bardzo przykre. A tak jeszcze chyba coś dostanę od Ciebie – i jeszcze będzie jutro jeden telefon. Czuję się pod psem i jutro uwalam się do łóżka – aby należycie wypocząć przed

---

patriantka w 1919 roku trafiła do Warszawy, skąd po roku przeprowadziła się do Milanówka.

[304] List pisany na urzędowym druku „Porządek dzienny 26 posiedzenia Sejmu PRL".

drogą. Trochę się cieszę na tę podróż – a trochę martwię, jak zwykle w życiu.

No, tymczasem, bywaj zdrów. Całuję Cię mocno i za głowę ściskam, bardzo do Ciebie przywiązany stary

Balon
(nie poleci)

138

5 XI 58

Drogi, Jedyny! Trzeba było tylko wizyty Szymka, który był u starych[305] – i wszystko się przemeblowało w moim wnętrzu. Starzy oczywiście domyślili się, że pojechałeś do Bydgoszczy, a L[ilka] dała im do zrozumienia, że była u Ciebie w Kruku. Wystarczyło mi cudze spojrzenie na tę sprawę, aby na nowo obudzić we mnie wszystkie wątpliwości, zazdrości, złości i inne ości, którymi jestem naładowany jak karaś. Syneczku, może to rzeczywiście jest głupie, niedobre, lekkomyślne, to, co Ty robisz. Wszyscy są na Ciebie oburzeni – może i ja powinienem się oburzać? Cóż, kiedy nie mogę. Płakać tak, cierpieć – straszliwie, karać Ciebie – owszem – ale oburzać się nie mogę, no, nie mogę. Oczywiście po co łudzić (pamiętaj, łudzić – bo Ty piszesz bez „ł") – po co łudzić Halinę? To może nieuczciwe, na pewno nawet nieuczciwe, po co kłamać przede mną, ja i tak przyjdę jak ten kopnięty pies – po co kłamać przed samym sobą. Ale przecie wszyscy jesteśmy ludźmi, a Ty jesteś młody człowiek, zepsuty przez baby, lekkomyślny, a w dodatku chory i niczym nie zajęty – możesz więc myśleć tylko o „tych" rzeczach. Ach, Jerzy, co ja z Tobą mam. Naprawdę tylko tęsknię do momentu wyjazdu, kiedy <u>naprawdę</u> nie będę do Ciebie ani pisał, ani telefonował – ani męczył się tak

---

[305] U teściów Lilki, Pietraszków.

okropnie z Twojego powodu, ani tęsknił tak strasznie, jak dzisiaj tęsknię. Bo Ty nie masz pojęcia, jak ja tęsknię, jak za najlepszych czasów młodości. Mam wrażenie, że i Ty też.

6 XI [1958]

Złoto moje, to jest fotografia mojego wczorajszego nastroju. Posyłam ją też Tobie – musisz wiedzieć o mnie wszystko, a przede wszystkim to, jak bardzo obchodzi mnie wszystko, co Ty myślisz i czujesz.

JIW.

139
[maszynopis]

[dopisek odręczny – czerwonym długopisem]: ostrzeżenie nr 23

Stawisko, dnia 6 listopada [19]58

Moja głupia i najdroższa małpo! Przecież ja piszę do Ciebie listy o każdej porze dnia i nocy i są one odbiciem niejako moich myśli, wrażeń, uczuć i zmiennego ich biegu. Dlatego tak strasznie przeczą sobie najrozmaitsze moje zastrzeżenia, wersje, irytacje i rozdrażnienia. Wszystko to nic nie znaczy wobec zasadniczej wersji mojego do Ciebie stosunku, wierz zawsze w to i bądź spokojny, zawsze jestem przy Tobie do samej śmierci, która już chyba niedługo. Potem będziesz miał moją żonę, która naprawdę może być dla Ciebie jak matka, i która będzie Ci radziła zupełnie bezinteresownie, nie tak jak ja, gdzie zawsze jest ten interes głupio zaangażowanego uczucia. Otrzymałem Twój list i czytałem Twój list do mojej żony (Ty draniu, do niej to piszesz pięknym stylem i bez ani jednego błędu ortograficznego, a do mnie to nawet który piszesz przez u!). Wynika z tego wszystkiego, że jesteś bardzo rozsądny, uspokojony raczej, chociaż oczywiście smutny. Nie martw się najmilszy i najdroższy, wszystko będzie dobrze, omówimy to wszystko po naszym powrocie – przede wszystkim mając na względzie interes Twojego życia i życia Twoich dzieci. Ja też może nie myślałem o moich dzieciach tyle, ile było trzeba, i dlatego dzisiaj pokutuję z powodu tych wszystkich najnieprzyjemniejszych hec z moimi córkami. Wnuki także rozpuszczam – i nie myślę o tym, jaki będzie ich stosunek do mnie i do moich wszystkich okropnych słabości.

Na wyjezdnym nie czuję się dobrze, ale nie mogę już nic o tym mówić Hani, bo przecież nie wstrzymamy tej podróży, na którą poszły ostatnie moje pieniądze z PKO (po powrocie trzeba będzie na gwałt szukać jakichś większych zarobków, bo sztuka[306] pójdzie dopiero po lutym – i tak już zaciągnąłem na nią pożyczkę). Zresztą nie bój się, sprawa nie przedstawia się tak dramatycznie.

Moja żona bardzo ucieszona z Twojego listu, odpowie zapewne Tobie. Bardzo nas niepokoi ta sprawa apatii i zobojętnienia na wszystko. Przyznaj, że wszystko robię, aby Ci to życie sanatoryjne urozmaicić, chociażby przez rozmaitość nastrojów moich listów. Wiesz chyba, co o tym wszystkim myśleć. Prawda?

Nie rozumiem, dlaczego piszesz o „kawale", jaki zrobiłem z tym wierszem o medalionie. Przecież to nie ja zrobiłem kawał, tylko redakcja „Przekroju", zamieszczając go w ten sposób i wybijając na pierwszy plan. Ja myślałem, że oni zamieszczą go mi na dziesiątej stronicy i zapłacą 200 złotych. A był zawsze przeznaczony i napisany jako Twój wiersz do Lilki – bo przecie nie mój, choć go pisałem, naprawdę płacząc – i czytałem Ci go pierwszy raz też ze łzami. Jest to wiersz karmelkowy, ale mnie zawsze on bardzo wzrusza – no, i szalenie się wszystkim, najszerszej publiczności podoba, zdobył michyba jeszcze więcej popularności, nie gniewaj się więc, że go posłałem do Krakowa,

---

[306] *Wesele Pana Balzaka.*

uczyniłem to ze względów czysto zarobkowych. Bardzo dużo myślimy z Szymkiem o mieszkaniu dla Ciebie, i chyba się coś znajdzie odpowiedniego, moi znajomi raz po raz znajdują jakieś pokoje właśnie w tych domkach jednorodzinnych wyłączonych z kwaterunku. Bardzo się cieszę na możność posiadania przez Ciebie pokoju, gdzie nie będzie nas nudził stary profesor i jego zacna małżonka.

Drogi, kochany, cieszę się na dzisiejszy Twój telefon, a tymczasem kończę, bo muszę lecieć na pocztę. Ten list przyjdzie do Ciebie z niejakim opóźnieniem, bo rzucę go w Podkowie – ale to może lepiej, bo będziesz miał jeszcze wiadomości od nas (Twoich „rodziców") już wtedy, kiedy będziemy za granicą.

Szymek ma jeszcze trzy „groźne" listy pisane przeze mnie do Ciebie, zażądaj ich od niego, to Ci przyśle, będziesz miał co do czytania.

Twoje zdanie w ostatnim liście, że „nikogo nie obchodzi, co ja myślę, przeżywam i czuję" jest szczytem niesprawiedliwości. Krzywdzisz mnie głęboko takim powiedzeniem. Tylko, czy Ty zawsze dzielisz się ze mną tym, co przeżywasz i czujesz? Sam sobie jesteś winien, gdy czasem masz pozory obojętności. Ale nie masz prawa mówić, że nikogo to nic nie obchodzi. Głupia i najdroższa małpo, zaczynam, jak kończę, to jest kończę, jak zaczynam. Wszystko mi się plącze...

Jeżeliby mnie nie stało, to pamiętaj, że Hania jest dla Ciebie jak ktoś bardzo bliski i rodzony.

Całuję Cię najgoręcej
Jarosław

[U góry strony odręczny dopisek do góry nogami]: To ja odpieczętowywałem kopertę.

140

6 XI [19]58

Przesyłam Ci oprócz wszystkiego jeszcze i te notatki z owych „trzech dni", przez które nie mieliśmy się widzieć – po owym pamiętnym dniu w sierpniu[307]. Rzeczywiście nie wytrzymaliśmy tej pauzy, zadzwoniłeś. I tak właśnie było dobrze. Notatki ciekawe. Schowaj je do kolekcji.

141

Wiedeń[308], niedziela wiecz[orem]
dn. 9 listopada [1958]

Mój drogi przyjacielu! Straszno mi pomyśleć, że tyle granic nas oddziela i tak daleko i nie tak prosto jest pojechać stąd do Ciebie samochodem, ani tak zwyczajnie zatelefonować. W ostatnim naszym telefonie trudno było coś sensownego powiedzieć – byłem bardzo poruszony i czułem, że i Ty się wzruszyłeś. Wiesz – właściwie mówiąc, nie bardzo sam wiem po co ta cała podróż – siedzimy w Wiedniu w hotelu, nudzimy się albo śpimy i nic z tego nie wynika. Zupełnie niepotrzebny tej wyjazd – i bardzo smutny. Ani Teresy, ani Ciebie nie powinniśmy byli w tej chwili porzucać, zwyciężył tutaj jakiś instynkt egoistyczny, zupełnie niewczesny – w tym wieku powinno się żyć już tylko dla drugich. Widziałem dzisiaj tutejszą moją tłumaczkę, ale to widzenie się niewiele mi

---

[307] W sierpniu 1958 roku Iwaszkiewicz dowiedział się o relacji Błeszyńskiego i Lilki, o przyczynach rozstania z Haliną, o okolicznościach wynajęcia mieszkania na Flisaków. Informacje te wywołują potrzebę przerwy w kontaktach z Błeszyńskim.

[308] Iwaszkiewiczowie wyjechali w podróż, w ramach której Iwaszkiewicz dogadywał sprawę niemieckiego i włoskiego wydania swoich utworów. Do Wiednia dotarli 8 listopada, 11 listopada wyruszyli do Monachium, 19 listopada byli w Rzymie. Ostatni rzymski wpis w *Dzienniku* jest opatrzony datą 7 grudnia 1958.

dało konkretnego materiału – no, ale oczywiście coś niecoś z nią ogadałem, ona się interesuje przede wszystkim dramatami, chce tłumaczyć mój dramat o Puszkinie[309], a nuż coś z tego wyjdzie, zawsze to pięknie. Oczywiście bardzo dużo mówimy tutaj o Tobie i jak rozumiesz, sam bardzo tęsknię. Wyjazd z Warszawy po rozmowie z Tobą był okropny. Deszcz padał, było czarno i mokro, jechaliśmy z Wieśkiem, Szymek był potwornie wymęczony ostatnimi dniami i tą nieprawdopodobną lataniną. Był wściekły z tego powodu, że mi komisja finansowa obcięła dewizy i pobyt we Włoszech, przejmował się tym i powiedział rzecz niezwykle słuszną, że „gdyby Pana trzeba było pochować, toby się pieniądze znalazły i to w obfitości". To na pewno! Teresa została taka smutna, deszcz padał na Stawisko, myślałem, że i na Kruka. Tobie pewnie też niedobrze, kochany mój, tak dużo myślę o Tobie, i myślę o niezwykłym Twoim przeznaczeniu. Ostatniego dnia przed wyjazdem czytałem moje stare dzienniki – i takie różne zapisy o tym, że jestem stary, że się wszystko skończyło i już się nic nie może zdarzyć w moim życiu. A tu zdarzyło się i tak wiele! Co za radość!

    Chodziliśmy dzisiaj z Hanią z rana do muzeum i oglądaliśmy parę pięknych obrazów w morzu byle czego. Wieczorem byliśmy na Kärtnerstrasse[310] i oglądaliśmy koszule, krawaty i różne inne buty. Bardzo mnie zmartwiło to, że krawaty w Wiedniu są bardzo brzydkie. Dodamy do tego bardzo niedobre pieczywo – będziemy mieli obraz upadku kultury w świecie. We wtorek jedziemy do Monachium, a stamtąd do Rzymu, zatelegrafuj lub napisz do Rzymu (w depeszy wystarczy Iwaszkiewicz, Palmission, Rubens 20, Roma – w liście adres szczegółowy, tak jak Ci podałem) – czy z Rzymu pojedziemy do Paryża, nic nie wiem, bo wizy jeszcze nie mamy. Chciałbym bardzo oczywiście – ale jeszcze bardziej

---

[309] *Maskarada* – sztuka teatralna Iwaszkiewicza, biograficzny dramat o Puszkinie. Premiera: 3 grudnia 1938, Teatr Polski, reż. Edmund Wierciński.
[310] Kärtnerstrasse – słynny deptak usytuowany nieopodal Opery Wiedeńskiej.

chciałbym jak najprędzej do domu, do domu. Człowiek na starość nie powinien włóczyć się po świecie. Co bym dał, aby siedzieć w Stawisku przy kominku i rozmawiać z Tobą. Hania Cię pozdrawia – ja ściskam mocno

Foka

[Dopisek na lewym marginesie]: Bądź cierpliwy, rozsądny, kochany, czekaj mądrze – i pamiętaj!

[Dopisek na lewym marginesie kolejnej strony]: Pisz dla mnie listy czy jakieś zapiski (wiersze?), tak boję się, że się ode mnie odzwyczaisz.

142

Wiedeń 10 XI [19]58

Moje dziecko kochane – drugi dzień w Wiedniu jakiś lepszy od pierwszego, może bardziej treściwy czy pożyteczny, ale i tak wszystko wydaje się niepotrzebne w tej podróży. Zwłaszcza trudno jest podróżować z Hanią, która ma wciąż swoje kaprysy, swoje obyczaje, swoje manie – i z którą niewiele się użyje, wczoraj siedziała cały dzień w hotelu, dzisiaj dobrze, że wyszła ze mną na obiad, do eleganckiej restauracji, do której zaprosił nas redaktor naczelny gazety „Die Presse"[311], najpoważniejszej gazety tutejszej, która drukowała w odcinkach mój „Kongres we Florencji"[312]. Restauracja rzeczywiście bardzo elegancka, położona na 8 piętrze dużego domu naprzeciwko kościoła św. Stefana, który widzi się cały w szybach sali. Bardzo był miły obiad, redaktor czarujący, jego zastępca

---

[311] „Die Presse" – austriacka gazeta wydawana w Wiedniu od 1848 roku.

[312] *Kongres we Florencji* – opowiadanie Iwaszkiewicza, zamieszczone w zbiorze *Opowiadania 1918–1953*, t. 2, Czytelnik.

także – i gadaliśmy bardzo dużo. Polska teraz jest bardzo modna i wzbudza szalone zainteresowanie, Gomułka, Hłasko, Kardynał Wyszyński – wzbudzają wszędzie sensację i trudno się opędzić od ciągłych pytań o nich. (Hania mi zrobiła mimo wszystko straszną awanturę, że ja codziennie piszę do Ciebie – trudno z nią bardzo. Nie orientuje się, jak bardzo odeszła ode mnie i jak bardzo jest poza wszystkim, co mnie interesuje – jak bardzo jest pod wpływem kościoła, o którym nie można zrobić w rozmowie z nią najmniejszej wzmianki, jak bardzo trudno jest w ogóle się z nią porozumieć – a robi mi wymówki, że do niej co dzień nie piszę!). Pętałem się dzisiaj trochę po mieście sam jeden, wieczorem byłem na herbacie w bardzo śmiesznym ansztalcie[313]. Pod placem opery zrobili teraz taką wielką okrągłą dziurę, ruchomymi schodami schodzi się tam i przechodzi pod placem, przez co uniknęło się biegania po ulicy między samochodami (tak jakby np. zrobili taką rzecz pod skrzyżowaniem Alej Jerozolimskich i Marszałkowskiej – czego niestety nigdy nie można będzie zrobić, bo tunel przeszkadza) – i pośrodku tej dziury jest szklana okrągła kawiarnia, można tam dostać różnych rzeczy gorących i zimnych. Ja piłem tam dzisiaj herbatę – obok jest knajpa studencka na kawę i piwo – ale tam można pójść z kimś, samemu trudno, jak będziemy tu razem w przyszłym roku, to będziemy się włóczyli po takich instytucjach. Jest tam dużo Włochów, Węgrów i Arabów. Robiły do mnie oko piękne dziewczyny i bardzo piękne chłopaki. Jutro o 12 wyjeżdżam do Monachium, stamtąd postaram się do Ciebie zadzwonić – a w każdym razie znowu zatelegrafuję. Bardzo dużo myślę o Tobie – ale rzecz dziwna, raczej na spokojno, bez wielkiej zazdrości w sercu (pomimo tej paczki z???) i bez histerii. Mam wrażenie, że mój trzydniowy pobyt w Kruku był momentem przełomowym. Gdybyś był inaczej załatwił Twój wyjazd do Bydgoszczy, toby wszystko inaczej się potoczyło. Mam wielki żal do Ciebie o to, że znowu powróciłeś w tym wypadku do dawnych, nieszczerych metod. Zadziwiające, jak są związane

---

[313] Żartobliwie: lokal, zakład,

z osobą pani P[ietraszek] owe nieszczere metody. Dlaczego w innych sprawach jest inaczej?

Drogi mój, dopiero trzy dni jestem w drodze, a tak mi jest jakbym wieki był poza domem i nie słyszał Twojego głosu. Ten kąt z telefonem na Stawisku nabrał specjalnej atmosfery, odkąd mogę się stamtąd porozumieć z Tobą – i inaczej nie.

Mamy zamiar z M.[314] prosto do Rzymu, a co z Paryżem, to nie wiem, obawiam się że wizy będą – ale nie będzie forsy. Tutaj strasznie dużo wydałem, a przecież kazali zwrócić to wszystko, co mi przyznali na Wiedeń. Wydaje mi się to czymś haniebnym. Jednak ta P. to kraj nie z prawdziwego znaczenia [zdarzenia].

Syneczku kochany, nie wiem o czym pisać, co Cię w tej chwili interesuje, o czym myślisz teraz – to okropne takie rozerwanie wszystkich wspólnych myśli i zainteresowań. Pogoda tu okropna, ciągle z Hanią mówimy o tym, jak to Ty w Kruku musisz odczuwać. W ogóle mówimy o Tobie bez przerwy, chociaż Hania nagle zrobiła się zazdrosna i robi mi o Ciebie wymówki. Nie spodziewałem się tego. Drogi mój, myśl i Ty o nas i myśl, że wrócę do Ciebie pełen bardzo wielkiego współczucia i zrozumienia, i nigdy już nie napisz (a co najważniejsze – nie pomyśl!), że nikogo nic nie obchodzi, co Ty myślisz i co Ty przeżywasz. Ty sam najczęściej nie wiesz, co Ty myślisz – i dlatego tak z Tobą trudno.

Całuję Twoje ciało i oczy, ściskam Cię, do serca tulę i bardzo bardzo tęsknię

Twój
Balon Foka

11 XI [1958], rano

Śniłeś mi się przed chwilą, powiedziałeś mi: podobno straciłem cały swój wdzięk! A może? Wyobraź sobie, że kupiłem sobie

---

[314] Błąd Iwaszkiewicza – powinno być „H"., co oznaczałoby Hanię, żonę Annę, z którą był w podróży.

wspaniały kapelusz z Habiga[315] (dawniej była to jedna z najpierwszych firm w Europie) – i wyglądam w nim jak dyplomata pierwszej klasy. W Warszawie wstyd będzie chodzić w takim kapeluszu. Kupiłem sobie krawat <u>dla siebie</u>. Dla Ciebie jeszcze nic nie mam, nawet samochodu.

143

München, 12 XI [19]58

Drogi Przyjacielu! – Parę godzin temu depeszowałem do Ciebie – i boję się, że Cię zaniepokoiłem tym, że napisałem o złym samopoczuciu, ale naprawdę czuję się tak okropnie pod względem sercowym, jak dawno się nie czułem, i zupełnie nie rozumiem dlaczego. Składa się na to niepokój o dom, o Teresę, o wnuki – o Ciebie przede wszystkim – a także i to, że muszę dzisiaj powziąć bardzo zasadniczą decyzję co do podpisania jutro umowy z tutejszym wydawcą[316] na tłumaczenie moich utworów – wszystkich i na wszystkie zachodnie języki. Jest to olbrzymia sprawa – która może mi przynieść duże zyski albo pozbawić mnie całego mojego dorobku literackiego. Możesz sobie wyobrazić, jaki jestem tym przejęty – tym bardziej, że na zaliczkę ofiarowują mi bardzo mało pieniędzy. To mało jest jeszcze dość dużo, jeżeli chodzi o dalszą naszą podróż, która tym samym całkowicie się rozwiązuje i nabiera nowych możliwości. Ale trudno myśleć tylko o dniu dzisiejszym – trzeba pomyśleć, co będzie na przyszłość. Rozumiesz więc, jak mnie to wszystko przejmuje – w dodatku przeczytałem przed chwilą „Wzlot" po niemiecku – i mam niejasne uczucie, że nie powinienem ogłaszać tego tutaj – zresztą ta sprawa jest tutaj

---

[315] Habig – wiedeńska marka kapeluszy, uważanych za jedne z najbardziej eleganckich. Ulubiona marka Iwaszkiewicza.
[316] Chodzi o Joachima Schöndorffa.

przesądzona i skrupuły są niepotrzebne. Obawiam się tylko, że mnie potem wygnają do Palestyny. Drogi mój, bardzo jestem dzisiaj zmęczony, bo to cały dzień albo rozmawiałem o interesach, albo przygotowywałem wywiad (po niemiecku) do radia – aby coś powiedzieć, nie mówiąc o sprawach, które tutaj naprawdę interesują wszystkich. Jednocześnie ohydna pogoda i wysoka pozycja Monachium zapewne źle wpływają na samopoczucie. A jeszcze w dodatku jak przypomnę sobie Ciebie i to wszystko, co Ty drogi mój przeżywasz, Twoje nocne rozmyślania, Twoją bezsenność, Twoją rozterkę uczuciową, bardzo mi się robi smutno i ciężko na duszy. Tak bym Ci chciał z daleka choć trochę przynieść pociechę. Jak widzisz nie spełniam mojej obietnicy (Szymek będzie się na mnie złościł) i piszę do Ciebie codziennie a depeszuję co drugi dzień. W sobotę postaram się zatelefonować do Ciebie – podobno prędko łączą i dobrze słychać. Kosztuje to piekielne pieniądze – ale niech tam będzie. Byliśmy tylko co z Hanią w kinie o dwa kroki od naszego pensjonatu – który jest ozdobną willą położoną w dalekiej okolicy miasta. Dawali „La Strada"[317] – nie wiem, czy to widziałeś – to głupi film, a Massiny[318] nie cierpię. Pewnie na tym „sam byłeś". Boże, jak mi strasznie tęskno do Ciebie, jak mi się chce zobaczyć Ciebie, posłyszeć Twój głos, widzieć Twoje miny – i słuchać Twoich wykrętów. Bardzo byłeś niedobry dla mnie ostatniej niedzieli, cośmy się widzieli, ale byłeś tak zupełnie pogrążony w inną atmosferę. Z drugiej strony, dobrze, że oderwałem się od głupich moich wersji i intryg i na wiele spraw popatrzę trzeźwym okiem. Nie masz pojęcia, jak ten wydawca tutejszy nosi się ze mną, jakie kwiaty Hania dostała na dworcu, jakie przyjęcia towarzyskie nam urządzają itd. Przyznam Ci się, że mnie to zaczyna niepokoić.

---

[317] *La Strada* (1954) – film w reżyserii Federico Felliniego.
[318] Giulietta Masina – aktorka i żona Felliniego, grająca w *La Stradzie* Gelsominę.

Hania dużo mówi o Tobie, czasem z wielką życzliwością, czasem jak gdyby z zazdrością. Gadamy o Tobie i kłócimy się na Twój temat. Widzisz, jaki Ty jesteś

Całuję oczy, czoło i nos. Do serca tulę jak zawsze –

Foka Balon

Dotychczas zapomniałem parasol w wagonie, bilety kolejowe w biurze podróży i kuferek jeden w taksówce. Bilety i kuferek odzyskaliśmy, parasola nie!

144

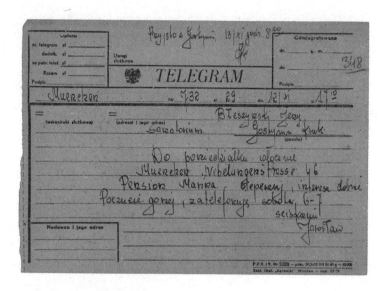

Do poniedziałku włącznie
Muenchen, Nibelungenstrasse 46,
Pension Marina. Depeszuj,
interesa dobrze, poczucie gorzej,
zatelefonuję sobota 6–7, ściskam,
Jarosław

Telegram z dnia 12 listopada 1958,
godz. 17.10

listy 1954–1959

145

München, 14 XI [19]58
niedziela wieczór nazajutrz
po telefonie

Drogi mój młody przyjacielu! – Miałem wczoraj wielkie emocje przed telefonem, zamówiłem go na 7^{30}, przedtem na 6 i przełaziłem te półtorej godziny naokoło poczty – i teraz te wszystkie sklepy, klejnoty, wnętrza, przepiękne kwiaty, wszystko to zlało się z tym momentem telefonowania – przy czym musiałem tłumaczyć niemieckiej telefonistce, co to jest Gostynin i gdzie to leży. Już myślałem, że nic z tego nie będzie, kiedy odezwała się telefonistka z Kruka i potem zaraz Twój głos. Co za radość! Byłem nieprzytomny i chciało mi się całować słuchawkę. Wydałeś mi się jakoś przesadnie poważny i „naczupirzony". Czy masz do mnie żale po moich ostatnich warszawskich listach? Zrozum kochanie, że nie mogły być inne, i że naprawdę miałem w całym szeregu swoich twierdzeń rację. Nie we wszystkich oczywiście, ale w większości. Nie miej mi tego wszystkiego za złe. Nam się tu powodzi nieźle, ale pogoda jest oczywiście pod zdechłym medorkiem i bardzo to odczuwamy. Ciekawy jestem, czy w Rzymie będzie lepsza. Jedziemy do Rzymu prosto stąd, choć przepadają mi przez to bilety do Mediolanu i do Salzburga, ale tłuc się takie kawały po to, aby wyzyskać posiadane bilety – to nie warto. Pojutrze, we wtorek wyjedziemy o godzinie 10^{30} wieczorem, a nazajutrz o g. 14^{30} będziemy już u Ojca Świętego. Nie wiem tylko, czy nas zechce przyjąć, gdy do niego wprost z dworca zajedziemy taksówką. A propos, a może tak zajrzeć do twojej Cioci? Jaki jest jej adres? Tutaj byliśmy przedwczoraj na operze – dawali „Króla Edypa" Strawińskiego[319], szalenie się to nam podobało i zrobiło bardzo duże wrażenie. I muzyka, i inscenizacja wspaniałe – mogliby się u nas pouczyć. A przede wszystkim śpiewacy wszyscy

---

[319] *Oedipus Rex* (*Król Edyp*) – oratorium Igora Strawińskiego z 1927 roku.

młodzi – doskonale to wychodzi, nie jak u tych staruszków na Nowogrodzkiej[320]. Dzisiaj byliśmy na wystawie Renoira (to impresjonista francuski – wspaniały malarz) i w Pinakotece[321], to znaczy na starych obrazach – wspaniałe tam rzeczy, Rembrandty i Rafaele, ładniejsze kolekcje niż w Wiedniu i w niejednej włoskiej galerii. Byliśmy tam w towarzystwie Lachmana[322], który tu przyjechał, żeby się ze mną zobaczyć. Zdaje się, że opowiadałem Ci o tym Niemcu, co pisze polskie wiersze. W ostatnim numerze „Twórczości" (tym z „Tatarakiem") są jego wiersze. Okazał się wspaniałym chłopcem, wielkiego wzrostu, bardzo ładnym – i szalenie inteligentnym. Spędziłem z nim wczoraj cały wieczór, a dziś całe rano we trójkę z Hanią chodziliśmy po galeriach i byliśmy na obiedzie. Cudny chłopak i strasznie śmieszny, uważa się za Polaka i o Niemcach mówi – „oni". Zrobił na mnie duże wrażenie.

Dzisiaj byliśmy na herbacie u starego doktora Behla[323], który był sekretarzem wielkiego pisarza niemieckiego Gerharta Hauptmanna[324] i był przy nim aż do śmierci (a Gerhart Hauptman umarł w roku 1947 – w Szklarskiej Porębie!!) – ale nie pytałem się go o te czasy.

---

[320] Od 1949 roku Opera Warszawska działała w zastępczej sali Roma, Operetki Warszawskiej, oczekując na oddanie do użytku odbudowywanego prawie od podstaw zniszczonego podczas okupacji budynku Teatru Wielkiego. Iwaszkiewicz w tym liście nawiązuje także do polskiego zwyczaju obsadzania leciwych śpiewaków w rolach młodych bohaterów.

[321] Stara Pinakoteka (niem. Alte Pinakothek) – muzeum sztuki w Monachium.

[322] Piotr Lachmann (ur. 1935) – poeta polsko-niemiecki, tłumacz, reżyser. W 1958 roku wyjechał do RFN, gdzie studiował m.in. germanistykę. Publikował wiersze w czasopismach polsko- i niemieckojęzycznych. Iwaszkiewicz pisze o nim w *Dzienniku* pod datą 23 listopada 1958: „Bardzo fajny człowiek, właśnie człowiek. Inteligencja, subtelność, dojrzałość – a przy tym solidność, z jaką się wziął do roboty z wydawnictwem. Pożegnanie na dworcu pełne swoistej subtelności. Urocze wrażenie. Daj Boże, żeby był nadal taki" – J. Iwaszkiewicz, *Dzienniki...*, s. 250.

[323] Carl Behl (1889–1968) – niemiecki krytyk teatralny, historyk literatury, poeta, dramaturg. Biograf Gerharta Hauptmanna.

[324] Gerhart Hauptmann (1862–1946) – niemiecki dramaturg i powieściopisarz, laureat literackiej Nagrody Nobla w 1912, przedstawiciel nurtu naturalistycznego w teatrze.

Listu Twojego tutaj nie dostałem – jeżeli nie dostanę, to nie zginie, bo każę go sobie przesłać do Rzymu. Czy wypisałeś w nim Twój wierszyk, bo nie bardzo słyszałem to, coś mi czytał przez telefon. W każdym razie zauważyłem, że zrobiłeś duże postępy.

Dziwię się, że wątpisz o moim szybkim powrocie do Warszawy, chyba żebym się rozchorował poważnie – co nie jest wykluczone – to nie wrócę przed dwunastym. Ale przecie wiesz dobrze, jak mnie wszystko, co Twoje, obchodzi piekielnie, i jak chcę być przy Tobie w momentach ważniejszych decyzji życiowych – Hania zresztą też, która twierdzi, że Cię kocha jak syna – i wypomina mi moje uczucia.

Teraz parę dni nie będę pisał listów do Ciebie, bo będę w drodze... Ciekawy jestem, jak Ty te listy dostajesz. Depesza z Rzymu z adresem zaraz odejdzie... jak tylko tam przyjedziemy.

Kochany, list mój jakiś obojętny, ale wierz mi, że tak w środku nie jest. Całuję Cię mocno w czoło i oczy, Hania Cię pozdrawia –
Twój
Stary

146

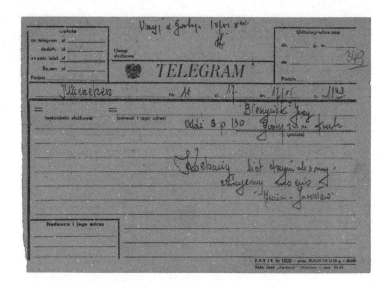

Kochany list otrzymaliśmy,
całujemy mocno, Hania i Jarosław

Telegram z dnia 18 listopada 1958,
godz. 11.40

147

München, 18 XI [19]58

Mój młody przyjacielu!

Wysłałem wczoraj depeszę w odpowiedzi na Twój list, który bardzo nas oboje ucieszył – później już oczywiście przychodzą „wersje" i interpretacje, refleksje i wątpliwości. Czy nie za dużo masz tych rodziców? I prawdziwych, i starych Pietraszków, i nas? Czy to Ci zastąpi brak serca, którego potrzebujesz, że tak powiem, z bliska, na co dzień? Oczywiście zrobimy, co będziemy mogli dla Twojego dobra, ale oczywiście ja się boję, że będziesz mi wycinał znowu różne figle.

Poza tym przejście na platformę rodzicielską znowu budzi we mnie smętne refleksje, coraz bardziej zdaję sobie sprawę z tego, że muszę się wyrzec Ciebie, przejść na dolną perspektywę, coraz bardziej oddalać się, możesz sobie wyobrazić, jak mi się to przedstawia z tak daleka! Wyobrażam sobie Ciebie coraz innego, tak jak zwykle bywasz – przecież nigdy, przychodząc do Ciebie, nie zastaje się Ciebie takiego samego, jakiego się zostawiło wczoraj! Wyobrażam sobie Ciebie cichego i czułego (bywałeś taki), albo znowuż jako wielkie mężczynisko, wredne, z kutasem i jajami, pachnące babami i obstawione wszelkimi ingredjencjami dostarczonymi przez „Securitas"[325]. I robisz się wtedy obcy, zły, niedostępny, obłudny, taki, jakim jesteś zawsze na górze, kiedy Lilka jest na dole. Męczysz mnie nawet z daleka, wszystko, co czuję i widzę, przystosowuję do Ciebie. Wczoraj byliśmy w cudownym teatrzyku z XVIII wieku na przedstawieniu „Uprowadzenie z seraju"[326] opery Mozarta. Szlachetny pasza turecki w tej operze wyrzeka się ukochanej, dla jej szczęścia i szczęścia jakiegoś tam

---

[325] Securitas – prywatna firma produkująca w owym czasie środki antykoncepcyjne.
[326] *Uprowadzenie z seraju* – opera Wolfganga Amadeusza Mozarta z librettem autorstwa Gottlieba Stephanie napisanym na podstawie tekstu Christopha Friedricha Bretznera.

bęcwała. I zaraz myśli: czy trzeba się wyrzekać? czy trzeba być szlachetnym i nieszczęśliwym? czy też szlachetnym i... nieszczęśliwym. Bo szczęśliwym w moim wypadku być nie można.

Kochany, drogi (a propos w depeszy winno być: kochany stop list otrzymaliśmy, a nie tak jak poszło) – wiecznie Ci zawracam głowę sobą, jestem potwornym egoistą i wstyd mi tego czasami, ale myślę, że mój los i Twój zrosły się trochę i trudno jest rozplątać, co ważne, a co nieważne w naszym stosunku. Jeszcze raz dziękuję Ci za list.

W rozmowie telefonicznej wywnioskowałem, że tydzień między jedną naszą rozmową a drugą był czymś najzwyklejszym w świecie dla Ciebie i minął jak z płatka, a dla mnie był pełen wrażeń. Nie masz pojęcia, jak mnie przyjmują w Monachium! Wydaje mi się, że jestem sam Leon Tołstoj, a już co najmniej Pasternak[327].

Piszę to wszystko w miłej monachijskiej kawiarni, chciałbym tu być z Tobą. Za parę godzin pociąg do Rzymu. Ach, Boże! Wolałbym co innego... Ty wiesz, Elizin wydaje mi się przystanią najwyższego szczęścia.

Ściskam Cię mocno

Balon

---

[327] Boris Pasternak (1890–1960) – rosyjski poeta i prozaik pochodzenia żydowskiego. Laureat Nagrody Nobla w dziedzinie literatury za rok 1958, której przyznanie skomplikowało niełatwą sytuację autora w totalitarnym państwie. Nękany politycznymi naciskami był zmuszony odmówić jej przyjęcia.

148

Adres – Hotel „Genio Plazza",
Zanardelli Roma, telephon 6522 – 38,
pozdrowienia Jarosław

Telegram z dnia 20 listopada 1958,
godz. 16.20

149

Rzym, 19 XI [19]58

Syneczku kochany! Twój list ostatni bardzo mi tkwi w pamięci, była to pierwsza dłuższa wiadomość z kraju, od Ciebie była depesza i list, od Szymka była depesza, a wreszcie zastaliśmy dzisiaj w Ambasadzie list od Wieśka, zresztą bardzo głupi, bo cały, właściwie mówiąc, o zazdrości. Te sceny, które on mi robi o Ciebie, bardzo mnie gniewają, bo przecież to chodzi zupełnie o co innego, serdeczności i uczuć ojcowskich wcale mu nie odmawiam, a jeżeli on chce jeszcze czegoś innego, to mógł to mieć o swoim czasie – ale wtedy nie chciał, niech więc sam sobie pluje w brodę. Otóż i my w Rzymie, nikogo to nie dziwi, nawet nas samych nie bardzo, siedzimy wieczorem w hotelu, gdzie hałas, zimno i światło okropne, ledwie ten list piszę. Na dworze ciepło, ale Hania nie chciała siedzieć przy stoliku wystawionym na trotuar, bo boi się wilgoci (której wcale nie ma) – nie chciała nigdzie wyjść dziś wieczorem – Ty wyobraź sobie, w Rzymie! My byśmy z Tobą zaraz poskoczyli na gołe kobiety – albo na inne atrakcje, na automaty jak w Kopenhadze. (A propos w Monachium wyskakuje, jak wrzucisz 3 marki, nylonowy płaszcz na deszcz, taki jak kupiłeś Halinie). Byliśmy już przed kościołem św. Piotra i Pawła – i koniec. Ach, Boże, jak mi się chce <u>piekielnie</u> gdzieś z Tobą pojechać, Ty nie masz pojęcia, jaki Ty jesteś uroczy w podróży, nawet wtedy, kiedy Twoje myśli są zupełnie gdzie indziej, nie przy Twoim przyjacielu. A tamte podróże, jeszcze <u>przedtem</u>, do Krakowa, do Kopenhagi były tak całkowicie i bez żadnego pęknięcia piękne. Chciałbym tak bardzo posłuchać Twojego głosu, Twojego oddechu – nie spać, kiedy Ty śpisz, mój drogi, najdroższy chłopcze! Bo ja, mój Jerzy kochany, naprawdę kocham Ciebie i potrzebuję Ciebie jak powietrza. Takiegoś mi wtedy figla spłatał z tym wyjazdem do Bydgoszczy. Ja rozumiem, Ty też potrzebujesz przytulić się do kogoś, posłuchać czyjegoś oddechu, itd. itd. Ja rozumiem – ale...

Nie chcę być Wiesławem, naprawdę, ale piszę, co mi ślina na język przyniesie – nie gniewaj się na mnie. A odciśnięte słowa na tym papierze to z poprzedniego listu właśnie do Wieśka pisanego, nie dowiesz się z nich niczego – i nawet żadnego nazwiska nie wyczytasz – jak ja nazwiska pani Rajskiej, co mnie przyprawiło o utratę przytomności wtedy w Rabce. Tutaj lato zupełne, ciepło i pięknie. Ale w Monachium było potwornie, cały czas rozmawialiśmy, jakie to okropne takie jesienne powietrze w Kruku – i jakie to niedobre dla Ciebie. Jak się czujesz, Kochany? Bardzo myślimy o Tobie, pisaliśmy do Szwajcarii o sanatoria. Odpisano nam, że teraz absolutnie gruźlicę leczy się tylko na równinach, że sanatoria szwajcarskie pustoszeją (nawet owo słynne w Leysinie[328]) i że zamieniają je na hotele, w których również nikt nie chce zamieszkać. Że najogólniej stosowanym obecnie środkiem jest neomycyna[329]. Czy Ci tego nie aplikują?

Czekam z utęsknieniem na depeszę, na telefon, na list, a najchętniej zabrałbym się sam i pojechał do Ciebie. Tylko nie wiem, jakbyś mnie teraz przyjął, czy Ci się nadaję? Wczoraj w wagonie głośno wymyślałem na Ciebie przed zaśnięciem: „ach, to świnia, ach ten zbrodniarz, ach ten itd". Hania była bardzo zgorszona!

Całuję mocno

Foka Balon

[Dopisek na lewym marginesie]: Córki milczą.

150

Rzym, 20 XI [19]58

Mój drogi przyjacielu! Pierwszy cały dzień pobytu w Rzymie zbliża się ku końcowi i przyznam się, że czuję się raczej zmęczony.

---

[328] Leysin – miasto w zachodniej części Szwajcarii. Jeden z najważniejszych szwajcarskich ośrodków leczenia gruźlicy z licznymi szpitalami i sanatoriami.

[329] Neomycyna – antybiotyk wykazujący działanie bakteriobójcze na prątki gruźlicy.

Nie masz pojęcia, jaki tu szalony ruch i jak bardzo nieuregulowany, każdej chwili ryzykujesz, że wpadniesz pod motor czy samochód, mnóstwo tutaj tych Vesp[330], na których oni jeżdżą jak szaleni, i co chwila to z tej, to z innej strony, z najwęższych uliczek wypada na ciebie jakaś maszyna. Chodzenie po ulicach męczy. Przykre także jest owo fałszywe ciepło, podszyte okładem i wilgocią. Ludzie siedzą na ulicy, ale kiedy sam siądziesz, ogarnia Cię niebezpieczny dreszczyk – zaczynasz kichać i katar gotowy. Byliśmy dzisiaj w kilku pięknych miejscach, ale Hania dąży do samodzielnego chodzenia po mieście, a mnie to napełnia przerażeniem, bo wiesz, jaka ona nieprzytomna, żeby gdzie nie wpadła. Jednym słowem pragnę jak najbardziej pojechać już do Polski, zobaczyć Ciebie i pomęczyć się trochę w Twoim towarzystwie. Nie masz pojęcia, jak tęsknię do Ciebie, zresztą nie tylko do Ciebie, do domu, do Wiesia, do redakcji. Boję się bardzo, że w tej ostatniej zastanę coś niedobrze, kiedy wrócę – boję się, że mnie wreszcie wywalą. Tęsknię do Ciebie, to prawda, ale jednocześnie boję się bardzo mojego powrotu do kraju i do tego, co się zacznie po Twoim wyjściu z sanatorium. Obawiam się, że będę bardzo się męczył z Twojego powodu.

No, ale co tam o tym, jeszcze do tego czasu daleko. Czy Cię Burakowski nie zatrzymuje na grudzień? Miałem dziś depeszę od Szymka, że wizy francuskie jeszcze nie przyszły, może wcale ich nie będzie – wtedy pojedziemy z moją żoną jeszcze dalej na południe – na jaki tydzień. Koło 8–10 na pewno przyjadę do W-wy, zabiorę Cię 12 z sanatorium. Ale chyba jeszcze do Meliny?

Tutaj takie cudne rzeczy można kupić, zwłaszcza dla dzieci, widzieliśmy dzisiaj prześliczną sukieneczkę, nadającą się dla Ewuni. Ślicznie by w niej wyglądała. Drogi, sam nie wiem, co Ci pisać, obawiam się jakoś, że wszystko, co piszę, to Cię drażni i irytuje, bo Ty myślisz co innego, a ja co innego. Postaram się

---

[330] Vespa – marka włoskich skuterów produkowanych nieprzerwanie od 1946 roku przez koncern Piaggio.

w sobotę zadzwonić do Ciebie, może się lepiej porozumiemy. Gorąco ściskam Twoje ręce, i w ogóle... Hania Cię pozdrawia – Twój

Foka

[Dopisek na lewym marginesie]: Przyślij mi ów wierszyk, który czytałeś przez telefon, nie wszystko w nim zrozumiałem na taką odległość. Boże, jak my daleko...

151

Rzym, 21 XI [19]58

Kochany Jerzy! Kupiłem wreszcie atramentu i piszę rozsądniej, bo tamtym ołówkiem[331] to wychodziło czort wie co. Otrzymałem Twoją depeszę i z wielką tremą czekam na telefon, czy się nam uda dogadać. Dzisiaj już dwa tygodnie, jak wyjechaliśmy z domu – nie mieliśmy żadnego jeszcze listu, prócz Twojego, wczoraj była depesza od Szymka uspokajająca i miła. Chciałbym, aby jego uspokajanie odpowiadało rzeczywistości. Trochę mi głupio jest siedzieć w tym Rzymie – wydaje mi się to zupełnie bezcelowe: Hania chodzi do kościoła i pierze skarpetki, co mogłaby czynić w Stawisku albo w Mińsku Mazowieckim. Ja zaś nawet tego nie robię. Wszystko wydaje mi się niemądre i niepotrzebne. W Wiedniu i Monachium przynajmniej wiedziałem, po co jestem, Rzym wydaje mi się brudny i nieznośnie hałaśliwy, trochę antypatyczny. Wszystko oczywiście zależy od hotelu, który nam wybrał Breza[332], rzeczywiście trzeba przyznać, że wybór jest bardzo niefortunny.

Byliśmy dziś w muzeum watykańskim, którego nie lubię. W Kaplicy Sykstyńskiej, która tym razem nie zrobiła na mnie zwykłego wrażenia – cieszyłem się, że jeden z „niewolników" Michała

---

[331] Poprzednie listy pisane są długopisem, a nie piórem.

[332] Tadeusz Breza (1905–1970) – powieściopisarz i eseista, pracownik dyplomacji polskiej. W latach 1955–1959 pełnił funkcję radcy kulturalnego ambasady polskiej w Rzymie.

Anioła przypomniał mi Ciebie. Jest to jedna z postaci specjalnie starannie opracowana, widać, że i stary Michał Anioł lubił ten typ. Nie wiem, jak rozwinie się dalej nasz pobyt tutaj, na razie jest trochę smutny i powiedziałbym trudny ze względu na obyczaje mojej małżonki, która nie rezygnuje z żadnego ze swoich dziwactw w podróży. Czekamy na tę utrapioną wizę francuską – która nie nadchodzi. O ile nie przyjdzie do poniedziałku, to pojedziemy jeszcze gdzieś na południe i wrócimy do domu, na co się cieszę już bardzo. Czuję się nieźle, serce trochę nawala, ale na ogół trzymam się, co przy włoskiej kuchni i winku, i kawie jest dość trudne. Myślę o Tobie więcej, niż wolno jednemu człowiekowi myśleć o drugim, bo to już staje się pogaństwo i bałwochwalstwo. Okropnie tęsknię.

Nic nie piszę i nie czytam, więc może wypoczywam, to też dobrze. Zastanawiam się, dlaczego mam telefonować w poniedziałek nie w sobotę. Czy w sobotę będziesz miał jakie zajęcie? Czekam z niecierpliwością na wiadomości od Szymka, nie wiem, jak stoją sprawy samochodów, pieniędzy itd. itd. Boję się o to, jak oni sobie dają radę w tym Stawisku.

Pogoda tutaj – chociaż dziś pochmurno – to ciepło. Chodzę w letnim płaszczu i z gołą głową, chociaż mógłbym chodzić w samym ubraniu. Tylko noc zapada wcześnie – i takie dziwne są te długie ciepłe wieczory:

> W długie ciepłe wieczory
> Szukam ręki dalekiej,
> Zimnej chciałbym już pory
> I gorącej powieki –

Całuję Twoje powieki i czoło, bardzo Cię mocno obejmuję i do serca przyciskam, dziękuję Ci za depeszę, telefony, listy, jednym słowem za pamięć. Klawy jesteś i równy chłop.

Twój Foka

[Dopisek na lewym marginesie]: Prezenty będziesz miał zdaje się ładne! Dla Twoich dzieci też coś kupiłem na gwiazdkę!

152

Rzym, 23 XI 1958,
niedziela

Kochany Jurku!

Mam dzisiaj bardzo zły dzień, w czasie bezsennej nocy bardzo dużo myślałem o Tobie, i przyznam się, że źle myślałem – i tak mi to już zostało na cały dzień, i na oglądaniu cudownych rzeźb i obrazów w willi Borghese[333], i podczas rannego aperitifu w najbardziej eleganckiej włoskiej kawiarni – wciąż mi tkwiły w głowie Twoje sprawy i Twoje postępowanie. Zawsze mówisz, że na każdą sprawę trzeba popatrzeć po czasie i z daleka, a wtedy wszystko ukaże się w innym świetle. Masz zapewne rację, nawet na pewno masz rację – i z wielu spraw „poważnych" śmialiśmy się po czasie. Ale mimo wszystko, niektóre z tych spraw utkwiły mi jak ciernie w nodze, i nie mogę się z nich śmiać dzisiaj, mimo wszystko. I w dalszym ciągu niektóre Twoje postępki odczuwam jako winy w stosunku do mnie, winy bardzo poważne, bo winy fałszu i braku szczerości – a to chyba najważniejsze. Wszystko inne wygładziło się już u mnie w uczuciu i pamięci, wszystko Ci wybaczyłem, a nawet powiem Ci szczerze nie potrzebowałem wybaczać, bo zapomniałem doszczętnie, nie zostawiło to w moim sercu żadnych blizn i nie podkopało mojego stosunku do Ciebie. Ale inne sprawy zostały we mnie i tkwią, i całe noce takie bezsenne szarpię je jak strzały tkwiące w ranach – i rozmyślam nad nimi z wielkim smutkiem i strachem. Smutkiem, że taki byłeś, strachem, że takim będziesz. Są to znowu te same sprawy: owej nieszczęsnej wyprawy do Rudki, owa podróż do Wrocławia i Krakowa, która była rezultatem Twojej „gry" i jej okropne zakończenie, wreszcie ostatnia Twoja zabawa w kotka i myszkę, z wyjazdem razem

---

[333] Galeria Borghese – muzeum państwowe w Rzymie, przechowujące malarstwo, rzeźbę i antyki z kolekcji Borghese. Muzeum mieści się w Willi Borghese wchodzącej w skład zespołu pałacowo-parkowego.

z Lilką do Bydgoszczy. (Zawsze chodzi mi nie o same fakty, ale o ich załatwienie, na nieładne sytuacje, w jakich mnie swoim postępowaniem stawiasz). Nic mi ani nie pisałeś, ani nie powiedziałeś, czy dostałeś liczne moje listy pisane w ostatnich dniach przed wyjazdem z kraju, znalazłeś w nich odbicie mojego stanowiska w ostatniej sprawie. Szymek się cieszył, że postąpiłem prawdziwie po męsku – ale jego radość była niedługa. Słabość moja, mój miękki charakter nie pozwolił mi na dotrzymanie przyrzeczenia i na niepisanie do Ciebie z zagranicy. I nie wiem właściwie, jakbym był powinien wyrazić moje do Ciebie przywiązanie, czy milczeniem, czy też posyłaniem tych prawie codziennych listów, które Cię zapewne przekonują, że mnie można skopać, a ja się będę czulił zawsze. Czy zawsze? Nad tym powinieneś, mój drogi przyjacielu, pomyśleć trochę.

Z wielką tremą czekam na Twój jutrzejszy telefon, nasze rozmowy telefoniczne mijają się jakoś z korespondencją – mówimy „o czym innym". Przyznam Ci się, że z wielkim smutkiem myślę o moim powrocie do Ciebie i o wszystkich konfliktach, jakie mnie czekają. Listów żadnych od Ciebie nie dostałem jeszcze, ale wiem, że mi nic nowego nie powiedzą. Drogi, kochany, bardzo się dziś męczę z Twojego powodu, jutro może to minie, po telefonie. I tak mi to straszne lato stanęło żywo w pamięci z tym wszystkim, coś mi robił. To było bardzo złe lato, zwłaszcza, kiedy dzisiaj, „z daleka" na to patrzę i widzę, jakim balonem byłem wówczas – jak i dziś zresztą. Tymczasem całuję Cię mocno, jest smutno, deszcz pada nad świątecznym Rzymem, papież przejeżdżał pod naszymi oknami, pachną na stole róże i tuberozy, tęskno mi do domu – czy nie do domu – choć wiem, że mi już nigdzie dobrze nie będzie. Do widzenia, drogi, jedyny...

F.

153

Sobota, 23 XI [1958]

Bardzo kochany –

Widzisz, przyzwyczajony jestem do smutków i niedowierzań, do kłopotów i zawodów. Nie mam sił do przeżycia klęski szczęścia. Bo Twój telefon przedwczoraj wieczorem to była klęska szczęścia. Nie ucieszyłem się z tego nawet, nie wiem, co mam z tym zrobić. Zwykły telefon. Ale zatroszczyłeś się o mnie, o mój humor, zaniepokoiłeś się, że jestem „niezadowolony". Och, Boże, jakże nikt nigdy nie troszczy się o te rzeczy – i kiedy przychodzi Twoja troska, nie wiem, co mam z nią zrobić. Oczywiście, ucieszyć się – i koniec! A ja nie mogę ani jednego, ani drugiego. Ucieszyć się nie mogę, bo w środku wszystko zwarzone i pokiełbaszone, i boję się nawet cieszyć, bo wiem, czym moje dawne „cieszenia się" kończyły, i powiedzieć sobie „koniec" nie mogę, bo wciąż mi się wydaje, że jeszcze tyle rzeczy będzie i że jeszcze za wcześnie powiedzieć: „koniec". Mąci mi się w głowie po prostu i sam nie wiem, co robić. Dzisiaj już nie telefonowałeś. A jutro?

Bardzo kiepsko z nerwami. A Ty?

Całuję Cię mocno –
Roman

154

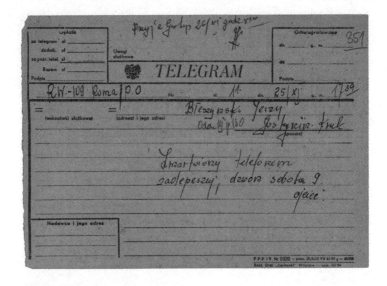

Zmartwiony telefonem, zadepeszuj,
dzwoń sobota 9, ojciec

Telegram z dnia 26 listopada 1958,
godz. 17.39

155

Rzym, 25 XI [19]58

Moje dziecko najdroższe – chyba nie ma sensu kłócić się na odległość i rozstrzygać spory, które w ogóle nie mogą być rozstrzygnięte, a cóż dopiero na odległość Rzym – Kruk. Bardzo mnie zmartwił Twój telefon i Twoje różne sprawy, ale co to pomoże, że będę Cię rugał? Już mam wielomiesięczne doświadczenie na to, że się tak łatwo i tak prędko nie zmienisz. Lepiej Ci powiem, jak żyjemy w Rzymie. Wiesz dobrze, że podróżowanie z Hanią wymaga wielkiego zaparcia się siebie – a cóż dopiero pójście z nią na sprawunki do wielkiego magazynu. Możesz sobie wyobrazić, co to jest, bo Hania mimo wszystko w tych sprawach jest bardzo kobieca, chociaż to nie chodzi o sprawunki dla niej, lecz dla wnuków, jest kapryśna, wymagająca, a w dodatku nie potrafi rozmówić się po włosku. No, ale właśnie dzisiaj byliśmy na sprawunkach. Tadzio Breza przyjechał dzisiaj z ambasady samochodem i podwiózł nas w dzielnicę handlową. Niestety, pod najdroższe sklepy. Byliśmy potem na via Condotta, gdzie jest najpiękniejsza męska bielizna <u>na świecie</u>. Miałem kiedyś gacie od Gucciego, właśnie stamtąd, ale w tej chwili to wszystko za drogie. Kupiłem tylko przepiękną muszkę szaro-białą dla pewnego mojego znajomego. Mucha będzie pasowała do czarnego ubrania, będziesz miał co włożyć na Sylwestra w... Szczecinie. Potem byliśmy na tejże ulicy w staroświeckiej kawiarni Café Greco[334], gdzie bywali jeszcze Mickiewicz i Słowacki, a kawiarnia od tamtej pory nic się nie zmieniła. Wypiliśmy tam po koniaczku i ja filiżankę kawy. Kawiarnia leży tuż przy pięknym placu Hiszpańskim, gdzie są wspaniałe schody wiodące ku górze, a na nich straganyz kwiatami. Możesz sobie wyobrazić, jakie te kwiaty są piękne w Rzymie. Pocztówkę z tymi hiszpańskimi schodami

---

[334] Antico Caffè Greco – najstarsza kawiarnia w Rzymie, otwarta w 1760 roku przy via dei Condotti nieopodal placu Hiszpańskiego, uważana za jedną z najpiękniejszych na świecie, była miejscem spotkań artystycznej elity z całej Europy.

posyłam jednocześnie Szymciowi, żeby zobaczył, jak tam ładnie. Może kiedyś razem tu będziemy? A może będziesz sam (czy z kim innym), może wtedy pomyślisz i o Twoim starym przyjacielu, któregoś zawsze mocno nabierał i trajlował jako fokę. Pochodziliśmy po tym placu, pooglądali klejnoty (tu dopiero trzeba zobaczyć, jaka jest biżuteria – ale wyobraź sobie modne teraz jest wszystko niebieskie – medaliony, pierścionki i naszyjniki). Diamenty i szmaragdy wspaniałe. Kupiliśmy trochę pocztówek i pojechaliśmy na nasz plac Navona[335] na obiad. Przy sąsiednim stoliku małej i prostej restauracji siedział Strawiński[336]! Zjedliśmy po porcji makaronu z sosem (najlepsze tutaj to ta tajemnicza przyprawa do tych makaronów nie wiadomo, z czego zrobiona, pomidorowa i znakomita), potem zjedliśmy pieczeni cielęcej z sałatą, kartofli tu nie dają, o ile się specjalnie tego nie zamówi, a potem zjedliśmy leguminę, która nazywa się zuppa inglese (angielska zupa), a jest tortem z ciasta i pianki, bardzo słodkim. Wina piliśmy frascati bianco. No, co? Zajmuje Cię to – czy nie? Dzisiaj Tadzio Breza zaprosił nas na kolację do jakiejś wspaniałej restauracji położonej tuż naprzeciwko naszego hotelu. Z jakimiś Włochami. Tutaj niby jest obfitość wszystkiego, ale widać, że kraj ubogi, inaczej zupełnie wszystko wygląda niż w Niemczech. Tam to wszystko solidniejsze. Tadzio B. zaproponował nam w tych dniach jazdę do Asyżu (od świętego Franciszka), bardzo nas to ucieszyło, bo to piękne miasto – to jest o 170 kilometrów na północ od Rzymu. Mam już dość dużo prezentów, ale jeszcze muszę coś niecoś kupić. Butów Ci nie przywiozę, gdyż bardzo boję się kupować „na oko", a poza tym mam już parę nowych ciepłych butów, które kupiłem sobie w Monachium i te Twoje po prostu nie zmieściłyby się w bagażach, które i tak już mają rozmiary przerażające: rzeczy ciepłe i nieciepłe, książki moje i papiery itd. itd.

---

[335] Piazza Navona – plac w Rzymie położony w rione (dzielnicy) Parione.
[336] Igor Strawiński (1882–1971) – rosyjski kompozytor, pianista i dyrygent.

No, mój drogi, na ten list nie będziesz miał powodu narzekać, zupełnie normalny, postaram się tak do końca.

Ściskam Twą dłoń
Jarosław

P.S. Przepraszam za depeszę.

[Dopiski na lewym marginesie]: PS Wysyłam kartkę do Burakowskiego. PS 2. Nie martw się o forsę, za moim przyjazdem chyba się zmieni. Tylko starym[337] nie będę już więcej płacił.

156

25 XI [19]58

Mój kochany! – Widzisz, jaki jest mój nastrój z poprzedniej kartki listu, do tego przyszedł Twój telefon, który mnie bardzo zirytował. Twoje postanowienie wyjechania z Kruka o trzy dni wcześniej jest bez sensu. 1° jest to niedotrzymanie naszej umowy, 2° przeczuwam pod tym jakieś Twoje machinacje, o których nie chcę wiedzieć. Twoje „argumenty", że chcesz jednocześnie wyjechać z Twoim towarzystwem, należą do rzędu argumentów zazwyczaj używanych przez Ciebie, jak np. że chcesz pojechać do Bydgoszczy, aby się widzieć z bratem Lilki w sprawie emalii perłowej, albo że nie chcesz, abym ja przenocował na Flisaków, bo Ty czujesz się źle, i ja bym Ciebie w nocy pilnował i męczyłbym się. Że Ci nie wstyd trajlować mi takie rzeczy? To, co wczoraj napisałem do Ciebie po Twoim telefonie, przeszło wszystko cokolwiek do Ciebie pisałem, więc nie tylko Ci tego nie posyłam, ale nawet nigdy nie pokażę, bo podarłem. Było zbyt ubliżające dla mnie samego. Zresztą dziś (po zastosowaniu ponurych środków) uspokoiłem się trochę – i już mi nie chce się Tobie wymyślać. Dość

---

[337] Chodzi o Pietraszków, od których Jerzy wynajmował pokój.

miękko mówiłeś o wysyłaniu do mnie jednego listu – więc pewnie wcale nie wysłałaś. Też bym się wstydził – ja znajduję czas w podróży na codzienne pisanie – a Ty w tej Twojej pustce nie potrafisz słowa napisać. Co Ty robisz? Nie będę już o tym pisał. Proszę Cię o jedno: o dwa tygodnie pobytu we dwóch w górach, tak jakeśmy się umawiali. To będzie nasze pożegnanie.

W Rzymie jak w Rzymie, to pada, to ciepło. Nasz hotelik jest do luftu, bo to ani skromny i szczupły, ani prawdziwie wielki hotel, nie jesteśmy z niego zadowoleni. Za to niedaleko jest piękny plac Navona i tam małe restauracje, gdzie można względnie tanio jadać, pożerać makarony i popijać czerwone wino (świetne) – po których Egri Burgundi będzie smakować jak pomyje. Wieczorem jadamy tylko owoce, których tu mnóstwo, tanie i świetne. Tu taki sam urodzaj na pomarańcze jak u nas był na jabłka, całe drzewa okryte owocami, ale one dopiero w grudniu dojrzeją. Wczoraj na awentyńskim wzgórzu[338] widzieliśmy cudowny taki ogródek, cały napełniony pomarańczowymi drzewkami pełnymi owoców.

Moje dziecko, wszystkie żale wzajemne zostawmy do rozmów ustnych, chyba nabiorę rozsądku po powrocie i pogodzę się z rzeczami nieuniknionymi. Myślę, że i Ty się z nimi pogodzisz.

Całuję Cię serdecznie, Hania Cię pozdrawia – smutno mi trochę, że jesteś taki niezmiennie niesforny, Twój

Ojciec

157

Rzym, 26 XI [19]58
(ciepło, ale pada)

Tak się na Ciebie złoszczę i irytuję, wypominam Ci w bezsenne noce wszystkie moje krzywdy, przeklinam Cię i wymyślam Ci – a potem się refleksję i myślę sobie: jakże ja mogę tak postępować

---

[338] Awentyn – najbardziej wysunięte na południe wzgórze w starożytnym Rzymie.

w stosunku do Ciebie, który jesteś moim przyjacielem, bratem, synem, wszystkim, czym chcesz, jakże ja mogę Cię obwiniać o to, że szukasz dla siebie miłości, której potrzebujesz, jakże ja mogę Ciebie obwiniać, że kłamiesz przede mną, kiedy ja kłamię przed Tobą daleko więcej, udaję czasami, oszukuję, zdradzam, mówię źle o Tobie przed drugimi, a od Ciebie wymagam szczerości, prawdy, jasności – kiedy sam kręcę, kluczę, nie mówię tego, co myślę. Jakże ja mogę mieć Tobie za złe rzeczy, które sam robię, czyny, które sam popełniam – i zapominam, że powinienem być Ci wdzięczny za każdy uśmiech, za każde słowo, dobre czy złe, kochany, jedyny mój na świecie, poza którym nic nie czuję i nic nie widzę. Jakże ja mogę wymagać od Ciebie, tak okrutnie potraktowanego przez los i życie, abyś był inny, abyś był inny niż wszyscy młodzi ludzie, abyś był szlachetny, konsekwentny, ofiarny – kiedy sam jestem nieszlachetny, zmienny, egoistyczny. A przecież ja jestem ten stary, doświadczony, cierpliwy – a przy tym zdrowy, szczęśliwy, utalentowany, „sławny". Jakże ja mogę być dla Ciebie taki niedobry, dlatego tylko, że kochasz? Świnia jestem. Oczywiście wydaje mi się, że kochasz nie tego, kogo trzeba, że to za mało dla Ciebie, dla Twojej urody, dla Twego charakteru – ale na miłość nie ma lekarstwa. I widzisz po momentach, kiedy chciałbym Cię roznieść na szpadzie, zastrzelić, wrzucić do morza, zadusić powoli własnymi rękami, przychodzą takie chwile jak dziś, kiedy po prostu chcę Cię przeprosić, powiedzieć Tobie: przebacz mi, mój Jerzy, nie miej mi tego wszystkiego za złe, bo ja Cię kocham, ale moja miłość jest niedobra, nie przynosi Tobie nic dobrego, ani mnie nie daje ulgi. Przebacz mi wszystko, mój Jerzy, a przede wszystkim to, że Ci Twoje życie tak bardzo pogmatwałem. Przebacz mi wszystko, mój Jerzy.

Byłeś dzisiaj ze mną w kościele Santa Maria sopra Minerva[339]. Jest tam wspaniała postać Chrystusa zmartwychwstałego, takie

---

[339] Bazylika Santa Maria sopra Minerva – bazylika mniejsza w Rzymie, usytuowana na Piazza della Minerva, w pobliżu Panteonu. Kościół gotycki, zbudowany w latach 1280–1370 na miejscu wcześniejszej świątyni Minerwy.

wielkie, marmurowe chłopisko, z dojrzałym, wspaniałym ciałem, rzeźba Michała Anioła (pamiętasz ten wiersz Michała Anioła?[340]). Dawniej był ten Chrystus nagi, potem pruderia późniejszych wieków przykryła jego członek miedzianą draperyjką, tak bardzo nie pasującą do wspaniałego ciała. Porównywałem to ciało do Twojego, ale Ty to jesteś jak święty Jan Chrzciciel na pustyni. Ty jesteś zupełnie inny. Ale Michał Anioł wyrzeźbił tak cudownie owo przejście z brzucha na piersi, z taką miłością oddał każdy muskuł, że mimo woli nasuwało mi to myśli o jego modelu. Kościół wspaniały, marmurowy, gotycki, zimny – a było mi w nim ciepło, jasno, bo Ty stałeś tuż obok mnie i oglądałeś ten posąg, i byłeś tak blisko, i nie gniewałem się na Ciebie ani trochę.

Potem byłem w olbrzymim składzie krawatów, nie masz pojęcia ilości, gatunku i rozmaitości modelów. Ten skład jest położony w najelegantszej części Rzymu, naprzeciwko kawiarni ze stolikami na trotuarze, gdzie panują Amerykanie – i bałem się do niego wejść. A tymczasem okazało się, że tam właśnie są najtańsze krawaty i najpiękniejsze (najpiękniejsze na świecie). Kupiłem <u>sobie</u> parę bardzo pięknych modeli. Ale jeszcze chyba tam zajrzę, bo się trudno stamtąd wyrwać.

13 (sobota) muszę być w Łodzi. Może ze mną pojedziesz na dwa dni do tego miasta?

Całuję Cię mocno, Hania pozdrawia
Twój
Ojciec

P.S. Co mówisz na ten podpis? Podpisałem tak ostatnią depeszę. Podpis ten mówi bardzo wiele, czy nie za wiele. Co?

---

[340] Wiersz wysłany Błeszyńskiemu w 1957 roku.

158

[Zapis w poprzek kartki pocztowej. Na awersie zdjęcie wspomnianej w liście rzeźby Chrystusa z kościoła Santa Maria sopra Minerva]

27 XI [19]58

To jest ten Chrystus Michała Anioła, o którym Ci wczoraj pisałem. Rozumiesz, dlaczego musiano go w kościele ubrać w miedziany fartuszek i dlaczego go przesyłam w kopercie. Jest to moje największe przeżycie artystyczne za obecnej bytności w Rzymie, dawniej go nigdy nie widziałem. Czekałem dziś na depeszę od Ciebie (wczoraj był strajk), ale na próżno. Liczę dziś godziny do powrotu, tym bardziej, że mnie znowu napadły ataki kiszkowe, które miałem przy wyjeździe. Mam wielką tremę przed nowym telefonem od Ciebie, tak to zawsze przeżywam i tak mi to źle robi na nerwy. Całuję Cię mocno, do serca tulę – Ojciec Foka

159

Rzym, 1 grudnia 1958

Drogi przyjacielu!

Tym razem to już kilka słów, abyś zastał na powitanie w domu, jeżeli mnie jeszcze nie będzie. Ostatni Twój telefon (z Szymkiem) bardzo mnie uspokoił. Pomyślałem sobie, są jeszcze tam zaradni i energiczni chłopcy, prawdziwi mężczyźni, na których mogę liczyć i którzy mi pomagają. Przez całą wczorajszą niedzielę chodziłem pod tym pozytywnym wrażeniem. A dzisiaj znowu nie ma nic od Szymka – a miała być depesza z ostatnią decyzją – i ogarnął mnie szalony niepokój, niepewność i strach, że jemu coś się stało w powrotnej drodze z Kruka. Na samą myśl o tym włosy mi stają dębem. A więc, kochany, zaczynamy nowe życie, daj Boże, żeby poszło Ci lepiej niż dotychczasowe. O mnie oczywiście szkoda gadać.

W Rzymie dziś dzień był tam cudowny, pełen niebieskiej mgiełki. Wszystkie sylwetki gmachów jak wycięte z niebieskiego papieru. Potem piękny koncert kwartetu węgierskiego[341]. Byłbym szczęśliwy, gdybym był spokojny...

Do widzenia, drogi.
Jarosław

---

[341] Kwartet Węgierski (Hungarian Quartet, 1935–1972) – zespół muzyczny słynący z doskonałych wykonań kwartetów Beethovena i Beli Bartóka.

160

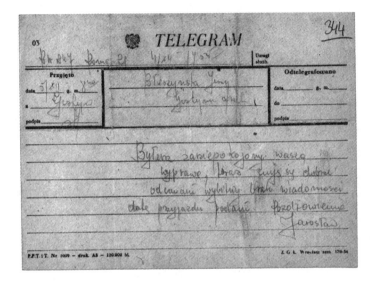

Byłem zaniepokojony waszą
wyprawą, teraz czuję się dobrze
odczuwam wybitny brak
wiadomości datę przyjazdu
podam. Pozdrowienia, Jarosław

Telegram z dnia 4 grudnia 1958,
godz. 14.55

161

Będziemy piątek rano mimo
wszystko cieszymy się z spotkania,
Jarosław

Telegram z dnia 6 grudnia 1958,
godz. 18.40

162

Mieszkam Grand Hotel,
kup bilety do jakiego teatru
na czwartek, wszystko jak chcesz,
pozdrawiam, Foka.

Telegram z dnia 15 grudnia 1958,
godz. 15.35

163

Stawisko, 31 XII [19]58, jeszcze
ostatnia godzina roku

Moje dziecko ukochane! Spodziewałem się po prawdzie depeszy lub telefonu od Ciebie, ale ponieważ prosiłem Cię, abyś od chwili wyjazdu z Torunia aż do powrotu do Warszawy ani razu o mnie nie pomyślał, więc oczywiście spodziewanie się to było nonsensem. Ja także od chwili wyruszenia Twego pociągu do Bydgoszczy ani razu o Tobie nie pomyślałem – i teraz wcale nie myślę. Ale chcę zamknąć ten rok – nie wierszem jak zwykle – tylko listem do Ciebie. Przed chwilą skończyłem zapisy w moim kalendarzyku. Ten rok jest tak przepełniony „kultem jednostki", że chyba naprawdę może być nazwany Twoim rokiem. Niech Ci się w głowie nie przewraca, nie jest to Twoją zasługą – li tylko spowodowane jest moimi chorobliwymi staraniami. Ale od zeszłego sylwestra – kiedy myślałem, że jesteś ze swoją „przyszłą" – poprzez szczęśliwy dzień 6 stycznia, poprzez wszystkie nasze jazdy, spotkania, konflikty, poprzez melinę, Poronin, Kazimierz, Wrocław, Baranów z grobem Twego ojca, aż do ostatnich dni w Toruniu – tylko Ty i Ty. Ostatnie dni były ukoronowaniem, nigdy w życiu nie czułem takiej pełni i takiej harmonii. Czy Ty to czułeś? Cały jestem wdzięcznością dla Ciebie – nie tylko za owe dni, ale za cały rok, który chcę zamknąć jak klamrą Twoim imieniem, Jerzy. Całuję Cię

Jarosław

164

List zostawiony
na Flisaków

31 XII [19]58

Jurku! Byłem bardzo szczęśliwy przez trzy dni[342]. Piękne zakończenie roku dziękuję.

Jarosław

Na razie załączam 2 patyki, abyś zapłacił starym – reszta za widzeniem się. Całuję.

165

Piątek, zaraz po powrocie
do domu (9 I [19]59)

Jerzy! Żyłem przez te ~~dwa~~ trzy dni tylko Tobą, prawie jak w Toruniu, i pełen jeszcze jestem kontaktu z Tobą, żyję jeszcze Twoim życiem. Nie mogę się otrząsnąć ze wszystkiego cośmy ze sobą przez te trzy dni przegadali i przeżyli. Czy często mówisz swoim kobietom: przecież ja cały należę do ciebie? Nie dziw się, że jeszcze po tylu godzinach rozmów piszę do Ciebie – wciąż chcę być przy Tobie, z Tobą. To się przecie tak prędko skończy, kto inny będzie przy Tobie, z Tobą. Mimo wszystko napełniasz mnie spokojem i radością. Niezmienna to radość, że nasza przyjaźń nie doszła jeszcze do szczytu, że wciąż się wznosi ku górze, dowodem przedwczorajsza rozmowa, w której powiedziałem tak dużo o sobie. Jak nigdy – i nawet było Ci z tego powodu nieprzyjemnie. Jeszcze mamy sobie tyle do powiedzenia. Naprawdę.

---

[342] Po świętach Bożego Narodzenia w 1958 roku Iwaszkiewicz i Błeszyński spędzili razem kilka dni w Toruniu.

Mimo wszystko mam zawsze odrobinę żalu do Ciebie, że rozpuszczasz czy rozcieńczasz swoją szczerość w dużych szklankach wody i że o tylu rzeczach dowiaduję się po tak długim czasie. Czy nie szkodzisz tym naszej przyjaźni? Bardzo, bardzo mi trudno jest zaakceptować Twoją decyzję... Przerwałem list, idąc na kolację, a potem grałem na fortepianie i już nie pamiętam, co tu chciałem powiedzieć. Podczas grania przyszło mi do głowy, że Ty nigdy nie słyszałeś mnie grającego, na dowód jak bardzo mało interesuje Ciebie moje życie osobiste. Ale o tym potem – dobrze? Nie martw się, że tak dużo kosztuje Twoja fura. Pan Bóg jest po naszej stronie, bo dziś zastałem w domu niespodziewany przelew na 11.000 zł – co nam zapewnia nie tylko jutro, ale i spokojny pobyt w Poroninie, oczywiście jeżeli nie będziesz chciał córkom Swidra[343] (czy jak on się nazywa?) kupować prawdziwych korali – a samemu staremu prawdziwego spirytusu. Widzisz, jak jest dobrze na tym najlepszym ze światów. Dobrze, nie dobrze – ale cieszę się z tych ostatnich trzech dni, przywiązałeś mnie do siebie jeszcze więcej. Do widzenia, drogi, „komplikujmy dalej"

Twój
Lech

166

Warszawa, Szucha
6 lutego [1959], 9[15] wiecz[orem]

Moje dziecko najdroższe! Telefon na Flisaków zepsuty czy ciągle zajęty, a tak chciałem jeszcze do Ciebie zadzwonić, żeby Cię poprosić o zadepeszowanie, jak dojechałeś. Niepokoję się o tę Twoją drogę, ale wiem, że Ty zawsze jesteś mężny i wytrzymały

---

[343] Swider – gospodarz domu przy ul. Lenina 58 w Poroninie. Iwaszkiewicz i Błeszyńskim pojechali do Poronina w końcówce stycznia 1959 roku.

w takich razach. Nie masz pojęcia, jak mi jest okropnie, że Cię już jutro nie będzie w Warszawie – i nie będzie od kogo wysłuchiwać wszystkiego, co ślina na język przyniesie (język jak wiadomo służy do ukrycia myśli) – i nie będzie do kogo mówić rzeczy głupich, nudnych i natarczywych. Wściekły jestem, bo posiedzenie Sejmu skończyło się o 7 i mogłem jeszcze wieczorem porozmawiać trochę z Tobą – a przede wszystkim mogłem się nie fatygować do Sejmu na godzinkę dla wysłuchania wykładu o złej konstrukcji maszyn i narzędzi rolniczych. I bez tego wiem, że widły gną się jak słoma. Z mojej równowagi osiągniętej w Poroninie niewiele już zostało – a potrzebuję jej b. dużo, bo podjąłem się różnych zobowiązań, które muszę wykończyć w tym tygodniu – między innymi tego felietonu pomiędzy dwoma częściami koncertu Małcużyńskiego[344] (posłuchaj!). Wieczór spędziłem na Szucha z Jankami[345], był także Wiesiek – ale nie miałem humoru do rozmowy z nim. Wszystkie moje myśli są przy pewnej futrzanej czapce – i przy pewnej dalii wielkopańskiej pewnego hrabiego[346]. W gruncie rzeczy bardzo jestem zadowolony z tego, żeśmy się nie połakomili na ten pokój na Świerczewskiego[347], niedobrze by Ci tam było i ciasno bardzo – chociaż do czworga dzieci powinieneś się powoli przyzwyczajać. Masz rację, co nagle to po diable, i chyba nie będziemy tego żałowali. Mam nadzieję, że napiszesz do mnie zaraz albo zadepeszujesz, albo zatelefonujesz – w poniedziałek przyślę Ci cały rozkład mojego tygodnia. Szkoda, że nie wiem, co Ty będziesz robił, bobym był z Tobą myślami. Tymczasem do widzenia, ściskam

---

[344] Witold Małcużyński (1914–1977) – polski pianista, laureat III nagrody na III Międzynarodowym Konkursie Pianistycznym im. Fryderyka Chopina (1937), uczeń Ignacego Paderewskiego. Od 1945 r. mieszkał w Szwajcarii.

[345] Chodzi o Marię Iwaszkiewicz i Jana Wołosiuka.

[346] Podczas pobytu w Poroninie Jerzemu zostało zrobione zdjęcie w góralskim stroju, do którego Iwaszkiewicz często nawiązuje w kolejnych listach.

[347] Ulica w Warszawie, dziś aleja „Solidarności". Błeszyński wyprowadził się z mieszkania przy ul. Flisaków i ostatecznie pomieszkiwał na Szucha, w mieszkaniu Iwaszkiewicza.

Cię serdecznie. Lilki ręce ode mnie ucałuj i pozdrów Twoich przyszłych teściów.

Twój brat, przyjaciel i OJCIEC

[Dopisek na lewym marginesie]: Jeżelibyś zabawił w B. dłużej, to może ja przyjadę?

[Dopisek na lewym marginesie kolejnej strony]: Nie mówiłem Ci nic o wielkich przykrościach w redakcji. O tym potem.

167

Stawisko, sobota wieczór
7 II [19]59

Moje dziecko ukochane, drogi mój syneczku! – Tak się cieszę bardzo, że zdobyłem się na ten wyjazd na dworzec i na odprowadzenie Ciebie – mam tym sposobem o jeden dzień mniej „bez Ciebie". Te dnie „bez Ciebie" zawsze są trudne i nudne, a na dzisiaj mam ten obraz Twojej twarzy, która mi się nagle ukazała przy wejściu na halę dworcową, cała w cieniu i taka piękna jak na jakimś włoskim portrecie. Wyglądałeś znowu pięknie, choć wyraźnie zmęczony, jak Ci tam droga przeszła i jak się czujesz w tej chwili? Czy odczuwasz radość ze spotkania z Lilką? Bo czasami zmęczenie zniechęca nas nawet do największych radości. Ja spędziłem dzisiejszy dzień raczej w redakcji niż w Sejmie – nastrój się trochę rozładował i uspokoił – mówiłem ze Stryjkowskim dużo o Tobie i nawet pokazałem mu swój „shark", jak nazywam to pudełko papierosów. Nie gniewaj się na mnie – ale tak chciałem się tym pochwalić komukolwiek bądź, tak się tym cieszę. Ty, szelmo, musisz ludziom robić małe przyjemności (to pudełko, zapalniczka, ołówki) – o dużych lepiej nie mówmy. Ta sprawa przedstawia się gorzej. Zrób mi jeszcze jedną małą przyjemność: sfotografuj się w twej czapie (możesz nawet z Lilką) – tak bardzo chciałbym mieć Twoją podobiznę w tym nakryciu głowy, w którym Ci jest tak bardzo do twarzy. Zajmij się tym któregoś ranka. Co masz robić w Bydgoszczy? Wieczorem trochę grałem na fortepianie – i trochę się rozkleiłem pod wpływem muzyki. W ogóle czuję się bardzo zmęczony i przez dwa dni nie będę opuszczał Stawiska, muszę załatwić mnóstwo korespondencji i trochę popisać „dla Ciebie". (Twoje listy wysłałem dziś na poczcie sejmowej – do Indonezji przyjęli). Szum w głowie prześladuje mnie nadal – i chcę się dziś wcześniej położyć. Szymka dziś nie widziałem, dopiero jutro ma przyjść na długą, zasadniczą rozmowę o wszystkich sprawach i niektórych innych. Chce mi się pisać wiersze – a jednocześnie walczę ze snem, który mnie obejmuje, na Szucha znowu źle sypiam. Małcużyński grał w Bydgoszczy wczoraj! Szkoda – mógłbyś go był usłyszeć. W Warszawie trudno o bilety bardzo. We wtorek chcę pójść na Hamleta[348], potem będę nocował na Szucha, myślę, że i w środę. Oscypki przyszły do Marysi, kazała Ci podziękować. Książki też przyszły, ale jeszcze nie wszystkie. Wyczytałem przed chwilą (bo to tak jest, że jak się gdzieś było, to się mimo woli zbiera o tym miejscu wiadomości), że ten dom w Poroninie, gdzie teraz jest muzeum Lenina[349], był pensjonatem p. Gutowej[350], pomieszkiwał tam Staff[351] i Przybyszewski[352], mieliśmy więc w Poroninie dobrych poprzedników. Całuję Cię serdecznie i mocno, pozdrowienia dla Lilii – myślę, że jakoś dasz mi znać o sobie –

Twój
Jarosław

[Dopisek na lewym marginesie]: Kalendarzyków już nie oglądam.

---

[348] *Hamlet* – spektakl w reżyserii Ireny Babel, premiera: 29 stycznia 1959 r., Teatr Powszechny Warszawa.

[349] Muzeum Lenina w Poroninie – działało w latach 1947–1990.

[350] Wiktoria z Chowańców, żona Pawła Guta Mostowego. Małżeństwo prowadziło pensjonat, który w 1947 r. upaństwowiono i przerobiono na muzeum Lenina.

[351] Leopold Staff (1878–1957) – polski poeta, tłumacz i eseista. Jeden z najwybitniejszych twórców literatury XX wieku, obrany za patrona przez skamandrytów.

[352] Stanisław Przybyszewski (1868–1927) – polski pisarz, poeta, dramaturg, nowelista; jedna z najbarwniejszych postaci okresu Młodej Polski, skandalista i dekadent, przedstawiciel cyganerii krakowskiej.

8.2.[19]58[353]
niedziela, wieczór,
Stawisko

No więc właśnie. Pierwszy dzień bez Ciebie. Pętam się po domu, niby to miałem „pracować", ale z pracy nic nie wychodzi. Ciągle jestem pełen niepokoju i czuję się sam jak palec. W domu cisza, nie ma nikogo. Teresa w Warszawie – Wiesiek tylko przyjechał. Ale był bez humoru i popatrywał na Twoją fotografię w góralskim stroju – zresztą nie ukrywam tego, że byłem z Tobą w Poroninie, i ze wszystkimi mówię otwarcie na ten temat. Szymek był dzisiaj u mnie – mówiłem mu na temat Karczmarka, a ogłoszenie sam jutro zawiozę do Życia Warszawy, tylko nie mogę ręczyć, kiedy się ono ukaże. Głupio mi jest nic nie wiedzieć o Tobie przez cały dzień – zapalniczka przestała się palić i nie ma mi kto nalać benzyny. Dzień dzisiaj cudowny i mam nadzieję, że w taki mroźny dzień lepiej się czujesz, chciałbym coś wiedzieć na ten temat. Pozostało mi trochę jaśniejsze wspomnienie z dwóch ostatnich naszych rozmów – w kawiarni na Alhambrowie i z dworca – pomijając ową rozmowę, o której staram się zapomnieć – (po powrocie z Poronina) – myślę, że ostatnio stałeś się dla mnie lepszy, to znaczy wewnętrznie lepszy, że może Cię nie tak nudzę jak dawniej i że starasz się mnie nie martwić i nie niepokoić. Byłeś bardzo uroczy w pociągu. Ja jednak przez cały dzień dzisiejszy odczuwam jakieś przykre osłabienie i zmęczenie, chociaż spałem bardzo dobrze. Spoglądam z przerażeniem na listę korespondencji nie załatwionej i na to, co mam do napisania w najbliższych dniach, szczególnie lękam się tego felietonu dla Małcużyńskiego. Co tu wymyślić? Nic dzisiaj nie napisałem prócz tego listu i paru

---

[353] Właściwa data to rok 1959, pomyłka Iwaszkiewicza.

słów dla Ż. W.[354] Czytałem książkę o Kasprowiczu[355], gdzie jest mnóstwo o Poroninie – trochę mi było przykro, że nie ja pierwszy odkryłem tę miejscowość, ale myślę sobie, że z przyjemnością wybrałbym się jeszcze do gaździny, pomimo klozetu z widokiem na Giewont. Szum w uszach mam w dalszym ciągu, zwłaszcza po wypaleniu papierosa, może to palenie rzeczywiście jest tak szkodliwe, jak Hania mówi. Hania Cię zdradziła, bo zakochała się w Hanuszkiewiczu[356], który gra Hamleta – i mówi więcej o nim niż o Tobie. (Oczywiście żartuję). Szkoda, że nie znam mieszkania ani środowiska, w jakim się obracasz w tej chwili, bo nie bardzo sobie mogę Ciebie wyobrazić, co robisz, gdzie jesteś, co trajlujesz i czym czarujesz. Kochany, wyjątkowo mi się ten list nie klei – przerażony jestem, co to znaczy? Czy to może ogólne osłabienie sił umysłowych (i innych!) – czyli ogólne kaput. A chciałbym jeszcze być w formie na 12 (odłożony) lutego, na dwudziestego i w ogóle. Teresa była wczoraj na balu – a dziś jest już dwa tygodnie, jak zostałem „królem". Całuję Cię po wiele razy (kult jednostki) – Teresa ciągle telefonuje, a ja myślę, że to telefon do mnie i serce mi pika. Do widzenia, kochany – pamiętaj, że czekam na wiadomości niecierpliwie –

Jarosław

[Dopisek na lewym marginesie]: Szymek zaprowadził jakieś wspaniałe książki rachunkowe. Ciekawy jestem, czy długo wytrwa w swoim zapale!

---

[354] „Życie Warszawy".

[355] Jan Kasprowicz (1860–1926) – polski poeta, dramaturg, krytyk literacki i tłumacz. Przedstawiciel Młodej Polski. W roku 1923 zamieszkał w willi Harenda między Poroninem a Zakopanem.

[356] Adam Hanuszkiewicz (1924–2011) – polski aktor i reżyser teatralny. Wieloletni dyrektor artystyczny Teatru Narodowego w Warszawie oraz Teatru Nowego w Warszawie. Grał Hamleta w przedstawieniu, o którym mowa była we wcześniejszym liście.

169

Stawisko, poniedziałek wieczór
9 lutego [19]59

Syneczku ukochany – trzeci dzień Twej nieobecności kończy się, a ja nie mam od Ciebie żadnej wiadomości i oczywiście niepokoję się. Niepokój oczywiście niepotrzebny, bo wyliczając sobie, widzę, że nie mogłem jeszcze mieć listu od Ciebie (napisałeś chyba dopiero dzisiaj) – a na depeszę czy telefon nie zdobyłeś się zapewne. Oczywiście kwestia Twojego samopoczucia bardzo mnie obchodzi i ciągle o tym myślę, ale pocieszam się tym, że masz w Bydgoszczy opiekę i że się dobrze tam czujesz. Przed chwilą przez radio nadawali, że się wczoraj tak dobrze bawiono w Zodiaku[357] – przy szampanie i koniaku, szkoda, że mnie tam nie było. Dzisiaj spędziłem cały dzień w Stawisku, pracując jak wół. Napisałem cztery felietony do „Życia Warszawy", żeby mieć spokój na cały miesiąc i móc pracować nad czym innym. Przygotowałem także do druku „Popiół i diament", który coraz bardziej mi się podoba (zły znak!). Przeglądałem także mój dziennik i usuwałem niepotrzebne miejsca, co mi się świetnie udało, bo niektóre rzeczy można było wytrzeć gumą bez śladu. Do telefonów dołączyłem twoje ogłoszenie z prośbą, aby poszło w najbliższą niedzielę. Szymek dziś rano ode mnie rozmawiał z Karczmarkiem i umówił się z nim na drugą. Jaki był rezultat ich rozmowy, jeszcze oczywiście nie wiem. Mam nadzieję, że dobry. Jakoś bardzo źle znoszę mrozy, marznę potwornie w nogi – a nie wychodziłem wcale z domu, bo się bałem prześlepić Twój telefon – myślałem jednak, że zadzwonisz. Hania pojechała na całe popołudnie do Warszawy – i w domu jest pusto i głucho, pojechała za jakimiś bardzo dziwnymi swoimi interesami, oczywiście dotyczącymi wnuków i ewentualnych ich wakacji nad morzem czy w górach. Jak widzisz sięga ona daleko

---

[357] Zodiak – najwytworniejszy lokal powojennej Bydgoszczy będący miejscem spotkań miejscowej elity.

w przyszłość. Do Zakopanego niestety decyduję się nie jechać – ja osobiście bardzo żałuję, ale ona potrzebuje zupełnie specjalnych warunków, nie to co my w Poroninie. Wysłałem dzisiaj gaździe „Ucieczkę Felka Okonia"[358] z czułą dedykacją, ciekawy jestem, czy do mnie napisze. Jutro mam znowu Sejm, nocować będę w Warszawie, w środę będę wieczorem w Stawisku, potem znowu w czwartek w Warszawie – w piątek sam nie wiem, a sobotę i niedzielę znowu będę na Stawisku, gdybyś chciał zatelefonować. W takie samotne dni, jak dzisiaj, strasznie się czuję opuszczony, nikt nawet do mnie nie zadzwoni, cisza głucha, aż w uszach dzwoni (mam ciągły szum w głowie) – i pustka. Człowiek staje się zupełnie już stary i opuszczony i bardzo mu smutno oczywiście. Miałem kartkę od Bonarskiego[359] z Ameryki, wraca już niedługo – może on mi będzie dotrzymywał towarzystwa. Do widzenia kochany, pozdrów Lilię – a sam bywaj zdrów –

Jarosław

[Dopisek na lewym marginesie]: Twoja fotografia w stroju góralskim wzbudza nie humor – lecz zachwyt!

Dziwię się.

170

Warszawa, dn. 10 lutego 1959
W sejmie na posiedzeniu

Syneczku mój ukochany – przed chwilą Teresa przywiozła mi Twój list ze Stawiska, ucieszyłem się z niego bardzo, gdyż jest

---

[358] *Ucieczka Felka Okonia* – opowiadanie Jarosława Iwaszkiewicza utrzymane w duchu socrealistycznym.

[359] Andrzej Bonarski (ur. 1932) – prozaik, dramatopisarz, autor scenariuszy filmowych (m.in. *Hydrozagadka*, 1971, reż. Andrzej Kondratiuk). Debiutował w 1957 roku opowiadaniem *Zmęczenie*. W 1963 roku zrezygnował z pracy matematyka na Politechnice Warszawskiej na rzecz twórczości literackiej.

(jak na Ciebie) bardzo serdeczny. Więc oczywiście wszelkie nieporozumienia znikły natychmiast (zresztą były już tylko ich ślady – dzisiaj podczas bezsennej nocy myślałem jednak o wszystkim, co przede mną zatajałeś – ale to detal). Martwi mnie bardzo to wszystko, co piszesz, zwłaszcza to, że leżysz i że masz gorączkę w dalszym ciągu bez zmian. Ale to chyba minie do czasu, kiedy ten list odbierzesz. Gorzej, że nic nie piszesz o tym, żebyś się wybierał do Warszawy. Może masz i rację, bo musisz w tej chwili mieć spokój i opiekę, której w W-wie nie będziesz miał. Myślę, że dobrze Ci jest, mając opiekę kobiecej ręki i tę serdeczność, którą może dać tylko kochająca kobieta. Napisz, dziecko kochane, czy chciałbyś, abym ja do Ciebie przyjechał, mógłbym to uczynić w przyszłym tygodniu albo nawet wcześniej. Obiecuję, że nie będę mówił żadnych złośliwości i że nie będę się kłócił z Lilią. Wszystko się we mnie wygładziło i wyprostowało: tylko mi tak przykro, że nie byłem dobry dla Ciebie w Poroninie, dokuczałem Ci – oczywiście nie mówiąc już o gwałtownych scenach, które na szczęście przypadły na początek naszego tam pobytu. Za to mam cudowne wspomnienia z naszych wycieczek na Gubałówkę i do Kościeliskiej a zwłaszcza z tego cudownego dnia w drodze do Morskiego Oka i nad samym jeziorem. To było bardzo piękne tylko szkoda, że Ci zaszkodziło.

Ja mam życie szczelnie wypełnione w tych dniach Sejmem i redakcją, gdzie dzieje się mnóstwo rzeczy, niektóre bardzo interesujące. Zebraliśmy np. wiersze Niemca, Izraelczyka, Greka i Wietnamczyka – piszących po polsku. Będziemy je publikować. W Sejmie dyskusja potwornie nudna, ale jutro będzie ciekawa, bo o sprawach kulturalnych, będzie mówił Kisiel[360], Hryniewiecki[361]

---

[360] Stefan Kisielewski, pseudonim Kisiel (1911–1991) – polski prozaik, publicysta i krytyk muzyczny (m.in. redaktor pisma „Ruch Muzyczny", współpracownik paryskiej „Kultury"), kompozytor, pedagog, poseł na Sejm PRL, członek założyciel Unii Polityki Realnej.

[361] Jerzy Hryniewiecki (1908–1989) – polski architekt, projektant licznych obiektów przemysłowych i użyteczności publicznej, autor wystaw i grafik. Profesor Po-

itd. Wczorajszy dzień spędzony cały na Stawisku był okropny, taka straszna pustka w głowie i w sercu, brak rozmowy z Tobą, niepokój o Ciebie i lęk o to, że chowasz w sercu wszystkie urazy. Nie ruszyłem się przez cały dzień od biurka (chociaż niewiele zrobiłem) – i potem bardzo źle spałem. A godziny bezsenne w nocy niedobre – skreśliłem z mojego dziennika różne rzeczy – a potem te określone historie przychodziły i niepokoiły bezsenny mój umysł i bezsenne ciało. Nie mogę istnieć bez Ciebie – powinieneś i o tym myśleć w Twojej woli zdrowia. Jeżeli do niedzieli nie przyjedziesz (a nie widzę celu przyjazdu Twojego na razie do Warszawy), to stanowczo przyjadę do Ciebie. Nie będziesz się gniewał? Tylko muszę jeszcze gdzieś forsy zdobyć – bo może będziesz miał jakie kaprysy? Np. napić się szampana.

Kochany, miły, najdroższy, całuję Cię mocno i wszędzie. Taki Ci jestem wdzięczny za całą Twoją dobroć. Pozdrów Lilkę i podziękuj jej także i ode mnie. Cieszę się, że masz opiekę. Całuję raz jeszcze i ściskam mocno

Twój
J.

[Dopisek na lewym marginesie]:

Co Ci przywieźć? Co byś chciał mieć? Nikę, Marysię, Izę, Dankę? Do żadnego teatru dziś nie pójdę – pójdziemy razem na „Nietoperza"[362].

---

litechniki Warszawskiej, poseł na Sejm PRL.

[362] *Zemsta nietoperza* – operetka Johanna Straussa syna. Iwaszkiewicz wybierał się na inscenizację Operetki Warszawskiej, w reżyserii Ludwika René'a i Sławomira Lindnera (premiera: 30 grudnia 1958).

171

Warszawa, dn. 10 lutego 1959,
wieczorem na Szucha

Syneczku mój kochany – poprzedni list pisałem w Sejmie, ten już na spokojno na Szucha. Nie poszedłem do teatru na tego „Hamleta", zrobiło mi się nagle smutno, kiedy o tym pomyślałem – a poza tym pogoda okropna, ta mroźna mgła przenika do szpiku kości. Chce mi się szalenie kieliszka wódki, a tu nie ma, się z kim napić, u Marysi w domu nic się nie znalazło – i boję się, że mnie katar czy grypa rozbierze, bo już zaczyna mną potrząsać. Miałem jakąś głupią robotę (wyliczenie, które wiersze w tym nowym tomie drukowane są 1, drugi czy trzeci raz) i zajęło mi to parę godzin. No, ale z tego będzie jakaś tam forsa, a jak Ci wiadomo forsy potrzebujemy ogromnie – i ja, i Ty. Zresztą nie martw się o to, wszystko się dobrze ułoży. Jedliśmy dziś obiad ze Stryjkowskim i z Pawłem Hertzem w restauracji, gdzieśmy jeszcze nie byli, w „Smakoszu" na rogu Mokotowskiej i Koszykowej. Bardzo był przyjemny (i możliwy na smak) obiad – mówiliśmy trochę o Tobie. Chociaż ci starzy kawalerowie to są straszni egoiści, trzeba się ożenić, żeby się stać dobrym, a najlepiej jeszcze mieć dwie żony jednocześnie! Trochę się przestraszyłem, że będziesz się na mnie gniewał, że w poprzednim liście wyliczyłem cały szereg babskich imion, ale przecie i Ty, i Lilka wiecie, że to są żarty. Prawda? Mam wielką ochotę przyjechać do Bydgoszczy i odnowić znajomość z panią Jonscherową[363], która dowodzi, że się dla niej pojedynkowałem – i to w czasie okupacji. Pamiętasz, rozmawialiśmy z Lilką podczas tej pamiętnej kolacji w Bristolu. Jak to się wydaje już dawno – i jak się wszystko od tego czasu zmieniło. Szymek nic mi nie mówił o waszej rozmowie,

---

[363] Joanna Witt-Jonscher (1902–1982) – żona znanego lekarza, Józefa Jonschera; miała opinię skandalistki. Mieszkanie Jonscherów w Bydgoszczy było miejscem spotkań artystów i osób związanych z bohemą artystyczną. Mieli córkę Barbarę. Gdy Barbara rozpoczęła studia na warszawskiej Akademii Sztuk Pięknych, jej matka zaczęła malować obrazy.

nie powtarzał nic – i nawet nie napomknął – ale widać, że się stara być sprawniejszym i dokładniejszym. Trochę w tym nawet przesadza, przez co dotychczas nie mógł spieniężyć owego zegarka – ciągle mu coś w tym przeszkadza. Ty wiesz, jak to jest, kiedy się coś chce zrobić za bardzo dokładnie. Chciałbym Ci bardzo wiele rzeczy napisać – jak do Kruka – ale obawiam się, że będziesz się znowu prześmiewał, że ja w każdym liście – a nawet jak Ty powiadasz – w każdej linijce tego samego listu mam sprzeczne zdania i wyrażam różnorodne opinie. Tym bardziej powstrzymuję się od tego, że te sprzeczności bardzo mi się w <u>środku</u> uspokoiły, znalazłem jakąś równowagę. Cieszy mnie bardzo, że doceniłeś moje zjawienie się na dworcu przy Twoim wyjeździe – dla mnie to też było jedno z ważnych naszych spotkań, chociaż tak krótko trwało. Jakieś promienie krzyżowały się pomiędzy nami i było mi bardzo czule i dobrze. Jak ja mam Ci dziękować, moje dziecko kochane, za takie chwile? Mało ich miałem w życiu, a Tobie zawdzięczam najwięcej.

Nie chcę tak dużo pisać, aby nie męczyć Cię czytaniem tych bzdur. Kiedy się zobaczymy, nagadamy się obszerniej. Bardzo już tęsknię do Ciebie.

Całuję Cię mocno i serdecznie jak zawsze, ucałuj ręce Lilki i pomyśl trochę o Twoim starym przyjacielu –

Twój
J.

172

Stawisko, 11 lutego [1959]
Środa, Popielec, 9 wieczór

Moje dziecko kochane, najdroższy mój Juruniu! – Bardzo Cię przepraszam, że posłałem Szymka do Bydgoszczy. Nie irytuj się na to i zrozum, że 1° chciałem, abyś dostał w swoje urodziny[364]

---

[364] Jerzy Błeszyński miał urodziny 12 lutego.

ładne kwiaty, 2° chciałem mieć bezpośrednią wiadomość o Twoim zdrowiu, 3° myślę, że Szymcio może coś pomóc i radą, i wykonaniem Lilce, która na pewno jest stropiona Twoją chorobą. Przykro by mi było bardzo, gdyby jego przyjaciel zirytował Ciebie. Poza tym chciałem, aby wywąchał, czy mój ewentualny przyjazd nie zrobiłby przykrości Lilce i czy w ogóle byłby pożądany, a jeżeli tak, żeby ten przyjazd przygotował, zamówił mi pokój w hotelu etc. etc. Jednym słowem, że uważałem, iż jego wypad do Bydgoszczy jest rzeczą konieczną. W gruncie rzeczy pewnie Ci to zrobiło nawet przyjemność zobaczenie jego poczciwej lisiej mordy. Pisałem do Ciebie wczoraj wieczorem, od wczoraj wieczora nie zaszło nic ciekawego, spałem na Szucha jak zwykle bardzo źle, dzisiaj złożyłem od samego rana pocieszającą wizytę w Zaiksie (nie martw się o to!), a potem byłem w Sejmie. Potem w redakcji, na obiedzie byłem w Spatifie ze Stryjkowskim, mówił mi o nieprawdopodobnej historii pewnego telefonu – co się dzieje na świecie! Boże mój! Opowiem Ci ze szczegółami, jak się będziemy widzieli – to coś niezwykłego. Potem przyszedł Jurek Lisowski, wypiliśmy po kieliszku wina – a przedtem wódki. I jedno i drugie bardzo mi zaszkodziło. Syneczku, załączam list do Ciebie wraz z kopertą, abyś zobaczył, że mogłem się pomylić znalazłszy list w kupie mojej korespondencji i przeczytawszy adres napisany ołówkiem, dopiero rzuciwszy okiem na nagłówek i przeczytawszy „Jureczku" – zobaczyłem, że list nie do mnie. Dalej <u>nie</u> czytałem. Mam nadzieję, że mi wybaczysz moją mimowolną niedyskrecję – i proszę, żebyś nie miał na ten temat żadnych wersji. Ja niestety mam mnóstwo moich wersji: cóż mogę zrobić w bezsenne noce, jak nie przypominać sobie wszystkie nasze spotkania – zaglądać do kalendarzyka pamięci – i powiadać sobie: kiedy było to, to musiało być tamto, a w tym czasie, kiedy było tamto, było to. I w rezultacie ogarnia mnie taka tęsknota, że rzuciłbym od razu wszystko i leciał do Ciebie na pogawędkę, na rozmowę, na kłótnię. Trzymają mnie zresztą nie obowiązki, ale raczej złe samopoczucie – bo czuję się wciąż zmęczony, osłabiony i mam stały szum w głowie. Jednocześnie zaraz po przyjeździe do Warszawy żołądek popsuł mi się zupełnie – do cholery.

[Dopisek na lewym marginesie]: Nie mogę się oderwać od papieru, który Ty będziesz czytał. Tyle bym Ci chciał napisać!!

[Dopisek na lewym marginesie kolejnej strony]: Całuję Cię moje dziecko po tysiąc razy (kult jednostki) jutro będę depeszował imieninowo czy urodzinowo. Myślą będę cały dzień przy Tobie – Twój Stary

173

Warszawa, al. Szucha
11 II [1959], 18 godzina

Bo widzisz, mój syneczku, jeszcze jest jedna przyczyna, dla której my w trójkę nie możemy czuć się dobrze. To jest sprawa niemówienia wszystkiego przez Ciebie. Ja nigdy nie wiem, co Ty powiedziałeś, czego nie mówisz, czemu zaprzeczasz. Ja jestem skazany przez losy od zawsze na mówienie wszystkiego – czy trzeba, czy nie trzeba. Ty wiesz o mnie o wiele więcej niż trzeba. A znowuż ja czasami baranieję, dowiadując się, że Ty zatajasz jakieś zupełne głupstwo, i nie wiem nawet po co i dlaczego? Tak, na przykład, robię głupią minę, dowiadując się o tym, że Lilka ma też zapalniczkę rewolwer. Nigdy mi o tym nie powiedziałeś, choć tyle razy rozmawialiśmy o tych zapalniczkach, tyle ona dla nas, przynajmniej dla mnie (ich kształt, moment, w którym ją od Ciebie dostałem – dzień końca „lata 1959[365]") znaczyły. Dlaczego? Jaki był powód, żeś to zamilczał? Jaki był Twój cel? Takich spraw jest tysiąc i ja mam cały czas, kiedy rozmawiam z Tobą i z Lilką,

---

[365] Chodzi o „lato 1958" – pomyłka Iwaszkiewicza

wrażenie, że się wygaduję z niepotrzebnych rzeczy i że Ty się na mnie irytujesz (wewnętrznie oczywiście) z tego powodu. Trzeba jednak przyznać, że Ty masz dziwne usposobienie czy nawyczki – i że ja czasami nie mogę ich zrozumieć. Prawda, że nie jest to moja „wersja", ale jakieś racje w tym, co tu piszę – mam?

Otrzymałeś dziś moją depeszę – pogoda jest tak okropna, że w taki dzień stanowczo nie mógłbyś jechać. Zresztą nie mam od Ciebie żadnej wiadomości (nawet i trudno byłoby już jej oczekiwać) i nie mam pojęcia, jaki jest stan Twojego samopoczucia. Okropnie mnie to niepokoi i tak żałuję strasznie, że byłem za krótko w Bydgoszczy – zawsze te tradycyjne 2 dni – i że nie nagadałem się z Tobą, jak należy, natomiast narobiłem mnóstwo głupstw, które może już ostatecznie zbrzydziły Ci moją osobę. Ciągłym moim strachem jest, że przestaniesz czytać moje listy i będziesz wyrzucał je do kosza. Tak Cię teraz wiele rzeczy drażni, może i to niepotrzebne jest Tobie?

Drogi mój i jedyny, tak tęsknię do Ciebie i do naszych rozmów, że o niczym innym myśleć nie mogę – i mnie też wszystko to drażni, co nie odnosi się do Ciebie. Muszę trzymać się na wodzy, żeby nie mówić cały czas o Tobie (np. z Szymkiem, którego dzisiaj są imieniny, urodziny i rocznica ślubu!) – i tak mnie irytują wszystkie ludzkie sprawy i interesy, których naprawdę jest za dużo. Przychodzą do mnie z takimi już sprawami, że naprawdę czasem się chce śmiać i płakać.

Nie czuję się dobrze – i jeżeli będzie taka pogoda jak dziś, to nie wiem, czy przyjadę po Ciebie. Może poślę po Ciebie kogo innego. Może chciałbyś Częścika np.? Śmieję się oczywiście – przyszedł mi Częścik do głowy, bo wczoraj telefonował z jakimiś okropnymi żalami na Wiesia, który jakimś cudem nadużył jego podpisu i jego recept. Ma do mnie przyjechać pojutrze wieczorem, aby mi to wszystko opowiedzieć, bardzo mi się to nie uśmiecha, możesz sobie wyobrazić. On tak nudno i szczegółowo zawsze wszystko opowiada. Ale to poczciwy chłopak. Nie sądź go surowo – ostatnio stałeś się tak wymagający dla ludzi i o wszystkich tak ostro mówisz. Pomyśl o tym trochę, czy to dobrze?

Wczoraj przepatrywałem Twoje listy do mnie, przeczytywałem je wszystkie od tego zabawnego, bardzo jeszcze dziecinnego listu z jesieni 1953 roku z Zakopanego, w którym tłumaczysz się z tego, żeś nie zatelefonował do mnie po odczycie w Brwinowie. Bardzo mnie zdziwiło, że są listy z 53, 54 roku, a potem z 57 itd., a nie ma listów z 55 i 56? Czyśmy wtedy nie pisywali do siebie? I w ogóle bardzo mało pamiętam z tych dwóch lat – i zupełnie nie mogę zrozumieć, co to znaczy. A Ty, czy masz listy z tej epoki? Sprawdzimy to na Flisaków.

Dziś dostałem nareszcie dziesiąty tom dzieł, zawierający opowiadania, trzecią część, zabawnie na to patrzeć, bo to niby to ostatnie rzeczy, a przecie tyle potem jeszcze napisałem – i dzisiaj jestem zupełnie innym pisarzem niż w tym tomie, zamykającym tak wielki wybór dzieł. Podobno w sobotę w telewizji był duży wykład o moich „lirykach" – tych, co wam przywiozłem – i z doskonałą deklamacją i ilustracją muzyczną dobrze dobraną. Trzeba się jakoś zastanowić, żeby Ci kupić telewizor – tylko gdzie go postawić: w Bydgoszczy, czy na Flisaków?

Strasznie mnie interesuje to, jaki ślad został po mnie w Bydgoszczy, pani Jóźwiakowa podczas ostatniej kolacji wydawała się jakoś surowa. Może by już lepiej nie pokazywać się w Bydgoszczy? Rozmawiamy tutaj (z Marysią i Jankiem[366]) o głupich babach – o Jonscherowej i innych – i przyszliśmy do przekonania, że baby są głupie i egoistki. Szczęście, że mam przy sobie kobietę, która jest taka prosta, bez żadnych firlidudków – i jest zdaje się naprawdę dobra. Tak mi przykro, że już samym moim istnieniem ją zasmucam. Nie zapomnę jej miny, kiedyśmy szli do mojego numeru, po obiedzie w Orbisie, a ona szła do domu. Mina była zupełnie taka sama, jaką ja miałem, kiedy zaraz po moim przyjeździe poszliście do siebie, a ja stałem w narożnym oknie i patrzyłem, jak odchodzicie we mgle, w swoje własne życie, o którym ja nic nie wiem i nie będę wiedział.

---

[366] Córką i jej drugim mężem.

Zmęczyłem Cię tym listem, ale piszę na ogół tak, że Lilka może Ci je odczytywać głośno. Miły mój i kochany, jedyny na świecie – daj mi jakiś znak o sobie, może Lilka napisze albo umów się na telefon. Tak mi trudno bez Ciebie, że nie mogę sobie dać rady.

Całuję Cię mocno, w obie powieki i raczej sam głowę na Twojej piersi tulę niż miałbym Cię przyciskać. Pamiętaj o mnie – i zapomnij, co złego było. Do widzenia –

Twój
Stary

[Dopisek na lewym marginesie]: Mieszkamy na Szucha od września 1955.
Zamieszkałeś na Flisaków w lutym 1958.

174

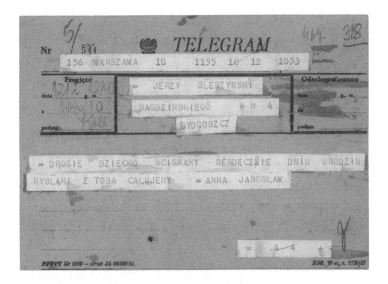

Drogie dziecko, ściskamy
serdecznie dniu urodzin, myślami
z Tobą, całujemy, Anna, Jarosław

Telegram z dnia 12 lutego 1959,
godz. 10.53

175

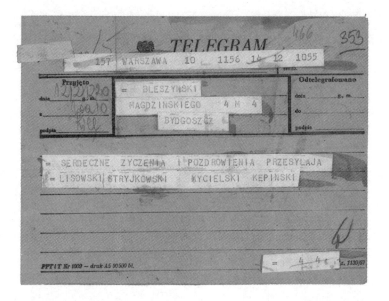

Serdeczne życzenia i pozdrowienia
przesyłają Lisowski, Stryjkowski,
Mycielski, Kępiński

Telegram z dnia 12 lutego 1959,
godz. 10.55

176

Jarosław Iwaszkiewicz[367]
Warszawa, czwartek
wieczorem
12 II [19]59

Dziecko moje drogie, bardzo kochane, jedyne – kiedy depeszowałem dzisiaj do Ciebie, że myślą jestem przy Tobie, to nie było frazesem ani wymyśleniem, cały czas myślę albo o Tobie – albo o tej chwili przed dwudziestu siedmiu laty, kiedy malutki i nieporadny zjawiłeś się na świecie, aby tylu kobietom (i jednemu mężczyźnie) dać tyle radości i utrapionego smutku, który jest treścią naszego życia. Przez cały dzień narzucam sobie różne zajęcia, aby choć trochę oderwać się od tych myśli. Między innymi udawałem, że słucham przemówień w Sejmie Kruczkowskiego[368] i Kisiela – zresztą bardzo interesujących – udawałem, że słucham pierwszych zwierzeń (bardzo intymnych) Stryjkowskiego, który po wypiciu dwóch kieliszków wódki, nagle poczuł potrzebę opowiadania o całym swoim życiu (erotycznym oczywiście) – za chwilę pójdę do Sejmu i będę udawał, że głosuję za votum zaufania dla Rządu, a ja będę głosował za tym, aby Jurek był szczęśliwy, aby ożenił się z Lilką, aby mnie zawsze krytykował – i od czasu do czasu popatrzył na mnie tak, jak na Batorym, kiedy przykrywałem go kołdrą, albo tak jak wtedy, kiedy zapinał patkę od kołnierza przy moim futrze, kiedy odprowadzałem go na dworzec, gdy jechał do Bydgoszczy.

Miałem słabiutką nadzieję, że dostanę dziś list od Ciebie. Hania przyniosła mi dzisiaj pocztę ze Stawiska, jest obszerny list od tego wariata Lachmanna, ale od Ciebie nic. Zresztą to nic nie szkodzi, Twój ostatni list – pisany chyba w niedzielę? – był taki

---

[367] List pisany na osobistej papeterii Iwaszkiewicza

[368] Leon Kruczkowski (1900–1962) – pisarz i publicysta, w latach 1945–1948 wiceminister kultury i sztuki, a w 1946–1956 prezes Związku Literatów Polskich. Należał do polskiego PEN Clubu oraz był członkiem Polskiego Komitetu Obrońców Pokoju.

drogi, serdeczny, kochany – że odczytuję go sobie codziennie. I tylko martwię się, że Ty wspominasz jakieś tam nieporozumienia. Przecież żadnych nieporozumień nie było – jakieś głupstwa, przelotne chmury – które nawet na chwilę nie mogą przesłonić blasku naszej niezwykłej, prawdziwej i głębokiej przyjaźni. Ten tak rzadki stosunek jest o tyle silniejszy, mocniejszy, istotniejszy od wszelkich nieporozumień, że naprawdę nie tylko nie ma o czym mówić, ale nawet myśleć nie trzeba. Prawda? W czasie tych bezsennych nocy, kiedy jesteś taki opuszczony i cierpiący, pomyśl sobie czasami o swoim starym przyjacielu, dla którego pojawienie się Twojej osoby było objawieniem. Jak Hania mówi (zresztą właśnie o Tobie) ten podziw, że coś takiego jest na świecie. I że to „coś" nie tylko nie ucieka od Ciebie, ale nawet szuka Twego towarzystwa – i ostatecznie potrzebuje Ciebie. Pomyśl, jak osobliwe zespolenie myśli, uczuć, przeżyć jest nam dane – to wszystko, o czym mówiliśmy ostatniego wieczora w Poroninie. W naszym kochanym, drogim Poroninie. I jeżeli ja buntowałem się czasami przeciwko Twoim wszystkim babskim zapałom – to rozumiałem je zawsze, nawet byłem z nich dumny, wiedziałem o nich – nawet kiedy starałeś się je ukryć przede mną – i cieszyłem się nimi. Naprawdę, wiesz mi. A wszystko inne było powierzchownym zamąceniem tej czystej, wielkiej fali. Złoto moje jedyne, nie myśl o Twoim cierpieniu, a Twojej samotności – myśl o mnie. Ja także męczę się i jestem samotny, i nie przestaję dziękować Bogu czy losowi, że spotkałem Ciebie, który „nagle stałeś się wyższy od drzew naszej alei, wyższy od lip i od świerków, pośród których spotykaliśmy się" tak niedawno czy tak dawno. Kochany, jedyny, kocham Cię więcej niż to da się wyrazić, słowem czy pismem, co da się tylko wyrazić spojrzeniem, dotknięciem ręki. To wielkie szczęście spacerów w śniegu, w górach, w ciszy, pod niebieskim, nieprawdopodobnym niebem – nie da się wyrazić niczym. Zrozum to. Ale Ty to rozumiesz.

  Do widzenia, kochany, całuję Cię mocno i raz jeden, krzyż na Twoim czole kreślę – kocham wszystkich, kogo Ty kochasz, na pewno, wierz mi.

Twój Stary

177

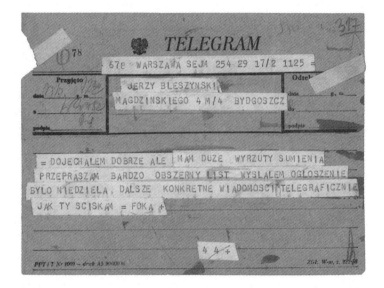

Dojechałem dobrze ale mam duże wyrzuty sumienia, przepraszam bardzo obszerny list wysłałem, ogłoszenie było niedziela, dalsze konkretne wiadomości telegraficznie. Jak Ty ściskam, Foka.

Telegram z dnia 17 lutego 1959, godz. 11.25

178

Warszawa al. Szucha,
17 lutego [1959], 10 rano

Moje dziecko drogie, mój jedynaku kochany, mój jasny, promienny, i jak tylko jeszcze chcesz – nie jesteś dobrym przyjacielem, jeżeli pozwoliłeś mi się tak upić! Prosiłem Cię, abyś mnie do wódki nie namawiał, a ja ze starym sporo wypiłem – a ten winiak to cały ja wypiłem, boście mnie dolewali – i wreszcie urżnąłem się jak stary baran – i cały mój pobyt w Bydgoszczy zakończył się takim zgrzytem. Mam nadzieję, że Ci Lilka wytłumaczyła, jakim cudem ten facecik znalazł się przy naszym stoliku. A dlaczego płakałem na ulicy, to już sam nie wiem, miłość do Ciebie i Lilki rozpierała mnie po prostu. Zresztą o dalszym ciągu tej nocy dowiesz się z załączonej kartki[369]. Upadek pana prezesa – fatalny! Co za cholera, naprawdę muszę się inaczej zachowywać. Cały czas myślę o Tobie, jak Ty musisz tam pokutować za te dwa dni normalnego życia, picie wódki, kawy i [wyraz nieczytelny] nasze gadania. Z pobytu „we trójkę" jednak nic nie wychodzi, Lilka jest skrępowana, Ty ją „pożerasz oczami", jak gdyby była panną Krystyną z Galluxu, a ja się peszę i staram nadrobić miną – i popełniam same głupstwa. Nie mówię tu oczywiście o tym, że nie wchodzę w „Twoje gry" – za co mnie kopałeś pod stołem, no, ale tego to już trudno ode mnie wymagać, jestem prawdomówność chodząca, prawda? Zmęczyło mnie trochę to przebywanie w trudnej atmosferze i wysiadając w Alejach Ujazdowskich z trolejbusu, pomyślałem sobie: „no, dosyć". On ma Lilkę i niech mu będzie.. Trzeba machnąć ręką. Ale kiedy doszedłem do Koszykowej i pomyślałem sobie, że nie będę dziś Ciebie widział, nie popatrzymy sobie w oczy, nie będziemy sobie dzisiaj mówili złośliwości, to mi się serce ścisnęło i tak <u>straszliwie</u> zatęskniłem za Tobą, że naprawdę zrobiło mi się smutno, niedobrze – i zaraz zacząłem pisać ten list. Kochany, drogi, myślę

---

[369] List „dla zazdrośników", od jednego z kochanków Iwaszkiewicza.

o Tobie bez przerwy – kocham, jak nigdy nie kochałem – a Ty jesteś zazdrosny? Czy to była o Lilkę, czy o mnie scena? Załączam „dla zazdrośników" list, który mnie tu powitał. Pomyśl sobie, mógłbym mieć dużo takich – ale zrozum to raz nareszcie, Ty jesteś jedyny, nikt Ci nie dorósł do pięt, Ty nawet w ciężkiej chorobie poświęcasz się dla mnie, kocham Cię, kocham, kocham. I jeszcze jedno przyszło mi do głowy, kiedyś mówił o „obcych ludziach", że Ty właściwie nikogo w całym świecie nie masz oprócz mnie (no, i Lilki oczywiście) – jestem dla Ciebie przyjacielem, bratem, ojcem, nauczycielem, kompanem, towarzyszem – no itd. Synku, i tak mi przykro, co Ty sobie dzisiaj o mnie myślisz, co sobie wyobrażasz, czego u mnie nie lubisz – a przede wszystkim, jak czujesz się po tych forsownych dniach. I zróbcie mi jeszcze jedną przyjemność i nie mówcie ciągle tak źle o Pietraszkach, jacy oni są to są, a takie gadanie jest trochę „drobnomieszczańskie". A przy tym, kiedy mówisz źle o Szymku, o starych, zawsze mi przychodzi do głowy, co oni o mnie mówią. Wiesz, trochę mnie bawiło to, że Lilka gorszyła się Twoim stosunkiem do mnie, żeś na mnie gderał, zrobił mi uwagę, nie traktował mnie poważnie – i rzeczywiście, kto nas nie widział nigdy razem, może się temu dziwić, a my już tacy zżyci, że nawet tego nie zauważamy. Kaca nie mam, bo wyrzygałem ten wstrętny winiak – ale mi się coś z pisownią kręci na skutek balansowania się, chyba? A może po prostu ze starości. Tęsknię do Ciebie już, ale chyba do Bydgoszczy nie przyjadę już na parę dni, tylko zabiorę Ciebie „wykompinowanym" samochodem. Boję się tego, co Bydgoszcz będzie gadała po mojej wizycie, przecie tam zawsze jak w ulu. I jeszcze ta awantura na zakończenie. Syneczku przepraszam Cię, nie gniewaj się, nie martw się, nie kłopocz się – słuchaj Lilki jak Pana Boga i pamiętaj trochę o Twoim starym b. głupim, ale b. wiernym

Przyjacielu

[Dopisek na lewym marginesie, inny kolor atramentu]: Nerki bolą od wódy, świnia jestem.

[Dopisek na dole innym kolorem atramentu]: Wszystkie sprawy konkretne w depeszach. Będę depeszował codziennie.

[Dopisek – zapętlona fraza zapisana dookoła karty]: Pisz, telegrafuj, telefonuj, niech Lilka pisze telegrafuje, telefonuje.

179

Stawisko,
17 II [1959] o 18 godz.

Moje złoto – oto już trzecia data dzisiejszego dnia, którą stawiam na liście do Ciebie – i o każdej godzinie inny nastrój zupełnie, ale zawsze z myślami bardzo skomplikowanymi i nie bardzo jasnymi. Przyznam się, że zaimponowałeś mi, złapawszy błąd logiczny w moim „małcużyńskim" felietonie. Ciekawy jestem, czy złapiesz taki sam w moim obecnym rozumowaniu. Bardzo mi było przykro, że cały mój pobyt w Bydgoszczy, po którym sobie tyle obiecywałeś, skończył się przykrym zgrzytem. Oczywiście jest w tym bardzo dużo mojej winy, winy mego nieumiarkowanego picia i szczebiotkowatego zachowania. Ale jest także i wina okoliczności: cała moja pozycja podczas pobytu w Bydgoszczy była tak fałszywa, że był to rodzaj tańca na linie. A pajac po linie chodzić nie umie – więc wziął i spadł. Jest trochę i Twojej w tym winy – w tym, co Ci usiłowałem wytłumaczyć w hotelu „Orbis" pierwszego ranka, a o czym Ty nawet słuchać nie chciałeś; mój pobyt w B. byłby wytłumaczony, gdybym był przyjechał do łoża chorego przyjaciela – postawiony na stopie towarzyskiej, z „programem" musiał się skończyć fiaskiem. Bo i Twoja pozycja jest fałszywa, mówiliśmy o tym niejednokrotnie, fałszywa w Bydgoszczy. Oczywiście wszystko ratuje sprawa Lilki, ale sam widziałem, że nie zawsze czujesz się dobrze u tamtych ludzi. Poza tym sprawdziliśmy to, co ja zawsze mówiłem, a czemu Ty zaprzeczałeś – że my w trójkę nie możemy istnieć.

Jaka jest rola jej? Ona to czuje. Jaka jest rola moja? Oboje wtedy myślimy bez przerwy o tym, co Ty każdemu z nas natrajlowałeś na temat drugiego – i nie mamy o to żalu do Ciebie, tylko do siebie nawzajem, i jesteśmy cały czas jak na rozżarzonych węglach. Inna rzecz, żeś się naumyślnie pokazywał z Lilką i ze mną w kinie, w knajpie, w kawiarni – bo to odpowiadało Twoim widokom. Kochany, wierz mi, że takie sprawy lepiej się załatwia, gdy są stawiane prościej i bez gry. Na przyszłość wyciągniemy z tego naukę – zawsze będziemy się widywali osobno. W domu wszystko normalnie, z Hanią trudno jest rozmawiać na tematy bydgoskie i mojego wypadu, nie bardzo to rozumie i jest oczywiście, jako anioł domowego ogniska, po stronie Haliny, sakramentu, dzieci itd. Oczywiście ma rację, ale nie każda racja jest prawdą. To znaczy nie każda racja może być zrealizowana – ostatecznie poprosiłem, aby ze mną na te tematy nie mówiła. Ona znowuż: jak mam nie mówić na te tematy, kiedy to jest główny temat Twojego życia... Tyz piknie.

    Czuję się bardzo niedobrze po tej wódzie, chińskim koniaku (to ohyda!) i winiaku (to ohyda nad ohydami!) i cały czas myślę o tym, jak to musiało Tobie zaszkodzić – i co Ty tam cały dzień robisz, jak się czujesz, czy nie bardzo cierpisz? Wypiłeś jednak ze dwa kieliszki w sumie – jak to odczuł Twój organizm tak wyczerpany? Co z Twoim wypróżnieniem? Proszę Cię bardzo, chociaż nie masz zwyczaju odpowiadać na pytania, na te pytania mi odpowiedz. Tak niedobrze, że nie ma telefonu na Magdzińskiego – tak bym chciał w tej chwili wiedzieć, co robisz. Zdziwiło mnie niepomiernie, że i Tobie brakuje wiadomości o tym, co ja robię, gdzie jestem itd. itd. Otóż z rozkładu mojego tygodnia: w czwartek jestem zaproszony do Komitetu Obr. Pokoju na czarną kawę (imieninową) w piątek zapewne będę z córkami na obiedzie (w Grandzie?) – a w niedzielę mamy trochę gości na Stawisku – między innymi Parandowscy!!

    Dzisiaj wcale się nie kładłem z rana (pociąg przyszedł z 10-minutowym opóźnieniem) siedziałem w redakcji i miałem bez przerwy telefony od starych i głupich bab z najnieprawdopodobniejszymi pytaniami. Grypa też już u nas działa – i Karst[370], i Jurek Lisowski są chorzy, chyba wkrótce i na mnie przyjdzie kolej. Boję się trochę tej grypy, bo nie jestem w dobrej formie. Nie masz pojęcia, jak rzygałem w nocy, trzema nawrotami – a teraz mnie nerki bolą, obawiam się ataku kamicy, bo to jest okropna rzecz. Widzisz, co Ty ze mnie robisz, jak mnie upupiasz i obracasz „w nicość – w Jurka". Czy czytasz moje wiersze? Co Lilia na nie mówi? Mój wczorajszy felieton chciałem przerobić na artykulik do „Twórczości", ale zażądała go „Polonia" na wszystkie języki cudzoziemskie, wolę to, bo więcej zapłacą i nie trzeba będzie skracać, a do „Twórczości" coś innego napiszę. Czy zauważyłeś w tym felietonie wzmiankę o Matce Boskiej pod baldachimem przy drodze w Poroninie. Bardzo ją polubiłem. Syneczku, czy Ty z Lilką też tak gadasz całymi godzinami? Myślę, że wieczorem to Ci potrzebne, takie gadanie. Tak czekam na wiadomość od Ciebie, jak się czujesz. Wiadomości konkretne przesyłam telegraficznie, tak że nie powtarzam ich tutaj, bo i po co?

W tych dniach przystąpię do „amerykańskiego" opowiadania, bo Ci na tym zależy. Myślę napisać je w takiej formie, aby było do druku i uzupełniło tomik. Prawda? Ten filmowiec, Waśkowski, nie wie, że nam przybyłeś w sukurs. Będzie się z tego cieszył.

Wiersze też muszę ułożyć w tomik (nasze wiersze) i trochę opracować szkice, które porobiłem w Wiedniu i w Rzymie.

Szymka widziałem, bardzo jest speszony po swojej, a myślę, że i mojej, podróży do Bydgoszczy – biedaczyna. Do starych jeszcze nie dzwoniłem. Szymek nie może niestety sprzedać zegarka – ale o tym pomówimy, mam nadzieję, niebawem.

Otóż i długi, spokojny, dzielny list. Jeżeli się na mnie gniewasz i masz jakieś żale, to napisz wszystko otwarcie i szczerze, proszę Cię – i wierz mi, że tak jest najlepiej.

---

[370] Roman Karst (1911–1988) – polski krytyk literacki, tłumacz. W latach 1955–1969 był członkiem redakcji miesięcznika „Twórczość". Był członkiem PZPR, ZLP oraz polskiego PEN Clubu. Podpisał list w obronie wyrzuconego z PZPR Leszka Kołakowskiego i w związku z tym opuścił partię.

Pozdrów Lilkę i Jóźwiaków. Ciebie do serca przyciskam z wieloma mieszanymi uczuciami,

zawsze ten sam
Stary

180

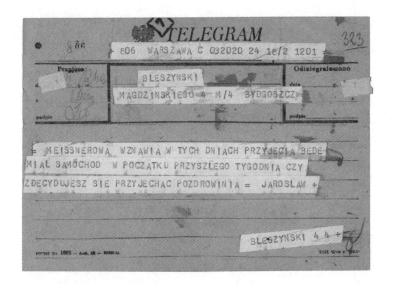

Meissnerowa wznawia w tych dniach przyjęcia, będę miał samochód w początku przyszłego tygodnia, czy zdecydujesz się przyjechać, pozdrowienia, Jarosław.

Telegram z dnia 18 lutego 1959, godz. 12.01

181

Warszawa, Szucha
18 II [1959], godzina 22

Wyobraź sobie, że był dzisiaj u mnie Lucjan Fogiel[371], już bez propozycji pożyczenia mu 40.000 zł (Chociaż aluzje do mojego bogactwa robił). Kazali mu zrobić moją fotografię do „Polonii"[372] na całą stronę w związku z Balzakiem i tym całym felietonem, który oni chcą dać z moją fotografią, i Małcużyńskiego. Tym razem wymęczył mnie potwornie i wyprztykał dwie rolki. Okazuje się, że on się założył z kolegami, że takich moich fotografii jak on, to nikt nie ma i mówił, że już je ma – ale przyszedł je robić. Nie to jest jednak najważniejsze, ale powiedział mi, że ta nasza fotografia przy kortach(nas dwóch, pamiętasz?) bardzo dobrze wyszła i że mi ją na pewno dostarczy. Tylko niestety nie ma czasu na zrobienie odbitek i każe je zrobić swojemu laborantowi, co będzie oczywiście kosztować. Chciałbym zobaczyć tego laboranta. Sam odbitki robi, albo jego żona. To zresztą nieważne. Grunt, że jest ta fotografia – tak się z tego ucieszyłem. Bo przyznam Ci się, że to jest rodzaj ciernia w sercu, że dotąd nie ma naszej wspólnej fotografii. Dobrze, że wiem, że jest to zdjęcie i że „laborantowi" trzeba zapłacić – bo mogę się o nią nawet upominać. Jak tylko będę ją miał, zaraz Tobie przyślę odbitkę – chyba żebyś nie chciał. Bo przecie mojej fotografii w portfelu „pod kotem" nie ma*.

Przez tego idiotę Fogla spóźniłem się na koncert, ale to i lepiej, bo koncert był okrojony, jakaś muzyka holenderska [wyraz nieczytelny]. Na szczęście krótko trwał, skończył się przed

---

[371] Lucjan Fogiel (1932–2002) – w latach 50. i 60. XX w. najbardziej znany fotoreporter w kraju. Autor cotygodniowego dodatku ilustrowanego do „Życia Warszawy".

[372] Może chodzić o Towarzystwo Łączności z Polonią Zagraniczną „Polonia" (1955–1990) – stowarzyszenie z siedzibą w Warszawie działające na rzecz podtrzymywania i rozwijania kultury polskiej wśród Polaków za granicą. Przy pomocy wydawnictw ciągłych (m.in. rocznik „Almanach Polonii", miesięcznik „Panorama Polska") prowadzono akcję propagandową na rzecz PRL.

dziewiątą. „Sam byłem". A potem w taką jesienną, prawdziwie warszawską noc, jaka dzisiaj stoi nad światem, przeszedłem piechotą całą przestrzeń od Filharmonii – Bracką, placem Trzech Krzyży, Alejami aż na Szucha. Nie masz pojęcia, ile wspomnień wywołała we mnie ta droga – nie wspomnień o naszych spotkaniach (choć myślałem o Tobie, przechodząc koło Cedetu, Alhambry i Chmielnej, gdzieśmy kupowali różne rzeczy w dzień wyjazdu do Kruka – jak było pięknie) – ale wspomnień mojej młodości. Cała moja młodość minęła na tej trasie, chodziliśmy tak często do Filharmonii, na Złotej 8 była redakcja „Skamandra" i „Wiadomości Literackich", tam mieszkał jedyny mój prawdziwy przyjaciel Grydzewski, a ja mieszkałem to na Wiejskiej, to na Alejach, a wreszcie na Górnośląskiej[373] – już z Hanią, gdzie urodziły się moje obie córki. Odżyły we wspomnieniach całych tych czterdziestu lat, spędzonych w Warszawie, całego mojego trudnego i pracowitego żywota. Żal mi się zrobiło, że trzeba będzie już wkrótce to wszystko porzucić. Serce moje, a właściwie mówiąc, moja aorta bardzo już daje mi się odczuć – i coraz trudniej mi wchodzić po schodach – i nawet się schylać. A tutaj na tych ulicach było tyle rzeczy, tyle spraw, tyle smutków, kłopotów – tyle szczęścia. Jak wtedy, kiedyśmy mniej więcej tymi drogami wracali niedawno (już przyjeżdżałeś z Kruka), kiedy mnie odprowadzałeś na kolej, do dworca Śródmieście – i kiedy tak łażąc powoli, od sklepu do sklepu (innym razem byliśmy u Wedla), mówiliśmy o Warszawie, tym dziwnym mieście, które obaj tak bardzo kochamy. Jaki świat jest dziwny, i serce nasze jest dziwne – ale wzbudza tyle zachwytów i czyni tyle niespodzianek**.

Syneczku jedyny, teraz pewnie będzie trochę pauzy w moich listach, nie niepokój się – i nie miej twoich „wersji", które są zupełnie bezpodstawne (chociaż moje mają czasami podstawę – nie?). Ale jak Ci pisałem, jutro mam jakąś czarną kawę, którą

---

[373] Przy ulicy Górnośląskiej w Warszawie znajdowało się mieszkanie Stanisława Wilhelma Lilpopa, teścia Iwaszkiewicza.

dla mnie urządza Komitet Obrońców Pokoju, pojutrze chcę być z żoną i córkami na obiedzie „imieninowym" w Grandzie, w sobotę będą przygotowania do przyjęcia na Stawisku, w niedzielę ta cała heca[374]. Jednym słowem, będę miał mało czasu na pisanie listów, ale bardzo dużo czasu, aby bez przerwy myśleć o Tobie – przypominać sobie każdy Twój gest, każde słowo, każde powiedzenie, każdy uśmiech – i aby bardzo odczuwać brak Twojej osoby w stolicy.

Serdecznie Cię pozdrawiam, bardzo mocno ściskam – a Lilce i jej rodzicom piękne ukłony zasyłam. Bardzo już chcę mieć wiadomość –

Twój
J.

*[Dopisek na tej wysokości na lewym marginesie]: Bo ta z Parandowską na Batorym to się nie liczy.

**[Do tego akapitu dopisek na lewym marginesie]: Wtedy, co Lilka przyjechała.

[Dopisek na lewym marginesie]: Co znaczy takie naklejenie marki? Zobacz w Przekroju!

182

[19 lutego 1959]
godzina 22

Czwarta nota dyplomatyczna zmierzająca do złagodzenia napięcia międzynarodowego wynikłego z powodu spotkania na

---

[374] W niedzielę, 22 lutego 1959 roku w Stawisku odbyło się przyjęcie z okazji urodzin Jarosława Iwaszkiewicza, w którym uczestniczyło około trzydziestu osób.

najwyższym szczeblu komplikacji uczuciowych, które odbyło się w królewskim mieście Bydgoszczy, w dniach 14–16 lutego roku Pańskiego, pomiędzy lady Alicją[375], lordem Jerzym, jego lordowską wysokością, a sługą ich Jarosławem, posłem na Sejm, geniuszem i pokutnikiem. Noty uzupełnione dwiema depeszami szyfrowanymi na razie pozostały bez odpowiedzi. Konsultacje trwają przy udziale ekspertów: doktorowej Jonszerowej, ekspedientki Krystyny Gallux[376] oraz sekretarza apostolskiego Szymona Piotra[377].

Dziecko moje drogie, nie mam od Ciebie wiadomości, a czekam ich z wielkim utęsknieniem. Już trzy dni minęło od mojego wyjazdu, a ja nic nie wiem ani jak się czujesz, ani co do mnie czujesz, wstręt, awersję, niechęć, potępienie, nienawiść, oschłość. Przede wszystkim zaś obchodzi mnie Twój stan wewnętrzny i czy nie bardzo pokutujesz za swoje „nadużycia", któreś popełnił podczas mojego pobytu u was, te wszystkie kawy, wina, koniaki i moje złośliwości oraz podłe czyny, któreś musiał połknąć. Samochód na razie zamówiłem na środę 25, ale mogę go każdej chwili odwołać. Mam wrażenie, że najlepiej by było, aby Lilia przyjechała z Tobą, choć na parę dni. Sprawa się tym komplikuje, że zdaje się będę miał grypę, na którą wszyscy teraz chorują, na razie mam straszny [wyraz nieczytelny]i ból nerwu (przepraszam Cię) na lewym półdupku, co mnie prawie unieruchamia i bardzo męczy. Dzisiaj miałem drobną uroczystość w komitecie Obrońców Pokoju. Zadziwiające, jak niedawno przestałem u nich pracować i jak wszystko jest tam jakieś obce i cudze. Jakże się zmieniło od tego czasu, co Ty pisałeś: „zajdę jak zawsze o 19^{15} do Komitetu Obrońców Pokoju". To było jeszcze na Foksal, i szliśmy potem do Kameralnej. Dzisiaj na tej Wawelskiej czułem się obco i niezręcznie, byłem speszony i onieśmielony jak na zabawie w Poroninie.

---

[375] Lilka Pietraszek.

[376] Krystyna Gallux – prawdopodobnie ekspedientka w sklepie Gallux, z którą coś łączyło Jerzego.

[377] Chodzi o Szymona Piotrowskiego.

Dostałem ładne kwiaty i musiałem pić okropnie słodkie wino i jeść ciasteczka, które mi tak szkodzą – bo mój żołądek jeszcze nie doszedł do równowagi po bydgoskim rzyganiu. Potem wróciłem do domu i napisałem parę listów, ale tak podle się czuję, że nie masz pojęcia. Na dworze dziś jest tak okropnie, mokro i zimno – a ja odczuwam szum w głowie, paskudną fermentację ropy w hajmorach, pustkę w mózgu, a w sercu tysiące czarnych nietoperzy. To wszystko razem składa się na samopoczucie pod zdechłym medorem. Ze wszystkich planów będą nici, nie pójdę na obiad z córkami ani nie będę „podejmowany" przez redakcję. Skorzystam także z tego, bo nie ma tego złego, co by na dobre nie wyszło – bo nie pójdę z zarządem PEN Clubu do Ministra Kultury i Sztuki, dokąd mi się bardzo iść nie chciało. Trudno mi jest trochę pisać do Ciebie, bo nie wiem, jak przyjmujesz moje żarty, czy Cię to drażni, nudzi i niecierpliwi – czy może nawet bawi? W domu dziś cicho i miło, ciepło, kwiaty stoją na biurku. Twoją fotografię z Kruku, taką zresztą miłą, schowałem do szuflady, bo ile razy stoi ona na biurku to albo nie mam od Ciebie żadnej wiadomości, albo wytniesz mi jakiś kawał. Tak że ją bardzo lubiąc, muszę czasami chować, lękając się twych czynów czy nastrojów. Oczy mi się kleją. Syneczku kochany, co Ty tam robisz, co myślisz, co czujesz. Tak strasznie daleko od Ciebie i nie ma połączenia telefonicznego, nawet w Kruku było lepiej. Całuję mocno, tak bym chciał Cię objąć i pocałować w czoło. Jutro może co dopiszę.

Jarosław

[20 lutego 1959]

Rok temu byłem sam jak palec w Rabce, a Ty szalałeś w Warszawie, miałeś chore nerki, piłeś wódę w Bristolu, była Tekla[378]

---

[378] Tekla – kochanka Błeszyńskiego. Wymienione tu wydarzenia są znane Iwaszkiewiczowi jedynie poszlakowo, dotyczą tzw. „ciemnego okresu" życia Błeszyńskiego.

nie-Tekla, tajemnicze hece, o których już nic nie będę wiedział ze względu na Twój „zanik pamięci". Za parę dni będzie rok, jak się urodziła Ewa. Dziś też siedzę samotnie i bez wiadomości od Ciebie, mam grypę w ciele i rozpacz w sercu. Że też te moje urodziny zawsze takie smutne! Błagam Cię o wiadomości.

[Poniżej dopisek innym kolorem atramentu]: Przyszła poczta, nic oprócz zdawkowej depeszy. Zupełnie nie rozumiem.

J.

183

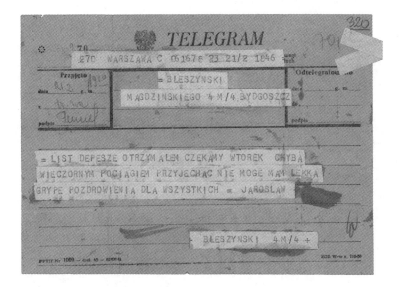

List depeszę otrzymałem, czekamy wtorek chyba wieczornym pociągiem, przyjechać nie mogę mam lekką grypę, pozdrowienia dla wszystkich, Jarosław.

Telegram z dnia 21 lutego 1959, godz. 18.46

184

[22 II 1959]

[Zapis na przedniej stronie koperty]

Do mojego starego i wiernego przyjaciela
Jerzego Błeszyńskiego
inżyniera duszy ludzkiej i poety
wielce sercu mojemu miłego

W mieszkaniu przy
alei Ogrodnika JK Mości Stanisława
Augusta–Szucha pod numerem 16 mieszkania 40
w stołecznym mieście <u>Warszawie</u>

[Zapis w poprzek karty osobistej papeterii Iwaszkiewicza]:

Mają być goście – nic nie szkodzi, wszystkie myśli, wszystkie uczucia przy Tobie, przy Twoim liście – nie mogę o niczym innym myśleć. Chcę Ciebie widzieć, mówić z Tobą, przepraszać Cię za wszystko. List Twój wspaniały

185

28 II [19]59

Syneczku Kochany! – Zapomniałem Ci oddać ten załączony liścik, który pisałem w ostatnią niedzielę – przez Twoim przyjazdem, czekając na gości. Twój niespodziewany przyjazd tak mnie ucieszył, że list został w portfelu. Przyznam Ci się, że z niecierpliwością czekam na chwilę – mimo wszystko – kiedy zamieszkasz „u mnie"[379].

---

[379] 23 lutego 1959 Błeszyński wrócił z Bydgoszczy do Warszawy. Ostatecznie zamieszkał u Iwaszkiewicza na Szucha.

listy 1954–1959

Całuję Cię i do serca tulę
Jarosław

186
[Zapis na osobistej papeterii Iwaszkiewicza]

Warszawa, 3 marca [19]59
11 rano

Drogi Przyjacielu!

Miałem dziś bardzo ciężką noc – w snach i bezsenności. Oczywiście spędziłem ją samotnie i bez żadnych „ułatwień". Żona zajęta wnukami w podróży, Teresa nawet ani razu nie zadzwoniła w tygodniu mojej choroby, a Marysia chyba nawet nie zdaje sobie sprawy z tego, co przeżywam. Nie mówię oczywiście o Tobie – który tak zajęty jesteś sobą i swoją chorobą, że nie widzisz nawet drugiego człowieka. Jak powiedziałeś w Bristolu – nic Cię nie obchodzi, co czuje inny człowiek „nazajutrz". (Bardzo mnie ubodłeś maniakalnym powrotem do wspomnień o orgiach, orgami zwanych przez Ciebie w owym czasie – w sekrecie przede mną).

Moje dziecko, masz kompletną rację: za dużo czasu poświęcałem Tobie. Wyszedłem na tym jak Zabłocki na mydle – skończyło się na tym, że moja „opieka" i ciąży Ci, i niecierpliwi Ciebie.

Bądź tak dobry i nie twórz sobie żadnych wersji na ten temat, ale rzeczywiście potrzebuję trochę czasu dla siebie. W najbliższych dniach nie przyjadę do Warszawy. Wiesz, gdzie mnie szukać, gdybyś mnie potrzebował. Ale chyba nie będziesz mnie potrzebował w tej chwili.

Vera Foka

187

Stawisko, 7 III [19]59

Syneczku ukochany! Obiecałem nie pisać, ale mam pewne sprawy. 1° od czwartku będę w Łodzi, w Grand Hotelu do niedzieli. 2° Meissnerowa[380] wznowiła przyjęcia, Szymek będzie u niej we wtorek 10 i zapisze Ciebie na wtorek 17. Kieruj się więc tymi sprawami w życiowych decyzjach najbliższych dni.

Po Twoim wyjeździe zrobiła się pustka i dziura, niemożliwa dziura. Brak mi Ciebie jak powietrza. Powtarzam sobie wszystkie Twoje gesty, słowa, uśmiechy, Kongresową i nie-Kongresową.

Myślę wyłącznie o Tobie –

całuję
R.

---

[380] Meissnerowa – lekarka opiekująca się Błeszyńskim. Latem 1958 roku w Pruszkowie zdiagnozowała u niego gruźlicę nerek.

188

Interes dochodzi do skutku,
obecność konieczna, od czwartku
rano urzęduję Grand Hotel Łódź,
Roman.

Telegram z dnia 9 marca 1959,
godz. 11.37

189

Dziękuję wiadomość, ja czuję się lepiej niż sobotę, ucałuj Lilkę, pozdrowienia, Jarosław.

Telegram z dnia 9 marca 1959, godz. 12.30

190
[Zapis na osobistej papeterii Iwaszkiewicza]

Warszawa, 23 III [19]59

[Dopisek u góry, do góry nogami]: Dawaj znaki życia, depeszuj, pisz – pomyśl czasem o mnie lub opowiedz Lilce jakiś zabawny kawał o mnie.

8^{15} rano

Synku Kochany, słońce moich oczu, najpiękniejszy i najdoskonalszy! Nie myśl, że w tych słowach jest ironia czy chęć dokuczenia Tobie – tak mi się jakoś z serca wykrzyknęło! Wyobraź sobie, że wczoraj[381] ten pospieszny nas rzeczywiście minął pod samym Hetmanem, a ten mały pociążek odszedł dopiero o dziewiątej – nie do Błonia już, ale do Sochaczewa. Był zupełnie nieoświetlony – siedziałem sam w całym <u>wagonie</u> I klasy (schowałem zegarek do kieszeni) patrzyłem na gwiazdy i było mi na duszy, jakby tam koty wlazły i pazury i serce ostrzyły. Od Sochaczewa miałem elektryczny – ale dopiero o 23^{30}, kiedy Ty już byłeś w Bydgoszczy, dobrnąłem do Warszawy, a na Szucha dopiero o 12. Spałem źle, krzyczałem i prawdopodobnie chrapałem – byłem głodny, zły i smutny. Wszystko wydaje mi się okropne. Dzisiaj już był telefon od Hani, która wyobraziła sobie, że ja wrócę wczoraj już, i nie spała całą noc, czekając na mnie. Możesz sobie wyobrazić...

Jadę na Stawisko dziś po południu, trochę odsapnąć, o ile mi Hania da, bo przyznam się, że czuję się zmęczony po

---

[381] Opis rozstania przed wyjazdem Błeszyńskiego do Bydgoszczy znajduje się również w *Dziennikach* Iwaszkiewicza pod datą 28 marca 1959: „Rozstanie w Kutnie było tak zupełnie byle jakie, że chyba nie może być ostatnim widzeniem. A może właśnie tak, właśnie tak kiedyś muszę opisać ten cały «ostatni dzień», pełen takich zwykłych czynności i ukrytej dramatyczności" – J. Iwaszkiewicz, *Dzienniki...*, s. 271.

dziesięciodniowym pobycie z Tobą bez przerwy, gdzie wszystko jest jednym konfliktem, a raczej moją walką o to, czego Ty dać nie możesz i o to, czego powiedzieć nie chcesz. Już chyba do końca mego życia zostanie mi w sercu cierń, że w epoce, kiedy tyle przeżywałeś, która była szarpaniną Twoją i nie Twoją, w momentach, kiedy właśnie potrzebny jest przyjaciel i zwierzenia (ona mi powiedziała... a ja jej mówię...), odsunąłeś mnie na zupełny margines, nawet mi nie dając tego do poznania. Ach, nie mówmy o tym zresztą, jestem pełen goryczy, zauważyłeś to zresztą – i bezsilny. Płacz jest zawsze oznaką bezsilności, nawet u mężczyzny.

Dzisiaj znowu tak pięknie na dworze. U mnie się to pięknie nie zapowiada: wyjazd Szymka, to czego będę musiał wysłuchać w Stawisku, kłopoty redakcyjne – wszystko z tą pustką w sercu, spowodowaną przez Twój wyjazd, kiedy się wyć chce z tęsknoty, z chęci gadania z Tobą i z chęci przekonania Cię, że ja naprawdę mówię wszystko na serio i nie ma we mnie żadnego fałszu.

Spałem na Twoim łóżku, a teraz je zasłałem, starając się to robić równie porządnie jak Ty. Oczywiście nie potrafiłem, ale chciałem. Ile ja od Ciebie nauczyłem się dobrych rzeczy! Chciałbym się nauczyć Twojej cierpliwości, ale to mnie zawodzi i rzucam zapałkami o podłogę.

Nie masz pojęcia źródłem jakiej radości – mimo wszystko – jest to, że mieszkasz u mnie, przy mnie, pod moim dachem. Jak innego sensu nabrał ten pokój, odkąd stał się „pokojem Jurka", jak wiele w nim przeżywam, nawet kiedy Ciebie nie ma. (Przyrzekam Ci jednak nie myśleć o Tobie przez 14 dni, w tym sensie, co napisałeś na pudełku. Cholera, wyrzuciłem je z pociągu po ciemku!). Tak mi dobrze, że byłeś tak nierozerwalnie ze mną przez ten cały czas, to nic, że kłóciliśmy się trochę, ale to bardzo trochę. O tych sprawach, o których nie lubisz mówić, pisać nie będę. Całuję Cię mocno w Twój łeb kochany

Roman

[Dopisek na lewym marginesie]: Lilię pocałuj. Zostawiłeś mnie bez papierosów i bez zapałek – męczyłem się w ciemnym wagonie.

191

Stawisko, 23 III [19]59,
wieczorem

Widzisz syneczku mój ukochany, piszę piórem, które od Ciebie dostałem (razem z kulkowymi – pamiętasz?) – i które miałem odłożone, a Ty swojego nie masz, co za szkoda! Ale to nic, nie przejmuj się! Cały dzień dzisiejszy powtarzam sobie Twoje „nie przejmuj się" – i Twoim nawet głosem – ale się przejmuję, bo rzeczywiście takiego dnia, jak dzisiaj, to dawno nie miałem. W takie dnie, to mi Ciebie strasznie brakuje, powinieneś być w takie dnie przy mnie – i już sama obecność Twoja działałaby na mnie kojąco. Ale opiszę Ci cały ten dzień i niech Ci włosy dęba na głowie nie stają – błagam Ciebie. „Nie przejmuj się" – ale napisz czy zadepeszuj mi parę słów pociechy.

Spałem na Twoim łóżku i miałem złe sny: wiadomo. Kiedy się obudziłem, Helena okazała się chora, wieczorem miała 39,4 z rana 38 z kreskami. (Bardzo była dotknięta, że pojechałeś nie pożegnawszy się – napisz do niej kartkę z życzeniami, nazywa się Helena Korpys[382]). Jankowie[383] poszli do pracy, zostawiając dziecko z nią, ale potem zjawiła się jej siostra Felicja, i miała do mnie gwałtowną mowę, że tak nie można, bo i stara, i dziecko się zmarnują. Poszedłem więc do kawiarni do Marysi, żeby coś radzili. Marysia była bardzo oburzona – ale ostatecznie sprowadzili jakąś studentkę ze spółdzielni „Plastuś"[384] i ma dziecko przez parę dni hodować. (Podobno śliczna – szkoda, że Ciebie nie ma na Szucha!). Potem poszedłem do redakcji i o redakcyjnych sprawach nie będę Ci pisał, nie są przyjemne. Natomiast przyszedł Wiesiek z małą, kręcił się, pokręcił i poszedł, ale zostawił

---

[382] Helena Korpys – opiekunka Jana Jarosława Wołosiuka, młodszego syna Marii Iwaszkiewicz.

[383] Maria Iwaszkiewicz i jej drugi mąż, Jan Wołosiuk.

[384] Zakład usługowy „Plastuś" przy Studenckiej Spółdzielni Pracy Universitas.

mi list, który mną wstrząsnął. List zupełnie tragiczny[385], że Krysia[386] zmusza go do żebrania o pieniądze u mnie, że go wygania „do Jarosława" po forsę, że oni są bez grosza, ale że on nie chce być narzędziem do wyciskania pieniędzy ze mnie i że on widzi wyjście tylko w rozwodzie!! A żeby bardziej pracować, a mniej wydawać to nie. Potwornie mnie ten list zirytował. Zabrałem się wyjść do domu, gdzie zastałem wyciąg z PKO na 390 (słownie trzysta dziewięćdziesiąt) złotych i pismo z Filmu Polskiego, że mi ratę zatrzymują z powodu jakiegoś tam długu, tak że z zapłaty nici. W tym wszystkim dwa telefony od Hani, która ma wrzód na dziąśle i jest potwornie cierpiąca – a przy tym nie spała całą noc, bo myślała, że ja wrócę. [wyraz nieczytelny] nie zastałem w domu obiadu (a nie jadłem nic od Karitasu) i w ogóle było zdziwienie, że się o obiad dopominam. Zrobiłem potworną awanturę, aż się dom trząsł, ale to tylko sprawiło to, że Hania płakała jak dziecko i twierdziła, że nie może i żeby się ze Stawiska wynosić! Przedtem jeszcze miałem rozmowę z Jankiem, który mi zakomunikował, że Teresa bierze ślub z tym swoim Wojtkiem Sudą! (Pani Wołosiukowa i pani Sudzina) – i chcą, żebym ja był na ślubie. Hania mi o to do oczu skacze.

Oto masz kawałek mojego żywota, dodaj wielką kłótnię z Zosią Kucharską[387], która mi powiedziała, że jej mąż pracuje, a ja się tylko bawię... Pogrozińska ma zapalenie nerek i 30%

---

[385] List Kępińskiego z 22 marca 1959 mówi także o bardzo napiętych stosunkach w małżeństwie Wiesława i Krystyny Kępińskich: „Nie mam w domu żadnego zrozumienia, ciepła, miłości, ciągle słyszę tylko wymówki, pretensje, żale. [...] Nie myślałem, że kobieta, która tak kiedyś bardzo kochała i którą ja jeszcze kocham, może być wstrętna i zła" – W. Kępiński, *Męczymy się...*, s. 576.

[386] Krystyna Kępińska z d. Przybyszewska (ur. 1936) – od 1955 r. żona Wiesława Kępińskiego, wcześniej jego koleżanka z Państwowego Liceum Techniki Teatralnej. Jako charakteryzatorka pracowała w Teatrze Powszechnym. Związana z Zespołem Pieśni i Tańca „Warszawa", teatrami kukiełkowymi Czarodziej i Gapcio oraz z teatrem lalkowym Guliwer.

[387] Zofia Kucharska – prawdopodobnie chodzi o żonę Władysława Kucharskiego, mistrza kucharskiego, który pracował dla Iwaszkiewiczów.

białka w moczu, a Maciek[388] zaraził Anusię[389] i swoją macochę[390] i obie się położyły na grypę...

Ale nie niepokój się, obiad mi potem zrobili, pieniądze jutro się znajdą (albo pojutrze), dzieci wyzdrowieją – i wszystko minie, jak mija burza, wicher, najazd tatarski czy Nero.

Przed chwilą byli u mnie Szymek z Piotrem. Piotr wydał mi się śliczny, do Ciebie podobny, serce mi się ściskało, gdy patrzyłem na niego. Nie masz pojęcia, jaki elegancki w niebieskim palteczku z drewnianymi guzikami, w nowej kurtce, w tym krawaciku, co mu z Rzymu przywiozłem. Taki byłem <u>strasznie</u> rozczulony. Biedne dziecko, pojechał między obcych ludzi, może na cały rok. Szymkowi nawet nic nie mówiłem, zupełnie nieprzytomny, włosy mu poczerniały i sterczą do góry, jak u nieudanej lalki. Przez dwa tygodnie nie może się dowiedzieć, gdzie jest administracja domu Szucha 16!! Ty nie masz szczęśliwej ręki w polecaniu mi sekretarzy, tyle tylko, że Szymek jest bardzo dobry facet i bardzo się do niego przywiązałem.

Widzisz, dopiero jest dwadzieścia cztery godziny od Twojego wyjazdu[391], a ile rzeczy się już narobiło, ile zdarzeń, ile łez, ile złości, ile bólu, ile wzruszeń. To się nazywa życie...

I jeszcze jedno: wyobraź sobie jadę do NRD 19 kwietnia, na dziesięciolecie ruchu pokoju, jak Chruszczow[392] będę przemawiał na wiecu w Berlinie. Muszę już to zrobić, ze względu na niedawną odmowę wyjazdu do Moskwy. Mam tam trochę pieniędzy, kupię Ci jakie ładne piórko. Myślę, że do kwietnia będziesz już na jakiej kuracji – nie będzie Ci tak przykro, że wyjadę. Ale to wyjazd na jakie 5–6 dni. (Reszta delegacji na dłużej, ale ja chcę zrobić ten Paryż).

---

[388] Maciej Włodek.

[389] Anna Włodek.

[390] Janina z d. Rettinger, druga żona Stanisława Włodka.

[391] Po kilku tygodniach mieszkania w Warszawie (i wyjeździe z Iwaszkiewiczem do Łodzi), Błeszyński wrócił do Bydgoszczy.

[392] Nikita Chruszczow (1894–1971) – radziecki polityk, działacz partyjny i państwowy. W latach 1953–1964 I sekretarz KC Komunistycznej Partii Związku Radzieckiego (KPZR), w latach 1958–1964 premier ZSRR.

Mam nadzieję, że ten list nie nudny, nie ma w nim „ochów" i „achów" – zostały w sercu, które skowyczy, co się nazywa. Skończę ten list i nie będę wiedział, co mam z sobą począć.

(No, i skończyłem list i przyszła Nata Iwaszkiewiczówna, która ma w środę referat na temat moich opowiadań i przysypała mnie grudkami swoich pytań: co znaczy to, a co znaczy tamto. A bo ja wiem? Napisałem to 30 lat temu i nic mi to już nie mówi. Ale życie jest ciężkie – już i dziewiąta godzina, Hanię ząb boli coraz bardziej, jutro ma być niepogoda, i w ogóle nie chce się patrzeć na świat. Może pojutrze będzie lepiej. Szymek z Piotrem za godzinę wyjeżdżają, Ty w Bydgoszczy na Liliowym łonie, a ja sam, sam).

Całuję bardzo mocno, ale na papierze.

[Dopisek na lewym marginesie]: Do wódki bardzo tęsknię i do myślenia o J. też.

[Dopisek na lewym marginesie kolejnej strony listu]:Lilię ucałuj – kocham ją.

[Dopisek na lewym marginesie, ostatniej strony listu]: Szymek zaraz po powrocie będzie u Meissnerowej. Lekarstwa Ci wysłał, streptomycyny[393] trochę mniej, ale Ci wystarczy, jeżeli będziesz brał ½ grama dziennie.

192

Stawisko 24 III [19]59
wtorek – wieczorem

Moje dziecko drogie, mój najmilszy, mój złoty, mój jasny, mój niebieskooki, mój pięknoręki, mój smukły, mój chudy, mój jedyny,

---

[393] Streptomycyna – organiczny związek chemiczny, lek z grupy antybiotyków, działający na prątki gruźlicy.

najlepszy przyjacielu, najlepszy kochanku (to już są „opowieści zasłyszane" – np. wczoraj pani NN.[394] w dwugodzinnej rozmowie udzieliła mi pewnych bardzo interesujących szczegółów), mój najlepszy, mój dobry, mój łagodny, mój złośliwcze, mój obłudniku, mój gałganie, mój gospodarny, mój elegancki, mój mądry, mój gniewny, mój... jednym słowem: kochany Jurku!

Znowu minęło dwadzieścia cztery godziny (48 od Twego wyjazdu, czyli od samego rozstania) i znowu mam Ci mnóstwo rzeczy do zakomunikowania. Obiad dzisiaj był, Hania nie płakała, Marysia za to zachorowała na nerki, a Maćkowi podniosła się gorączka, w redakcji cisza, na dworze cudownie. Co za przepiękna wiosna, po deszczu zieleni się wszystko, fiołki zakwitły i ziemia pachnie. Chodziłem dzisiaj pierwszy raz po Stawisku od dawnych czasów, ale na nasz mostek nie miałem siły pójść. W polu bronował bardzo miły chłopak, Edek. Rozmawiałem z nim i częstowałem go papierosem. Co ja bym dał za takiego chłopaka, dla którego wszystko jest jak chleb z masłem i nie ma żadnych problemów. A dla mnie byłby nieważny i nie wymagałbym od niego, aby mówił mi prawdę, bo mam gdzieś jego prawdy itd. itd. Chciałem przez parę dni nie jeździć do Warszawy, ale musiałem dzisiaj, bo trzeba było poszukać forsy (znalazłem!) – i będę musiał jechać jutro, bo już zaczynają się perypetie paszportowe.

Brakuje mi Ciebie tak potwornie, że nie umiem Ci tego nawet opisać, brakuje na co dzień, na gadanie, na [wyraz nieczytelny]. Na przykład dziś, jadąc kolejką, zauważyłem, że wzdłuż całej trasy leży niezmierzona ilość żółtych papierków po Giewontach, co świadczy, że to są najpopularniejsze papierosy. I jednocześnie pomyślałem sobie, że tym spostrzeżeniem mógłbym podzielić się tylko z Tobą. Nikt inny by tego nie zauważył i nikogo innego to nie interesuje. I takich rzeczy na każdym kroku całe mnóstwo – wszystko świadczące, do jakiego stopnia jesteśmy zżyci, do jakiego stopnia jesteśmy jedno, jak te same rzeczy spostrzegamy, jak

---

[394] Pani N.N. – inicjały jednej z kochanek Błeszyńskiego.

nie potrzebujemy sobie o niczym mówić. (Choć czasem powiedzenie czegoś, o czym obaj bardzo dobrze wiemy, jest konieczne, dla podtrzymania wiary wzajemnej, dla podtrzymania tego wszystkiego, co nas łączy – Ty właśnie tej jednej rzeczy nie rozumiesz, niewiele dobrych słów {ale dużo dobrych myśli}, które mi powiedziałeś – wszystkie siedzą we mnie, mogę je wypisać, wyliczyć).

No, ale do rzeczy. Wyobraź sobie, że dzisiaj w jakimś wiedeńskim piśmie przeczytałem recenzję z mojego „Wzlotu", który, okazało się, już wyszedł po niemiecku i dotarł do recenzentów, a ja nie dostałem ani książek, ani żadnej wiadomości od mojego wydawcy. W głowę zachodzę, co to może być? Czyżby to cenzura gdzieś w drodze przetrzymała? W każdym razie bardzo mnie to ucieszyło. Teraz trzeba czekać na „Sławę i chwałę". Co do tego, to mam wiadomości od mojego tłumacza[395], który bardzo pilnie nad tym siedzi. Ciekawy jestem, jak to wyjdzie.

Teraz jeszcze jedna sensacja. Jadę na festiwal filmowy do Cannes! Prosili Zaiks, żeby pojechał tam jakiś wybitny pisarz mówiący po francusku, oni wytypowali mnie, i przyznam Ci, że bardzo się z tego ucieszyłem, mam nadzieję, że spotkam tam nareszcie „moją kobietę" – może Grace Kelly? i będę miał potworne przygody. Sprawa więc przedstawia się tak: dziewiętnastego kwietnia wyjadę do Berlina, z Berlina ruszę do Paryża – Hania zapewne dogoni mnie w Berlinie – w Paryżu zostawię Hanię i pojadę na parę dni na te wielkie snobizmy do Cannes, potem wrócę do Paryża i wrócimy razem do Warszawy. Wszystko razem zajmie nie więcej jak dwa tygodnie – chyba? Skąd na to będzie forsa, to jeszcze nie wiem (do Cannes oczywiście jestem zaproszony – ale na pobyt w Paryżu), ale wiesz, że ja zawsze kręcę bicze z piasku i jakoś jadę, a szczególnie, jeżeli chodzi o jakąś podróż. Okazuje się, że to, co ja mam w NRD to jest spora szansa pieniędzy (około 800 marek, a para butów kosztuje 40, koszula 27), będę więc mógł sobie to i owo kupić. Czy nie potrzebujesz letniego płaszcza? Tak zwanego prochownika? Chyba

---

[395] Jerzego Lisowskiego.

tak, będę Ci mógł przywieźć. Z Paryża już tylko krawat, bo tam to forsy nie będzie. W razie gdyby Kot Jeleński[396] nie przysłał mi Twojego lekarstwa, to i to lekarstwo dla Ciebie zdobędę. Niestety na to Cannes potrzebny jest smoking – nie wiem, co zrobić? Chyba na te czarne ubranie, które kiedyś było smokingiem z powrotem nałożyć jedwabne klapy, a na spodnie naszyć jedwabne paski – o ile się jeszcze nosi jedwabne paski wzdłuż nogawek do smokinga – czy Ty się nie orientujesz?

Widzisz – jakie mam teraz dla odmiany kłopoty: toaletowe!!! Nie spodziewałem się tego. Jutro już zaczynamy robić paszporty – będzie to robił Zaiks w połączeniu z Komitetem Pokoju, może to pójdzie prędzej niż z załatwianiem obywatela Szymona Piotrowskiego.

Byłem dziś na Szucha, smutno tam bez Ciebie, nie ma do kogo odezwać się. Zabrałem do Stawiska Twoją czapkę futrzaną, jest razem z Twoim i moim futrem w pokoju mojej siostry, w wielkiej szafie, całej wynaftalinowanej, jest nadzieja, że jej mole nie tkną.

Co się tyczy filmu, to depeszowałem dziś do Łodzi do Waśkowskiego: „wycofuję scenariusz Róży[397] proszę nie czynić żadnych dalszych kroków". Wyobrażam sobie, jakie kroki będzie czynił! Spotkałem też przypadkowo w kawiarni Janka Rybkowskiego[398] (tego reżysera od Anatola[399]) i opowiedziałem mu całą historię, obiecał, że dziś jeszcze tę sprawę załatwi. Myślę, że jednak powinno tam zawrzeć jak w ulu.

---

[396] Konstanty Jeleński, przydomek Kot (1922–1987) – polski intelektualista, eseista, krytyk i publicysta związany z paryską „Kulturą". W roku 1939 wyjechał z Polski i mieszkał w wielu miastach Europy, przede wszystkim w Paryżu. Przez wiele lat w związku z artystką Leonor Fini. Zaprzyjaźniony z Jarosławem Iwaszkiewiczem, starał się na jego prośbę pomóc Jerzemu, zdobywając na Zachodzie niedostępne w Polsce leki na gruźlicę.

[397] *Róża* – opowiadanie Iwaszkiewicza, przeniesiona na ekran w 1958 roku.

[398] Jan Rybkowski (1912–1987) – polski reżyser i scenarzysta.

[399] *Inspekcja pana Anatola* (1959) – polski film fabularny w reżyserii Jana Rybkowskiego; trzecia część trylogii filmowej, obok: *Kapelusz pana Anatola* i *Pan Anatol szuka miliona*.

No, i widzisz. Ile znowu spraw w ciągu tego dnia było. Ale o wszystkim nie piszę. Najważniejsze są moje myśli, które bez przerwy krążą wokoło Bydgoszczy i lecą do Ciebie jak wiosenne ptaki. Na stawie są dzikie kaczki, bażanty, kruki wodne – żaby chyba już zaczną grać w tych dniach. Cudowna wiosna, a Ty daleko. Przeszedłbym się z Tobą do mostku. Tam mi było miło, że byłeś w Stawisku. Tobie chyba też? Prawda? Hania dużo mówi o Tobie, choć więcej o Maćku. Całuję Cię mocno w obie Twoje powieki – czekam na jakąś bodaj drobną wiadomość. Szymek jutro chyba wróci – zaraz da znać –

Twój znowu
Jar

[Dopisek na lewym marginesie]: Lilce oświadcz moje gorące uczucia, pp. Jóźwiaków pozdrów.

193

[W lewym rogu dopisek czerwonym długopisem]: <u>do spalenia</u>

tego samego 25 [03.1959] późno wieczorem

Tylko, co mówił Wiktorczyk przez radio – i fala gniewu i ciekawości znowu mnie opanowała – wiesz już dlaczego. I jednocześnie takiego strasznego żalu, że nie ma Ciebie koło mnie, że nie widzę Cię, nie wiem, jak się czujesz – i że nie mogę Ci zadawać moich zwykłych, twardych i bezskutecznych pytań. I tak mi strasznie ciężko, że połowę swojego życia skryłeś przede mną za taką mgłą milczenia, niedomówień – a nawet fałszywych [wyraz nieczytelny]. Czasami ogarnia mnie bezsilna złość: jak on może mnie tak traktować, mnie, który ze skóry wyłażę, żeby mu być niezmiennym, zawsze jednakowym przyjacielem. Zawsze ta niedoskonałość stosunków międzyludzkich – niemożność dowiedzenia się, co u drugiego człowieka siedzi w środku. I nawet między nami, tak głęboko zżytymi, ta masa niedomówień – i spraw, które nie mogą być wyjaśnione. Dlaczego jeszcze pomnażać ten arsenał o sprawy zatajone? O sprawy naumyślnie przemilczane? Czasami mam wrażenie, że skrzywdziłeś głęboko całą naszą przyjaźń – i płakać mi się chce po prostu. Ach, Jureczku, krzywdzimy się i męczymy się nawzajem. Męczmy się dalej – jak kiedyś powiedziałeś.

194

26 III [19]59

Kochany, jedyny – przyjdź albo pozwól mnie do Ciebie przyjechać, albo spotkajmy się w Toruniu – ja tak nie mogę żyć, nic nie wiedząc o Tobie, nie widząc Cię, nie słysząc Twoich zrzędzeń (jak stary Pietraszek) i Twoich opowiadań, tak skąpych w dziedzinie, która mnie interesuje. Tu jestem niepotrzebny i nikt o mnie nie dba, tutaj już tylko Maciek ważny, nikt mnie nawet nie słucha, kiedy coś mówię, bo może ja już stary nudziarz? A poza tym już nie mam nikogo, od wszystkich jakoś odszedłem, każdy ma swoje życie i moje życie nikogo ani ziębi, ani grzeje – Ty jeden jesteś dla mnie na świecie, Ty jeden istniejesz, Ty jeden mnie potrzebujesz – i nawet może po swojemu kochasz. Dlaczego my się stale rozstajemy, przebywamy osobno, męczymy się oddzielnie – a moglibyśmy się męczyć razem. Jedźmy gdzieś razem do jakiejś zasranej dziury i siedźmy tam, błagam Cię pomyśl o tym. Ja mogę żyć tylko w Twoim pobliżu, widząc Cię i czując Ciebie niedaleko. Tak mi tu źle teraz pomimo cudownej wiosny, a może właśnie dlatego, że cudowna wiosna i że trzeba się poddawać jej niebywałym urokom z kimś jeszcze, który myśli podobnie – chociaż Ty nie myślisz podobnie. Ostatnie delikatne nasze zbliżenia są dla mnie czymś najcenniejszym w życiu, kiedy całowałem Cię w pierś, a Ty zamiast odepchnąć jak zwykle, pocałowałeś mnie w czoło i w łysinę – miły mój i drogi – to było największe przeżycie ze wszystkich naszych przeżyć.

Daj znak, napisz, zadepeszuj, zatelefonuj. Ja wiem, że jesteś cierpiący, śpisz, ale masz parę godzin w ciągu dnia, kiedy żyjesz czy starasz się żyć normalnie – czy pomyślisz wtedy choć raz o mnie?

Drogi mój, jedyny – bardzo się męczę, bardzo mi źle na duszy i na ciele i bezustannie myślę o Tobie. Całuję Cię mocno jak kocham, a wiesz, co to znaczy – Twój

Roman

Dopisek na dole: o 12. I znowu nie mam nic! Dlaczego?

195

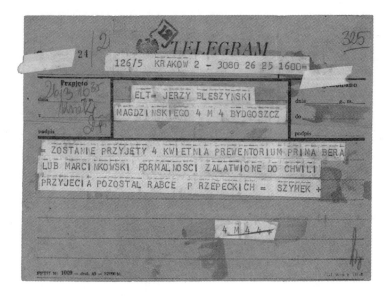

Zostanie przyjęty 4 kwietnia
prewentorium Prima Bera lub
Marcinkowski, formalności
załatwione do chwili przyjęcia
pozostał Rabce p. Rzepeckich, Szymek.

Telegram z dnia 26 marca 1959,
godz. 16.00

196

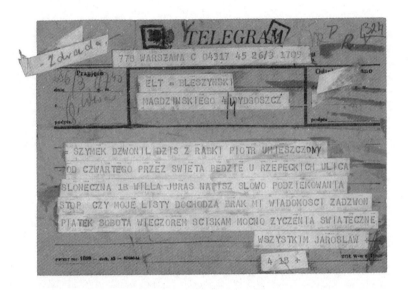

Szymek dzwonił dziś z Rabki,
Piotr umieszczony od czwartego przez święta
będzie u Rzepeckich[400] ulica Słoneczna 18
willa Juras, napisz słowo podziękowania stop
czy moje listy dochodzą brak mi wiadomości
zadzwoń piątek sobota wieczorem, ściskam
mocno życzenia świąteczne wszystkim Jarosław.
[doklejony dopisek ze słowem: zdrada]

Telegram z dnia 26 marca 1959, godz. 17.09

---

[400] Lidia Rzepecka przygarnęła na święta wielkanocne Piotra Błeszyńskiego, który podobnie jak oboje rodziców był chory na gruźlicę i przebywał w prewentoriach i sanatoriach. Czekając na miejsce w sanatorium w Rabce, w wyniku choroby swoich rodziców, pozostał bez opieki.

197

Stawisko p. Brwinów
dnia 27 III [19]59

Nie dziw się temu nagłówkowi, ale list był przeznaczony dla kogo innego – tymczasem otrzymałem Twój telefon i zaraz chcę napisać parę słów. Ogromnie mnie ubodła sprawa mojego listu do Lilki i słowo „zdrada", którego w tej sprawie użyłeś. List ten nie był zdradą i możesz go przeczytać każdej chwili, chciałem, aby Lilka wpłynęła na Ciebie w sprawie leczenia się, sanatorium, lekarzy itd. Widzę z tego, że starzy Jóźwiakowie są bardzo nieżyczliwi mojej osobie – i nie tylko z tego – i to jedno powstrzymuje mnie od natychmiastowego wyjazdu do Bydgoszczy. Po prostu nie mogę usiedzieć w miejscu, kiedy wiem, że Ty jesteś taki cierpiący tam, beze mnie. Oczywiście wiem, że masz najlepszą opiekę Lilki i że masz tam możliwe warunki, ale to płukanie żołądka itd. mocno mnie podrywa do podróży, nie zdziw się, jeżeli mimo wszystko pojadę gdzieś po pierwszym kwietnia. Bardzo, ale to bardzo jestem wzruszony tym, że się zwlokłeś z łóżka i poszedłeś zatelefonować do mnie, wiesz dobrze, co to dla mnie znaczy usłyszeć Twój głos. Tak bardzo żałowałem, że nie byłem wczoraj w domu, kiedy rozmawiałeś z Hanią, podobno byłeś lepiej usposobiony i lepiej się czułeś, z nią rozmawiałeś dłużej, a ze mną tak krótko, chyba nie masz żalu do mnie o tę „zdradę". Prawda? Miły mój, nie gniewaj się, Ty mi także nie o wszystkich swoich listach mówiłeś. Ja pojechałem wczoraj do Warszawy, aby popróbować trochę obcować z ludźmi, ale mi to nie wyszło. Byłem u Mycielskiego, był Henio Krzeczkowski[401] i tacy podobni do niego, i czułem się tak okropnie, że o mało nie rozpłakałem się w czasie tego wieczoru. Myślałem sobie o Twojej sytuacji, gdybyś się znalazł w takim towarzystwie – i o tym wszystkim, co ja w stosunku do

---

[401] Henryk Krzeczkowski (1921–1985) – polski tłumacz, pisarz, publicysta, działacz opozycji demokratycznej w PRL. W latach 1969–1977 redagował wydawaną przez PIW serię *Wielcy pisarze w oczach krytyki światowej*.

Ciebie zawiniłem. Tak mi było straszno, prędko zerwałem się i poszedłem, byłem w domu dość wcześnie, ale już Twego głosu tam nie było. Zresztą Hania była bardzo zadowolona z tej rozmowy, to chwała Bogu. Ona Ciebie naprawdę kocha jak syna. Tamto towarzystwo wydało mi się koszmarne – a i ja, jak czułem, krępowałem ich wszystkich, i wieczór ciągnął się jak guma do żucia. Nawet wódka nie pomogła, wypiłem jej sporo – i jakoś na mnie nie zadziałała. Wróciłem do domu w cudowną wiosenną noc.

Szymek zjawił się dziś rano, przyjechał wczoraj wieczorem, tak że przyszedł tutaj wyspany (z Rabki do Krakowa jechał autobusem – jak my), wygląda jak pączek – po trzech dniach pobytu w R[abce]. Nie niepokój się, Rzepeccy są tacy poczciwi i serdeczni, przetrzymają Piotra przez tydzień, a i jemu będzie przyjemniej spędzić święta w domu prywatnym niż w prewentorium, jeszcze na dodatek pani Rzepecka świetna gospodyni i jej święcone jest na kresowy [wyraz nieczytelny], więc będzie miał używanie. Zresztą apetyt podobno od razu miał ogromny – i pierwszego dnia zasnął z kawałkiem chleba w ustach, a nazajutrz zaraz po obudzeniu wołał o jedzenie!

Tak się strasznie cieszę, że mu będzie tam dobrze, pani Rzepecka zaraz go bardzo pokochała, a to jest anielskiej dobroci kobieta – niestety jest ciężko chora i pewnie niedługo pociągnie.

Synusiu kochany, może Ty nie chcesz, abym ja wyjeżdżał z kraju, powiedz słóweczko, a nigdzie nie pojadę, najlepiej by mi było w Pasiekach, koło Ciebie, a nie w żadnych Paryżach czy Cannesach. Do Berlina potrzebuję wyjechać tylko na 2–3 dni. I mogę zaraz wrócić. Oczywiście, o ile będę mógł być przy obie.

Starym Jóźwiakom się nie dziwię, wyobrażam sobie, jak wygląda nasz stosunek w oczach takich prostych i dobrych ludzi – tylko mi tak przykro, że mogą myśleć, że ja jestem nieżyczliwy dla Ciebie i dla Lilki. Nieba bym wam chciał przychylić – mili moi i kochani.

Byłem wczoraj u Wieśków – chciałem z nim pomówić trochę na temat jego tragicznego listu – on we wszystkim przesadza, a nie widzi, ile w tym wszystkim jest jego własnej winy, nieumiejętności pracy i niezaradności. Ale i mojej winy jest tutaj dużo. Przykro mi zostawać na starość z poczuciem winy wobec Ciebie, wobec Wiesia, wobec wszystkich. Święta nie zapowiadają się wesoło: Teresa pojechała do Zakopanego, Marysia i Jasio są chorzy i nie przyjadą, będą natomiast pierwszego dnia świąt obcy i niepotrzebni ludzie, to okropne. Na drugi dzień będzie Zygmunt Mycielski, z nim nareszcie się pogada, bo właściwie mówiąc, on nie opowiadał nam jeszcze o swoim pobycie w Londynie, a my jemu nie opowiadaliśmy o naszym Rzymie. Co prawda w Rzymie najmilsze chwile to były telefony do Ciebie – ale tego mu oczywiście nie powiem.

Taki jest ten Wielki Piątek! Tyle tylko, że słuchałem cudownego koncertu z Filharmonii – bardzo byłem wzruszony pięknem muzyki, tej najpiękniejszej rzeczy na świecie, rzeczy kończącej się razem z naszą epoką – zostanie potem już tylko muzyka „konkretna" i elektronowa. Razem ze sputnikami.

Co mówisz na de Gaulle'a[402], który uznaje nasze granice na Odrze? To nieprawdopodobne zdarzenie, co z tego wyniknie? Sojusz z faszystowską Francją? Zobaczymy.

Kochany, miły – plotę trzy po trzy o sprawach które Ciebie mało obchodzą, ale po prostu nie mogę oderwać się do tego papieru – bo mam wrażenie, że to rozmowa z Tobą, taka jak w Rarytasie[403] czy w Kongresowej. Chociaż ostatnio to raczej kłóciliśmy się w tych instytucjach – i karp faszerowany coraz mniej nam smakował.

Kończę, bo późno, list chcę wysłać jutro. Od Ciebie nie mam jeszcze nic. Złoty, jedyny nie myśl i nie mów o „zdradzie", tak mnie to męczy teraz, kiedy mi powiedziałeś, że to o to chodzi. A mnie to nawet do głowy nie przychodziło. A co ja miałbym powiedzieć?

---

[402] Charles de Gaulle (1890–1970) – francuski polityk, teoretyk wojskowości. Podczas II wojny światowej stał na czele emigracyjnego rządu Francji, który kontynuował walkę z Niemcami hitlerowskimi. W latach 1959–1969 był prezydentem Francji. Człowiek Roku 1958 według magazynu „Time". Zwolennik potwierdzenia trwałości polskiej granicy na Odrze i Nysie Łużyckiej.

[403] Rarytas – w ówczesnym czasie najbardziej luksusowa restauracja w Warszawie, mieszcząca się przy ul. Marszałkowskiej 9/15.

Całuję Cię mocno i mocno. Nie przyciskam Cię do serca, bo tego nie lubisz – ale patrzę na Twoje oczy i ściskam za rękę. Czy czytałeś w „Przekroju" dwuwiersz na 23 kwietnia? Ten Sztaudynger[404] to wszystko wie – w lutym też wiedział.

                                                                                Twój
                                                                      Stara Foka

[Dopisek na lewym marginesie, czerwonym długopisem]: Pozwól mi przyjechać do Bydgoszczy, błagam.

---

[404] Jan Sztaudynger (1904–1970) – polski poeta, satyryk i fraszkopisarz.

198

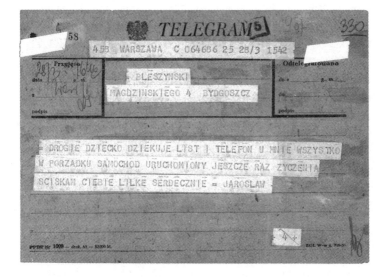

Drogie dziecko, dziękuję za
list i telefon, u mnie wszystko
w porządku, samochód
uruchomiony, jeszcze raz życzenia,
ściskam Ciebie Lilkę serdecznie, Jarosław.

Telegram z dnia 28 marca 1959,
godz. 15.42

199

Wielka Sobota rano
[28 marca 1959]

Dopisuję parę słów do listu, bo otrzymałem Twój list i pocztówkę, drugiego jeszcze nie. Chciałem bardzo podkreślić moją wzajemną prośbę, abyś się nie denerwował moimi sprawami, Ty wiesz, że mnie wszystko spływa jak z gęsi woda, to raz, a drugie, że wszelkie powikłania finansowe wyrównują się u mnie dość prędko. Na razie dałem sobie radę – a jak pójdzie Balzac (i w niejednym zapewne teatrze) – to będzie znowu wszystko zupełnie dobrze. Mam przy ten widoki na sprzedanie tego zegarka – wtedy to już będzie wsio pariadkie[405] i ze szczegółami. Nie podobało mi się tylko to, co piszesz – żebyśmy się na razie nie widywali. Przecie wiesz, że ja bez Ciebie żyć nie mogę, a czy poświęcałem Ci za dużo czasu, to jeszcze pytanie. Myślę, że lepiej tego czasu nie mogłem zużytkować.

U nas nastrój świąteczny w pełni, sens mają święta tam, gdzie są dzieci. Czy czytałeś mój artykuł w Życ. Warszawy? Chyba pierwsze dni w B. miałeś dobre, masz takie równe pismo w liście, musiałeś się trochę uspokoić, kiedy ja Ciebie nie męczę jak idiota. Staram się męczyć Cię na odległość, ale to już nie tak łatwo. Nie chcesz mnie widzieć? To dla mnie najsmutniejsze. Ale trudno, ze wszystkim się pogodzę, byle Tobie było „jak chcesz".

Piszę tę pracę „o książkach"[406], którą obiecałem „Czytelnikowi" – i jak widzisz mnóstwo artykułów. Zresztą pisania dla „Ż[ycia] W[arszawy]" nigdy nie przerywałem. Całuję Cię kochanie mocno

Jar.

---

[405] *Wsio w pariadkie* – fonetyczny zapis rosyjskiego zwrotu *всё в порядке* – wszystko w porządku.

[406] *Rozmowy o książkach* (Czytelnik, 1961) – wybór recenzji i felietonów Iwaszkiewicza publikowanych na łamach „Życia Warszawy".

200

sobota wieczorem
[28 marca 1959]

Juruniu drogi! Siedziałem dziś cały wieczór przy radiu, słuchając starych piosenek. Nie masz pojęcia, jak się wzruszyłem – i jedno przyszło mi do głowy. My nie mamy naszej piosenki, która by nam przypominała coś – żal mi się tego zrobiło. A może pojechać na parę dni do Sopotu na poszukiwanie naszej piosenki? Jak myślisz? Dwa dni wystarczy... Tak mi się raptem zachciało atmosfery dancingu, zabawy, wódki i kobiet. Jurciu, Ty nawet nie masz pojęcia, jak ja bez przerwy o Tobie myślę... To przerażające. Całuję Cię – jak dziś

Twój
Józef

201
[Zapis na osobistej papeterii osobistej Iwaszkiewicza]

Stawisko, W[ielka]. Sobota
7 pp.
[28.03.1959]

Drogi Syneczku! To mała karteczka w odpowiedzi na jedno zdanie Twojego 1 listu (nie datowany). Chodzi o to, że piszesz, iż sytuacja wytworzyła się z tego, że za dużo czasu poświęcałem Tobie – jest to oczywista nieprawda. Sytuacja wytworzyła się dzięki mojej miękkości charakteru, jak zwykle: 1° dlatego, że zgodziłem się na odłożenie premiery Balz. do wiosny, 2° dlatego, że uległem pokusom Waśkowskiego i zdecydowałem się znowu na współpracę z Filmem Polskim, która tyle mi już przyniosła przykrości i zawodów. Pracowałem jednak i przy Tobie i to bardzo systematycznie, czego dowodem cotygodniowe artykuły w Życiu i comiesięczne w „Twórczości". Nie mówiąc już o radzie itd. Co się tyczy „Sławy i chwały" to po prostu najechałem na rafę, co się bardzo często zdarza pisarzowi – i nie mogę wybrnąć. Ale i to poleci, wierz mi. W tej chwili finansowo wylądowałem, a po świętach będę znowu myślał o Tobie. Nie możesz mi tego „zabraniać", bo to jest istotną treścią mego życia – myślenie o Tobie pod każdym względem, a więc i materialnym. Zresztą mam nadzieję, że pogadamy o tym <u>ustnie</u> – i to już niedługo. Na razie– pa!

29 III [19]59
w południe

Czy znasz piosenkę[407] o szklanej górze i motocyklu? Że królewna na szklanej górze czeka na rycerza, wreszcie zjawia się on – i nie wiadomo, czy dzisiaj w nocy rycerz będzie całował królewnę, czy śmierć, a w małym miasteczku piękna Agnieszka czeka także na rycerza i wreszcie zjawia się on na czerwonym motocyklu, i ona czeka, że on ją porwie w pół i zabierze z okropnego miasteczka, a on pyta się tylko, gdzie sprzedają benzynę – i odjeżdża, zostawiając ją. Tak mi się ta piosenka podobała, tak mnie wzruszyła (tym bardziej, że zawsze Ciebie na motocyklu widziałem jak rycerza {w hełmie}, tak cudownie wyglądałeś, jak na koniu) – i nie wiem ani, kto napisał tę piosenkę, ani, kto śpiewał, ani nawet, jak ona się nazywa. Czy jej nigdy nie słyszałeś? Nie nuciłeś? Jak „Czekoladę"[408]? Chciałbym mieć płytę z tą piosenką.

[U góry, do góry nogami, dodany później dopisek]: 31 III Otrzymałem Twój list z soboty. Bardzo dziękuję. Całuję serdecznie

---

[407] W *Dzienniku* tego dnia znajduje się lakoniczny wpis: „Piosenka o szklanej górze i czerwonym motocyklu. Potworny, oszałamiający, wszystko ogarniający patos wspomnień, patos miłości i śmierci" – J. Iwaszkiewicz, *Dzienniki...*, s. 272.

[408] *Czekolada* – piosenka z repertuaru Nataszy Zylskiej z 1958 roku; tekst: Ola Obarska, muzyka: Vic Mizzy.

202

[30 marca 1959]

[Zapis na osobistej papeterii Iwaszkiewicza]

Drugi dzień świąt! Pamiętasz syneczku pięć lat temu w drugi dzień świąt (co prawda) było to dopiero 20 kwietnia) złożyłeś mi decydującą – po prawdzie powiedziawszy 1– wizytę na Stawisku. Nie mogłeś się na nią zdecydować przez ½ roku! Był to, jak teraz widzę, Twój typowy „szus" – i ani Ty, ani ja nie przypuszczaliśmy, że jest to takie ważne zdarzenie. Byłeś wtedy jeszcze zupełnym dzieckiem, mimo wszystkich doświadczeń, dojrzałeś w promieniu moich wpływów i stałeś się zupełnie inny. Ja, przeglądając moje osławione „kalendarzyki", widzę, jaka pustka mnie otaczała w momencie Twojego zjawienia się – i jak te pięć lat wypełniło się dla mnie treścią i sensem dzięki Tobie. Ty nawet w przybliżeniu się nie orientujesz, ile ja Tobie zawdzięczam. Wspominam te wszystkie lata z ogromną radością i wdzięcznością dla Ciebie. A jak to prędko poszło, 20 kwietnia byłeś na Stawisku, a 25 maja piszesz do mnie w liście: „spotkamy się <u>jak zwykle</u> w komitecie obrońców pokoju". Mamy zresztą jakieś specjalne szczęście do Wielkanocy, dużo ważnych rzeczy dzieje się w tym okresie. Rok temu w tenże drugi dzień świąt były chrzciny Ewuni, dwa lata temu w Wielką Sobotę (także 20 kwietnia) kupiłeś sobie motocykl. Co do czego to trochę mam wyrzutów sumienia, że umożliwiłem Ci ten sprawunek, kto wie, ile motocykl wpłynął na pogorszenie stanu Twojego zdrowia? Ale za to tak pięknie wyglądałeś na motocyklu (patrz poprzedni wstęp listu) nawet z Lilką, na szosie pod Mińskiem Mazowieckim. Nigdy nie zapomnę Twojego wzroku, mówisz, że był to wzrok wściekły, mnie się wydawało, że wzrok zawstydzony. Nie masz pojęcia, jaka nuda świąteczna wczoraj i dziś, ogarnia mnie taka tęsknota do Ciebie, że chciałbym usiąść na podwórku jak rudy Maużyjo[409] i wyć,

---

[409] Rudy Maużyjo – frazeologizm.

podniósłszy głowę na niebo. Córek nie ma, Wiesia nie ma, Ciebie nie ma – a cóż to za święta, na Boga?

A wczoraj ta pogoda jeszcze taka okropna, naprzód byłem w kościele, a potem piłem dużo wódki i jeszcze więcej wina* – modri burgunder, ten cośmy ostatnio pili w Kongresowej. Bardzo dobre wino – i przypomina mi Włochy.

Wieczorem jeszcze napiszę.

* [na marginesie odnośnik do tego fragmentu]: nieprawda

Bardzo kochany (zawsze! pamiętaj). Wysyłam ten list w stanie surowym, jest on dosyć zły, ale nie niesprawiedliwy. Niektóre rzeczy bardzo słuszne – zastanów się i nie bierz do serca, a raczej weź do serca wszystko, co sercem pisane.

Foka – Balon

203

30 [marca 1959] wieczorem
P[oniedziałek] Wielkanocny

Syneczku kochany!

Jakież głupiutkie były poprzednie paragrafy mojego listu, ale to dlatego, że święta były jakieś głupie – bez córek, bez Wiesia, bez Ciebie, a obecność wnuków działała ogłupiająco nie tylko na Hanię, ale i na mnie. Ona nie ma czasu na pogadanie ze mną, a dzieci są nieznośne i hałasują.

Dzisiaj cały dzień był u nas Zygmunt Mycielski, on tylko jeden. Opowiadał bardzo ciekawe rzeczy ze swojego dwumiesięcznego pobytu w Londynie. Między innymi o błyskawicznej karierze Fu-Tsunga[410],

---

[410] Fu-Tsung (Fu Zong, ur. 1934) – angielski pianista chińskiego pochodzenia, studiował w Krakowie i Warszawie, w 1958 r. zamieszkał w Londynie.

której był świadkiem – a nawet poniekąd współautorem. Jest on już „postawiony" – ale takie początki w obcym mieście przy chciwości i bezlitosności managerów czyli impresario, to bardzo przerażające rzeczy. Na szczęście Fu-Tsung ma mocny, jak okazuje się, charakter i chińską wytrzymałość nerwów.

A teraz samochód. Pamiętam, stał on przez dwa miesiące, od naszego powrotu z Poronina, i zdawało się, że tam wszystko w nim do góry nogami. Kuświk z Szymkiem mocno medytowali nad nim, ale ta medytacja niewiele pomagała. Wezwali starego Kiełczewskiego[411], który jest pijanica – nie wiem, czy go znasz? – ale majster mechanik pierwszorzędny. Okazało się, że tam tylko jakaś mała szajbka przekręciła się, Kiełczewski ją naprostował i samochód ruszył natychmiast i chodzi jak ta lala. Wczoraj Kuświk woził do Milanówka babę, która zaczęła rodzić u niego na podwórku, i przywozili moją teściową[412]! Ty wiesz, do czego u nas zawsze służy samochód. Oczywiście „defekt fabryczny" trwa i nie jest do usunięcia. Zresztą nie bardzo wierzę, aby ten samochód długo miał chodzić, ale zawsze trochę się pojeździ.

Bardzo mi przykro, że przez te dwa dni świąteczne siłą rzeczy jestem bez wiadomości od Ciebie – za to tym więcej o Tobie myślę, spacerując po domu i po dworze w czerwonym moim fezie. Szkoda, że go dawniej nie miałem – może by mi to ułatwiło założyć sobie harem, o czym, jak wiesz, marzyłem całe życie.

Częścik (a propos haremu) zdaje się mimo wszystko żeni się w sobotę – będę miał weselisko. Bo chyba mnie zaprosi? A może nie – wszystkiego teraz można się po nim spodziewać. Wiesiek nie był, bo ona grała[413] wczoraj i dziś, a on musiał pilnować chorego dziecka. To samo Marysia, bo mały Jasio znowu chory.

Za to był spokój całe dwa dni, wczoraj trochę brydża, a dzisiaj gadanie z Zygmuntem, ostatecznie odpocząłem trochę. Wódy

---

[411] Kiełczewski – mechanik.
[412] Chodzi o Jadwigę Śliwińską.
[413] Krystyna Kępińska – żona Wiesława.

<u>nie piłem</u>. Całuję Cię, moje dziecko drogie – bardzo tęsknię do Ciebie i bardzo chcę zobaczyć. Przysięgam Ci, że będę się starał nie irytować Ciebie. Uwierz mi. Lilię ucałuj ode mnie w obie ręce –

Twój
Jarosław

204

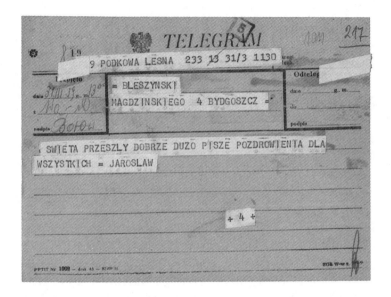

Święta przeszły dobrze, dużo
piszę, pozdrowienia dla wszystkich,
Jarosław.

Telegram z dnia 31 marca 1959,
godz. 11.30

205
[Zapis na osobistej papeterii Iwaszkiewicza]

Stawisko, dnia 5 kwietnia [1959]
niedziela po południu.

Moje dziecko ukochane!

Przepraszam Cię, że piszę dzisiaj na maszynie, ale tak będzie prędzej, a kłębi się u mnie we łbie tyle pomysłów, jakie chciałbym zapisać, że bardzo mi zależy na pośpiechu; nie mogę też nie napisać zaraz do Ciebie, taki jestem jakiś rozczulony moim pobytem w Bydgoszczy i taki przepełniony najlepszymi uczuciami do Ciebie i do Lilki, kocham was bardzo i strasznie od razu tęsknię (czy odrazu, czy od razu? Zabili mi teraz ćwieka z tym pisaniem oddzielnym i łącznym wyrazów), strasznie tęsknię i chciałbym dopiero teraz z Tobą gadać i dopiero teraz przypominają się wszystkie sprawy, których z Tobą nie ogadałem i wszystkie rzeczy, które chciałem Tobie powiedzieć i których zapewne nigdy nie powiem, a właściwie nigdy w należyty sposób nie oświetlę. Bo przecież ciągle te wszystkie niewyczerpalne tematy między nami krążą – i wciąż taka masa rzeczy niedopowiedzianych.

Taki byłeś strasznie miły przez ten jeden dzień i wieczór, cośmy byli razem, i tak bardzo wiem, ile Cię to kosztowało; ale także wiem, że to zrobiłeś dla mnie i dla Lilki i że czujesz się z tego dzisiaj zadowolony. Pomyśl sobie, chociaż wiedziałem, że jesteś taki cierpiący i boleśnie nastawiony, byłem jednak szczęśliwy i zadowolony – jakoś tak bardzo czułem, że jestem Tobie potrzebny i że przynoszę Ci (tym razem) jakąś ulgę, i że nie drażnię Ciebie moimi głupimi pytaniami i całym moim zachowaniem.

Zresztą, jak Ci powiedziałem, bardzo dojrzałem przez te ostatnie parę tygodni, wszystko mi się jakoś rozjaśniło – i właśnie teraz dopiero przypominam sobie te Twoje powiedzenia z lata, że trzeba przeczekać czas jakiś, a wszystko to, co zdawało się takie palące i konieczne, wymagające natychmiastowej odpowiedzi, stanie się dalekie i niepotrzebne, i że będziemy się śmiać z rzeczy, które nas tak bardzo irytowały.

Nie znaczy to wcale, abym nie miał do Ciebie różnych żalów za zbyt małą ilość szczerości, czy zbyt małą ilość zwierzeń; ale przyznaję Ci, że to jest moje babskie usposobienie i że prawdziwi mężczyźni – a chyba za takich możemy się uważać – nie potrzebują tych wszystkich szczegółów i ślamazarności.

W domu zastałem wszystko jak zwykle. Hania przejęta szalenie wyjazdem Maćka do Krakowa i tym, że jego ojciec i macocha[414] chcą go z tego Krakowa odebrać i znowu sprowadzić do Warszawy. Suszyła mi głowę tym wszystkim dzisiaj cały ranek i nawet nie bardzo się irytowała przedłużeniem mojego pobytu w B. i nie bardzo rozpytywała się o Ciebie. Powiedziałem jej, że wkrótce sama Ciebie zobaczy i o wszystko będzie się mogła rozpytać i wszystko Ci powiedzieć, co zechce.

Rozpacz mam z Szymonem. On się nie chce porządnie wyleżeć zrywa się ciągle i wychodzi i znowu się kładzie z dużą gorączką. Przedwczoraj był na Stawisku. Hania go przegnała i znowu wczoraj leżał z bardzo dużą gorączką. Tak się właściwie ciągnie przez całą zimę, a ostatnio nie mam z niego żadnej pociechy – bo co dwa dni leży. Jak będzie z samochodem, pojęcia nie mam – i w ogóle ze wszystkim.

Co się tyczy dzierżawy, to miałem dziś wizytę doskonałego kandydata do tej sprawy, ale myślę, że będą jeszcze duże trudności, bo jak zwykle wszystko rozbija się o sprawy mieszkaniowe. Zaorscy[415] nie wiadomo, kiedy się wyniosą i dokąd, a jak oni się nie wyniosą, to nie ma mieszkania dla nowych dzierżawców. Ale myślę, że się to wszystko jakoś ułoży.

Jeździłem oczywiście z parasolem do Bydgoszczy, a teraz, kiedy pogoda się zmienia i lada chwila deszcz upadnie, oczywiście parasol zostawiłem na Szucha i będę jutro musiał moknąć w Warszawie.*

---

[414] Stanisław Włodek i jego druga żona, Janina.
[415] Józef Zaorski i Jadwiga Pogrozińska.

Syneczku mój najukochańszy, tak mi brak Ciebie koło mnie, tak bym chciał mieć Twoją radę, Twoje zainteresowanie naszymi sprawami, to coś, co od Ciebie idzie nawet wtedy, kiedy irytujesz się na mnie i wymyślasz, zresztą zawsze łagodnie. Wolę, abyś mi dogryzał, ale żebyś był koło mnie i żebym ja wiedział, jak się czujesz i jakie masz usposobienie. Bardzo mi było smutno wyjeżdżać z Bydgoszczy, ale tak mi było miło, że byłeś taki bardzo kochany i nawet miejsce mi w wagonie zająłeś, bardzo dobre miejsce i świetnie jechałem, zajadając zapasy Lilki, wprawdzie poszedłem do wagonu restauracyjnego, zamówiłem sobie bryzol, ale gdy po trzech kwadransach spytałem, co się dzieje z tym bryzolem, gospodarz przeprosił mnie, że kelner zapomniał, kto u niego zamówił ten bryzol i „sprzedał" go komu innemu! Tak że nic innego nie jadłem, tylko to, co Lilka tak fantastycznie zapakowane przygotowała. Ale nie miałem apetytu – wciąż mi się cycki Jonscherowej przypominały, a to smaku nie dodaje. A jeszcze czarny sos z jej obrazów!!

Zapasowe moje okulary służą mi doskonale, tak że się nie kłopocz, jeżeli tamtych nie ma, dam sobie doskonale radę, aż do wyjazdu do Berlina.

Z tym wyjazdem oczywiście jeszcze nic nie wiem, bo nastrój dzisiaj świąteczny i nikogo nie widziałem. Do nikogo nie telefonowałem, jutro dopiero będę miał wiele wiadomości, których nie omieszkam Tobie zakomunikować.

Tymczasem więc, moje dziecko, całuję was oboje bardzo serdecznie i do serca tulę. Oczywiście Ciebie bardzo specjalnie, bardzo serdecznie i nie dotykając, aby Cię nie urazić. Tak strasznie chciałbym Ciebie znowu zobaczyć. Po prostu żyje mi się jakoś nijako – i tak bardzo samotnie.

Do widzenia malutki mój do jutra
Twój stary
Foka

* [Dopisek z boku ołówkiem]: Już pada!

listy 1954–1959

206

Wiadomości od Piotra dobre,
jest prewentorium Leśny Ludek,
telefon 1057, Rzepecka niezwykle
serdecznie się nim opiekuje,
lekarstwo z Paryża już wysłane,
chociaż go jeszcze nie ma
w sprzedaży, ściskam, Jarosław.

Telegram z dnia 6 kwietnia 1959,
godz. 15.50

207
[Zapis na osobistej papeterii Iwaszkiewicza, maszynopis]

Stawisko, dnia 6 kwietnia [19]59,
5 p[o] p[ołudniu].

Mój najukochańszy na świecie!

Mam dla Ciebie dużo wiadomości, wysłałem dzisiaj depeszę, ale Szymek zapomniał ją zabrać do Warszawy i dopiero przed chwilą Hania poszła na Podkowę wysłać ją i zapewne będziesz ją miał z opóźnieniem. Bardzo byłem wściekły na Szymona, bo bardzo chciałem, abyś jak najprędzej miał wiadomości o Piotrze. Dzisiaj przyszedł list od Lidki Rzepeckiej, naprawdę wzruszająco dobry. Ona zdaje się przywiązała się do Piotra przez te dwa tygodnie i pisze już jak o jakimś rodzonym dziecku, „jak już zahaczył o moje serce i tam już wlazł, to o nim nie zapomnę" – tak pisze. Podaje szczegóły jego pobytu w prewentorium i pisze, że nie bardzo mu się chciało porzucać dom Rzepeckich, gdzie mu zapewne było dobrze. Strasznie się z tego ucieszyłem, a także i to mi dobrze na duszy zrobiło, że są na świecie dobrzy i uczynni ludzie i że czasami można liczyć na ich dobroć.

To samo i Kot Jeleński, który poleciał po to lekarstwo dla Ciebie, zaraz po Wielkanocy, bo dostał mój list w Wielką Sobotę – i ponieważ lekarstwo jeszcze nie jest w sprzedaży, wyprosił* pudełko (pierwsze) dla Ciebie i zaraz je wysłał. Co prawda takie pudełko wystarcza tylko na dwa tygodnie, następne trzeba będzie już kupić i wysyłać stopniowo, a lekarstwo jest dość drogie. Jednocześnie jednak dostałem wiadomość, że wydawnictwo francuskie zaakceptowało moją książkę „Matka Joanna od Aniołów"[416] (to nie o Jonscherowej) w przekładzie Jurka Lisowskiego, i że wyjdzie ona za parę tygodni, a więc będzie miał pieniądze w Paryżu i lekarstwo

---

[416] *Matka Joanna od Aniołów / Mère Jeanne des Anges*, Jarosław Iwaszkiewicz, tłum. J. Lisowski, Paris: Laffont 1959.

można będzie kupić. Trzeba będzie, żebyś się zdecydował, jak się ten lek i gdzie będzie stosował. Proszę Cię, abyś był rozsądny pod tym względem i słuchał Lilki, bo widzę, że ona ma większy wpływ na Ciebie niż ja. Co zresztą jest zupełnie naturalne i nie wzbudza we mnie zazdrości (może tylko trochę żalu czy smutku, ale to są rzeczy zupełnie „w tej chwili nieważne", jak Ty powiadasz).

Poza tym ta sama poczta przyniosła mi dwie umowy na rzeczy już napisane (na przedruki), które mi znowu kapną parę tysięcy, ziarnko do ziarnka a zbierze się miarka. Wprawiło mnie to w bardzo dobry humor i zaraz zasiadłem do napisania do Ciebie listu, chociaż jestem w trakcie tworzenia „na wariata" nowego bardzo osobliwego opowiadania[417]. Zupełnie coś nowego w moim życiu.

Ale o tym potem oczywiście, bo nie lubię mówić o pisaniu w trakcie roboty. Spisałem sobie dzisiaj na kartce wszystko, co mam napisać przed wyjazdem do Berlina, i zupełnie nie rozumiem, jak sobie dam z tym radę, ale muszę dać, bo mnie inaczej zamordują, a wszystkim coś obiecałem. Przypomniałem sobie dzisiaj o rozmowie z Tomaszewskim[418], pamiętasz wtedy na Gubałówce, i że obiecałem mu napisać o „Harnasiach"[419] Szymanowskiego, przestraszyło mnie to, ale na szczęście zobaczyłem umowę, że to dopiero na lipiec.

Przepatrywałem moje fotografie, szukając różnych rzeczy o Szymanowskim, i zobaczyłem, że ja mam wszystkie Twoje fotografie z Kopenhagi, po dwa egzemplarze. Czy Ty ich nie potrzebujesz i nie chcesz? Przygotowałbym Ci taki mały album z Twoich fotografii, może Ci to być przyjemne. Jedna z Twoich najlepszych i najbardziej dla mnie pamiątkowych fotografii to zdjęcie Twojego biurka w melinie. Ta palma-kałamarz na tle firanek – bardzo

---

[417] *Jadwinia (Dzień kwietniowy)* („Twórczość" 1959) – opowiadanie Jarosława Iwaszkiewicza dedykowane Julianowi Stryjkowskiemu.

[418] Mieczysław Tomaszewski (ur. 1921) – polski muzykolog, teoretyk, estetyk muzyki, animator życia muzycznego w Bydgoszczy, profesor i doktor honoris causa Akademii Muzycznej w Krakowie.

[419] *Harnasie* – balet-pantomima napisany przez Karola Szymanowskiego w latach 1923–1931; premiera sceniczna odbyła się 10 maja 1935 roku.

plastyczne zdjęcie i żywcem mi atmosferę meliny przypomina, a cóż dopiero Tobie. Nie chcesz tego mieć czy też masz inny egzemplarz? Ach, Boże, ileż mi ta fotografia przypomniała miłych i więcej niemiłych chwil. Mimo wszystko jednak myślę, że nasza przyjaźń przeżyła swoje najlepsze chwile w... Kruku. Najlepsze Twoje listy mam stamtąd i niepotrzebnie mówiłem, abyś mi napisał teraz jakie przyjemne słowo, bo pisałeś do mnie bardzo ładne rzeczy właśnie z Kruka. Mam wrażenie, że tam dopiero doceniłeś moją osobę.

Telefonowała dzisiaj Basia Jonscher[420] o tym, że przywiozła mi okulary, które znaleziono dopiero o czwartej to znaczy po moim wyjeździe. Telefonowałeś dopiero nazajutrz po moim wyjeździe, to znaczy, że czułeś się niedobrze.. (Rozumuję jak Lilka). Bardzo mnie to zmartwiło i przypisuję sobie dużo winy, że Cię nie oszczędzałem podczas mojego pobytu i włóczyłem po rozmaitych ansztaltach. Mówiła także Basia, że przywiozła mój wywiad w gazecie i że jest bardzo fajny, tylko za dużo napisali o jej mamie: ja tak dużo nie mówiłem, daję Ci na to słowo. Ale w Bydgoszczy zawsze mówią: ten Iwaszkiewicz to jednak błazen, i nie wiele się mylą, bo ja jednak jestem niepoważny człowiek.

Do Kolankowskiej[421] także dzwoniłem i samochód na niedzielę zamówiłem, tylko muszę jeszcze napisać mowę dla Berlina. Z Paryża i Cannes zdaje się nici.

Całuję Cię mocno i ściskam przynajmniej na papierze, tak tęsknię do Ciebie, jak może jeszcze nigdy, aż czasem popłakuję. Brak mi Ciebie w pobliżu – no, ale to nieważne, jak Ty mówisz.

Twoja stara
Foka**

* [Z boku dopisek czerwonym długopisem]: za darmo!
** Podpis odręczny – czerwonym długopisem

---

[420] Barbara Jonscher (1926–1986) – córka Joanny Witt-Jonscher i Józefa Jonschera. Malarka i rysowniczka.
[421] Elżbieta Kolankowska – działaczka Polskiego Komitetu Obrońców Pokoju. Błeszyński nazywał ją najlepszą przyjaciółką Iwaszkiewicza.

208

[7.04.1959]

Noty

Chrzciny Ewuni były 7 IV (Lilka przyjechała więc 8 IV – w ten dzień nie mam w kalendarzyku nic zapisanego, to znaczy, że chciałeś mieć ten dzień i wieczór wolny, kogoś tam przyjmowałeś, nazajutrz [9] mam tylko zapis „nuda" – 10 byłeś u mnie na Szucha i przyszedł Fogiel – to już rok!

19 – skonstatowałem, że nie mówisz mi całej prawdy, a 22 dopiero mam „dobrą" rozmowę z Tobą – po czym zaczyna się seria imienin.

Bardzo jednak umiejętnie ukrywałeś przede mną to, co trzeba było ukryć.

J.

[Dopisek na ukos, otoczony czerwoną ramą]: Nie złość się

209

Stawisko 9 IV [19]59

Mój kochany Jurciu!

Piszę do Ciebie parę słów, bo mimo wszystko mam nadzieję, że zrobisz to dla mnie i dla Lilki i nie wyjedziesz jutro z Byd[oszczy]. U mnie nic nowego, nie mogę Ci więc napisać listu z wieloma wiadomościami, jak był poprzedni – bardzo tęsknię do Ciebie. Co za słowa użyłeś, pisząc o moim pobycie u Ciebie? Dlaczego uważasz, że byłem „grzeczny" i co to słowo znaczy? Oczywiście nie chodzi tu o to, co napisałeś, ale o to, co chciałeś powiedzieć. A to mi jest serdecznie miłe – bo dawno mi nie było tak dobrze w Twoim towarzystwie, jak ostatni raz w Bydgoszczy[422]. I jeżeli Ty mi dziękujesz, to jak ja mam dziękować Tobie za wszystko, za całe te 6 lat, spędzone pod Twoim znakiem. Piszę ten list nie na Stawisku, ale w redakcji, i trochę mam mętlik w głowie, jak to zwykle bywa. Jutro napiszę duży i porządny list ze wszystkimi szczegółami. Moja jazda do Cannes i Paryża pod znakiem zapytania. Do Berlina natomiast jadę na pewno – w niedzielę 19, ale będę tak krótko i zaraz wrócę, może nawet na Twoje imieniny[423] albo na niedzielę po imieninach.

Całuję Cię po tysiąc razy
Jarosław

210

Stawisko, piątek 10 IV [19]59

Dziecko moje kochane! Właśnie jest po telefonie Lilki i trochę się zaniepokoiłem tą grypą, która się do Ciebie tak niepotrzebnie przyplątała. Lilka mnie uspokoiła, że już się czujesz lepiej, ale pewnie się bardzo denerwujesz tym, że nie możesz przyjechać do Warszawy. Lilka mówiła, że wybierasz się w przyszłym tygodniu, rozsądniej będzie, jeżeli posiedzisz dłużej w Bydgoszczy, ja bym wpadł do Ciebie przed wyjazdem do Berlina. Od poniedziałku będzie czynny nasz samochód, to będziesz mógł z Szymkiem i w powszedni dzień pojechać do tego Nowogrodu, a niekoniecznie nastawiać się na niedzielę. Myślę, że Cię może moje listy trochę denerwują, to powiedz mi przez Lilkę, abym przestał pisywać – będę je wtedy pisał i chował do szufladki, jak wtedy, kiedy Ty miałeś zupełnie inne zajęcia niż czytanie moich listów. U mnie nic nowego, praca i nuda, i nawet

---

[422] Iwaszkiewicz był w Bydgoszczy w dniach 3–4 kwietnia 1959 roku.
[423] Jerzy obchodził imieniny 23 kwietnia.

nie widzę, że taki piękny czas na dworze, siostra i wnuczki znoszą mi fiołki i Stawisko rzeczywiście prześlicznie wygląda. Miałem wczoraj dużą konferencję z Balickim, bo Balzac już wkrótce idzie na próby. Mówiliśmy o obsadzie, o ewentualnych skrótach – i o rozmaitych różnych rzeczach. Niestety, aktorzy są bez entuzjazmu dla sztuki i obawiam się, że to się odbije na całości spektaklu, ale mi to już obrzydło, czekanie na to, aby oni to zagrali i pewnie mi będzie zupełnie obojętne, jak to wypadnie. Wczoraj również zaprosił mnie dr Ścierwik na obiad do Bristolu. Trochę mnie to bawiło, ale i trochę nudziło, bo opowiadał o swoim życiu w bardzo chamski sposób, zwłaszcza tę swoją „narzeczoną" (prawdziwą) obrabiał w brzydki sposób, no i oczywiście opowiadał o swoich sukcesach w bardzo ordynarny sposób. Ten człowiek bardzo się zmienił, okropnie się „rozzuchwalił", prawie jak ja. Przypomniało mi się, jak dostał po mordzie – to piękna historia. Chociaż wnioskuję z niej, że lubiłeś zbiorowe historie – przynajmniej tak wnioskuję z ułamków Twoich powiedzeń. Ale porównywałem sobie Twoje zachowanie z kobietami i jego, jednak mimo wszystko (to znaczy, że lubisz bujać – zwłaszcza mnie) jesteś dżentelmenem. Hania zaczęła mi serię zastrzyków, trochę kampolonu i trochę testosteronu, ale testosteron będę musiał przerwać, bo niedobrze na mnie działa: drażniąco, a przecież jeszcze impot[entem] nie jestem. Na ogół czuję się dobrze, wczoraj piechotą przeszedłem się przez całą Warszawę z Szucha do Filharmonii, ale w tych wszystkich nowych dzielnicach przypominam sobie nasze spacery i robi mi się miękko na duszy. Jak Ci już to pisałem, potwornie tęsknię do Ciebie, nie mogę sobie dać rady, na każdym kroku spotykam coś, co byłoby tematem naszego gadania. Widzisz, ja zawsze o takich rzeczach do Ciebie piszę, a Ty nigdy się nawet nie chcesz przyznać do tego, że potrzebujesz mnie. Na dworcu w Bydgoszczy z taką ostrożnością począłeś mówić, że raczej było dobrze w te dwa dni... W Filharmonii byłem na koncercie pośw[ięconym] Szymanowskiemu, ale był kiepski koncercik i półtora człowieka na sali. Za to zgadałem się z Zygmuntem M.[424], który mnie potem odprowadził na kolejkę i siedzieliśmy na ławeczce przez pół godziny, gadając. Rozpytywał się o Ciebie i kazał Cię pozdrowić. Marysia ma grypę, obie małe tutejsze też chore – jednym słowem, chorują wszyscy. Co za cholera! Wciąż dużo piszę, napisałem parę felietonów, opowiadanie, marzę o pracy nad Sł[awą] i Chw[ałą]. Jednym słowem, jak Ci powiedziałem, odwróciło mi się w pewnym momencie i teraz się leje jak woda w kurka.

[Dopisek na lewym marginesie]: Tak mnie zniechęciłeś do kalendarzyka, że już <u>nic</u> w nim nie zapisuję.

[Dopisek na lewym marginesie na poprzedniej stronie]: Hania kazała Cię pozdrowić, ja Cię całuję, do serca tulę i <u>strasznie kocham</u> –

Foka.

---

[424] Zygmunt Mycielski

211

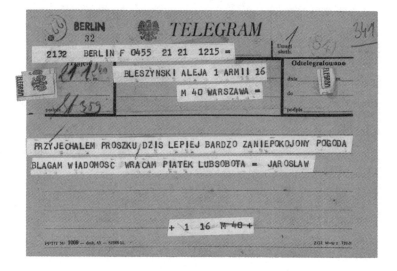

Przyjechałem proszku, dziś lepiej, bardzo zaniepokojony, pogoda błagam wiadomość, wracam piątek lub sobota, Jarosław.

Telegram z dnia 21 kwietnia 1959, godz. 12.45

212

Zdrowie złe, wracam czwartek lub piątek samolotem, zaczekaj, całuję, Jarosław.

Telegram z dnia 21 kwietnia 1959, godz. 21.20

213

Całuję prawdziwe imieniny wczoraj piłem cały wieczór Twoje zdrowie, dziś lecę Warszawa, prezenty kuframi, Twój Jaros.

Telegram z dnia 23 kwietnia 1959, godz. 13.00

214
[Dopisek u góry, do góry nogami]: Cieszę się, że będziesz do połowy grudnia w Sanatorium, na styczeń pojedziemy w góry, ja do Rabki, a Ty do Poronina. Muszę już gdzieś pisać III tom.

Piątek,
zaraz po powrocie
24 IV [19]59

Kochany! Zostawiłem u Ciebie na stole razem z gazetami Twój list, który czytałem w drodze i włożyłem do kieszeni oraz list Andrzeja Brustmana. Bądź łaskaw, zachowaj je i przywieź mi, zwłaszcza chodzi mi o Twój list, w którym wyrażasz troskę o moje zdrowie i który jest dla mnie bardzo wartościowy. Błagam Cię, nie wyrzuć go i dołącz do mojej kolekcji, która wzrasta z dnia na dzień.

Kochanie, nie mam Cię, bo innego człowieka nie można mieć. Ma on swoje własne życie, swoje gusta, swój sposób bycia, swoje myśli – nieprzeniknione – i swoje małe kłamstewka i swoje wielkie marzenia. Nikogo nie można posiadać – chyba że się go tak upupi, jak Ty Szymka Piotrowskiego. A przecież ja Ciebie nie upupiłem – daleko od tego jest niestety bardzo – a może i stety, bo co ja bym z Tobą robił, gdybym Ciebie „miał"? Ach, syneczku, smutno mi oczywiście bardzo, jakoś nie możemy się porozumieć co do jednej, zasadniczej sprawy. A skoro nie możemy się porozumieć co do jednej, to wszystkie inne są porozumieniem „na niby", nietrwałym i nieprawdziwym. Toteż skłonny jestem uważać, że my bardzo dużo „udajemy" przed sobą – nie myślisz? Ja w każdym razie udaję, że godzę się na Twoją sprawę z Lilką, bo we mnie wszystko co chwila się buntuje z tego powodu, nie mogę się z tym pogodzić, takie mi się wszystko wydaje niewiarygodne i nie oparte na niczym. A Ty „udajesz", że tego nie zauważasz. Chociażby scena zazdrości, jaką Ci zrobiła w ostatnią niedzielę w Kruku, jest sprawdzianem, że będzie ona zazdrosna o wszystkich i o wszystko. Co do tego nie można mieć żadnych złudzeń. I my „udajemy" przed sobą, że to nic nie znaczy. Ale co tam o tym gadać. Jeszcze parę tygodni niepalenia papierosów i wszystko przejdzie. „Minie jak mija wicher, burza, Neron"[425] itd.

Widzisz, jakie bzdury piszę, zamiast napisać Ci po prostu, że byłem taki szczęśliwy, patrząc na Ciebie, słysząc Twój głos i widząc Twój ukochany uśmiech. Jerzy drogi i jedyny, ja naprawdę myślę czasami, że nasza przyjaźń jest coś warta, nie na chwilę i nie na dzień, ale „na wieczność". Że ona ma jakieś znaczenie ponadczasowe, ponad przemijaniem – że jest obrazem jakiegoś obcowania dusz – jednym słowem, że jest czymś bardzo niezwykłym i wartościowym. Oczywiście zaraz potem myślę, że to bzdura, że Ty masz takich „obcowań" tysiąc, jak ja mam setki, że to jest to samo, co Twoja przyjaźń z „Wąsikiem"[426] czy flirt z paniami i personelem w sanatorium. (Skąd Ty do Freuda? Która Ci o tym opowiedziała?). Wiesz i to wahanie bardzo mnie męczy, czasem tak, czasem owak – i wciąż jestem w tej wibracji, jak samochód zapuszczony, ale jeszcze nie idący. Czy Ty mnie rozumiesz? Chyba tak – chociaż śmiejesz się w kułak...

Kochany, dowiaduj się o ten plac, mnie się tak chce tego domku w tym miejscu, mam taką zachciankę jak kobieta ciężarna. Pomyśl, czy to nie byłoby miło mieć taki „nasz" domek? Trzeba zrobić wysiłek i zbudować to.

Cieszę się na te dwa dni, które spędzę z Tobą (znowu tylko dwa dni – a ona całe życie) i bardzo serdecznie Cię ściskam

Foka Balon

---

[425] Parafraza fragmentu epilogu powieści *Quo Vadis* Henryka Sienkiewicza. Właściwie: „I tak minął Nero, jak mija wicher, burza, pożar, wojna lub mór, a bazylika Piotra panuje dotąd z wyżyn watykańskich, miastu i światu".

[426] „Wąsik" – pseudonim przyjaciela Błeszyńskiego.

215

[Dopisek do góry nogami]: Szymek mi nic nie opowiedział o waszej wyprawie do Łomży, jak on nie potrafi mówić – nie ma „daru konwersacji".

Stawisko 24 IV [19]59

Mój jedyny na świecie! Głupio mi rozpoczynać znowu korespondencję z Tobą, kiedy przyzwyczaiłem się, że mam Ciebie „pod ręką" – i chociaż ostatnio niewiele gadaliśmy ze sobą, to jednak czułem, że jesteś koło mnie i że Ty tulisz się tak do mnie (moralnie), jak Puszek w swoim czasie do Ciebie. Od trzech dni nic nie wiem, co się z Tobą dzieje, jak dojechałeś do Bydgoszczy i jak się czujesz. Że niedobrze to na pewno, to cała Twoja wyprawa do Nowogrodu naprawdę była nierozsądna, byłem pewien, że nie pojechaliście w ten śnieg i dlatego depeszowałem, ale jak Ty się uprzesz, to nie tylko diabeł, ale nawet kobieta Ciebie nie przeprze.

Ja przyjechałem wczoraj samolotem w dwie godziny i wcale niby to nie byłem zmęczony, ale spałem w nocy osiem godzin, a potem dziś po południu trzy godziny! I wciąż jestem zaspany. Poza tym czuję się znacznie lepiej i czasami zapominam o lasce, co już jest dobry znak. Jutro wybieram się do Warszawy na dłużej. O pobycie w Berlinie, chociaż byłem tam tylko 3 dni, mógłbym opowiadać wiele godzin. Wszystkie wrażenia były bardzo interesujące, a najbardziej rozmowa z Grotewohlem[427], którą miałem u niego na przyjęciu. Ale o tym opowiem Ci już ustnie. Nikt z pisarzy do mnie się nie zgłosił, za to wydawcy drzwiami i oknami. To chyba ważniejsze. Zrobiłem umowę (na razie ustną) na wydanie „Sławy i chwały" w Niemczech wschodnich – oni chcą zużyć ten sam przekład, który robią na Zachodzie. Miałem też trochę pieniędzy w Berl., ale lwią część zużyłem na kupienie powrotnego

---

[427] Otto Grotewohl (1894–1964) – wschodnioniemiecki polityk, w latach 1949–1964 premier NRD.

biletu samolotowego oraz na kolację w restauracji „Budapest", na którą zaprosiłem całą naszą delegację wraz z tłumaczką i kilkoma uroczymi Finami. Kupić w Berl. Zach. nie bardzo jest co, raczej towaru dużo, ale tandetny, nieelegancki i piramidalnie monotonny.

Ale znowu kupiłem to piórko, którym piszę, parę koszul i trochę innych rzeczy. Trochę się zastanawiałem nad „niezwykłymi ludźmi" – trzy dni byłem w B. i przez ten czas 3 razy depeszowałem do Ciebie, raz telefonowałem (wszystko na konto niemieckiego komitetu pokoju – niech Szwaby płacą) i raz miałem depeszę od Ciebie! Że też my tak możemy bez końca. Mam nawet wyrzuty sumienia, że dzisiaj nie depeszowałem do Ciebie po powrocie, możesz się niepokoić – no, ale to może dobrze Ci zrobi, bardziej będziesz cenił Twego Fokę.

W domu zastałem dziwną intrygę: Marysia ukryła przed Hanią i Szymkiem to, że wracam wczoraj – i chciała mnie z lotniska zabrać na Szucha. Tymczasem Szymek dowiedział się od pani Heleny[428], że ja przyjeżdżam, i zjawił się na lotnisku. Marysia zrobiła mu scenę i była wściekła. Nic z tego nie rozumiem. Oczywiście pojechałem „do domu" to znaczy do Stawiska moją kochaną warszawą, która tak ładnie teraz chodzi. Ale mam niejasne przeczucie, że Ty maczałeś palce w całej tej sprawie: to znaczy nagadałeś Marysi na Hanię (w gruncie rzeczy jesteś zazdrosny), że mnie nie dopilnuje, i podsunąłeś myśl, aby mnie „podstępem" unieruchomić na Szucha. No nie? To do Ciebie bardzo podobne.

Przerwałem list, aby słuchać koncertu Richtera[429]. Tak cudownie grał, że po prostu niedobrze się robiło, i tak szalenie po rosyjsku: cała moja młodość się przypomniała i wszystkie nastroje wiosny i młodości. Ach, poczułem się stary i niepotrzebny nikomu.

Z naszego wyjazdu prawdopodobnie nic nie będzie, okazuje się, że Zaiks wcale się tym nie zajął, ani nie chce się zająć

---

[428] Helena Korpys.
[429] Swiatosław Richter (1915–1997) – rosyjski pianista, jeden z największych pianistów XX wieku.

paszportem dla Hani – a przecież wiadomo dobrze, że ja gdzie jak gdzie, ale do Paryża bez Hani nie pojadę, jej na tym specjalnie zależy, po cóż więc mam to robić bez niej. Trochę mnie to irytuje, bo mnie jednocześnie ciągną do Sztokholmu, ale tam nuda „pokojowa" i nie bardzo mi się chce. Wszystko razem psuje mi ogólny plan najbliższych miesięcy. Bo i do Sandomierza chcę pojechać, a co najważniejsze muszę <u>na gwałt</u> kończyć III tom. W Berlinie też się nim ogromnie interesowano. Zresztą z zupełnie innego punktu widzenia: jaki on będzie pod względem politycznym. Każdemu o co innego chodzi.

Miałem dziś list od Jeleńskiego z Paryża. Lekarstwo może być dostarczane w dalszym ciągu w ilości potrzebnej do przeprowadzenia kuracji, bardzo się tym przejął i wystara się o potrzebne fundusze, prosi tylko o odpowiedź. Trzeba, żebyś się zdecydował na to. A jakie są warunki na tych Kurpiach, czy nie ma blisko lekarza? Może byś to tam brał, może nie będzie działało na Ciebie wymiotująco. Napisz mi także (jeżeli je wziąłeś ze sobą), jak ono się nazywa i adres apteki produkującej, to jest na tej paczce, bo Jeleński zgubił te dane, a ja też ich nie mam – i powiedz mi, na co się zdecydujesz.

Napisz mi także, jak widzisz rozkład naszych najbliższych tygodni, czy miesięcy, chciałbym wiedzieć, czego się mam trzymać i jak robić plany. Jeżeli pojedziesz od razu z Lilką do Nowogrodu, to ja przez ten czas pojadę do Sandomierza i będę tam pisał na wariata.

Czuję się dzisiaj lepiej, ale jeszcze bóle mam duże i jakieś takie samopoczucie, jak gdybym był chory, chociaż nie mam gorączki ani żadnych innych objawów. Poza tym czuję się jak bez ręki – bez Ciebie, bez wiadomości o Tobie i bez Twojego towarzystwa, bez potrzeby troski o Ciebie, podawania Ci herbaty – i bez błagania, abyś pozwolił mi się rozzuchwalać. Moje dziecko kochane, mój chłopcze z Brwinowa – stworzony byłeś od zarania dni do miłości i masz tej miłości powyżej uszu. (Tak Ci tego zazdrości Szymek biedaczek – a no i Wiesiek też). Przykro mi, że i ja Ci o to dokuczam, ale wiesz dobrze, czym Ty dla mnie jesteś. Skąd się takie coś wzięło, jak to wszystko dziwnie idzie, dlaczego stałeś się tym, czym jesteś, w moim życiu? Nawet nie zaglądam do kalendarzyka, tak mało mam w nim zapisów w ostatnich dniach, w ostatnich czasach – tylko rozpamiętuję i rozpamiętuję. Nie wiem, co bym dał, żeby to wróciło, jak było rok temu. Tylko żebyś mi <u>wszystko</u> mówił. Byłoby dobrze, mogło być dobrze. Ach, kochany…

Całuję Cię bardzo mocno, ściskam silnie, bo na papierze, Lilkę trochę słabiej – ręce Twoje najdroższe kładę sobie na głowie, aby mieć ich piękność, piękność dzieła sztuki. Pocałuj mnie w czoło, ale nie tak przelotnie, jak ostatnio na Szucha robiłeś. Kocham Cię bez granic.*

J.

* [Dopisek na lewym marginesie]: Napisz, zatelefonuj, niech Lilka napisze, niech Lilka zatelefonuje, niech Jonscherowa napisze.

216

Stawisko 26 IV [19]59
niedziela

12 Syneczku Kochany, szczęście moje jedyne, stary i wypróbowany przyjacielu, Jerzy mój najdroższy – w tym liście tylko wiadomości o Piotrze: pisała Pani Rzepecka, że telefonowała do sanatorium, mały ma się dobrze, na wadze mu przybywa, i dobrze się czuje. Miał kartkę od Haliny. Siostra skarżyła się, że robi „siusiu" do łóżka i podczas leżakowania, dobrze by było, gdybyś napisał parę słów do niego, taki ojcowski monit dobrze by może zrobił, bo to jest także sprawa nerwów.

Przepraszam Cię, że depeszowałem wczoraj, ale chciałem, żebyś wiedział, że jestem w domu i że czuję się nieźle (mam jeszcze bóle), i że bardzo jestem spragniony wiadomości – bo ostatnio rozmawiałem z Tobą we wtorek – a potem już nic. Możesz sobie wyobrazić, jak się niepokoję.

18 Miałem zamiar, syneczku kochany, napisać parę słów tylko o Piotrusiu, a obszerniejszy list odłożyć na jutro, ale tak się rozpędziłem, że trudno mi jest odkładać tę naszą rozmowę na później. Cudowny dzień dzisiejszy usposabia mnie bardzo sentymentalnie – i bardzo potrzebuję spokojnego namyślenia się nad nami „dwoma niezwykłymi ludźmi". Wczoraj próbowałem się „bawić". Jadłem obiad w Spatifie, gdzie wysłuchałem zadziwiającej i tragicznej spowiedzi Stryjkowskiego. Nareszcie! Najprzykrzejszym było dla mnie w tej spowiedzi zdanie: „oni zawsze kłamią, bez potrzeby kłamią". Bardzo protestowałem przeciwko temu zdaniu, chociaż nie bardzo szczerze. O Tobie zresztą nie rozmawialiśmy. Ale zobaczyłem tak wyraźnie w tej rozmowie, jak każda miłość, nawet największa, głupio i śmiesznie wygląda z zewnątrz, jak bardzo żaden człowiek nie rozumie, co się dzieje w innym, i jakie są motywy jego postępowania. Jak głupio muszę ja wyglądać, ja stary dziad, w oczach córek, w oczach żony, w oczach przyjaciół – z tą nieprzytomną namiętnością, która od paru lat kieruje wszystkimi moimi krokami. Zresztą i Ty wyglądasz trochę śmiesznie, z tymi Twoimi wyjazdami do mnie – jakież to musi być dziwaczne dla innych, to, co było cudowne dla nas: Toruń, Poronin, Łódź.

A więc próbowałem się „bawić". Po południu na Szucha był u mnie Bonarski, miły chłopiec, zupełnie narwany i wydał mi się bardzo ordynarny. Ma ohydne ręce, których się bardzo wstydzi. Całowaliśmy się namiętnie, chociaż on ma mnóstwo żon i kochanek. Pamiętam ten dzień, kiedy Lilka wyjechała z Warszawy, a Ty pojechałeś do Haliny. Całowałeś się z nią, flirtowałeś z jej przyjaciółką, robiłeś wszystko, aby zapomnieć. I to jest takie okropne, bo przecie niczego się nie zapomina i ma się cały czas w pamięci tamto, inne. Ale Ciebie czekało wtedy jeszcze wielkie szczęście i wielka miłość, a mnie nie czekało nic, ani wtedy, ani teraz. Wieczorem byłem na koncercie kanadyjskiego pianisty, grał dość dobrze, ale strasznie śmiesznie Chopina! Był bardzo mały, poszliśmy potem do Bristolu (gdzie on mieszka) na kolację z takim kompozytorem Andrzejem

Markowskim[430] i jego żoną[431]. Nawet było przyjemnie. Chciałem być w Bristolu z „innymi ludźmi", żeby o niczym nie myśleć i nic nie pamiętać. Nie myśleć o tym wieczorze wilią mojego wyjazdu do Moskwy, kiedy siedziałem tak długo z wami, jak najdłużej, aby tylko odwlec ten moment nieunikniony, kiedy po moim wyjściu wasze usta się połączyły, wasze włosy pomieszały. Jureczku drogi, kocham Cię także za tę mękę, którą przeżyłem dzięki Tobie. Po kolacji wczoraj ja z Markowskim pojechałem do domu (oni mieszkają na Mokotowie), a Malcolm[432] poszedł spać. Prosił, żeby do niego zatelefonować – ale nie zatelefonowałem i nie zatelefonuję, nie mogę. A dzisiaj po tych próbach „zabawy" czuję się tak rozbity moralnie, taki spuszczony i taki nie mogący się wziąć do niczego, a tu trzeba pracować, pracować, zapracować, nie pamiętać, nie niepokoić się, nie martwić... Syneczku miły, nie masz pojęcia, jak mi smutno. Napisz choć dwa słowa. (Wiesz, te dwa najważniejsze słowa).

Wyłoniły się nowe możliwości wyjazdu, to znaczy jazda do Sztokholmu i potem do Paryża (nawet o tym marzyć nie śmiem) za jednym paszportem, ale to się zdecyduje dopiero za parę dni. A po powrocie z Paryża – Sandomierz, robota, spokój... może Jurki?

Całuję Cię mocno, błogosławię, ściskam, zresztą „wszystko jak chcesz" – czy mam pisywać do Ciebie? Może nie chcesz? Może tylko depeszować? Do widzenia, mój jedyny na świecie, jesteś jak wielki świerk zakrywający przede mną niebo –

Twój
J.

---

[430] Andrzej Markowski (1924–1986) – dyrygent i kompozytor, w latach 60. dyrektor Filharmonii Wrocławskiej.

[431] Bogusława Markowska.

[432] Malcolm – kochanek Iwaszkiewicza.

217

Stawisko, 27 IV [19]59

Moje dziecko kochane! – Zapewne masz już moje listy, ale byłem taki wściekły, bo szczegółową moją depeszę wysłaną w sobotę zwrócono dziś z powodu „nieobecności adresata", myślę, że musiałeś się irytować, nie mając tak długo ode mnie wiadomości. Depesza była nadana przez telefon z redakcji „Twórczości" i któraś idiotka musiała coś poplątać. Jutro jeszcze zadepeszuję, żebyś nie miał pauzy w wiadomościach ode mnie. Dzisiaj otrzymałem dwa Twoje listy. Przykro mi, że mówiąc o Twoim zdrowiu, wymawiasz mi ów „pępek". Syneczku kochany, wiem jak cierpisz i podziwiam tylko Twoją cierpliwość i wytrzymałość Twoich nerwów, każdej chwili jestem myślą przy Tobie – i wierz mi także bardzo się męczę Twoją chorobą. Chciałbym też wiedzieć, co nazywasz „szpitalem", do którego się wybierasz, czy w Bydgoszczy? Czy będziesz miał siłę na pojechanie przedtem do Rabki, do Piotra? Oczywiście nasz samochód jest do twojej dyspozycji, jeżelibyś chciał, a gdybyś jechał przed 6 maja (3 – jest dzień widzenia z dziećmi), to może bym i ja się z Tobą wybrał, aby być przy Tobie. Bardzo mnie zmartwiło to, co piszesz o Twoim oddechu, i chyba trudno by Ci było w takim stanie jechać prawie 300 km samochodem. Najlepiej, żeby Lilka do mnie zadzwoniła w czwartek wieczorem o g. 9 (21 – bo mam przedtem jakąś herbatkę z Francuzami), i omówilibyśmy tę kwestię. Jeżeli się nie zdecydujesz na jazdę do Rabki albo jeżeli odłożysz ją na później – tobym przyjechał w niedzielę wieczorem do Bydg[oszczy] i w poniedziałek bym wyjechał, bo 6 jest wyjazd do Sztokholmu[433], mam nadzieję, że stamtąd do Paryża. Zresztą na obu wyjazdach mi nie zależy i jeżelibyś chciał, tobym z tego zrezygnował i pobył trochę z Tobą. Chcesz? Do Paryża pojechałbym w jesieni, kiedy już moja książka się ukaże. W niedzielę rano

---

[433] Iwaszkiewicz uczestniczył w jubileuszowej sesji Światowej Rady Obrońców Pokoju z okazji dziesięciolecia ruchu. Wydarzenie odbyło się w Sztokholmie w dniach 8–13 maja 1959 r.

jestem zajęty podpisywaniem książek w Alejach Ujazdowskich – pamiętam w zeszłym roku, miałeś wagon wapna w Grodzisku. Ale czy to na pewno było wapno?

Szalenie się ucieszyłem, że podobały Ci się prezenty i że Ci te filmy sprawiły przyjemność. (Może Ci przywieźć aparat?). Nic Ci o tym nie pisałem, bo chciałem zrobić niespodziankę. O buty się bardzo bałem, bo one jednak wchodziły na mnie i bałem się, że będą za duże na Ciebie. Oczywiście w Berlinie Wschodnim nie ma eleganckich rzeczy i te buty są dosyć tandetne, ale zawsze nowe i na pewno Ci się przydadzą, choć są za mało „lordowskie". Pierścionka mi trochę wstyd, bo to sreberko i dość tandetne, włożyłem go za to do pięknego pudełeczka, żeby efekt był większy. Nie ma mi Lilka za co dziękować, bo to przecie jest pierścionek od Ciebie – i kolor tego kamienia jest zupełnie koloru Twoich oczu, to jest w nim najważniejsze. Trzeba było jej natrajlować, że dałeś mi specjalną forsę (dolary) na ten pierścionek i że jest on wyłącznie Twoim darem.

Bardzo kochane są te Twoje dwa listy i załatwiły na razie sprawę braku wiadomości. Bardzo mi było smutno być 5 dni bez wieści – ale Ty tak samo nic o mnie nie wiedziałeś. Ze zdrowiem już jestem prawie dobrze, trochę mnie jeszcze drze w plecach i chodzę jak „dziadzio tabetyk", odrzucając na bok nogi – ale to już jest detal. Dzisiaj siedzę cały dzień w Stawisku, jest bardzo pięknie, tylko że wicher. Ale to dobrze na zapylanie kwiatów, będzie dużo czereśni, bo kwitną cudownie. Wczoraj wiatr złamał wielkie drzewo całe w kwiecie – i zrobiłem ogromny bukiet kwitnących gałęzi do stołowego pokoju. Prześlicznie to wygląda, szkoda, że tego nie widzisz, Ty tak lubisz kwiaty.

Wieczorem przyjedzie po mnie samochód i zabierze mnie do Teatru Narodowego, gdzie mam mówić słowo wstępne do wieczoru o Gogolu[434], nie bardzo mi się chce mówić; a tekstu nie

---

[434] Mikołaj Gogol (1809–1852) – rosyjski pisarz ukraińskiego pochodzenia, poeta, dramaturg i publicysta; klasyk literatury rosyjskiej.

napisałem z lenistwa i z powodu wielu innych zajęć, będę plótł trzy po trzy, bo mnie jednak ten krzyż boli, gdy staję, ale z góry powiedziałem, że więcej niż piętnaście minut mówić nie będę. Staś Kępiński przyjechał dziś na cały dzień i robi w ogrodzie porządki; u niego robota pali się w ręku i zaraz wszystko jest inaczej koło domu, trzeba jeszcze tylko kwiatki na klombie posadzić. Wieśka nie widziałem wieki całe, jest bardzo zapracowany i bardzo smutny, pisał do Hani długi list na wszystkie tematy – bardzo bym go chciał pocieszyć, ale nie mam ani sił, ani czasu, przykro mi bardzo, że go tak zaniedbuję – jak wszystkich. Stryjkowski obchodzi dziś imieniny czy też urodziny, winszowałem mu przed chwilą telefonicznie.

Sprawy polityczne trochę mnie denerwują, ale ostatecznie tyle razy mieliśmy już te przykre naprężenia – trochę mnie irytuje ilość Chińczyków i Koreańczyków, która przybywa do naszej stolicy, ale ostatecznie i to można ścierpieć. Mam zaproszenia na te wszystkie przyjęcia, ale nie chodzę nigdzie, przestało mnie to bawić – a Hani nigdy nie bawiło.

Zdecydowałem się na tę jazdę do Sztokholmu w myśl Twojej zasady, abym nie robił głupstw – ale ostatecznie gdybym tam nie pojechał, dziura w niebie by się nie zrobiła.

Wczoraj chciałem trochę popracować, ale nie udało mi się, po południu przyjechał Żukrowski swoim cudownym malutkim fiacikiem (zazdrościłem mu go) i przywiózł Bartelskiego[435]. Bardzo mnie pocieszali i byli serdeczni, trochę mi się raźniej na duszy zrobiło.

Czy czytałeś moje wiersze w „Przeglądzie Kulturalnym"? Dali je z jakąś starą fotografią, na której wyglądam piękny i młody, strasznie się w ostatnich latach postarzałem, aż przykro patrzeć, jaka różnica; wiersze dość dobre i żałuję, że nie możesz ich nagrać na taśmę, byłyby to dla mnie nowa radość.

---

[435] Lesław Bartelski (1920–2006) – prozaik, poeta, krytyk literacki i publicysta, autor publikacji o powstaniu warszawskim. Współpracował z czasopismami: „Nowiny Literackie", „Nowa Kultura", „Nowe Książki", „Widnokręgi". W latach 1949–1951 kierował redakcją audycji poetyckich w Polskim Radiu.

Tak mi się piramidalnie chce pogadać z Tobą, znowu mieć taką naszą niekończącą się rozmowę, dobrą i serdeczną – albo i pokłócić się tak na noże, jakeśmy się w Poroninie pokłócili. (Jeżeli pojedziemy do Rabki, to przenocujemy w Poroninie. Dobrze?). Kochany, miły, drogi – całuję Cię mocno, ręce Twoje tulę, bardzo już tęsknię – nie widzieliśmy się już przeszło tydzień. Lilkę ucałuj ode mnie i poproś, żeby zatelefonowała we czwartek, dobrze?

Twój stary, smutny i kochający
Fokas

218

Stawisko, dn. 4.5.[19]59

Najdroższy, najukochańszy mój chłopcze! Źle mówię, przestałeś już być chłopcem, jesteś człowiekiem, nad miarę przez życie i przez chorobę utrapionym! Otóż, najukochańszy mój człowieku! Tak mi dobrze powiedziałeś dzisiaj przez telefon: że będziesz ze mną w Sztokholmie, bądź zawsze przy mnie, myśl o mnie – kochaj mnie, nie powiem, bo wiem, że mnie kochasz więcej niż ktokolwiek mnie kochał kiedykolwiek. Kiedy pomyślę sobie o Tobie sprzed roku – wydaje mi się, że jesteś zupełnie innym człowiekiem, że jesteś kim innym – i to, co przed rokiem zdawało mi się ważne i trudne, dzisiaj wydaje mi się łatwe i nieważne, zupełnie nieważne, i sam także się dziwię, że miałem do Ciebie o cokolwiek bądź pretensję czy żale. Powinienem był już wtedy wiedzieć, że Ty, to jesteś Ty – to znaczy człowiek związany ze mną na zawsze, na śmierć i życie, człowiek stanowiący ze mną jedność, całość. Zrozumiałem to dopiero wieczorem w sobotę, siedząc przy Twoim łóżku, a właściwie mówiąc, dopiero kiedy zgasiłem lampę i powiedziałeś do mnie w ciemności: dziękuję ci, Jarosławie. Drogi, kochany, jedyny – jestem samą wdzięcznością dla Ciebie, samą miłością, samą myślą o Tobie.

To może dziwne, że tak myśląc, tak tęskniąc do Ciebie – ruszam się, wyjeżdżam, rozłączam się z Tobą. To nie tylko to, że życie ma swoje prawa, że muszę istnieć, zarabiać, mam rodzinę – i tyle tej rodziny, ale także z myślą o Tobie: bo może Ty masz za dużo mnie, mojej miłości, mego głupiego skakania koło Ciebie – a także tego mojego głupiego smutku, tego, co jest we mnie starcze, znudzone, zwiędłe. Na pewno lepiej czujesz się we dwójkę z Szymkiem, który jest młody, jest Twoim służką i nie chce Cię całować w najbardziej nieodpowiednich chwilach.

Wicsz, oczywiście bardzo się niepokoję o Ciebie i martwię Twoim zdrowiem i tym, że już naprawdę męczę Cię i nudzę, zwłaszcza drażnię Cię swoim zdrowiem i moją niedelikatnością – w ogóle się martwię. Ale cieszę się w tej chwili, że jesteś w Poroninie[436], w naszej gospodzie, masz widok na Giewont i jesteś tam, gdzie mnie było tak bardzo dobrze, gdzie byłem z Tobą – właściwie mówiąc jedyny raz w ciągu tylu lat – sam na sam przez dwa tygodnie, a gdzie przedtem przeżyłem dwa szczególnie szczęśliwe dnie. Myślę, że widziałeś kochanego Gazdę i że byłeś w Zakopanem i na tej drodze – Poronin – Zakopane, z którą związanych jest tyle wspomnień. Ponieważ zawsze jestem myślą z Tobą, to także jest, jakbym i ja tam był i patrzył na wszystko własnymi oczyma, na te wesela, na te stroje – i na posąg naszego ojca rewolucji, który mi się stał drogi dlatego, że razem nań patrzyliśmy.

W domu to samo: Hania biedna miota się, ale tak mnie to martwi, że ona naprawdę nie rozumie, nie odczuwa, czym Ty jesteś dla mnie i jaki w istocie rzeczy jest nasz stosunek – i tego przede wszystkim, że właściwie mówiąc, my tylko siebie mamy na świecie. To wszystko jest dla niej nieuchwytne – i nie zna kolejnej ważności rzeczy. Dla niej ważniejsze jest, żeby Śliwińska przyjechała na obiad, niż żebyś Ty pojechał zobaczyć Piotra w Rabce.

---

[436] 3 maja 1959 Błeszyński pojechał do Rabki pożegnać się z synem. Stamtąd udał się do Poronina.

Właściwie mówiąc, dochodzę do przekonania, że ona jest po prostu, po kobiecemu zazdrosna o Ciebie – i tym da się wytłumaczyć bardzo wiele z jej pozornego niezrozumienia, niezrozumienia tego, że Ty dla mnie jesteś w tej chwili rzeczą najważniejszą. Wczoraj mieliśmy okropną sprawę. W sobotę był Markowski[437] u małej[438] i skonstatował, że z szafy, gdzie są jeszcze jego rzeczy zginęło pudełko z biżuterią. Jeszcze mnie bardziej przejęło to, że do tej szafy w ostatnich czasach miał dostęp tylko Staś Kępiński, w którego wierność, przywiązanie i uczciwość wierzyłem w sposób niezachwiany. Tylko on mógł tu wzbudzać podejrzenie albo moja bratanica Nata, która siedzi u Teresy po całych dniach. Przeżyliśmy parę okropnych godzin, Eugeniusz oczywiście chciał zawiadomić milicję – i wiesz, jakby to wyglądało. I wyobraź sobie Markowski zatelefonował późnym wieczorem, że znalazł pudełko u siebie w Warszawie. Co za heca! Poczuliśmy się jak ten Żyd, co wyprowadził z ciemnego mieszkania kozę. Na tym teraz, na takim wyprowadzaniu kóz polegają moje przyjemności.

Lilka pisała do mnie bardzo zaniepokojona tym, żeś nie pojechał od razu do Rabki – tak zresztą jak przypuszczałeś – zadepeszowałem do niej zaraz po otrzymaniu listu wczoraj, depesza oczywiście miała treść uspokajającą – choć sam jestem bardzo o Twój wyjazd niespokojny.

Błagam Ciebie, abyś zaczekał na mnie w Warszawie, tym bardziej, że będę musiał pojechać do Moskwy[439]. Okazuje się, że w najważniejszych sferach życzą sobie, abym został <u>przewodniczącym</u> całej delegacji, jako bezpartyjny i neutralny i mogący

---

[437] Eugeniusz Markowski (1912–2007) – pierwszy mąż Teresy Iwaszkiewicz – dyplomata, malarz, grafik, scenograf. Pracował w Kanadzie jako dyplomata, po powrocie do kraju w roku 1955 poświęcił się sztuce oraz wykładał w warszawskiej ASP.

[438] Chodzi o Magdalenę, córkę Teresy Iwaszkiewicz i Eugeniusza Markowskiego.

[439] Między 18 a 23 maja 1959 w Moskwie odbywał się III Zjazd Pisarzy Związku Radzieckiego. Iwaszkiewicz, który przewodniczył polskiej delegacji, z kraju wyjechał 16 maja.

pośredniczyć pomiędzy Kruczkowskim a Zawieyskim[440]. Ponieważ jest to ważny moment – i Słonimski[441] mnie bardzo o to prosił – plus te sprawy, o których mówiliśmy z Tobą nieraz, oczywiście plus sprawy finansowe, ostatecznie zgodziłem się na to. Wyjazd jest 18 maja, rozmawiałem już z Kolankowską (którą skreślili z listy delegacji dla oszczędności) – i zapowiedziałem, że wrócę ze Sztokholmu trochę wcześniej od reszty delegacji, to znaczy będę w Warszawie gdzieś 12 lub najdalej 13, bo muszę się do tego wyjazdu do Moskwy przecie przygotować. Ponieważ musisz być w W-wie 11, więc długo na mnie czekać nie będziesz. A chyba nie ma sensu, żebyś między 7 a 11 jechał do Bydgoszczy.

Trochę się niepokoję o Twój pobyt na Szucha, kiedy mnie tam nie będzie. Proszę Hanię i Piotrowskiego, aby się Tobą opiekowali, ale mimo to mam uczucie dużego niepokoju. Pani Helena też zresztą już jest przez Ciebie upupiona, jak tylu, tylu ludzi. Nie rozumiem depeszy, jaka była do Ciebie na Flisaków – to chyba adwokat? I czego on chce?

Bardzo mi przykro także ze względów finansowych, nie mogę Ci nic zostawić – może byś mógł gdzie pożyczyć, bo w czasie mojej nieobecności wpłynie trochę grosza, objawiły się także nowe źródła dochodów w Zaiksie, ale to musi jak zwykle potrwać. Na pierwszego wydatki są jako tako opędzone i na podatki zostawiam Szymkowi forsę. Tylko właśnie nie mam dla Ciebie – a przecie ten tydzień w Warszawie, co mnie nie będzie, będzie Cię sporo kosztował. Nie chciałbym Cię martwić tymi sprawami

---

[440] Jerzy Zawieyski (1902–1969) – polski aktor, dramatopisarz, prozaik, eseista, redaktor „Tygodnika Powszechnego" i „Znaku"; poseł na Sejm PRL z ramienia Znaku, członek Rady Państwa (1957–1968).

[441] Antoni Słonimski (1895–1976) – polski poeta żydowskiego pochodzenia, dramatopisarz, prozaik, felietonista, krytyk literacki i teatralny, a także malarz, grafik i rysownik. Jeden z założycieli kabaretu „Pod Picadorem" oraz grupy literackiej „Skamander". Współpracował z tygodnikami: „Wiadomości Literackie", „Cyrulik Warszawski", „Sowizdrzał". Członek Związku Zawodowego Literatów Polskich (w latach 1956–1959 prezes); w czasie II wojny światowej przebywał na emigracji; w latach 1948–1951 dyrektor Instytutu Kultury Polskiej w Londynie.

materialnymi, ale niestety muszę. Nie gniewaj się na mnie za to – wszystko będzie dobrze.

Dla Szymka zostawiam list w Stawisku ze szczegółowymi instrukcjami – bardzo, ale to bardzo poczciwie było z Twojej strony, żeście zajechali do Anusi i dali jej 50 złotych. Ona jest tak wydatkowna jak jej babcia[442] – ale naprawdę, nikt by o tym nie pomyślał, prócz Ciebie. Jesteś mój prawdziwy i dobry syn, jesteś moją pociechą i wszystkim.

Zadepeszuj do Malmen Hotel, ja Ci wtedy oddepeszuję i dam potem znać o powrocie. Tymczasem do widzenia – całuję Cię mocno, jak kocham –

Twoja stara Foka
J Iwaszkiewicz

219
[Zapis na tylnej stronie koperty]

6 V [1959]. Ósma rano!

Telefonowali tylko z Okęcia (dyrektor portu), że jest depesza do mnie: „Jadę z tobą" – kto to jedzie i skąd? – bo depesza z Zakopanego – i co to wszystko znaczy. Uśmiałem się.

Hania czuje się bardzo opuszczona. Zatelefonuj do niej.

---

[442] Babcia Anny Włodek, żona Iwaszkiewicza, Anna.

220
[dopisane odręcznie na kopercie]: Jurek

6.5.[19]59

Syneczku, tęsknię bardzo i smucę się – jak się czujesz? Tak dziś pięknie na dworze. Ach...

J.

221
[Papier firmowy z logo i napisem]:
SAS SCANDINAVIAN AIRLINES SYSTEM
DENMARK NORWAY SWEDEN
ON BOARD THE SAS FLYING VIKING

Kopenhaga 6.5.[19]59
17^{30}

Kopenhaga[443]! Cholerne miasto, przeżyłem tu najgorsze i najlepsze dni. Tu napisałem „Czerwone tarcze", tu się bawiłem w Tivoli – ale także Hania tu zachorowała i runął cały dom z kart stawiany przeze mnie z takim trudem. Nigdy Ci nie opowiadałam tego epizodu z mojego życia[444] – ale wierz mi, że dziś jeszcze po

---

[443] W latach 1932–1935 Iwaszkiewicz mieszkał w Kopenhadze, pełniąc obowiązki sekretarza poselstwa RP. 6 maja 1959 był w mieście przejazdem, w drodze do Sztokholmu.

[444] W 1935 roku wystąpił silny rzut choroby psychicznej Anny Iwaszkiewicz. W lutym tego roku trafiła na sześć miesięcy na oddział neurologii szpitala w Tworkach. Była wówczas w ciąży, którą usunięto, by przeprowadzić leczenie nieprzytomnej miesiącami pacjentki. Nie zachował się dokładny opis medyczny choroby. Prawdopodobnie była to głęboka depresja, która objawiała się ostrymi lękami, niesamodzielnością, zdziecinnieniem. Kolejny raz choroba dała o sobie znać w latach 70., pod koniec życia Hani.

ćwierci wieku trudno mi jest o tym mówić. To było tak straszne – i tak nieoczekiwane. Teraz to związane ono jest z Tobą. Kiedy dziś zobaczyłem z samolotu te wyspy u wejścia do portu, które Ty fotografowałeś, wszystko mi stanęło jak żywe przed oczami, całe te trzy dni, które we wspomnieniu wydają się długą, pełną wrażeń podróżą. To było bardzo piękne, mój kochany – i ci Parandowscy.

Czekamy tu na samolot do Sztokholmu przez 3 godziny – nuda okropna, bo na miasto nie puszczają. Zadziwiające: przeleci się dwie godziny i jest już ten zupełnie inny świat, bardzo inny, inny niż Niemcy, inny oczywiście niż Polska, a dla mnie tak bardzo sympatyczny. Okropnie lubię Skandynawię.

Depeszy mi na lotnisku nie doręczono! Dobrze, że mi ją o 8^{30} rano przetelefonował Dyrektor portu lotniczego „Okęcie" – z zapytaniem, co to znaczy, kto ze mną jedzie – i jak on z Zakopanego dostanie się wczas na lotnisko. Bardzo dziwna historia – ale dzięki temu wiem, że myślisz o mnie, że jesteś zawsze przy mnie. Zresztą napisałem o tym bardzo dużo (czy nie za dużo?) w liście, który zostawiłem na Szucha. Napisałem jeszcze inny list – zupełnie już wariacki, ale nie zostawiłem go Tobie – i schowałem go na sercu. Po cóż masz wzruszać ramionami?

Drogi mój i kochany, przez te parę dni, co będę w Warszawie między Sztokholmem a Moskwą, musisz zdecydować się na to, co będziesz robił. Bardzo mi szkoda Jurków – ale rozumiem, że sam nie możesz tam jechać. A co z tym mieszkaniem za Podkową, ku Owczarni? Tam moim zdaniem byłoby najlepiej. Myśl o szpitalu bardzo mnie mierzi, już wolałbym Turczynek[445] – o trzy kroki ode mnie. Mam i inny pomysł – ale na pewno byś nie chciał o tym słyszeć.

Bardzo czekam na wiadomości od was, to znaczy od Ciebie i Szymka, najlepiej telegraficznie umówić się o telefon, bo z telefonu najwięcej się dowiem. A interesuje mnie w najwyższym stopniu cały przebieg waszej podróży – nie mówiąc już o Twoim zdrowiu.

---

[445] Błeszyński zgodził się na leczenie w szpitalu w Turczynku. Tam zmarł.

Wszystkimi myślami jestem przy Tobie. Przyznam się, że bardzo przyzwyczaiłem się do Szymka, wątła to trzcinka – ale coś jakby oparcie, przynajmniej mogę z nim mówić o Tobie – i zawsze jednak coś jakby mężczyzna. Sprawy finansowo-ubezpieczeniowo-podatkowo-samochodowe bardzo jednak mi ułatwia, choć dupa.

O Tobie oczywiście nie mówię, kiedy nas dzieli morze lub granica, dopiero wtedy czuję te wszystkie żyły, żywe żyły, które nas łączą. To straszne być tak daleko od siebie... no, ale nie mówmy o tym. Ostatnio Hania bardzo gorzko – i mam wrażenie bardzo niesprawiedliwie – uskarżała się na mnie. Biedactwo czuje się osamotniona i przerażona moim uczuciem dla Ciebie. Bądź dla niej dobry, błagam Cię, zatelefonuj do niej, wezwij ją do siebie, niech pogada trochę – chociażby o książkach. Daruj jej te wszystkie słabości i dziwactwa. Ona jest bardzo biedna. To bardzo smutna sprawa być żoną „niezwykłego człowieka". Marzę o pójściu z Tobą do Rarytasu – nie Bristolu. Stryjkowski pojechał do Karlowych Varów. W „Twórczości" jak zwykle trochę przykrości – poza tym zostawiłem raczej w porządku.

Powiedz Szymkowi, że w dzień wyjazdu byłem w Zaiksie, gdzie dług już jest prawie całkowicie wypełniony wpływami – może to go pocieszy.

Całuję Cię malutki mocno i serdecznie, błagam Cię o spokój i rozsądek i żebyś tak myślał o mnie, jak ja o Tobie. Ze Sztokholmu zaraz dam znać, kiedy wracam – a teraz ściskam Twoje drogie ręce – bardzo się kochający

Jarosław

222

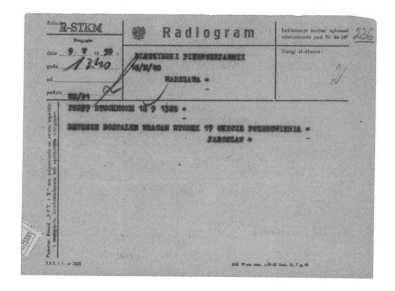

Depeszę dostałem, wracam
wtorek 17 Okęcie pozdrowienia,
Jarosław

Telegram z dnia 9 maja 1959,
godz. 13.40

223

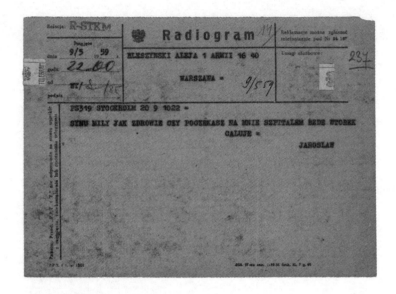

Synu miły jak zdrowie,
czy poczekasz na mnie szpitalem,
będę wtorek, całuję Jarosław.

Telegram z dnia 9 maja 1959,
godz. 22.00

224

Hotel Moskwa pokój 511
wracam koło niedzieli,
całuję Jarosław

Telegram z dnia 18 maja 1959,
godz. 9.15

225

Całuję mocno myślę o tobie
będę wtorek, Jarosław

Telegram z dnia 23 maja 1959,
godz. 12.05

„Fałszywy start,
Fałszywy bieg,
Topnieję sam
Jak w słońcu śnieg.

Od moich zemst,
Od moich słów
Uciekłeś w śmierć
I kłamiesz znów.

Ileż tych kłamstw
Ty jeszcze masz,
Jak w trumnie trup
Odmieniasz twarz".

Jarosław Iwaszkiewicz
wiersz XXIV z cyklu *Droga*, 31.05.1959

listy pośmiertne 1959–1960

Jarosław Iwaszkiewicz
do Jerzego Błeszyńskiego

226

[List pisany na osobistej, imiennej papeterii Iwaszkiewicza]

Stawisko, dn. 1 czerwca 1959[446]

Za wszelką cenę dziś się starać
Uciec od troski bytu tu,
Najlepsza będzie Surabaja,
Doswidanja, prijatieli, adiu.[447]

J.B.

Syneczku mój kochany, przyjacielu jedyny – czwarty dzień mija, odkąd wyjechałeś do Surabai[448], i oczywiście nie mogłem mieć jeszcze żadnych wiadomości od Ciebie i nawet nie wiem, jaki będzie Twój najbliższy port – ale już mi Ciebie tak brakuje, tak się oglądam wszędzie za Tobą i czuję naokoło siebie wielką pustkę, którą nie wiem czym wypełnię. Oczywiście wypełnię ją swoją twórczością. Pamiętam w naszej ostatniej rozmowie,

---

[446] Pierwszy list Iwaszkiewicza po śmierci Błeszyńskiego. Jerzy zmarł 28 maja 1959 r. o godzinie 21.30.

[447] Fragment wiersza Błeszyńskiego. Utwór w całości zapisany przez Iwaszkiewicza w *Dzienniku* pod datą 10 czerwca 1959 roku.

[448] Wyjazd do Surabai – konsekwentnie używana przez Iwaszkiewicza w listach metafora śmierci Błeszyńskiego.

kiedy byłeś już zupełnie spakowany do wyjazdu i nawet samego Ciebie ułożono do takiej drewnianej skrzynki – powiedziałeś mi, że powinienem więcej pracować i pisać. Oczywiście. Obiecałem Ci, że w najbliższym czasie skończę trzeci tom „Sławy i chwały", napiszę także „Kochanków z Marony", gdzie chcę zamieścić wrażenia z mojego pobytu (i pobytu Lilki) w Kruku i w Elzinie (czyli Pasiekach).

Bo wiesz, Lilka mi wczoraj powiedziała, że mieszkała u Ciebie w Kruku cały miesiąc. Domyślałem się, że była tam dłużej, zwłaszcza kiedy nie pytany powiedziałeś mi: „przyjechała o dziesiątej, a o czwartej wyjechała" – tak bardzo zawsze kłamiesz i tak kłamać nie umiesz, to zadziwiające! Ale że była cały miesiąc, tego zupełnie się nie spodziewałem. Z początku była to dla mnie przykra niespodzianka, a potem pomyślałem sobie, że dobrze zrobiłeś, żeś mi tego nie mówił. Myślę, iż mimowolnie dokuczałbym Tobie tą sprawą, nie umiałbym się opanować – i nasz pobyt w Poroninie wyglądałby znacznie gorzej. Irytowało mnie to, że pisałeś do niej codziennie – nota bene udając, że jesteś sam w górach – a cóż dopiero, gdybym był wiedział o tej sprawie! Twój podarty list powtarzałby się codziennie i zamiast tak jasnego wspomnienia, zostałby z całego Poronina jakiś smutny strzęp życia. A przecie było dobrze, uroczo – i chyba nigdy tyle nie nagadaliśmy się, co wtedy, aż się śmiałeś, że gadaliśmy po całych dniach i nocach jak dwie kumoszki. Inna sprawa, że dopiero to Twoje miesięczne pożycie z Lilką w Kruku wyjaśnia mi mnóstwo powiedzeń Twoich, faktów, spraw, których nie mogłem sobie dobrze uporządkować. (Na przykład, skąd się wzięła i po co Ci była potrzebna ta paczka „Securitas" – któreśmy zastali u Ciebie na biurku, kiedy wracałeś z Kruka do Warszawy 29 października – przed przyjazdem Lilki i tym „triumfalnym wyjazdem" – za którym wówczas nie wiedziałem, co się chowa. Teraz wiem).

Tłumaczyłem Ci w tej ostatniej rozmowie, w kapliczce na Turczynku, że to wszystko było niepotrzebne, że trzeba było zawsze mówić wszystko szczerze i że tak byłoby najlepiej i wtedy, i dzisiaj, po Twoim wyjeździe. Ale Ty uparcie milczałeś. I chyba miałeś rację, tak było najlepiej, jak Ty postępowałeś. Ja się cieszyłem Tobą, a Ty Lilką – ale nie zawsze. Zdaje mi się, że jednak jesteś do mnie przywiązany i że czasami i mną się cieszysz. Oczywiście nie wtedy, kiedy wyprawiam Ciebie do szpitala – ale czasami się jednak do mnie cieszyłeś, czekałeś na mój przyjazd, widziałem w Twoim oku błysk życzliwości. Tylko to wszystko omroczone jest teraz świadomością, że tyle rzeczy przede mną ukrywałeś. Ostatecznie nie byłem takim głupcem, sam wiesz, ile razy Ci mówiłem o Twoich kłamstwach, i jak się na to potwornie irytowałeś – nawet ostatniego dnia przed moim wyjazdem do Moskwy, który był zadziwiającą mieszaniną koszmarów i radości, ostatni dzień, który spędziliśmy razem. Ale nie orientowałem się mimo wszystko w rozmiarach spraw ukrywanych przede mną. Oczywiście przypisuję to wszystko maniakalnym wprost staraniom, aby przede mną zakryć „wszystko o Lilce", a przed Lilką „wszystko o mnie". Dzisiaj wydaje mi się, że to nie była najlepsza droga do zatrzymania i mnie, i Lilki – do czego dążyłeś. Myślę, że sam to zrozumiałeś podczas mojego drugiego pobytu w Bydgoszczy, kiedy nam było bardzo dobrze i kiedy, odprowadzając mnie na dworzec, konstatowałeś tak wzruszająco nieśmiało, że „zdaje się było dobrze w te dni". Byłeś wtedy uroczy – i za to wspomnienie chciałbym Ci wybaczyć te wszystkie inne krzywdy, jakie mnie wyrządziłeś, robiąc ze mnie takiego balona! Siedzę teraz nad Twoimi listami i nad Twoimi wierszami, które tak niesłusznie lekceważyłem w swoim czasie. Do jakich dojdę konkluzji, napiszę Ci za parę dni, jadę bowiem do Sandomierza[449], aby porozmyślać teraz o całym naszym stosunku, o Twojej podróży i o tym, czy warto było się tak męczyć Tobie i mnie. Całuję Cię w czoło i w oczy – Twój Roman.

---

[449] Pod datą 9 czerwca w *Dzienniku* Iwaszkiewicza znajduje się wpis z Sandomierza, jest to pierwsza notatka po śmierci Jurka.

227

3 czerwca 1959

Moje dziecko ukochane, jedyne – wszystkie te dnie po Twoim wyjeździe, to rozpatrywanie papierów, notatek, a najbardziej tych hamletowskich notatek w kalendarzyku wspomnień, i myśli. Są to także dnie nieustannych rewelacji, dowiaduję się ciągle coraz to nowych rzeczy, któreś przede mną ukrywał. Bardzo to jest dla mnie bolesne, ale to bardzo. A jednocześnie mam niejednokrotnie (nie zawsze) wytłumaczenie dla Ciebie, bo przecież te wszystkie ukrywane sprawy dotyczyły Twojej miłości do Lilki. Przykro mi tylko, że o ile mówiłeś ze mną o tej sprawie, to mówiłeś jako o czymś, co powinno być rozwiązane – a sprawa była już rozwiązana, żyłeś z nią „na kocią łapę" i ukrywałeś przede mną ciągłość tego pożycia. Dzisiaj, kiedy sumuję rzeczy, o których się dowiedziałem, pobyt Lilki nad morzem natychmiast prawie po jej wyjeździe z Warszawy, miesięczny pobyt w Kruku, Twoje święta w Bydgoszczy (nie w Szczecinie!) i potem Twoje stałe dojazdy na Magdzińskiego – to wypadnie stałe pożycie z Lilką od początku lipca 1958 roku aż do Twojego wyjazdu do Surabai. Może najprzykrzejsze jest dla mnie ukrycie przez Ciebie Twojego pobytu w Bydgoszczy na święta. Mogłem się tego bardzo łatwo domyśleć (za wcześnie wyjechałeś, 19 XII do Szczecina, nie zatelegrafowałeś, ani nie telefonowałeś w dzień wilii {a ze Szczecina telefonowałeś} itd.) – ale ponieważ sam Cię namawiałem na święta w Bydgoszczy, a Ty mi powiedziałeś, że będziesz tylko na Sylwestra, nie przywiązywałem do tego większej wagi. Wszystko mi było jedno ostatecznie, czy będziesz w Bydgoszczy na wigilię, czy na Sylwestra. A Ty mi podczas tych niezapomnianych trzech dni w Toruniu tak często i z takim uporem powtarzałeś, że największym dowodem Twojego do mnie przywiązania jest to, że przyjechałeś do Torunia wprost ze Szczecina, z ominięciem Bydgoszczy, gdzie czeka Twoja ukochana z niecierpliwością – że znowu powinienem był naostrzyć uszy, bo znałem Twoje sposoby nieudolnego kłamstwa. Ale w Toruniu było mi tak dobrze, dałeś mi tyle dowodów Twego przywiązania, gadanie nasze było tak dobre i tak istotne – że nie zwracałem uwagi na to Twoje bardzo przykre i bardzo obłudne kłamstwo. (Przypominam też sobie, że opowiedziałeś mi cały Twój tryb spędzania świąt w Szczecinie, co było na wilię itd. itd.!). Teraz mi jest trochę przykro, żeś do tego stopnia uważał za potrzebne kłamać przede mną – jak kłamałeś przed Lilką, że musisz jechać do Torunia „za interesami". Naprawdę to wtedy było już niepotrzebne, to wiesz dobrze, że pogodziłem się wówczas całkowicie ze sprawą Lilki – i jak zawsze Ci powtarzałem – nie porzuciłbym Ciebie w żadnym razie. Wiesz, jesteś typowym mężczyzną, całkowitym, zupełnym, mężczyzną typu Don Żuana – (Szymek to Leporello[450]) – a jednocześnie sposób i potrzeba kłamania są u Ciebie tak bardzo kobiece. Nie jest to jedyna kobieca cecha Twego charakteru – ale o tym będziemy mówili potem, przy omawianiu następnej rewelacji, która – jedyna – ma dla mnie charakter raczej pocieszający.

Ta maniakalna potrzeba ukrywania Twojego intymnego życia przede mną raczej jest sprawą zrozumiałą. Zresztą wywołałem to moją nieznośną zazdrością w epoce lata i moją niewiarą w Twą miłość do Lilki. A jednak Ty ją kochałeś! I broniłeś tego uczucia przede mną, a ja byłem taki brutalny w stosunku do Ciebie. Nigdy nie zapomnę tego wieczoru po wyjeździe Lilki, kiedy z taką rozpaczą myślałeś o tym, że ona „jest w ramionach innego", a ja byłem głupi, ordynarny i drażniłem Cię moimi niemądrymi mieszczańskimi pretensjami. W ten wieczór jeden, mogłeś mnie znienawidzić. A może znienawidziłeś właśnie wtedy, powiedz?

Dopiero teraz rozumiem, że ją kochałeś jak nikogo w życiu. I zaczynam rozumieć Twoją sytuację. Wiedziałeś, że musisz odjechać, że nie możesz pracować, że bez Lilki żyć nie możesz – a jedyna rzecz, która Ci to posiadanie zapewniała i dawała to „sezonowe szczęście", były moje pieniądze. Wytworzył się

---

[450] Leporello – wierny towarzysz i sługa Don Giovanniego (Don Juan) w operze Mozarta.

w Tobie paniczny strach, że ja z pieniędzmi (nawet tymi nędznymi pieniędzmi ostatnich miesięcy) ucieknę – i Ty zostaniesz w obliczu miłości i śmierci zupełnie bezradny. Można było naprawdę zwariować – i chwilami rzeczywiście byłeś nieprzytomny, ciągle podejrzewając, że ja Cię mam dość.

Nie to tylko przyprawiło Cię o stany bliskie utraty rozumu, z których zdawałeś sobie sprawę – świadczą o tym niektóre Twoje listy, i niektóre wiersze. Tu znowu zaczyna się jedna z moich ciężkich win wobec Ciebie – zlekceważenie Twoich wierszy[451]. Widziałem w nich tę nieudolną formę, która mnie drażniła, jak cała Twoja mania wierszowania – a nie zastanowiłem się nad ich treścią.

Teraz dopiero je przeanalizowałem. Ale do jakich wniosków doszedłem, powiem Ci w następnym liście. A tymczasem do widzenia. Dlaczego nie dajesz znać o sobie? Czy piękna pogoda tam gdzie teraz jesteś? Daj znak –

Całuję Ciebie całego
Adam

---

[451] Zaległości te nadrabia Iwaszkiewicz w *Dzienniku*. Pod datami 10 i 12 czerwca 1959 r. przepisuje wiersze Błeszyńskiego (stworzone w okresie od sierpnia do grudnia 1958 r.), traktując ich treść jako klucz do psychiki Jurka.

228

5 czerwca 1959

Synu kochany – bardzo mi jest trudno tłumaczyć Ci wiele rzeczy na taką odległość, jaka jest w tej chwili między nami, ale tłumaczenie takie najrozmaitszych rzeczy jest jednocześnie rekapitulacją i tłumaczeniem sobie samemu tego wszystkiego, co jeszcze nie bardzo dobrze rozumiem. A więc dzisiaj mam pisać o Twoich wierszach, tak jak Ci obiecałem. Przede wszystkim nie mogę sobie zdać sprawy z Twojej umysłowości. Jesteś zdawałoby się bardzo inteligentny, moja siostra ujrzawszy Twoje brustmanowskie fotografie, powiedziała: „jakie on ma mądre spojrzenie!". Czytałeś trochę, orientowałeś się w różnych zawiłych sprawach – a z drugiej strony cały czas popełniasz tak prymitywne błędy ortograficzne jak „muj" przez „u" i „żeczy" przez ż. Do ostatniej chwili przed wyjazdem tak pisałeś – i chyba się już z tego nie poprawisz. Mojem zdaniem jest to jeszcze jeden objaw patologiczny – ale nad Twoimi objawami psychotycznymi jeszcze się nie raz będziemy zastanawiali, może one nam trochę wyjaśnią dziwactwa Twojego postępowania. Zacząłeś pisać niespodziewanie te wiersze. Pisałeś je nerwowo i mnóstwo tego, w sposób całkowicie psychopatyczny (może pod wpływem narkotyków czy streptomycyny, która działa niedobrze na korę mózgową?) – ale przede wszystkim okazało się, że nie masz pojęcia, co to jest pisanie wierszy, na czym wiersz polega, nie miałeś w uchu jego rytmu! I to, że posłałem Ci mój „mały traktat wersyfikacyjny", niewiele pomogło. Znalazłem brulion Twojej odpowiedzi na mój słynny „madrygał", starannie przeliczone są w nim sylaby każdego wiersza – i prawidłowo odmierzone – a jednak wiersz nie wyszedł, rytmu w nim nie ma. Czasami tylko trafiałeś instynktownie na ową muzykę, która jest istotą wiersza, np. w tym „Huczą w porcie syreny"[452]. Nie masz pojęcia, jak to mnie gniewało – z niechęcią

---

[452] Całość wiersza zapisana w *Dzienniku* Iwaszkiewicza pod datą 10 czerwca 1959:

Huczą w porcie syreny,
syreny huczą i w hucie,

słuchałem, jak czytałeś te swoje elaboraty, gniewałem się, gdy przysyłałeś mi je zamiast listów. A przecież one były daleko istotniejsze od Twoich powierzchownych listów, w których nigdy nie mówiłeś o sprawach najważniejszych – i one to właśnie, owe wiersze, mówiły wszystko, czym żyłeś, co myślałeś. Nie trzeba było w nich szukać wiersza, trzeba było szukać treści – a ja tego nie potrafiłem.

Wiesz, że może nie chciałem „potrafić". Zbyt była przerażająca treść tego, coś przeżywał w samotne noce na Flisaków, coś przemyśliwał w Kruku, w samotne albo i niesamotne noce. To poczucie nieuchronnie zbliżającego się odjazdu, poczucie samotności, którąś sam sobie zawinił – tragiczny splot okoliczności, a właściwie mówiąc tylko wina Twojego usposobienia, Twojego charakteru, w którym mieściły się zalążki tragicznego fatum, tragicznego losu – to przerażająca treść tych Twoich elaboratów, która w ten czy inny sposób uchodziła mojej uwadze. Wina moja jest ogromna. To było wołanie

---

huczy myśli tysiące,
tysiące w każdej minucie.

Najgorsze w tym jest jedno:
gdy wśród tego huczenia
czujesz, biedaku, żeś chory
i nie masz wybawienia.

Organy pięknie grały
grają w radiu Cajmera,
a w tobie, skromny biedaku,
gra stale ta sama cholera.

Myśli lecą jak ptaki
dziwne gdzieś w obłokach,
a ty chodzisz po ziemi
jak głuszec na tokach.

Może już niedługo
wzlecisz też w obłoki,
wtedy niepotrzebne
będą ptasie toki.

Dzień dobiega końca
godziny mijają,
kwiat też nie ma słońca,
gdy gwiazdy mrugają.

listy pośmiertne 1959–1960

Twoje wśród nocy, na które powinienem był odpowiedzieć, rzucić wszystko i być przy Tobie dzień i noc, kiedy się tak męczyłeś moralnie, kiedy Cię ogarniał taki strach końca i takie poczucie samotności. Mój drogi, mimo wszystko człowiek jest zawsze sam wobec zagadnień i zagadek wobec których Ty stałeś. Na pewno niewiele bym pomógł, ale powinienem był pomagać więcej. A ja sobie jeździłem Bóg wie dokąd, hasałem po całej Europie, pomimo że z żalem i dreszczem zapewne mówiłeś mi: „pojedziesz sobie, pojedziesz". Jeszcze mi brzmi w uszach żałość Twego głosu, kiedyś mi to powiadał.

Jest taki jeden Twój wierszyk: „szósty dzień już mija, kiedy się rozstałem z wami"… pozostawiłeś go w swoich papierach w dwóch wersjach: jedna przeznaczona dla mnie, druga dla Lilki. W wersji dla mnie jest postawione „chlałem kawę", zamiast „chlałem wódę" i takie inne drobne retusze, żebym nie domyślił się, że Lilka była z Tobą i z Szymkiem nad morzem[453]. Natomiast najistotniejsze rzeczy pozostawione są w obu wersjach jednakowe. Mówisz tam: „pisz do mnie dużo i o wszystkich sprawach, które nas dotyczą". Nie myślę, aby w tym podwójnym wierszu był fałsz. Było to owo tragiczne rozdwojenie, psychiczna skaza na Twojej duszy, która była przyczyną wielu Twoich błędów, ale też i wielu mąk Twoich. Obie wersje były szczere. Chciałeś wiedzieć wszystko i o mnie, i o Lilce – i obie strony uważałeś za „nas". To było bardzo trudne do wytrzymania, do przeżycia. To Cię wiele kosztowało. Ale o zasadzie tego Twojego rozdwojenia już innym razem.

Pisz dużo, nie wiem, jakie morze Cię kołysze: Śródziemne, Czerwone? Listów nie wysyłaj, chowaj je, przeczytamy je razem, gdy przyjadę do Surabai. Całuję Twoje powieki, tak jak lubisz Twój

Gabriel

---

[453] 14 września 1958 roku, dzień przed wyjazdem Jerzego do sanatorium w Gostyninie, Iwaszkiewicz zanotował w *Dzienniku*: „Znowu po paru dniach spokoju przychodzi wieczór wielkiego niepokoju. Jerzy był trzy dni w Szczecinie. Miał wrócić wczoraj, ale wczoraj telefonował wieczorem, że przyjedzie dopiero jutro rano" – J. Iwaszkiewicz, *Dzienniki…*, s. 244–245.

229

Brwinów,
8.6.[19]56
oczywiście [19]59

[na lewym marginesie dopisek ze strzałką wymierzoną przed pierwsze zdanie]: Coś pokręciłem. Ale Ty zrozumiesz, to zresztą sklerotyczne...

Mój drogi i kochany!

Od chwili [przekreślone] kiedy przytuliłeś mą rękę do twarzy, żegnając się w alei lipowej, nie przestaję myśleć o tobie [przekreślone] tej chorobie. Napełnia mnie ona smutkiem i radością, i jakimś takim mnóstwem burzliwych uczuć, wobec których wszystko inne zdaje się niepotrzebne i nieważne. Okropnie tęsknię do Ciebie wczoraj i dzisiaj, i jeszcze jutro nie będę Ciebie widział – niepokoję się o Ciebie – i jednocześnie irytujesz mnie i drażnisz. Czy byłeś dziś u Frontów[454], czy gdzie indziej? Myślę, że wizyta u Frontów była pretekstem, wyraźnie miałeś dziś na szachownicy ustawiony inny pionek. Jakiż dziś dzień cudowny i tak głupio przeze mnie spędzony, miałem mnóstwo roboty (napisałem trzy felietony do „Życia Warszawy" na cały już czerwiec!) – a poza tym jakiegoś przenudnego gościa (przyjaciela sprzed 50 lat! – dosłownie. Ostatni raz widziałem go w 1908 roku!), który mi zabrał dwie godziny najpiękniejszego czasu na siedzenie w pokoju. Opowiadał mi bardzo ciekawe rzeczy z dziedziny ekonomiki rolnej i nawadniania gruntów, ale to było nie dla mnie. Myślałem o Tobie, o tym, co robisz, kogo widzisz, do kogo się śmiejesz, myślałem, że chciałbym być z Tobą pod tym niebieskim namiotem, który się dzisiaj rozciągał nad światem. Jutro już zaczyna się moja potworna orka,

---

[454] Frontowie – rodzina Jerzego. Zjawili się w szpitalu w dniu śmierci Jerzego, co zakończyło się jego napadem paniki i przywiązaniem go do łóżka przez personel.

ale mogłem Cię dzisiaj widzieć jeszcze. Tak mi szkoda, szkoda. Jurek – czekałem, aż wyschnie atrament i zapomniałem, co chciałem dalej pisać. Ale chcę coś pisać, bo mi trudno oderwać się od papieru: to tak jakbym z Tobą gadał. A chce mi się gadać bez przerwy. Czy obejrzałeś mapy Słowacji? To uroczy kraj, ale fotografie w albumie nie oddają całej jego piękności. Czy czytałeś te bzdury w Expressie i fotografie ze „Stawisk". Nie cierpię, jak ludzie mówią zamiast Stawisko Stawiska.

Przepraszam, klędzę. Teraz nieprędko się zobaczymy. Do widzenia, kochany. Całuję Cię bardzo serdecznie i do serca tulę – Twój

Zygmunt

230

Sandomierz, 14 VI [19]59

Syneczku mój kochany, moje szczęście jedyne – podczas kiedy Ty unosisz się na niebiesko-złotych falach, zmierzając do słonecznej krainy pogody i szczęśliwości, ja staram się wynaleźć każdy papierek, każdy karteluszek Twoją ręką zapisany, aby choć coś ocalić z Twego stosunku do mnie, aby nie wierzyć w to, co mi dyktuje rozsądek i co mówią ludzie dobrze Ciebie znający, że wszystko z Twojej strony to była tylko gra, obliczona na przywiązanie mnie do Ciebie i na wyrwanie ze mnie możliwie dużej ilości korzyści dla Ciebie. Szymek wręcz twierdzi, że robiłeś wszystko li tylko dla pieniędzy. Tak, oczywiście, ale Szymek jest bardzo prostolinijny, pochopny i nawet trochę prostacki w swych sądach o ludziach, a poza tym on tyle rzeczy <u>nie wie</u>, nie był przy naszych niekończących się rozmowach, nie słyszał, ile miałeś czasami czułości w głosie. Zresztą Szymek nie odznacza się, jak wiesz, ani subtelnością, ani delikatnością. Gwałtownie wszystko ciągnie dla Haliny. Wyjechałem stąd na jeden dzień na Stawisko i już nie zastałem Twoich rzeczy u siebie, wywiózł je na Szkolną, nie zostawiając mi nic. A przecież z tych rzeczy wszystko było kupione za moje pieniądze dla Ciebie, każda filiżanka, każdy widelec, każda serwetka, wszystko to mogło przypominać tylko mnie (i Lilce) ten jedyny rok Twojego życia, to wszystko, co się działo na Flisaków. W porywie wielkoduszności mawiałeś czasem „nasze" meble. I oto nie zostało mi z nich nic. Oddano to Halinie, która nawet najmniejszego pojęcia nie ma, jakie to są meble i naczynia, jak bardzo promienne one są takimi zdarzeniami, o których jej się nawet nie śniło. Pomnaża to jeszcze mój smutek, spowodowany Twoim wyjazdem – ale trudno. Mam ten list, który pisałeś do mnie w nocy, po spakowaniu tych wszystkich rzeczy, list pogrzebowy, rozpaczliwy i serdeczny zarazem. Nie, ten list, to nie jest „gra", nie uwierzę w to nigdy.

Starając się wytłumaczyć Twoje postępowanie, zastanawiam się nad Twoją psychologią. Niewątpliwie masz usposobienie schizofreniczne – moral insenity[455] kompletna. A jednocześnie zaobserwowałem w Tobie i teraz jeszcze tragiczne rozdwojenie. Ono chyba leży na dnie wszystkich Twoich czynów, jesteś jak doktor Jekyll i mister Hyde.

Ogromne światło na to wszystko rzucił mi Twój kompleks listów, pisanych do Haliny z sanatorium w Bystrej, z jesieni roku 1954. Zresztą te są urocze, pisane przez zupełnie innego człowieka (sam mi mówiłeś ostatnio, że czujesz się obecnie tak bardzo zmieniony). Listy są młode, wesołe, serdeczne, przepełnione miłością do żony i synka, pełne miłych przypisków dla teściów. Są także pełne wiadomości o nowym Twoim przyjacielu Jotemie. On sam przypisuje się w tych listach i obiecuje Halinie, że będzie się Tobą opiekował. Powtarzasz za nim w listach jakieś nieprzekonywające rozumowania (np. o pochodzeniu hitleryzmu od Kościoła Katolickiego) – i ciągle piszesz o tym, co później powtarzałeś o naszej przyjaźni. Że pomimo różnicy wieku czujecie się tak dobrze razem, że rozumiecie się znakomicie, że czujesz w nim serdeczną opiekę.

---

[455] *Moral insanity* (ang.) – obłęd moralny.

listy pośmiertne 1959-1960

Listy utrzymane są w jasnym tonie (choć wynika z nich i z innych papierów zachowanych z tej epoki, że stan Twego zdrowia był bardzo groźny – leżysz w łóżku, masz wysokie temperatury, odma się nie trzyma) i Halina przeczytała je na pewno z wielką radością i wspominała Twoją pogodę i czułość, które znikły tak prędko... Ja jeden tylko na całym świecie umiem przeczytać te listy, nadając im pełne znaczenie. Ja jeden wiem, że Halina mieszkała już wtedy w meblach kupionych za moje pieniądze (na wiosnę 1954 roku – mam kwit na zapłacone meble z czerwca), że pisałeś do mnie w maju tego roku „zajdę jak zwykle do komitetu Obrońców Pokoju" i że pisywałeś do mnie listy również z Bystrej, choć bardzo ceremonialne. Co więcej, ja tylko wiem, co znaczy, kiedy piszesz, że prosiliście naczelnego lekarza, Ty i Jotem, żeby wam przydzielił separatkę, co nastąpiło, i że mieszkaliście z nim przez cały pobyt w Bystrej w jednym pokoju. Bardzo rozumiem, że kiedy spytałem Ciebie, czy poznałeś Jotema w Bystrej, powiedziałeś: tak, ale on był na innym oddziale. Takie skwapliwe podkreślanie pewnych rzeczy nie należy do umiejętności kłamstwa. Już wtedy domyślałem się wszystkiego, teraz to mam czarno na białym. A raczej miałem, bo listy oddałem Halinie.

Ta sprawa jest poważniejsza, niżby się zdawało. Zresztą nie jest ona dla mnie przykra, a oto dlaczego. Wynika z tego, że nie przymuszałeś się „dla pieniędzy" do stosunków erotycznych ze mną, że byłeś do nich przyzwyczajony i wdrożony. Że nie było to dla Ciebie aż tak wielkim poświęceniem, znajdowałeś bowiem w nich satysfakcję zatajnionych instynktów. Wielokrotnie poruszałem z Tobą kwestię Twoich dużych „umiejętności" w stosunkach między mężczyznami – i zapytywałem, skąd one się biorą? Odpowiadałeś mi zawsze bajeczką o owym księdzu, który pokuszał się na Twą cnotę jeszcze w szkole i którego nie tylko odwaliłeś, ale zaskarżyłeś go do zwierzchniej władzy i księdza wywalili.

Ponieważ zdaje mi się, że to Ciebie wywalono, nie księdza – chyba sprawa przedstawiała się inaczej. Tak samo mówiłeś mnie, że odwaliłeś w Bystrej Jotema, kiedy zaatakował Ciebie, i że potem się z nim mało widywałeś, jako przebywający na różnych oddziałach wielkiego sanatorium. Ta bajeczka również upadła, ponieważ mieszkaliście w jednej separatce. Jednym słowem – żyłeś z Jotemem. Nie ulegało to dla mnie najmniejszej wątpliwości. Miałeś z nim stosunki i podczas naszej przyjaźni. Jotem znalazł dla Ciebie mieszkanie u Pietraszków, czy tam u Ciebie bywał – na razie nie wiem. Ale chyba tak, został po imieninach profesorowej po moim wyjściu od Ciebie itd. Dochodzi tu jeszcze scena w Grandzie w Sopocie – i obraza, jaką zadał Szymkowi, wołając na całą salę po pijanemu: „Po co się włóczysz z takim łachudrą; jeżeli nie masz nikogo, co by Ci buty czyścił, to ja pierwszy to będę robił!". Mówiłeś mi, że Jotem był wtedy w towarzystwie marynarzy czy uczniów szkoły morskiej ubranych po cywilnemu i że głuchy na jego zaprosiny do stolika, poszedłeś spać z Szymkiem na górę do pokoju. Nigdy w to nie wierzyłem, chociaż Leporello Twój oczywiście w tym samym kształcie przekazał mi ten szczegół. Dziś wiem, że poszedłeś do niego i wróciłeś do pokoju, gdzie spał Szymek, dopiero nad ranem, zapewniając Szymka, że Jotem chciał zabrać Cię do swego pokoju, ale Ty nie byłeś głupi i nie poszedłeś. To znaczy, że byłeś u niego i chyba z tym marynarzem, uczniem szkoły morskiej, z którym spotykałeś się nazajutrz (relacje Twoje i Szymka), i byliście obaj bardzo zażenowani. Była to więc męska orgia zbiorowa.

    W tym świetle mdło wygląda Twoje zdziwienie, kiedy dowiedziałem się, przez Częścika, że Jotem jest notoryczny pedzio i całe Twoje gadanie o telefonie do niego, w którym czyniłeś mu wymówki, że Cię traktował jako jednego z „chłopczyków".

    Sprawa ta rzuca także światło na dzieje owego tajemniczego lutego, najciemniejszej epoki (dla mnie) Twojego życia, z tymi dziennikarzami amerykańskimi i austriackimi, Teklą, straconymi przez Austriaka dolarami – i tą niespodziewaną bytnością tego Austriaka na Flisaków. Tej epoki zapewne już nie uda mi się wyświetlić. Wiem tylko jedno, że w Bristolu znalazłeś się po rozmowie z Haliną, w której Jotem występował w roli pośrednika, a potem Cię zabrał na całą noc do tej restauracji, a zapewne i do siebie do domu, bo jakoś mętnie mówiłeś o tym, kiedy wróciłeś do

● listy pośmiertne 1959–1960

domu. Mówiłeś tylko, że zachwycał się Twoim wyglądem, kiedy przebrałeś się w czarne ubranie i piękną koszulę (z Monachium) z muszką...

Powtarzam Ci, syneczku, to nie są dla mnie przykre rzeczy, zwalniają mnie od ponurej odpowiedzialności za to, że „nauczyłem Cię" homoseksualizmu. Poza tym wdzięczny nawet jestem Ci za szacunek, z którym trzymałeś mnie z daleka od zbiorowych orgii – chociaż może i miałbym jaką satysfakcję, biorąc w nich udział. Wstydziłeś się pewnych rzeczy przede mną.

Kiedyś wieczorem umówiliśmy się w świerkowej alei na Stawisku. Kiedy tam przybyłem, stałeś pod pierwszym świerkiem z prawej strony (całuję teraz czasem korę tego drzewa w miejscu, gdzie się do niej dotykałeś) – i nie podszedłeś do mnie, tylko pociągając papierosa rozżarzyłeś go, abym spostrzegł w ciemności ognik. Uderzyło mnie to. Jest to sposób praktykowany w cienistych alejach spotkań między mężczyznami na całym świecie. Zapamiętałem dobrze ten szczegół, dał on mi wiele do myślenia.

Mówiłeś mi czasami, że znałeś Jotema jeszcze we Wrocławiu. Potem powiedziałeś, że się tak mówi „dla Haliny", ale że go spotkałeś dopiero w Bystrej. Ale chyba ta pierwsza „wersja" jest prawdziwa. Jotem na imieninach profesorowej, patrząc na Ciebie z czułością, spytał: „a ile ty miałeś lat we Wrocławiu?". Poza tym kiedyśmy byli w Leśnicy pod Wrocławiem, pokazywałeś mi miejsce, gdzie mieszkał Jotem, niedaleko tej waszej wojskowej szkoły...

To była bardzo wzruszająca podróż ten nasz wyjazd do Wrocławia i ja byłem bardzo nieznośny. Ty oglądałeś Oleśnicę, Leśnicę, miejsca, gdzie mieszkałeś, i wspominałeś z czułością te czasy. Przecież pojechałeś się z nimi pożegnać, raz jeszcze przed odjazdem do Surabai zobaczyć miejsca, gdzie byłeś młody i szczęśliwy. A ja interesowałem się tylko niepokojącymi mnie sprawami erotycznymi. Mówiłeś mi, pokazując okna w zamku Oleśnicy, że tam był pokój, gdzie mieszkało was sześciu wspaniałych chłopców, z Arkiem, którego tak lubiłeś, i innymi. Spytałem oczywiście: żyliście ze sobą? A Ty machinalnie odpowiedziałeś: nie, tylko onanizowaliśmy się nawzajem! A potem wsiadłeś na mnie, że ja myślę zawsze tylko o jednym i tym samym. Miałeś rację, oczywiście.

To wszystko, te wszystkie szczegóły, żeby odtworzyć przebieg Twoich zainteresowań homoseksualnych. Naprzód w szkole z księdzem, który Ci robił minetkę, potem w szkole wojskowej, potem na pewno wy piękniacy ze szkoły wojskowej dorabialiście sobie forsę w ciemnej alei któregoś parku, gdzieście onanizowali pewnych mężczyzn za pieniądze, potem zapraszał was do siebie, do swej willi Jotem na zbiorowe orgie; byłeś więc wtajemniczony we wszystko, kiedy zarzuciłeś swe sieci na Stawisko, potem dopiero zaczęło się Twe pożycie z Jotemem – i ja, i on traktowaliśmy Cię na razie jak kurewkę, tapetkę, dając Ci niewielkie pieniądze. Wszystko to jest w porządku, w ludzkim porządku.

Ale byłeś jednocześnie potwornym babiarzem, wywracałeś oczy nawet do pani Zenony w Krakowie (gdyby nie Wiktor[456] zarżnęlibyśmy ją jak amen w pacierzu) – kochałeś się najpierw i bardzo w Halinie, potem w Lilce, jednocześnie mając na zakładzie i Nikę, i Izę[457], i siostrę Wiktorczyka, i Dankę[458] i wszystkie te baby, które przeszły przez Twój żółty tapczan.

To rozdwojenie w Tobie było zaczątkiem Twojej neurastenii, która przemieniła się w coś na kształt obłędu, której już opanować nie mogłeś, gdy napotkałeś jednocześnie dwa szalone, wręcz szalone uczucia: moje i Lilki. Nie mogłeś sobie z nimi dać rady, nie wiedziałeś, co począć. Twój poziom intelektualny był za niski na rozstrzygnięcie tych kwestii. Pisałeś w jednym ze swoich wierszy:

A dzisiaj stoję na bezdrożu
związany tysiącami spraw,
a każda wiąże – nie pomoże –
a ja naprawdę jedno serce mam.[459]

---

[456] Wiktor – towarzyszył Iwaszkiewiczowi i Błeszyńskiemu w Krakowie.
[457] Iza – kochanka Błeszyńskiego.
[458] Danka – kochanka Błeszyńskiego.
[459] Całość wiersza przepisana przez Iwaszkiewicza w *Dzienniku* pod datą 10 czerwca 1959.

Właśnie o to chodzi, że masz dwa serca.

Skąd wniosek, że kochałeś mnie nie tylko „nie tak jak ja chciałem", ale mając pociąg do starszych panów, miałeś do mnie także stosunek i erotyczny. Dowód? Masz dowód:

Kiedy wilią mojego wyjazdu do Moskwy, to znaczy w ostatni dzień, kiedyśmy naprawdę jeszcze rozmawiali przed Twoją podróżą

Gdybym dziś wiedział, co robić mam,
tak jak wiedziałem przed miesiącem,
spałbym spokojnie, jak spałem tam
i inne byłoby słońce.

A dzisiaj stoję na bezdrożu,
związany tysiącami spraw,
a każda wiąże – nie pomoże –
a ja naprawdę jedno serce mam.

Te wszystkie sprawy uczuciowe
rozwikłać dzisiaj ciężko jest,
do tego sprawy finansowe,
a zdrowie leczyć... tu czy tam?

Ja wiem, że wszyscy radzą dobrze,
każdy swe racje tutaj ma,
lecz jak pogodzić wszystkie racje?
Gdzie dobro, a gdzie szukać zła?

Dlatego proszę, przyjaciele,
odetchnąć trochę dajcie mi,
a z wyjść, których jest bardzo wiele,
to jedno odpowiada mi:

Za wszelką cenę się starać
uciec od troski bytu tu,
najlepsza będzie Surabaja,
„do swidanja, prijatieli, adieu!"

Wyjechać sobie z kraju
na jakiś choćby czas,
niech ci, co chcą, pamiętają,
a ja mam dosyć was.

Jednego tylko przyjaciele
żałować będę ja,
tego, co włożył serca wiele,
a serce to szlachetne ma.

do Surabai, ubierałem się po południu na przyjęcie do Ambasady Radzieckiej, wszedłeś niespodziewanie do mojego pokoju na Szucha. Byłem tylko w slipach. Chyba mnie nigdy nie widziałeś nagiego, starałem się nie pokazywać Ci mojego starego i przywiędłego ciała, które nigdy nie było piękne. Podając mi kurtkę (nie pamiętam, o co chodziło, ale widzę całą tę scenę), uśmiechnąłeś się czule i pogłaskałeś mnie po nagich plecach, a potem po piersi. Nigdy Ci tego nie zapomnę. Był to odruch niepodrabialnej serdeczności, tym bardziej, że był to dzień, kiedy kłóciliśmy się tak bardzo o Twój odjazd do szpitala i kiedy byłeś na mnie bardzo słusznie rozżalony.

Wobec tego gestu bledznie nasza ostatnia, naprawdę już ostatnia rozmowa, kiedy wróciwszy z Ambasady zastałem Cię w łóżku, i przyklękłem przy Tobie, a Ty włożyłeś swoje długie zimne palce daleko za kołnierz i głaskałeś mnie po plecach z czułością, a potem pozwoliłeś mi się pocałować „cały". Czuję jeszcze dzisiaj dotyk Twoich palców na moich plecach, pieszczoty Twojej najpiękniejszej na świecie ręki – i całą tę scenę, której nie zagrałeś „dla pieniędzy" – bo już między nami stała czarna i okropna łódź, która Cię zabrała w podróż na świetliste oceany.

Jureczku, dziecko moje kochane, powiedz mi to jeszcze, przyznaj, że kochałeś mnie, chociaż mi tego nigdy nie powiedziałeś, kochałeś mnie jedną połową, kto wie, czy nie ważniejszą, swojej istoty.

Daj mi znak, że tak jest naprawdę, błagam Cię – ja bez tego żyć nie mogę. A może Ty chcesz, abym ja nie żył?

Twój
Witold

231

Sandomierz, 18 czerwca [19]59

Synciu mój ukochany, moje dziecko najdroższe – dziś już trzy tygodnie od dnia, kiedy zdecydowałeś się nas opuścić, trzy tygodnie! Jak czas szybko leci, a te dwa tygodnie tutaj w Sandomierzu, to tylko wspomnienia o Tobie, o każdej chwili z Tobą spędzonej, o każdym Twoim słowie, o każdym Twoim uśmiechu. Przecież wiesz, czym dla mnie jesteś.

W papierach po Tobie znalazłem zaczęty i nieskończony Twój wiersz, który tak brzmi w pierwszych linijkach:
Telefon dzwoni, dzwoni Zdrój,
To dzwoni Rabka, dzwoni Swój –
a potem o starym, ale gorącym sercu. Nie dokończyłeś nigdy tego wiersza, ani mi go nigdy nie pokazałeś. Zapomniałeś o nim pomiędzy jakimiś rachunkami, papierzyskami. Dopiero przeglądając systematycznie kartkę po kartce te twoje archiwa – znalazłem ten zapis. Tak mi się miło zrobiło, gdyż ten wiersz to był jakiś odruch serca. Gdybyś chciał mi nim pochlebić, tobyś mi go przesłał czy pokazał. Ale ten czuły wierszyk napisałeś dla siebie.

I tak mnie dobrze w nim nazwałeś. „Swój" – oczywiście byłem dla Ciebie kimś swoim. I jeżeli kiedyś mi powiedziałeś: „przecież ja cały do ciebie należę" – to był frazes. (Ale powtarzam zawsze: nie to ważne, co powiedziałeś, ale co chciałeś przez to powiedzieć). Ale już inne powiedzenie Twoje, niedługo przed odjazdem Twoim: „przecież ja nie mam nikogo na świecie, prócz Ciebie" – ma poważniejszy charakter. Dodawałem zawsze w tym miejscu: „a Lilka?", ale oczywiście to była czysta formalność. W istocie nie masz na świecie nikogo prócz mnie.

Właśnie, Lilka. Oddając jej wszystkie jej listy do Ciebie, oczywiście nie bawiłem się w dyskrecję. Przeczytałem od deski do deski. Przyznam się, że zawiodłem się na nich okrutnie, żadnych szczegółów (nawet nie można rozpoznać tej daty, o którą Cię zawsze męczę – tyle tylko, że skrobanka wypada na wrzesień, a więc data jest znacznie wcześniejsza, przypada na epokę, kiedy mi twierdziłeś, że jeszcze nic między wami nie ma. A może to nie skrobanka, a jakieś lekarskie przygotowanie do pożycia? Tak jak Twój zakup partii prezerwatyw?) – żadnych spraw konkretnych. Tylko takie kobiece biadolenie, kobieca zazdrość i tęsknota, niepokój o Twoje zdrowie, z czego bynajmniej nie wynika, aby zdawała sobie z tego sprawę, że przygotowujesz się do odjazdu do

Surabai. Nawet w listach do mnie pisze zawsze o „przeziębieniu" i tym podobnych głupotach, nie zdając sobie sprawy, że wszystko to są fazy jednej i tej samej choroby. Nie ma w tych listach ani słowa na tematy ogólne, ani jednej wzmianki o książkach czy pismach, a chociażby o „Wzlocie" czy „Tataraku", które powinny były ją obchodzić. Spędzanie czasu: kino, plotki z przyjaciółkami, wódka, goście – zawsze pełen dom – i różne takie rzeczy.

Rozumiem, że zakochałeś się w niej. Jestem przekonany, że dopiero u niej znalazłeś całkowite zaspokojenie instynktu płciowego, pełną satysfakcję małżeńską. Niestety, zbyt późno się to zaczęło i zbyt szybko zlikwidowało; w Łodzi mówiłeś: do Bydgoszczy pojadę, nic nie mogę zrobić, i tu nic nie mogę zrobić! – ale to zaczęło się chyba o wiek wcześniej. Dogadzała Ci jej opieka, kochałeś ją bardzo mocno, zwłaszcza na początku, potem Cię znudziła. Bo w tym właśnie cały sęk, było Ci z nią nudno.

Pamiętam mój drugi pobyt w Bydgoszczy (ten dobry, ten, kiedy byłem „grzeczny" – a Ty byłeś wzruszający, syneczku) – i te rozmowy, które prowadziliśmy cały ranek. Nasze zwykłe rozmowy, na tysiące tematów, a to krajobraz polski, a to gazda, a to góralskie obyczaje, a to polityka, a to stosunki w redakcji „Twórczości", a to moje podróże, a to wersyfikacje… i tak bez końca, jakeśmy zawsze gadali. I mina Lilki, która się temu przysłuchiwała uważnie. „A więc oni tak, oni o tym mówią, mówią o rzeczach, o których ja nic nie wiem…"

Oto jeszcze jedna przyczyna, dla której potrzebowałeś mnie. Mnie zresztą tylko opowiadałeś pewne rzeczy, przede mną tylko czasami, bardzo rzadko, ale jednak – odkrywałeś najintymniejsze strony Twoich przeżyć: strach śmierci i żal zmarnowanego życia. Nasza rozmowa o śmierci w tramwaju w Szczecinie, a potem w wagonie Szczecin–Warszawa była najintymniejszą rozmową, jaką z kimkolwiek bądź prowadziłem. I Ty też nie miałeś nikogo innego do tego typu zwierzeń. I dlatego mówiłeś prawdę, mówiąc, że nie masz nikogo na świecie, prócz mnie. I miałeś rację, mówiąc (na rogu Litewskiej): „Zazdrość? Rozumiem jeszcze, żeby o mężczyznę. Ale o kobietę?". Byłem czymś jedynym w Twoim życiu – i starałeś się mnie mieć i utrzymać za wszelką cenę nie jedynie dla pieniędzy. To na pewno.

Całuję mocno Twoje ręce, brzuch, nogi
Stanisław

232

Tego samego dnia
[18 czerwca 1959]

Widzisz, syneczku, do czego ja zmierzam: że cała sprawa z Lilką była rzeczą drobną, pospolitą. Tak jak kiedyś pisałem w moim dzienniku: wyjeżdża do Surabai, a wyląduje w Bydgoszczy. I rzeczywiście, tak było. Do czasu. Pamiętam – i do końca życia tego dnia nie zapomnę, kiedy przyniosłeś mi na Szucha list Zbyszka z Surabai angażujący Cię na wyjazd. Patrzyłeś na mnie wtedy jak pies, chciałeś, abym Ci powiedział: jedź natychmiast, jedź zaraz. I ja tak mówiłem. Ale Ty wiedziałeś doskonale, że ja w ten wyjazd nie wierzę. To było w sierpniu zeszłego roku. Już byś nie mógł odbyć takiej podróży – i Ty wiedziałeś o tym, i ja wiedziałem. Bo to chodziło o prawdziwy wyjazd do Surabai. A przy tym mimo wszystko, to były pierwsze czasy Twojej miłości do Lilki, nie chciałeś się od niej oderwać. Mówiliśmy: jedź do Surabai, staraj się o paszport, a wiadomo było, że nie pojedziesz, że wylądujesz w B., że czeka Ciebie inna, czarna Surabaja, do której pisuję te listy. Pamiętam te nasze trzy dni w Kopenhadze. Przechowałeś wszystkie papiery z tej podróży, nawet te, które trzeba było oddać przy lądowaniu. Zawsze jestem sobie tak piekielnie wdzięczny, że mogłem Ci jak przez uchylone drzwi pokazać inny, piękny świat, do którego Ty się tak nadawałeś. Nie zapomnę nigdy tej Twojej wewnętrznej pulsującej radości z tej podróży (tylko Parandowska to widziała) – tej Twojej wewnętrznej, ale szalenie opanowywanej febry z powodu tej jazdy, tego miasta, tych nowych rzeczy. Ostatni wieczorny spacer po Kopenhadze był jednym z największych <u>naszych</u> przeżyć.

Oczywiście miałeś z Lilką innego typu przeżycia (wyobrażam sobie zwłaszcza jej pobyt w Kruku i związane z tym emocje) – ale takich rzeczy z nią nie przeżywałeś. Ja zawsze byłem dla Ciebie tym szerokim światem: telefony do Moskwy, do Monachium, do Rzymu, do Berlina, depesze pełne jakichś egzotycznych dla Ciebie nazw, niezrealizowanych tęsknot. Wyrywałeś się do tego wszystkiego i opadłeś jak ptak z podciętymi skrzydłami, wiedziałeś, że wszystko to nie dla Ciebie, że już nie masz sił na realizację tych podróży. Na dwa tygodnie przed Twoim ostatecznym odjazdem mówiłeś jeszcze o wycieczce do Słowacji samochodem – chociaż dziwiłeś się potem, że ja robię plany dla Ciebie „na czerwiec". Ach, jak mnie wtedy zakłuło to powiedzenie. I myślę, syneczku ukochany, pocieszam się tym przynajmniej, że Ciebie upokarzała ta rola kochanka w obcym domu. Przecież to Ty w Bydgoszczy mi powiedziałeś, że masz tylko jednego mnie na świecie. Myślę, że dla Ciebie ja byłem symbolem jakiegoś większego, szerszego życia, jakiegoś lotu ponad pospolite środowisko: zbierałeś moje książki, nie czytając ich, wycinałeś moje wiersze, szalałeś na temat wiersza z medalionem – spostrzegałeś moje nazwisko wszędzie, a ja je pchałem, aby Tobie zaimponować, abyś Ty czuł, ile ja dla Ciebie robię. No, i mam wrażenie, że czasami byłeś ze mnie dumny, byłeś dumny, że masz takiego przyjaciela, powtarzałeś moje powiedzenia (nawet Twoje kobiety mówią teraz „wszystko jak chcesz") – mówiłeś z pewnym wyrazem twarzy: „Jarosław opowiadał, że…" itd. itd. Byłem dla Ciebie przedstawicielem lepszego, szerszego życia – a Tyś jednak do tego tęsknił i chciałeś sobie takie życie stworzyć *per fas et nefas*[460], ciągle podcinany ubóstwem, chorobą, ostatecznie tą „niedobrą miłością", jaką była miłość do Lilki. Z Twoich wszystkich listów jeden jest tylko ważny i szczery, to ten długi list pisany z sanatorium w Otwocku. Zawiera on opis śmierci „korytarzowej", która była potem i Twoim udziałem – ale pierwsza połowa tego niespodziewanie olbrzymiego listu poświęcona jest

---

[460] *Per fas et nefas* (fr.) – wszelkimi dozwolonymi lub niedozwolonymi środkami.

sprawie wybicia się, zbudowania sobie i Twojej rodzinie wolnego, dobrego życia. Miałeś wtedy nadzieję, że potrafisz to zrobić. Ale nigdy nie powiedziałeś mi: „Jarosławie, pomóż mi, daj mi możność stworzenia sobie podstaw bytu". Ty nigdy nie mówisz nic wprost, to jest to Twoje przekleństwo. Nigdy żadnej prośby, żadnej wskazówki: zrób to lub owo, daj tyle czy tyle – wszystkiego się musiałem domyślać. Wiele rzeczy się z tego powodu poszkapiło... ale to są takie przekleństwa na świecie.

Trzy tygodnie bez Ciebie! Ty nawet nie masz pojęcia, jaka to dziura, jaka pustka, jaka nuda. Bez listów, bez depesz, bez telefonów – po prostu żyć się nie chce. Rok temu była wymiana not z powodu przyjęcia dla Rubinsteinów, jazda na cmentarz w Baranowie, jakieś plany, projekty, ruch. A dzisiaj ta martwota i smutek bezgraniczny. Tak jakby wszyscy razem z Tobą wyjechali do Surabai. Cisza śmiertelna – Twój

Xawery

233

Stawisko, 23 czerwca [19]59

Ależ to trzeba być wariatem, stary byku, żeby robić Lilce sceny zazdrości z mojego powodu. Boże drogi, to, że pocałowaliśmy się w taksówce, ależ to przecież trzeba całować się w taksówce, to tak wypada – a Ty podpatrzyłeś to w lusterku i robiłeś takie hece Lilce. A mnie nie powiedziałeś ani słowa, chociaż kto tam Cię wie, w gruncie rzeczy, o kogo Ty byłeś zazdrosny – o mnie, czy o Lilkę. Ja Ci powiem po prawdzie – nie byłeś zazdrosny ani o mnie, ani o Lilkę – byłeś tylko zawsze w strachu, że my się dogadamy z sobą ponad Twoją głową – i oboje opowiemy sobie nawzajem, co Ty jesteś za szczur, że nasze wiedze się zsumują – no, i wiadomo, co z tego wyniknie. Bałeś się, że Lilka mi powie wszystko. Nie bój się, ona nawet teraz tylko powtarza to, co Ty jej kazałeś mówić, mistyfikuje w dalszym ciągu – za Ciebie.

Teraz porozumieliśmy się, ale niestety nie możemy Ci przekazać rezultatów tego porozumienia. Zresztą ona też była gorzko nakierowana przez Ciebie. Trochę mi wstyd, że dawałem się do tego stopnia nabierać – ale trudno. Napisałem gdzieś, w którymś liście do Ciebie, że chociaż wiem, że jesteś hochsztapler (nie, to nie w liście, to w dzienniku) – że gdybyś mnie okradał i szantażował, czego ostatecznie nie było, jeszcze byłbym Ci wdzięczny za wszystko, co mi dawałeś. W tej chwili trudno mi jest podtrzymać tę tezę – za ciężko przechodzę te wszystkie odkrycia straszliwej obłudy i kłamstwa, którymi mnie otaczałeś na każdym kroku. Tak ceniłem Twoją pamięć, drobne podarunki, które chowałem na sercu, bo np. portfel z napisaną Twoim pismem datą 24 XII 57! Ale dziś okazuje się, że taki sam portfel ofiarowałeś Muszkatowi[461] – w ten sam dzień. Byłeś więc u niego na wigilię? To samo rewolwer-zapalniczka. Nie zapomnę nigdy, jak się śmiałeś, marszcząc nosa, mówiąc, że Lilce kupiłeś flakonik za 30 złotych. A kupiłeś jej taką samą zapalniczkę! Wszystko, co było pamiątką, okazało się zabrudzone Twoim kłamstwem, fałszem, ukrywaniem.

Przed chwilą dowiedziałem się, że byłeś w Poroninie, w 1958 roku z Rajską. A więc i Poronin jest zepsuty, jak zepsuty jest Kruk. Nie mogę o tym myśleć spokojnie. Musiałeś na te trzy dni usunąć ją z Poronina – na te trzy dni, co ja tam byłem, i które uważałem za najszczęśliwsze w naszym życiu. Jak mogłeś być wtedy dla mnie i czuły, i serdeczny – myśląc tylko o tym, abym już pojechał sobie i abyś został sam na sam z nią [kolejne dwie linijki tekstu mocno pokreślone i całkowicie nieczytelne]

Wiedz, to są okropne rzeczy. Lilka powiada, że to nic nie znaczy. Że, mimo iż ją naprawdę kochałeś, ona nie zajmowała nawet dziesiątej części tego miejsca, co ja w Twoim życiu. Wiesz, że to zupełnie możliwe. Miałeś jednak jakieś zainteresowania moją

---

[461] Muszkatowie – małżeństwo żydowskiego pochodzenia, któremu Anna i Jarosław Iwaszkiewiczowie udzielili pomocy podczas II wojny światowej. Umieszczono ich w Warszawie, w domu rodziny Szutów. W liście może chodzić o starego Muszkata.

osobą, starałeś się być lojalnym, może nawet naprawdę Ci imponowałem. Ale ta góra kłamstw tak podłych, tak pospolitych, tak obrzydliwych – zupełnie przeinacza sytuację. Nie, nie, kochanie, to było naprawdę obrzydliwe.

Wtedy, kiedy wyjeżdżałeś do Poronina (jak teraz wiem z Rajską), odprowadzałem Cię na dworzec. Pamiętaj, że nie czekałem na odejście pociągu, bo było bardzo zimno, i jechałem jeszcze na Stawisko. Wydało mi się, że byłeś z tego niezadowolony. Teraz rozumiem: chciałeś, abym był do samego końca, żeby się cała Twoja intryga całkowicie udała, abym nie miał żadnych podejrzeń. Bo ona zapewne wsiadła do pociągu na Warszawie Zachodniej.

Tylko jak Ty poradziłeś sobie z nią podczas mojego pobytu w Poroninie? Mówiłeś mi, że ona jest <u>moim</u> wrogiem. Jak jej wytłumaczyłeś to, że musi się usunąć na ten czas. Słuchaj, a to były dla mnie takie dobre dni. Popsułeś je teraz, tak samo jak popsułeś Toruń, jak wszystko...

Na dobitek pewnego wieczora niedawno jeszcze w Bristolu opowiadałeś mi dużo o pani Rajskiej, opowiadałeś o jej poznaniu, o tych słynnych „trzech dniach" (które nie sprawdzają się podług kalendarzyka) – potem o hecy u Częścika itd. itd. Była taka znakomita aluzja do powiedzenia o tym, że przed rokiem byłeś w Poroninie z Rajską. Nie powiedziałeś. To była najgorsza strona Twojego kłamania – te niedopowiedzenia. I że się nie bałeś, że wszystko wyjdzie na jaw.

Pomyśl sobie – w tej chwili mijają 4 tygodnie od Twojego wyjazdu do Surabai. Ile się przez te cztery tygodnie dowiedziałem o Tobie, ile okropnych grzechów względem mnie. I niechże mi Lilka nie mówi, że mnie kochałeś. Ach, Jerzy teraz się nie dziwię, że tak Cię to zastanawiało, że jestem dla Ciebie dobry. Przecież ostatecznie nie mieściło Ci się w głowie, że ja tak <u>nic</u> nie wiem. Robiłem tysiączne aluzje i do Rajskiej, i do Lilki w Kruku, ale przecie nie brałem tego na serio; sam nigdy nikogo nie oszukuję, nie wierzę, że ktoś tak może...

Sam nigdy nie oszukuję! Powiedziałem tak z rozsądku, ale wiesz dobrze, że tak nie jest – że oszukuję, bardzo oszukuję ludzi. Hanię na przykład. Ale jeżeli chodzi o Ciebie?

Utajałem przed Tobą prawdę o moim stosunku do Wieśka. I Ty nawet w to wierzyłeś. Oczywiście nie mogłem utaić sprawy Częścika. Ale na przykład na pewno się nie spodziewałeś, że po naszej wielkiej rozmowie w sprawie Twej jazdy motocyklem z Lilką do Rudki, po tej całej okropnej aferze, po tej olbrzymiej i gorącej rozmowie, która zakończyła się sceną erotyczną – całą noc spędziłem w łóżku z Wieśkiem. No, widzisz? Nie mam prawa mówić, że ja nie oszukiwałem. Było takich spraw wiele, wielu rzeczy nie wiedziałeś i nie podejrzewałeś, ale one Ciebie nie interesowały. A Ty na moje pytania – kłamałeś. Tak właśnie odpowiadałeś mi wszystko – ach, Ty gałganie.

Właśnie, cztery tygodnie temu zamknąłem Ci powieki na Twój wielki odjazd – i nie wiedziałem, że będziesz tak paradnie odjeżdżał z mojej duszy, z mojej miłości, z mojego życia. Już w nim nie istniejesz. Powtarzam za Haliną: kiedy się przestaje Ciebie kochać – pozostaje nienawiść.

Tak się odmieniasz, odchodzisz, oddalasz – w słonecznej Surabai nie ma miejsca na moją miłość czy na moją przyjaźń. Sam wybrałeś – samotność. I przekleństwa!

Do widzenia, dobranoc
Twój
Krzysztof

234

Stawisko, 27 VI [19]59

Moje dziecko ukochane – wiesz, kiedy mnie najbardziej zdziwiłeś? Kiedy zupełnie Cię nie rozumiałem? Kiedy telefonując do mnie do Kijowa, w lipcu 1958 roku, zakomunikowałeś mi z jakąś utajoną radością, z jakimś triumfem w głosie trzy przykre wiadomości: jedną o tragicznej śmierci Pesza, drugą o wypadku kolejowym, w którym zginął wnuk Więcka, i jeszcze jakąś trzecią przykrą nowość. Ten sam cień triumfu odnalazłem w Twoim głosie, kiedy mówiłeś również przez telefon do Rzymu: „Prawda, jaki miałem dobry pomysł, że sprowadziłem Szymka do Kruka?". Pomysł był niedobry, taiło się pod nim mnóstwo rzeczy, przede wszystkim radość z pobytu Lilki w Kruku i z tego, że ja się niczego nie domyślam. Jednym słowem w tych Twoich odczuwaniach znalazłem ukrytą radość z tego, że mi robisz przykrość. Tu jest klucz do wielu Twoich czynów. Chciałeś być górą nade mną, czułeś, że jesteś górą, kiedy sprowadziłeś Lilkę nad morze, kiedy jechałeś z nią do Bydgoszczy moim samochodem, aby wypędzić jej męża, kiedy miałeś ją na miesiąc w Kruku – a najbardziej cieszyłeś się, żeś mnie razem z gazdą i całym Poroninem nabrał tak potężnie ze sprawą Rajskiej. Ta sprawa była dla mnie zupełnie nieoczekiwana, gdyż nie spodziewałem się, że Cię łączył z nią aż taki stosunek, żeś mógł z nią <u>mieszkać</u> razem aż dwa tygodnie, to znaczy tyle samo, co ze mną (w tymże Poroninie).

Dzisiaj na słowo „Poronin" serce mi się ściska, a jeszcze przedwczoraj łączyły się z nim najmilsze rzeczy, chciałem tam wracać wciąż, zawsze, znowu – teraz nienawidzę tej miejscowości. A jednocześnie przypominają mi się wszystkie szczegóły tej wyprawy i śmiać mi się chce z samego siebie, że przypisywałem jej takie znaczenie, tak jak wy śmialiście się zapewne ze mnie! Teraz rozumiem, dlaczego Rajska powiedziała na Twych imieninach, w trzy miesiące później: „ja nie jestem zazdrosna..."

Teraz wiem wszystko, pamiętam, że odwoziłem Cię samochodem do Warszawy, przed czym Ty jakbyś się bronił. Pamiętam, jak zajechałem w Brwinowie do gospody, bo nie chciałeś, abym zajeżdżał na Szkolną, potem byliśmy na kolacji w Rycerskiej – a Tyś myślał bez przerwy o niej! Odwiozłem Cię na dworzec, ale nie zostałem do odjazdu pociągu.

A potem mój przyjazd. Depesza od Ciebie z adresem nie przychodziła przez kilka dni, jak zawsze, kiedy byłeś „z kimś". Potem zadepeszowałem naiwnie i przyjechałem. Jak dziś pamiętam ten radosny niebieski, jeszcze ciemnawy ranek, kiedy wysiadłem z pociągu, a Ty czekałeś na mnie, i wydawałeś się taki ucieszony, i Swider odniósł moje rzeczy do hoteliku. Spytałem się: jak to, a Ty mieszkasz przecie u Swidra? – Nie, nie – odpowiedziałeś – tam okazało się za zimno, przeniosłem się do hotelu.

I zaczęły się te trzy dni, które mnie się wydawały samym szczęściem. Pojechaliśmy do Zakopanego i na Gubałówkę. Był ten kelner, co bez pytania stawiał nam kieliszki z wódką, i byłeś taki uroczy, i była sama radość, i szczęście... Kiedy mówiłem kiedyś o szczęśliwym dniu 6 stycznia 58 roku, powiedziałeś: „Boże drogi w takim dla mnie czasie, ty byłeś szczęśliwy?". Teraz rozumiem. Bo przecież Ty oczywiście nie powiedziałeś, że wszystko między Tobą a Rajską skończyło się na Sylwestra. A ten szczęśliwy 6 stycznia (calutki dzień od rana do wieczora spędziliśmy razem) wypadał akurat w samej pełni Twojego romansu z Rajską. I potem wróciliśmy do hoteliku, w piecu było napalone, i jedliśmy późny obiad, gadaliśmy bez końca, a potem spaliśmy. Erotyczna scena była jedną z najwspanialszych naszych scen, wielkie przeżycie! Nazajutrz spacer końmi na Gubałówkę, obiad na Cyrhli i szczęście, szczęście. Wydawałeś mi się tylko bardzo apatyczny, kiedyśmy trzeciego dnia jechali koleją do Rabki, zasnąłeś w wagonie i głowa Ci się żałośnie kiwała. Patrzyłem na Ciebie z najwyższym niepokojem, wszystko przypisywałem chorobie, a to było schędożenie, po prostu i ordynarnie biorąc. I jeszcze w Rabce; po obiedzie z Głodkowskim, po koniaku i białym winie, położyłem się na chwilę, a Ty usiadłeś koło mnie na łóżku i przycisnąłeś głowę do piersi, trwałeś tak długo, często tak robiłeś, a ja czułem coś wspólnego, co przez nas przebiegało. A potem pojechaliśmy do Chabówki i Ty wracałeś do Poronina (z tego jednego powinienem był się wszystkiego domyśleć!), a ja do Warszawy. Ty odjeżdżałeś pierwszy, był mróz, księżyc świecił – i mówiliśmy z sobą naprawdę jak dwaj przyjaciele – z uniesieniem i oddaniem się. Miałeś wrócić do Warszawy, zamieszkać na Flisaków, ile było projektów i nadziei – Twój pociąg odjechał pierwszy... (Twój pociąg zawsze odjeżdżał pierwszy, w Gdyni na Hel, w Chabówce do Poronina, w Toruniu do Bydgoszczy, w Turczynku do Surabai) – i tak skończyły się te trzy dni i dwie noce (druga noc była też czarowna, zamknąłeś drzwi na klucz i zgasiwszy światło, sam, nie proszony, przyszedłeś do mojego łóżka i tym Twoim cudownym gestem zsunąłeś spodnie od piżamy), które znowu mi nasuwały pod pióro słowo „szczęście". I pomyśl, to wszystko nieprawda, nieprawda, nieprawda. To wszystko obmyśliłeś, aby nie stracić moich pieniędzy, to nie była przychylność dla przyjaciela, to był fałsz, fałsz, fałsz. Kiedy pomyślę, o czym Ty myślałeś przez te całe trzy dni szał mnie ogarnia, chciałbym Cię tłuc jak [wyraz nieczytelny], bić i ducha słuchać, nienawidzę Cię tak potężnie, jak niegdyś kochałem. Zawsze wiedziałem, że mnie nie kochasz, „nie wierzyłem ani jednemu Twemu słowu", ale nie przypuszczałem, że potrafisz tak przewrotnie pomieszać jedno z drugim, że potrafisz w jednej miejscowości jedną noc spędzić ze mną a drugą z Rajską, że postępujesz jak zwyczajna bladź. Och Jerzy, Jerzy, jak mogłeś to uczynić – i co ważniejsze nigdy potem, w samym np. Poroninie, nie wspomnieć o tym ani słówkiem.

Szymek komunikując mi to, pokazując fotografie Rajskiej, któreś tam robił – zabił mnie, zabił Ciebie, zabił dla mnie Poronin i Zakopane, całą istotę naszego stosunku, co do którego się łudziłem, że był jakimś zżyciem się. Szymek się z tego cieszy, Szymek chce Cię zabić, Szymek Cię nienawidzi – i mnie nienawidzi. Zazdrościł Ci zawsze wszystkiego: Haliny, urody, pieniędzy, mnie. Teraz ma wielką i słuszną satysfakcję –

O Jerzy, Jurku ukochany i znienawidzony. Nie mogę Ci tego jednego przebaczyć, nie mogę, nie proś mnie o to. A zresztą byłeś zawsze dumny, nie prosisz mnie o przebaczenie. I tak się rozstajemy, na zawsze chyba już poróżnieni. Nie ma siły, która by nas mogła pogodzić. Oczywiście czas – ale…

Twój
Jarosław

235

Stawisko, 28 VI [19]59

Drogi mój, jedyny, ukochany – mimo wszystko! Nie mogę Cię nazwać już przyjacielem, ale jeszcze mnie ranisz jak syn, syn marnotrawny i lekkomyślny. Wczoraj zastanawiałem się nad moimi wobec Ciebie winami – i przyszedłem do przekonania, że są one bardzo wielkie. Bardzo, bardzo wielkie, ale jednego tylko rodzaju – i mające swoje wytłumaczenie. Zawsze zwracałem Twoją uwagę na to, że cała nasza znajomość wyniknęła z Twojej inicjatywy, i przyznawałeś mi w tym rację. Nie było tu mowy o „uwiedzeniu", gdyż ze sprawami erotycznymi pomiędzy mężczyznami byłeś całkowicie oswojony i przejście do tej sprawy nie sprawiło Ci żadnej trudności. Winą zasadniczą moją było dostarczenie Ci nieograniczonej ilości pieniędzy, co zachwiało Twoją równowagę duchową, już i tak nadszarpniętą chorobą, która tak szybko przybrała obrót beznadziejny. Jednak pod tym względem musisz mnie i moje postępowanie wytłumaczyć. Ja jeden, ze wszystkich ludzi Ciebie otaczających (oprócz może lekarzy), zorientowałem się od razu w stanie Twojego zdrowia. I kiedy na ogół panowało mniemanie, że Ty nabierasz mnie na Twoją chorobę – ja wiedziałem, że to są ostatnie miesiące Twego życia. Starałem się w tych miesiącach dać wszystko, co mogłem: samochód (nasz samochód), pieniądze, mieszkanie. Trochę się omyliłem, gdyż liczyłem Twe życie o pół roku krócej, i dlatego w ostatnich czasach mieliśmy te trudności finansowe, które Cię tak niecierpliwiły. Ale miałeś pieniędzy w bród. Z jednej strony dawało Ci to możliwości – z drugiej demoralizowało. Nie umiem jeszcze powiązać tej sprawy z Twoim rozstaniem się z Haliną. Ta cała sprawa jest jeszcze dla mnie niejasna. Wczoraj byłem u Haliny, ale zobaczyłem, że wszelkie starania porozumienia z nią byłyby na razie beznadziejne. Tutaj może by mi pomógł Jotem, ale boję się nawiązywać kontaktów z nim. Halina na razie po uszy zakochana w Szymku, ślicznie wygląda i jest zupełnie niedostępna do jakichkolwiek zwierzeń. Bardzo się skarżyła, że tak obco się czuje pośród Twoich „gratów" – a to przecie są „nasze" meble, które mi przypominają Ciebie tak plastycznie, tak wyraźnie. Zawsze widzę Ciebie przy tym bufeciku, z Lilką, jak jej podarowałeś pudełko zapałek, i z każdego waszego gestu widać było, że się kochacie. Byłem wtedy bardzo nieszczęśliwy, ale co bym dał za to, by ta „nieszczęśliwość" mogła wrócić. Jednak wtedy wierzyłem

Tobie choć trochę. Ale wracając do pieniędzy, gdybym Ci w tym 58 roku nie dawał takiej forsy – nie miałbyś mieszkania na Flisaków, nie poznałbyś Lilki, nie jeździłbyś do Poronina z Rajską, itd. itd. Oczywiście to było ohydne, to coś zrobił ze mną w Poroninie. Ale jednocześnie jakieś to było dla Ciebie zdarzenie, kiedy mogłeś po raz pierwszy w życiu pojechać gdzieś z kobietą, płacić za nią, mieszkać z nią tak erotycznie u górala, przeżywać cudowne noce (oboje umieliście to znakomicie robić) i zabawne dnie. Tylko, że nie poczułeś w sercu wdzięczności dla mnie... i skruchy. Twoja męska duma była połechtana – no, i trochę nawet mam Cię za wytłumaczonego. Tylko trzeba było pod jakimkolwiek pretekstem nie sprowadzać mnie do Poronina, tak łatwo było Ci wymyślić cokolwiek! Czy pieniądze popsuły Twój stosunek do Haliny? Chyba nie. Ona jest głupia i nudna, erotycznie Ci nie wystarczała – musiałeś ją porzucić. Jednocześnie byłeś dla niej jak świnia. Nie dawałeś jej na życie, krzywdziłeś ją i dziecko, a potem opowiadałeś mi niestworzone historie o Twoim głodowaniu i braku opieki. Zresztą tego już nikt nie dojdzie, ani Szymek, ani Halina już nie są w tej chwili obiektywni.

Wczoraj w czasie mszy w katedrze św. Jana w Warszawie dostaliśmy niespodziewaną wiadomość, że dojechałeś już do Surabai. Jak prędko! Więc już jesteś w tym słońcu, zapachu i zieleni, jest Ci dobrze i nie pamiętasz o naszych ziemskich troskach. Jak to dobrze – ale jak smutno dla nas, którym tu trudno, ciasno i głupio. Jurek Lisowski mówi, abym za bardzo nie wierzył – bo może w Surabai nie uznają polskiej waluty i nie przyjmą Ciebie. Ale chyba nie wrócisz? Boże, co by to była za radość! Strasznie bym Cię zwymyślał, a potem przyjąłbym za dobrą monetę wszystkie Twoje wyjaśnienia – i byłoby nam dobrze jak w Elizinie, jak w Toruniu, jak w Poroninie...

Myślę chwilami o Twoim ciele. Twoja niezrównana uroda kończyła się tak cudownie, tak wspaniale. Poznałem w Sandomierzu chłopca, którego mi wskazałeś, a którego opisałem w Tataraku. Jego niebywałe ciało kończy się żałośnie malutkim kutasem i jednym jajkiem! To się nazywa pech. Widzisz, napisałem to wszystko dla kawału, bo przecie w Surabai to wszystko Ci niepotrzebne. Hania twierdzi, że jesteś tam świetlistym aniołem. Ale ona nic nie rozumie. Nikt nic nie wie. Ja tylko wiem, czym Ty byłeś. Kocham Cię mimo wszystko i ponad wszystko –

Adam

[Dopisek na lewym marginesie]: Następnym razem: Hilary[462] i o Karliczku[463] – dziwna strona Twojej istoty.

236

Stawisko, wieczór 29 VI [19]59

Syneczku kochany, byłem dzisiaj znowu w tym miejscu, gdzie śmieszni ludzie powiadają, że Ciebie zakopali. A przecież Ty jesteś już w Surabai, szczęśliwy, promienny i niepomny tych poniżających praktyk. A tylko ja jestem tutaj, rozbity, znudzony i nie wiedzący, co ze sobą począć. Nie masz pojęcia, jaka nuda, kiedy Ciebie nie ma. Ani telefonów, na które człowiek czeka z bijącym sercem, ani telegramów, ani tej ustawicznej walki z Tobą, którą się toczyło „o każdą grudkę ziemi...". Taka pustka szalona, że nawet w niej gaśnie ten wielki, okropny żal, jaki się ma do Ciebie – po odkryciu tak niegodnego Twojego postępowania. Jurek Lisowski dzisiaj powiedział, że to może najlepsze Twoje określenie: „najlepszy tancerz Brwinowa". O, jak nie ma racji. Byle „tancerz z Brwinowa" nie zamąci życia tylu ludziom, nie pozostawi na ziemi, skąd odjechał, tak palącego śladu... Ale, ale, będziesz się strasznie śmiał. Napisałem do Jonscherowej, że nie będę mógł teraz pojechać do Bydgoszczy na wieczór autorski, że zbyt smutne

---

[462] Hilary – chrześniak Mieczysława Pietraszka.
[463] Karliczek – młody chłopak, podobnie jak Hilary, pojawiał się na Flisaków w dwuznacznych okolicznościach.

wspomnienia mam związane z ostatnim tam pobytem – i że była ostatnią kobietą, z którą tańczyłeś przed wyjazdem do Indonezji. Pamiętasz, jaki byłeś wściekły, bo ona źle tańczyła. Trzymałeś ją na wyciągniętą rękę od siebie i kiedy spytałem Ciebie, dlaczego, powiedziałeś: „ta baba nawet chodzić w takt nie umie, wziąłem ją na wyciągniętą rękę i kręć się babo jak chcesz!". A ona mi pisze dzisiaj w liście: teraz dopiero rozumiem jego zimny i smutny wzrok, z którym na mnie patrzył!

Ale kochany, miałem chyba wcześniejszy list dzisiaj – napisał do mnie z Frankfurtu jakiś młody Tessen (Tessenowie to zdaje się bardzo zacna rodzina przemysłowców) niebywały list na temat „Wzlotu". Takie szalone superlatywy i że lepsze od Camusa itd. itd. I znowu pomyślałem sobie: przecież ten „Wzlot" zawdzięczam Tobie. Kiedy mi opowiadałeś swoje życie w tej knajpie w „Oleandrach", to oczywiście teraz wiem, że połowę zblagowałeś. Ale to nie o to chodzi. Przecież i ja drugą połowę wymyśliłem. Tylko chodzi o sam nastrój okupacji i Twojego zmarnowanego w ten czy inny sposób życia, który z tego opowiadania się wyłaniał – i który na gorąco, jeszcze w oparach tej wódy, cośmy wtedy wypili, starałem się zafiksować. (Bo pamiętasz, myśmy wtedy byli na higienicznym obiadku w Salusie[464], a potem poszliśmy do tej knajpy na czystą wódę – i tak mi opowiadałeś, opowiadałeś. Są tam przecież i partie prawdziwe, i śmierć ojca, pogrzeb w Baranowie, wywiezienie matki – myślę, że i to zasypywanie samochodu piachem… Tej mordowni Żydów to mi nawet nie opowiadałeś, sprawy Edka[465] wziąłem skądinąd – sprawa więzienia była, chociaż nie wiem, czy rzeczywiście byłeś kiedyś w ciupie, mówiłeś na ten temat mało, więc może to była i prawda. Nie, ale nie o to chodzi, sam duch, duch „Wzlotu" pochodzi od Ciebie, całe moje podniecenie, cały mój, jak to mówią Rosjanie, „podjom" – i teraz z całego świata przychodzą echa tego opowiadania, echa Twojej

---

[464] Salus – bar przy ul. Marszałkowskiej.
[465] Edek – jeden z bohaterów *Wzlotu*.

istoty, Twojego bytu – bytu „tancerza z Brwinowa", wówczas, kiedy Ty już odjechałeś do słonecznej Surabai. Nie, nie, kochanie, nie byłeś tym „głuptaskiem prowincjonalnym" – oczywiście to wszystko drzemało we mnie, ale ile musiało być w Tobie, aby to wszystko ze mnie wywołać. Możliwe, że był to tylko ten potężny sex appeal, który Ty posiadałeś w najwyższym stopniu. (Gdy całowałem Twoje włosy w tym Twoim kuferku, czułem podniecenie erotyczne) – ale musiało to być coś specjalnie szczególnego... Ale tam były jeszcze jakieś inne rzeczy, chociażby potężna wola zła, którą posiadałeś. Ale ostatecznie zostajesz tym małym prowincjonalnym facetem, kochankiem Marzenek i Danuś, mężem głupiutkiej kobitki, którą uwiodłeś jako dziecko prawie, tak egoistycznie – i wszystko byłoby takie zwyczajne, gdyby nie Twoja uroda nieziemska, która w pełnym blasku zajaśniała w momencie odjazdu. Och, Jerzy, jaki Ty byłeś piękny wtedy i jak ja Ciebie bez żadnych zastrzeżeń kochałem – chciałbym, aby tak było dzisiaj...

Całuję Ciebie, moje dziecko, w powieki Twoje (jak lubisz), a Ty mnie pogładź po twarzy i powiedz, jak wtedy, jednego z ostatnich „dobrych" poranków na Szucha: ładny jesteś! ładny jesteś! Powtarzałeś to uparcie – raz jeden w życiu. Do widzenia, kochany – i nie pamiętaj o nas w Twojej Surabai, nie myśl o nas, nie niepokój się o nas, bo wszyscy uspokoimy się jak Ty –

Twój
Kazimierz

W piątek mam randkę z Niką!!

237

Stawisko, 4 lipca 1959

Moje dziecko złe, ale ukochane! Lilka wczoraj napisała o Tobie: on jest jedyny, którego można kochać. Tak może nie jest, ale niestety Ty jesteś jedyny, z którym mogę rozmawiać o sprawach mnie interesujących. Wczoraj cały dzień gadałem o Tobie – i wszyscy mają tak <u>cząstkową</u> wiedzę w tej sprawie, ja sam tylko wiem wszystko, to znaczy znam sprawy uzupełniające się i skorupki, które się dopasowują.

Ach, drogi, jakie to wszystko ciężkie, ale i zajmujące. Wyobraź sobie, że nagle przez Ciebie wchodzę w świat kobiet. Dopiero teraz zorientowałem się, jak ja od tego świata byłem ostatnio daleko, a teraz wlazłem w sam środek. Przyznam się, że to nagle wzbogaca moją wiedzę o świecie, która jakoś ostatnio kostniała. Zaczynam się pasjonować tymi sprawami.

Byłeś taki pewien, że kobiety <u>nic</u> nie powiedzą. Nawet nauczyłeś Lilkę, co ma mi mówić. Ale to nic nie pomoże. Kobiety powiedziały mi bardzo dużo, nie wątpię, że powiedzą mi <u>wszystko</u>. Tak się tego bałeś. Ale nie bój się, oczywiście z tych wszystkich konfrontacji wyjdziesz okropnie, obnaży się cała Twoja niegodziwość, całe łajdactwo – a w gruncie rzeczy całe Twoje chamstwo. Ale nie bój się, ja nie przestanę być koło Ciebie, nie przestanę Ci współczuć, nie przestanę tak okropnie płakać nad Twoim odjazdem. Nie bój się jednego, moja miłość Cię nie zawiedzie.

A więc wczoraj ta sprawa decydująca, rozmową z Niką Reisską. Przyznam się, że się bałem bardzo tej rozmowy, zaryzykowałem to spotkanie – i udało się nad wszelkie spodziewanie. Mówiłeś mi kiedyś, że Reisska jest moim wrogiem. Rozumiem dzisiaj, że powiedziałeś to tylko po to, aby zwrócić me serce do Lilki. Niepotrzebne to: moje serce jest przy Twoich obu kobietach, którym ostatnio dawałeś rozkosz: one i o tym mnie opowiedzą. Na jedno nie mogę się zdobyć i nie mogę o tym nikomu nawet powiedzieć, na uczuciu sympatii do Twojej żony, przy której odjechałeś. Ach, ona jest głupia i aż nadto rozumiem, że Ty „chłopak z fantazją", jak mówi o Tobie moja Marysia, nie mogłeś z nią wytrzymać, że niosło Cię gdzie indziej. Ale żałosne jest jedno: uniosło Cię wysoko, a utkwiłeś przy czymś tak prowincjonalnym, jak jest Lilka. Już Ci to pisałem: jechałeś do Surabai, a wylądowałeś w Bydgoszczy. (A propos Twojej żony: pierwszego lipca, na Haliny, były imieniny, byli u niej Szymkowie, młodzi Frontowie przyjechali z Warszawy, ciocia Błeszyńska[466] przyszła z Pszczelińskiej – było dużo wódy, Szymcio się zabałaganił przy Halinie). Ale nie plotkujmy. Wróćmy do sprawy najważniejszej, do rozmowy mojej z Niką. Oczywiście zaczęliśmy od sprawy Poronina.

Wiesz, dziecko kochane, w głowę zachodzę, dlaczego Ty to tak robiłeś: miałem Cię za człowieka o silnym charakterze, a przecież to wszystko, to całe naciąganie się i otaczanie tajemniczością, to całe oszukiwanie świadczy raczej o słabości Twojego charakteru. Dlaczego jadąc z Reisską do Poronina, powodowany, jak teraz dopiero wiem, gwałtowną namiętnością, zrywając się z Kafaru, jak teraz dopiero wiem, bez urlopu – potrzebowałeś tak urządzić się, żebym ja przyjechał także w to samo miejsce, na trzy dni – dlaczego potrzebowałeś kłamać i przed nią, i przede mną. Dlaczego nie urządziłeś inaczej Twojego wyjazdu?

Jechałeś „sam" (sam byłem!), pozwoliłeś się odwieźć do Warszawy, poszliśmy razem na kolację do Rycerskiej, odwiozłem Cię na dworzec, na wcześniejszy pociąg i nie czekając na odejście pociągu, pojechałem na Stawisko. (Kalendarzyk jest nieoceniony – wszystko z niego!). Kiedy ja pojechałem, Ty wysiadłeś z pociągu, pojechałeś do Reisskiej, spędziłeś u niej wieczór i o dwunastej dopiero wyjechaliście do Poronina. Mieszkaliście u gazdy, przez parę dni nie dawałeś mi adresu, bo nie miałeś okazji wykradnięcia się na pocztę (czy to nie tu spędziliście trzy dni i noce w łóżku, o czym mówiłeś mi kiedyś?). Potem dostałem Twój adres i zadepeszowałem, że przyjeżdżam. Nie pokazałeś depeszy, tylko powiedziałeś, że się musisz na trzy dni od niej wynieść. Przyjechałem i zamieszkaliśmy w „naszym" hoteliku! Najzabawniejsze jest jedno. Reisska z oburzeniem mówi, że kiedy bywała u Ciebie na Flisaków (kiedy?, nie wiedziałem) – kiedy jeszcze łóżko „nie ostygło" po niej, wprowadzałeś do niego inną kobietę. Natomiast jak chleb z masłem traktuje sprawę, żeś wylazł z jej łóżka na dwie noce, które spędziłeś w moim, a potem wróciłeś z powrotem do niej, wyczyniając, jak mi

---

[466] Ciocia Błeszyńska – członek rodziny Jerzego, mieszkająca w Brwinowie.

nadmieniła, wielkie rzeczy. Byłeś, jak już pisałem, miły, czuły, dobry przez trzy dni. Gdyśmy wracali do Cyrhli końmi, ona stała przy rondzie na drodze do Kuźnic. Gazda chciał zatrzymania, a wy oboje obojętnie daliście się nam rozminąć. I <u>ja tego nie zauważyłem</u>. Nikt temu nie uwierzy w powieści. I potem przez półtora roku, przez dwa tygodnie pobytu naszego w tymże Poroninie, przez jazdy z tym samym gazdą – nigdy nawet słowem nie zająknąłeś się o tym. Tyle razy, ile razy mówiłem o „szczęśliwych: dniach porońskich", ile razy błogosławiłem ten hotelik (nie tak, jak nocleg u Boberka, ale zawsze!) – nawet nie mrugnąłeś. Owszem jak gdyby mrugnąłeś zdziwiony, kiedy Ci odczytałem zapis z dziennika z 6 stycznia! Zdziwiłeś się, że ja odczuwałem „szczęście" z Tobą, kiedy w Tobie szalała namiętność do Reisskiej, kiedy wyżywałeś się w tym uczuciu, które tak prędko niestety minąłem.

Reisska jest urocza, obiecująca, pełna uśmiechów. Czemuś nie zaaranżował takiej sprawy, jak z nią, z Częścikiem? Teraz obawiam się, że mi z nią sam na sam nic nie wyjdzie, a tak bym się chciał dowiedzieć, coś Ty z nią robił?

Zastanawiam się, coś Ty czuł wówczas w moim towarzystwie? Zniecierpliwiony na pewno nie byłeś, rozmowa w Chabówce na stacji była pełna, serdeczna... a wracałeś przecie z powrotem do niej? Tyle tylko, że ją przepędziłeś tak prędko, a ja zostałem. Potem przyszła Basia[467]. O tej sprawie dowiedziałem się dopiero wczoraj, ale jeszcze za mało, jeszcze nie wszystko. Może jednak dowiem się czegoś o najbardziej tajemniczym okresie Twego życia: lutym i marcu 1958?

Na razie bawi mnie, że Reisska, mówiąc mi o sobie i Tobie tak wiele – bardzo słabo okazała się poinformowana co do mojej osoby. Przede wszystkim uderzyło mnie jedno powiedzenie: kiedy powtarzała mi, jak się broniła przed ideą małżeństwa z Tobą, mówiła: „przecież nie lecę na Ciebie, nie lecę na Twoje pieniądze...". Więc jednak myślała, że Ty masz pieniądze! Potem opowiadała

---

[467] Basia – kochanka Błeszyńskiego.

mi całą historię Twojego romansu z Lilką, wyjazdu Pietraszków itd. itd., tłumaczyła, kim byli mężowie Lilki i skąd są jej dzieci – jednym słowem, nie orientuje się, że ja przy tym wszystkim byłem <u>na co dzień</u>. Oczywiście na zakończenie skomponowała mi czułe zdanie o tym, jak Ty zawsze mawiałeś, że takiego przyjaciela jak ja, to trzeba szukać ze świecami, że jesteś do mnie przywiązany...

(Wiesiek wczoraj powiedział, że jak byliśmy w Kongresowej {6 III 58} i nie chciał iść do Bristolu, to powiedziałeś: co Ci szkodzi? Naciągniemy jeszcze starego i postawi nam Bristol. Myślę, że to była Twoja myśl przewodnia: „naciągniemy starego!").

Ja jej opowiadałem cały Twój odjazd do Surabaji, była wzruszona – ojciec jej niedawno umarł. Opowiadała mi o waszym ostatnim spotkaniu. Oczywiście ani Ty, ani Szymek (już po Twoim odjeździe) nie powiedzieliście mi, że przewieźliście ją kawałek samochodem. Dlaczego? Chciałeś ją przewozić „naszym" samochodem – co w tym było złego? Zawsze to samo...

Reisska mi bardzo dużo opowiedziała o swoich uczuciach. Nigdy moim wrogiem nie była, ale była o mnie zazdrosna... Kiedy? na początku. Ależ początek był od razu, 8 grudnia. Potwierdziła mi tę datę. Muszę się jeszcze zwiedzieć o tych sprawach.

Teraz jeszcze jedno. Przypomniała mi faceta z wąsikiem, z rosyjskim akcentem, którego tylko raz widziałem u Ciebie na imieninach. Powiedziała mi, że on zawsze mawiał o Tobie, ten łajdak... Nagle otwarły się olbrzymie perspektywy tych moich listów, które są jednym wielkim śledztwem, jednym wielkim oskarżeniem... Będziemy i o nim mówili, plus Hilary i Karliczek...

A Lilka pisze, że jest jedyną osobą, która wie, jak mnie kochałeś. Może.

Więc ukrywałeś, że byłeś z Niką w Poroninie, z Lilką nad morzem, z Lilką w Kruku – jedynie dla mojego spokoju? Miałeś może rację. Tylko nie każda racja jest prawdą – tak mówiłeś. Ale raczej trzeba powiedzieć – nie każda prawda jest racją...

Kochałeś mnie? Może. Wtedy w ciemnym pokoju powiedziałeś tak poważnie i mocno: „dziękuję Ci, Jarosławie!" „Bardzo dobry jesteś dla mnie" – to było bardzo wiele jak na Ciebie.

A ja? Ja jestem co dzień tak jakby odrywano ode mnie żywe kawałki. Tak mi straszno i głupio – i mówię do Ciebie, a Ty mi nie odpowiadasz. Nie ma telefonów od Ciebie, nie ma listów, nie ma depesz... Wszyscy mnie unikają. Szymek nie chce gadać, Lilka pojechała nad morze, Nika wyjeżdża...

A Ty, Ty, Ty? Gdzie jesteś? Czemu nie bronisz się, nie tłumaczysz, nie blagujesz? Ty, który mi dałeś szczęście, fałszywe – ale szczęście, dlaczego się schowałeś za mur Twoich kłamstw, które mi po kolei wszyscy odkrywają. Dlaczego mi nikt nie odkryje Twojego uśmiechu, Twojego pocałunku? Dlaczego wszystko jest do takiego stopnia okrutne? Miły, jedyny, ukochany... Powiedz, powiedz..

Jar

238

Stawisko, 5 lipca 1959

Moje dziecko najdroższe!

Rozmowa z Niką bardzo dużo mnie nauczyła. W ogóle dzięki Tobie zaczynam odkrywać kobiety. Te trzy, które teraz poznałem tak różne są, i tak charakterystyczne. Halina, w pretensjach, pewna siebie, głupia kura, nudna – nic dziwnego, że Ci zbrzydła, dziwne, że dopiero po pięciu latach. Lilka, dobra, kobieca, prowincjonalna, też bez żadnej własnej myśli – ale miła. Nie dziwię się, że ją pokochałeś. Wreszcie Nika, mądra, przebiegła, lubiąca mężczyzn i umiejętna, rozumiem Twoją dla niej namiętność. I cóż ja w tym wszystkim? Naiwna, stara ciota.

Niezwykłe usługi w prześledzeniu tej nieodległej, ale już zamierzchłej przeszłości, oddaje mi mój kalendarzyk. Bardzo się wyśmiewałeś z tych kalendarzyków, ale ja wiem więcej: Ty się ich bałeś, wiedziałeś, jak niebezpieczne będą niektóre konfrontacje zapisek w kalendarzyku, zapisek mojego dziennika, Twoich słów – i nagich faktów!

I rzeczywiście, zestawiając te rzeczy, nie wiem, czy trzeba śmiać się, czy płakać, tak jak wczoraj wieczorem ryczałem. Co bardziej podziwiać, Twoją perfidię, czy moją naiwność. Rozmowa z „panią Reisską" rzuciła ostateczne światło na to, cośmy już nieśmiało (i z wielkim Twoim zażenowaniem) oświetlali podczas naszych burzliwych rozmów w Poroninie. Trzymajmy się więc epoki grudnia i stycznia (1957 i 58) skoro jesteśmy przy pani Reisskiej.

Trochę chronologii: oczywiście jak na Ciebie dużo mi mówiłeś sam w tej sprawie, jedno drugiemu przeczyło. 8 grudnia poznałeś u Frontów Rajską, 27 lipca powiedziałeś mi, że z punktu spędziłeś z nią 3 dni i 3 noce w łóżku u znajomego, on na jednym tapczanie, Ty na innym. To się sprawdzi. Ale przedtem 27 grudnia mieliśmy „tragiczną" rozmowę w Kameralnej, w której opowiedziałeś mi o swojej impotencji. Uwierzyłem Ci na razie, wiedząc, że Szymanowski trzy lata przed śmiercią był impotentem. Ciebie wtedy szacowałem na jeden rok, jak zawsze pesymista... wytrwałeś półtora. Bardzo się przejąłem tą kwestią i na pociechę podarowałem Ci szpilkę do krawata z rubinu.

Oczywiście sprawa impotencji była wymyślona, ale coś musiałeś już odczuwać, bo w lutym rzeczywiście – kiedy tuberkuły zaatakowały nerki, miałeś epokę impotencji (krótką) – a potem już po Kruku, także zaczęły się takie sprawy.

Ale powiedziałeś mi to oczywiście, aby mieć spokój. Była to epoka niezwykle intensywnego pożycia z Rajską. Na Wigilię nie byłeś ani w domu (24 XII), ani u Reisskiej. Więc chyba u Jotema? To także musiało Cię wyczerpywać.

Ale nastąpił jednak dzień 6 stycznia. Przeczytałem Ci w Poroninie zapiskę mojego dziennika dotyczącą tego dnia. Zapiska jest godna ucznia pierwszej licealnej. Cielęcy entuzjazm i poczucie szczęścia. Napisałem, że cały dzień spędziliśmy razem. Byłem naprawdę szczęśliwy, od Fukiera wróciliśmy do Brwinowa koleją. Odprowadziłeś mnie do „matki boskiej", gdzie dostałeś ataku kaszlu (już!), i poszedłeś na Szkolną. Była godzina 6 wieczorem. Znając Twoje metody, dzisiaj mogę przysiąc, że wróciłeś na stację i pojechałeś jeszcze do niej. A ja zapisałem w kalendarzyku: „Kto przeżył taki dzień jak ja dzisiaj, ten poznał zimny, kruchy i gorzki smak szczęścia".

Byłeś po roku bardzo tym zdziwiony. Ja dzisiaj płaczę nad tymi słowami. Oszukiwałeś mnie potężnie. Ale czy nie mam się cieszyć? Przecie niezależnie od tego, że byłeś potentem, że rżnąłeś Nikę na potęgę (trzy dni i trzy noce), że Jotem rżnął Cię z kolei – ja naprawdę spędziwszy ten dzień z Tobą, miałem uczucie szczęścia. Pamiętam pojechaliśmy do kawiarni Nowy Świat, śnieg padał wielkimi płatami, byłeś taki piękny – ale potem okazało się, że bardzo źle wyglądasz, wyglądasz bardzo zniszczony, jak mi się wtedy zdawało, zniszczony chorobą – i po raz pierwszy wtedy, kiedy siedliśmy przy stoliku, zaczęliśmy mówić o konieczności leczenia, wypoczynku, i ja, powiedziawszy: „bo przecie ja chcę Cię ratować!", rozpłakałem się. To był pierwszy płacz przez Ciebie, teraz płaczę co dzień. I począłeś mówić o konieczności wypoczynku w górach, omawialiśmy ten Poronin. A to chodziło o wyjazd z Niką!

No, ale czułem się wtedy szczęśliwy, z tej epoki pochodzą te entuzjastyczne zapiski dziennika, było mi dobrze, o ile w ogóle mogło mi być dobrze, czułem „zimny i kruchy smak szczęścia". Szczęście trwało jeden dzień, gdybym wtedy wiedział wszystko, nawet jednego dnia by nie dotrwało... Ale czyż to znaczy, że postępowałeś jak świnia, jak łajdak? Ja byłem szczęśliwy, Ty byłeś lojalny, gdy powiedziałem Ci, że pachniesz kobietą, śmiałeś się w kułak, ale nie drgnęła Ci powieka. Może tak właśnie było dobrze? I dlatego kocham Cię jeszcze dziś.

Teofil

[Dopisek na lewym marginesie]: Powiedziałeś Nice, że dostałeś tę szpilkę od Dworakowskiego[468]... Czyś Ty oszalał?!

---

[468] Zygmunt Dworakowski (1905–1971) – polityk, działacz samorządowy w Warszawie, członek PZPR.

239

7 VII [19]59

Widzisz, kochanie moje, to jest rodzaj przekleństwa, że o tych wszystkich rzeczach mogę mówić tylko z Tobą, Ty jeden to wszystko zrozumiesz jak ja, Ty jeden – chociaż zawstydzony – potraktujesz je jako całość. Szymek wie dużo o Tobie, w niektórych dziedzinach wie w tej chwili na pewno więcej ode mnie, ale on po pierwsze jest bardzo prymitywny psycholog (traktuje wszystko jednostronnie i grubiańsko, „wszystko dla pieniędzy" – tak nie można) – a po drugie on za bardzo jest zainteresowany tym, żebyś Ty wyszedł jak najczarniej, zawsze podkreśli w Tobie to gorsze, nigdy nie zobaczy nic lepszego. Z Lilką sprawa ma się wręcz odwrotnie. Lilka jest oburzona, kiedy się mówi o Tobie choć trochę coś złego: że nie możesz się bronić, że jesteś daleko, że nikt Ciebie nie rozumiał, że tak nie można spraw upraszczać. W tym ostatnim może ma rację. Poza tym ona bardzo wiele rzeczy o Tobie nie wie i nie chce wiedzieć. Przede wszystkim zazdrosna jest o kobiety i nie można jej o nich mówić. To wszystko, co już wiem o Rajskiej (i co będę wiedział), to są rzeczy tylko dla mnie i dla Ciebie. Lilka, kochana, poczciwa, pocieszająca mnie nie może o nich wiedzieć, staje wobec tych spraw bezradna i bardzo śmiesznie gołosłownie zaprzecza. Jak Lechoń[469] dawał słowo honoru, że jakiś tam wiersz był dobry. To zresztą jest dla mnie bardzo duża pociecha. Rajska znowuż za mało wie o mnie: z rozmowy wywnioskowałem, że Ty potrafiłeś mówić jej minimalnie o mnie, na Flisaków nigdyśmy się nie skrzyżowali. Rozstawiałeś swoje pionki na szachownicy dobrze. Dziwne, że tak zawsze <u>żartowałem</u>, a to była prawda. Teraz, kiedy czytam moje listy, nieraz to stwierdzam, że często moje żarty czy półżarty – były całkowitymi prawdami. (Jak kiedyś pisałem, że pokażesz słowo „nie szalej" w depeszy swojej

---

[469] Jan Lechoń (1899–1956) – polski poeta, prozaik, współtwórca grupy poetyckiej Skamander, krytyk literacki i teatralny.

kochance w łóżku – i że będziecie się śmieli – a tak na pewno było!). Więc Rajską i mnie rozstawiłeś znakomicie, spotkaliśmy się wtedy, kiedy nie miało to już żadnego znaczenia (23 IV 58). Ona do śmieszności mało wie o naszym stosunku, nie rozumie go. O, ja jej dużo powiem, ale zdaje mi się, że ona do końca nie będzie rozumiała. Z Haliną nie będę miał wspólnego języka. Z nią w ogóle nie umiem rozmawiać, a cóż dopiero rozmawiać o intymnych rzeczach. Nigdy. Ona nie rozumiała Ciebie, nie zrozumie mnie, to nie jest osoba do tego typu zwierzeń. Hania – już wiesz, wszystkiemu nada oświetlenie religijne. Ona zresztą też nie bardzo rozumie nasz stosunek, ona nie rozumie, że ciało może mieć takie samo znaczenie jak dusza. Ona nigdy nie pojmie tego, czym jest dla mnie Twoje ciało.

Zostaje jedynie Wiesiek. Jemu powiedziałem już dużo, ale on jest miły, nudny człowiek, on nie rozumie całej egzaltacji tego wszystkiego, owego „przerażającego" patosu. Jego te sprawy miażdżą. Gdy mu próbowałem mówić o pogmatwaniach z Rajską, to czerwienił się i mrużył oczy, i uważał wszystko za niemożliwe. Biedny Wiesiek! On za mały na to wszystko, on nie zniesie Twojej potworności i mojej miłości. On mruży oczy przed tym. Gdy mu powiedziałem, aby nikomu o tych sprawach nie mówił, powiedział z dreszczem „ja bym tego nawet nie umiał powtórzyć".

Widzisz więc, że tylko Ty z moich bliskich możesz zrozumieć to wszystko, co się ze mną dzieje, Ty jeden tylko widzisz całość: i Twoją podłość, i Twoją dobroć, i Twoją męską brutalność i Twoją kobiecą uległość, i Twoje zbrodnicze kłamstwa, i Twoją czułość wyrażaną w niewielu słowach, w niewielu gestach (Twoje pranie chusteczki powalanej moją spermą – za każdym razem – z jakąś kobiecą czułością) – Twoją obecność i Twoją bliskość taką, że już bliżej być nie można. (Ostatnie noce na Szucha, ostatni ranek przed wyjazdem moim do Moskwy – wszystko w Bydgoszczy!).

Więc muszę mówić o wszystkim Tobie, tylko Tobie. Ty mi na to wszystko odpowiesz, nie wątpię o tym, odpowiesz z dalekiej Surabai. Odpowiesz, bo brak mi bardzo Twojego ostatecznego słowa w tych wszystkich rzeczach. Jestem odpowiedzialny za

Twój los, za Twoje kłamstwa, za Twoje odchylenie się od poziomu ludzkiego. Ale Ty jesteś odpowiedzialny za mój „Wzlot", za moje wzniesienie się ponad marne uczucia przyziemnych spraw i ujrzenie w Tobie, „najlepszym tancerzu Brwinowa", spraw wiecznych i ogólnych, najpiękniejszych na świecie, spraw stanowiących rdzeń życia, tak jak Ty byłeś zawsze rdzeniem mojego istnienia.

Całuję, całuję Ciebie, całuję Twoje zimne usta, Twoje ręce chłodne jak sople lodu – jak wtedy, jak w ten niezapomniany „ciężki, ogromny" dzień czuwania nad Twoim wyjazdem.

Tadeusz

240

Stawisko, 19 VII [19]59

Syneczku mój jedyny i ukochany, dziecko moje najdroższe – co to znaczy? Tak dawno nie mam od Ciebie żadnej wiadomości, nie dałeś mi znać ani słowem, ani gestem o Twoim przybyciu do Surabai, mogłeś wysłać jedną depeszę jedno słowo: „pamiętam". I nic – naprawdę to jest zupełnie niemożliwe, co dzień płaczę tak okropnie, i nic, naprawdę nic – to zgroza. Kochany mój, obraz się Twój zaciera w moich oczach, zapominam tysiączne szczegóły Twojego zachowania, zapominam, jaki był Twój uśmiech, jaki był Twój śmiech – nie żartuj, to jest jedna z najgorszych spraw – to zacieranie się Twoich rysów w pamięci. Pamiętasz, jest jeden taki mój wiersz o ręce wspartej na stole...

Widzisz, moje uczucia do Twojego wyjazdu przeszły dość dziwną ewolucję. Na początku chciałem wszystko wiedzieć, wszystko wiedzieć... Dowiedziałem się takiego mnóstwa spraw nieznanych mi, które całą Twą osobę postawiły w innym świetle, w wątpliwość podały cały Twój stosunek do mnie. Chłonąłem te wiadomości, jakbym dramat składał, a przynajmniej detektywną powieść. Więcej, więcej – po prostu nazywałem to „śledztwem".

Zebrałem mnóstwo wiadomości, będę ich miał znacznie więcej. Ale natknąłem się na pierwsze trudności: Rajska powtarzała wszystko starym Pietraszkom, dołożywszy do tego wiadomość, której, jako żywo, ode mnie nie słyszała – żeś mi mówił o tym, iż tylko ona dla Ciebie istniała. A ja nawet nie powiedziałem jej tego, co słyszałem od Ciebie (27 lipca 1958!), żeś dopiero przy Rajskiej zrozumiał, co znaczy kobieta, kiedy po poznaniu jej spędziłeś z nią 3 noce i 3 dni w łóżku. (Z moim kalendarzykiem to się nie zgadza). I nie powtórzyłem tego, coś powiedział Szymkowi po spotkaniu jej 2 maja r[oku] b[ieżącego], że ona Cię nauczyła, czym jest kobieta. I nie powiem jej tego! Poza tym zatelefonowałem do Władka Źrałka[470], jako pierwszy krok w stronę barona Charlusa[471]; potwornie się zmieszał, usłyszawszy mój głos w telefonie, umówiliśmy się na wczoraj, ale gdy wczoraj rano zatelefonowałem, powiedział, że musi wyjechać do Katowic – i że prosi innym razem. A więc poczekamy. Ciekawy jestem, czy się konsultował z samym baronem?

Moje dziecko, Burakowski wprawdzie mi nie odpowiedział, ale widział się z Meissnerową i powiedział jej, o czym ja pisałem. Meissnerowa raczej przechyla się do opinii, żeś się narkotyzował, oraz do tego, że kodeina może być narkotykiem, używana w dużej ilości. I że tej ilości, którą Ty miałeś do rozporządzenia, nie można dostać na zwykłe recepty. To jakieś zadziwiające są sprawy – myślę, że i to się pomału wyjaśni.

Ale chodzi mi o to, że zaszły we mnie pewne zmiany, jak Ci to mówiłem na początku. Wiesz, że mi się już nie chce poznawania tych „prawd". Są sprawy, których Ci nigdy nie wybaczę – a są inne, o których chcę zapomnieć: chcę pamiętać o tych

---

[470] Władysław Źrałko – znajomy Błeszyńskiego i Jotema, uczestnik imprez w „melinie".

[471] Pseudonim nawiązujący do postaci barona *de* Charlusa, epizodycznego bohatera W *poszukiwaniu straconego czasu* Marcela Prousta – dekadenta, homoseksualisty, który zostaje zdemaskowany przez własnego kochanka. Iwaszkiewiczowi może chodzić o Jotema.

momentach, niekoniecznie tych, kiedy wyciągałem z zanadrza wytarte słowo „szczęście" – ale o tych, kiedy byłeś przy mnie, kiedy wiedziałem, że mogę Ci powiedzieć o każdej mojej sprawie, że każda będzie Cię interesowała, że nie jestem taki sam... A po Twoim wyjeździe jestem sam, sam, sam... Nie masz pojęcia, jak to odczuwam i jak bardzo płaczę z tego powodu, że Ty jesteś tak daleko i taki nieosiągalny. I co mi z tego, że tak bardzo kłamałeś? Nie chcę już wiedzieć i pamiętać o tym, chciałbym tylko mieć Ciebie chociażby „przez ścianę" jak na Szucha, i wiedzieć, że to Ty sam kaszlesz i męczysz się, Ty, „mój Jurek" – obojętne, że mnie okłamujący – ale który „jest ze mną", jak często mówiłeś i pisałeś w ostatnich dniach, któremu jestem potrzebny i który mnie jest potrzebny, jak powietrze, jak blask słońca... I teraz już się nie palę ani do rozmów z Lilką czy Rajską, mam gdzieś Źrałka i jeszcze głębiej Jotema – bo ja wiem bez nich znacznie więcej o Tobie: wiem, że Cię kocham i to wszystko.

Całuję Twoje usta i zęby, Twoje czoło i włosy – oczów nie śmiem

Agapit

241

Stawisko, 26 VII [19]59

Moje dziecko najdroższe i ukochane, mój synusiu drogi – i nieobecny – takie dnie, jak wczoraj i dzisiaj, okropne, to mnóstwo ludzi z powodu przyjazdu Szejnina[472] i imienin Hani. Rok temu było pusto na Stawisku i byłeś u mnie na herbacie – a teraz jak Cię tam karmią w tej Surabaji? Najważniejsze, że w tym tłoku ludzi, wśród tych toastów i doskonałego jedzenia – taka przerażająca

---

[472] Lew Szejnin (1906–1967) – rosyjski pisarz i prokurator; swoje doświadczenie zawodowe wykorzystał w licznych powieściach kryminalnych, opowiadaniach, sztukach i scenariuszach filmowych.

jest myśl o Tobie i o Twojej nieobecności – i ciągle się do tej myśli wraca! Wczoraj byłem z Szymkiem w Rycerskiej na obiedzie, siedziałem tyłem do całej sali i w innym miejscu niż zwykle siadywaliśmy, nie chciałem ani myśleć, ani wspominać, nie chciałem wspominać o Kureckiej, ani myśleć, że byliśmy tam razem przed Twoim wyjazdem z Rajską do Poronina. Nie, nie – nic nie myślałem. Ale oczywiście z Szymkiem rozmawialiśmy wyłącznie o Tobie – jak zawsze – i zasygnalizował mi parę nowych spraw. A trzeba Ci wiedzieć, że w tych ostatnich dniach byłem b. na Ciebie zagniewany, a raczej bardzo zirytowany Twoim postępowaniem. Jak wiesz przepisuję Twoje listy. I właśnie znalazłem taki Twój list z końca zeszłego października, napisany w kilka dni po szczerej i zrozpaczonej kartce, kiedy Lilka wyjechała z Kruka bez pożegnania z Tobą – list pisany w epoce, kiedy już przygotowywałeś pobyt Lilki w Kruku (kto wie, może w ten sam dzień pisałeś do Securitasu o paczkę środków antykoncepcyjnych?) – kiedy wszystko w Tobie paliło się ku niej; list, w którym na zakończenie piszesz mniej więcej tak: „mój drogi, ta sprawa, o której tyle mówiliśmy ostatnio i o którą byłeś taki zazdrosny, ma się ku końcowi. Jestem przekonany, że to już niedługo potrwa…". Jest to takie samo „asekurowanie się", jak wbijanie mi w głowę historii z Twoją impotencją w momencie najintensywniejszego chędożenia z Rajską. Wiesz, te strony Twego charakteru, ta Twoja obłuda, na którą mi zresztą sam zwracałeś uwagę, nie daje mi spokoju. Nie mogę przyjąć tego do wiadomości i przyjść do porządku dziennego. Boli mnie to za bardzo.

242

Pytałem się Szymka, czy on wie o Tobie więcej niż ja. Zaprzeczył. Chodziło mi oczywiście o Twoje „zboczenia". Doszliśmy jednogłośnie do przekonania (w drodze do Stawiska oczywiście rozmowa była też tylko o Tobie), że chyba już niczego ponadto, co wiemy – nie dowiemy się. Że to będzie za trudne do zdobycia. Zresztą jak Ci powiedziałem już niedawno, przestały mnie te rzeczy obchodzić, nie dążę już tak intensywnie do ich poznania, jak zaraz po wyjeździe. Chciałbym jeszcze tylko coś wiedzieć o twoich zdolnościach kuplowskich[473]. Hilary – cudowny chłopiec – jest chrzestnym synem profesora[474]. Jakim cudem Jotem schędożył go w Twoim pokoju na kanapie? Kto tu kuplował, Ty czy Źrałek? Nigdy już o tym nie będę wiedzieć. Ale Twoje przedstawienie mi zarówno Hilarego, jak później w sanatorium Karliczka – wiele mi dało do myślenia. O Karliczku nie mówiłeś mi i nie pisałeś słowa. Przyprowadziłeś mi go zupełnie nieoczekiwanie i widziałem, jak śledziłeś na mej twarzy efekt, jaki wywołało zjawienie się przede mną tego wyjątkowo pięknego i młodziutkiego chłopaczka. Coś w tej prezentacji mnie tych dwóch pięknych chłopców (na których zresztą nie zwróciłem większej uwagi) było podejrzane. Czyś Ty nie dostarczał Jotemowi tego typu zdobyczy? Czy nie sprawiało Ci to pewnej przyjemności – bo chyba forsy za to nie brałeś jak przedwojenny twórca konnej policji… I czyś Ty sam takich chłopaczków nie lubił? Pytania te dręczą mnie tym bardziej, że wiesz, iż na nie nie będzie odpowiedzi, a jeżeli będą, to tylko jakieś przybliżone. Nikt mi nic na te pytania postawione wprost – nie odpowie. No, ale czekajmy.

Zadziwia mnie trochę postępowanie Haliny, Piotr nie był w Stawisku ze trzy tygodnie, a i ona, mimo że obiecała swoją wizytę – nie pokazała się zupełnie.

Kochany, strasznie tęsknię do Ciebie, dajże jakiś znak życia. Serce mi dziś nawala – może i ja wyniosę się do Surabai. Tak strasznie chciałbym Cię objąć i osobiście wyrugać za te wszystkie irytacje, o które mnie przyprawiasz. Całuję Twoje zimne ręce –
Zenon

---

[473] Kuplować – krępować, wiązać, w tym znaczeniu także „stręczyć".
[474] Mieczysława Pietraszka.

243
[Zapis na osobistej, imiennej papeterii Iwaszkiewicza]

Stawisko, 10 sierpnia 1959

Moje dziecko kochane, strasznie dawno do Ciebie nie pisałem, ale i ja nie miałem zbyt dawno od Ciebie widomości. Trudno mi było pisać do Ciebie, ostatnio przyjaźń nasza przebyła trudną próbę, ciężko mi było po niej zasiąść do rozmowy z Tobą. Próbą tą było przeczytanie Twoich listów do Lilki. Przyjechała ona 28 lipca do Warszawy, starzy ukrywali przede mną porę jej przybycia, ale ja wiedziony instynktem, pojechałem na stację, i spotkałem ją w Warszawie, w Twoim oczywiście imieniu. Bardzo się ucieszyła, przyjechała po Adasia, aby go zabrać nad morze. Chciała mnie przekonać, że zawsze byłeś pełen miłości i szacunku dla mnie, i dlatego dała mi do przeczytania wszystkie Twoje listy do niej. Złą wybrała drogę, trochę mnie te listy przestraszyły. Ale ostatecznie uspokoiłem się. Poprzedni list do Ciebie był głupi, kochanie, zupełnie głupi. Bo naprawdę i ostatecznie te sprawy mnie już nie obchodzą. Dzisiaj płaczę cały dzień jak dziecko, ale już nie z żadnych żalów o Twoje postępowanie, nie ze zgrzytu boleści po odczytaniu Twoich pełnych złości i pogardy dla mnie i dla Hani słów, jakie uważałeś za stosowne napisać do Lilki – ale tylko z tego powodu, że Cię nie ma, że wyjechałeś, że nie mogę mówić do Ciebie i że tak potwornie do Ciebie tęsknię. Wyobraź sobie, że jestem teraz na Stawisku sam z dwiema głuchymi siostrami[475] – i chyba jeszcze bardziej odczuwam samotność niż Ty chwilami na Flisaków. Nieskończona samotność – ja wiem teraz, że wyrażałeś się o mnie do Lilki pogardliwie (to, czego się najbardziej bałem dowiedzieć), ale wiem także, że się mną interesowałeś, że Ci o mnie chodziło, z tych czy innych względów – a teraz czuję, jak nikomu o mnie nie chodzi i jak nikogo nie interesuję. Naprawdę, syneczku, nie myśl, że mógłbym Ci

---

[475] Helena i Jadwiga, siostry Iwaszkiewicza, na starość miały problemy ze słuchem.

nie wybaczyć Twoich rozzłoszczonych słów, Twoich kłamstw na mnie pisanych – dopiero po przeczytaniu Twoich listów do Lilki zobaczyłem, dowiedziałem się, jak ją bardzo kochałeś. Listy do niej tak zasadniczo różnią się tonem, głębią, bogactwem – od listów do mnie, które w ostatnich czasach były suche i zdawkowe. Dopiero z tych listów wywnioskowałem i dowiedziałem się (ja idiota!), jak bardzo przeszkadzałem Ci i jak Cię czasami irytowałem moją troskliwością, moim narzucaniem się, moim, jak napisałeś, „idiotycznym zachowywaniem się starego"... Jednocześnie, syneczku, przepisałem i wielokrotnie odczytałem Twoje listy do mnie – są one mniej obfite, są wyrazem przyjaźni nie miłości – jednak jest w nich daleko mniej „trajlowania" w porównaniu z tym, co pisałeś do Lilki. W sumie Twoje listy do mnie stanowią piękną, tragiczną książkę, wszystko w niej narasta stopniowo – i widać wyraźnie, jak twoje życie wikła się, jak stajesz bezradny wobec coraz to nowych zagadnień – i jak stopniowo przegrywasz i tragicznie bankrutujesz. Jakże ja mogę wobec tego wyliczać Ci, ile razy mnie nazwałeś „starym" z małej litery? Ile razy podpisałeś się do Lilki „tylko twój Jurek" – musiałeś tak pisać, kiedy jednoznacznie mówiłeś do mnie „przecież ja cały należę do Ciebie...". Najsłuszniej napisałeś do Lilki i to dosyć późno, bo 4 stycznia: „to jest tajemnica, niestety nie tylko dla Ciebie"... Ty też nie rozumiałeś tego wszystkiego, mój malutki, nie rozumiałeś, dlaczego poddajesz się mnie nie tylko cieleśnie, dlaczego staję się dla Ciebie ważny, coraz ważniejszy... Widzisz – i to już przezwyciężyłem, a nie spałem parę nocy, akurat podczas mojej podróży do Lipska, powtarzając te wszystkie przykre i poniżające wyrażenia, któreś używał pod moim adresem w listach do Twojej kochanki. Tak, dziecko, wszystko to było nieładne – i niższe niż mój poziom wymaga. Ale się bagatelizuje, coraz bardziej wyjaśnia i wypełnia, nie mogę Ci przebaczyć tylko Twego cwaniactwa, które lekceważyło osoby nabierane przez Ciebie: „dobrzy, dlatego że naiwni...". Wstydź się, kochany. Myślę, że już się tego wstydzisz – pocałuj mnie, kochanie, i nawet nie mów: przepraszam. Wiem, jak Ci to trudno przychodzi. Do widzenia kochany, bardzo tęsknię, bardzo płaczę i bardzo Cię kocham. Ale mi powoli wszystko się rozpływa w uczuciu pogody, największe, najczarniejsze chmury – Twój Karol

244

Kopenhaga 24 VIII [19]59

Moje dziecko kochane, wszystko jest bardzo dziwne na tym świecie, myślałem, że w Kopenhadze będę żył tylko wspomnieniem sprzed dwóch lat, tylko chodził śladami tych ścieżek, które przemierzaliśmy wtedy, ale to były tylko dwa dni, a teraz jestem dwa tygodnie, za mało mi jest tych ścieżek, nasuwają się inne dawniejsze wspomnienia – i nie mogę odnaleźć naszych nastrojów sprzed dwóch lat. Wczoraj było dwa lata od noclegu u Boberka, ale począwszy od tej Kopenhagi, narosła taka masa spraw, zdarzeń, zderzeń, konfliktów, że w ogóle trudno mi jest odtworzyć tamte chwile. Były one jeszcze bardzo „czyste", nieznaczące, nie interesowałem się Twoimi sprawami, które miałeś poza mną, byłem obojętny, dopiero od tej Kopenhagi objęła mnie ta burza, która i dla Ciebie zapewne była burzą. Półtora roku, które dzieliło podróż do Kopenhagi od wyjazdu Twojego do Surabai, było szalonym czasem, każdy dzień, każda godzina przynosiła Ci coś innego i tak porywała Cię, że naprawdę przeżywałeś całe mnóstwo losów, pasma mnogich żyć plątały się Tobie i paliłeś to swoje życie jak świecznik z dwudziestu świeczkami. Byłem „naiwny", to prawda, teraz to rozumiem, ale ogromnie żałuję, że nie uważałeś za stosowne wtajemniczać mnie w Twoje życia. Rozplątuję je dzisiaj, ale jakże niezupełnie, jak szczątkowo. Zrobiłem teraz wielką pauzę w rozplątywaniu. Nikogo nie widuję, nic z Twoich papierów do mnie na nowo nie przychodzi – i już nawet nie wiem, czy mogę przyjść – czekają mnie jeszcze rozmowy z Reisską, z Jotemem, ze Źrałkiem – wszystkie zawieszone, czeka mnie rozmowa z Lilką, z jej bratem – ale to wszystko już potem, już w nastroju owej pogody (uženitè), o której pisałem Ci w poprzednim liście.

Tutaj tej pogody mam niewiele. Po raz pierwszy od Twego wyjazdu zaczynam mieć sny o Tobie. Jeszcze sam mi się nie śniłeś, ale wybierałem się do Ciebie, wybierała się moja matka, wyobrażałem sobie nasze spotkanie w szpitalu, że się do mnie ucieszysz i serce biło mi radośnie. Przedwczoraj byłem w Tivoli, ale był taki straszny ścisk, że ledwie odnalazłem nasze ślady. Do tej karczmy, gdzie piliśmy piwo i gdzie tańczyłeś z tymi pięknymi pannami z Lyonu, nawet nie mogłem wejść, popatrzyłem tylko w górę ku temu stolikowi, gdzieśmy siedzieli. Tego stolika z rączką spychającą papierosy, gdzie tyle czasu i cierpliwości straciłeś na próżno (jak w życiu?), nie znalazłem, chyba skasowano to. Natomiast oczywiście znalazłem te miejsca, gdzieś strzelał do „niedźwiedzi" i tam, gdzie strzelałeś do tablic. Wiesz, że mam ten „cel", który wtedy ostrzelałeś, wynika z niego, że miałeś bardzo dobre oko. Szkoda, że mnie nie zastrzeliłeś. Leżelibyśmy teraz koło siebie – w gondoli, która płynie do słonecznej Surabai. Bo ja bym tam nie doszedł tak prędko...

Byłem oczywiście w tej części nad stawem, gdzie rosną wysokie kwiaty i małe fontanny. Tam najbardziej przypomniałem sobie Ciebie. I cały nasz powrót na statek, pierwszego dnia. Stałem między tymi kwiatami i fontannami, patrzyłem na jezioro, na niebiesko-czerwone żarówki stanowiące obramowanie stawu – i płakałem. Ludzie musieli się dziwić: Duńczycy nigdy nie płaczą zwłaszcza publicznie.

Chociaż nie. Fenneberg[476] rozpłakał się w Zurychu w kawiarni, opowiadając o śmierci żony. Bardzo byłem wzruszony. Teraz zastałem go z nową żoną, z dwoma synami (jej), których bardzo kocha, i w ogóle spokojnego i zadowolonego. Tak trzeba, kochany. Obiecuję Ci, że i ja za dwa lata będę spokojny, zadowolony i nie będę pamiętał o Tobie. Ani trochę.

    Całuję Cię po tysiąc razy i mocno do serca tulę
    Jarosław

---

[476] Paul Fenneberg (1907–1982) – duński przyjaciel Iwaszkiewicza; pisarz spotkał go w Zurichu, gdy w dniach 24–27 września 1956 uczestniczył w zjeździe redaktorów ośmiu europejskich miesięczników literackich.

245

[Karta z obrazkiem w lewym górnym roku, z tytułem: „Przeładunek taśmowy węgla"]

28 VIII [19]59
poniedziałek rano

Moje dziecko najdroższe! Chciałem Ci tylko powiedzieć, że jestem dzisiaj bardzo szczęśliwy, choć zmęczony, wyczerpany (jeszcze dwa razy) i chory. Chciałem Ci powiedzieć, że jestem szczęśliwy, chociaż skonstatowałem wczoraj, że mi tak dużo rzeczy nie mówisz i że moje wszystkie idiotyczne „domysły" – są tylko cieniem prawdy; ale to tak musi być, taka męka to też szczęście. Bardzo, bardzo Ci jestem wdzięczny za wszystko, za samo Twoje istnienie za Twoją dobroć, Twój uśmiech, Twój smutek, Twoje kłopoty, które są moimi kłopotami. Obejmuję Twą najserdeczniejszą głowę, najpiękniejszą na świecie –

Twój
Janusz

246

Stawisko, 16 IX 1959

Moje dziecko ukochane, kochanku mój nieosiągalny! – Wczoraj minął rok od czasu, kiedy powiozłem Cię do Kruka, kiedy postawiliśmy na ostatnią kartę. Nie wiedziałem wtedy, że to jest miejsce, gdzie przeżyjesz swój jedyny miesiąc szczęścia w życiu. Nic nie wiedziałem, w niczym się nie orientowałem, ale pamiętam ten dzień od rana do wieczora z najmniejszymi szczegółami. I tak mnie to zastanawia, dlaczego rano, kiedy Cię powitałem w melinie, i chciałem jeszcze czegoś, powiedziałeś: poczekaj, wypijemy herbatę u starych i wrócimy na górę na „to". Wracałeś z Bydgoszczy, zakochany jak pies, i nagle to zdanie. Przecież nigdy nie mówiliśmy tak do siebie, nie mówiliśmy o „tym" – a tutaj ta forma pożegnania przed szpitalem. To było zadziwiające, to jest do chwili obecnej zadziwiające! A potem te oficjalne pożegnanie w Kruku, przed sanatorium, na oczach wszystkich, kiedy patrzono na nas jak na ludzi „nie z tej ziemi". Bo przecie jesteśmy ludźmi nie z tej ziemi, różnimy się tak bardzo „na oko" od wszystkich, którzy nas otaczają. Jakimże zjawiskiem nieziemskim musiałeś się wydać Lilce w otoczeniu jej rodziny... mój Boże, pospolitość tej rodziny przeraża mnie.

Aha, właśnie. Więc spędziłem teraz cały czas z Lilką, od powrotu z Kopenhagi, w Warszawie, po ostatnie dwa dni w Gdyni i w Sopocie. Bardzo ją polubiłem, nie chcę mówić pokochałem – i to, czym była dla Ciebie, przybliżyło mnie bardziej, niż myślałem, do niej. Mówiliśmy oczywiście bez przerwy o Tobie, ani mnie, ani jej to nie nudzi. Opowiedziała mi wszystko, chociaż taki pewny byłeś, wzbraniając się przed podaniem mi pewnych szczegółów, że „nawet Lilka Ci nic nie powie". Zresztą najbardziej zadziwiające w tym wszystkim jest to, że mówiłeś prawdę, że uzasadnienia tej sprawy były słuszne. Ale w to nikt nie uwierzyłby, że wtedy, kiedy byliście sami w pustym domu przez miesiąc, nic między wami nie było. A jednak tak było – i tak mi o tym mówiłeś.

Nasz stosunek do Ciebie, moje dziecko, mój kochanku, jest zupełnie inny. Ona Cię przyjęła takim, jak jesteś, jakim byłeś i nic od Ciebie nie wymagała. Zgodziła się na to, że byłeś moim, że jak podobno mówiłeś jej, „kochałeś" mnie. Ja też myślę, że to była prawda, kochałeś mnie, widziałem to po Twoich gestach, po Twoich oczach, po Twoim jednym spojrzeniu na dworcu w Bydgoszczy, po tym potężnym „ja dziękuję Ci, Jarosławie" jednej z ostatnich nocy na Szucha, nocy „narcyzów"[477]. Dla Ciebie

---

[477] Pod datą 3 maja 1959 r. Iwaszkiewicz umieszcza w Dzienniku zapis rozmowy z Błeszyńskim: „A potem powiedział szeptem, tak że trudno było usłyszeć: «Tylko pamiętaj, pochowaj mnie na jakimś wiejskim cmentarzu...».
Milczałem.
Po chwili dodał:

nigdy nie mówiącego to było tak bardzo, bardzo dużo. Ale Lilkę kochałeś więcej, jak mężczyzna kobietę, to jasne i zrozumiałe. Ale tragiczne. Ona zgadzała się na wszystko, wiedziała, kiedy kłamałeś, ale Ci o tym nie mówiła. A ja nie wiedziałem, kiedy kłamałeś, a Ty kłamałeś co chwilka, bo broniłeś swojego świata przed moją agresją. Ja chciałem wiedzieć wszystko, nie zgadzałem się na nic, atakowałem Cię, Twoje kłamstwa wobec mnie były obroną, nie mogłeś nie kłamać, bo chciałeś być sobą. Lilka powiada, że byłeś tak przejęty moją osobą, że mimo woli naśladowałeś moje ruchy, sposoby, powiedzenia. Że upodabniałeś się tak, że bardzo wiele brało Cię za mojego syna – i kiedy się to mówiło, łatwo w to wierzyli. (Krystyna Gallux, na przykład, do dziś chyba wierzy w to głęboko). Może to broni Cię przed wieloma zarzutami: byłeś prawdziwym mężczyzną, nie mogłeś się zgodzić na to, abym do tego stopnia obserwował Twoje życie, Twoje kłamstwo było metodą walki, co przecie walczyliśmy jak dwaj zapaśnicy przez sześć lat, o wszystko, o każdy krok, o swoje dusze i o swoje ciała, nie chciałeś mnie popieścić, jak ja nie chciałem popieścić Ciebie, a cały czas nie ufaliśmy sobie wzajemnie. Cała różnica między mną a Lilką na tym polega: ona nie walczyła z Tobą, ona Ci się oddała cała, jak była, i przyjmowała Cię, jak byłeś, nie wymagając od Ciebie żadnych zmian ani żadnych prawd. Była szczęśliwa. Ja nie.

Chociaż byłem. Mówiła kiedyś: co to za człowiek, dał mnie szczęście i dał panu szczęście, miał wszystko w sobie dla wszystkich. Tak to prawda. Znowu wracam do zdań wykreślonych z moich dzienników: dawałeś mi szczęście, nawet wtedy, kiedy o tym nie wiedziałeś. Czyż to nie szczęście, że Cię dziś jeszcze tak piekąco, tak piekielnie kocham, że każde słowo, które Ci przesyłam,

---

«I żebyś mi posadził na grobie…».
Ostatniego słowa nie zrozumiałem. Spytałem:
«Co?».
Zniecierpliwił się:
«Narcyzy, żebyś mi posadził narcyzy».
Milczałem znowu" – J. Iwaszkiewicz, Dzienniki…, s. 277.

pali mnie jak rozżarzony węgiel. O, Ty nigdy o tym nie wiedziałeś. Wspominałeś nocleg u Boberka: no, cóż wielkiego, ja po dwudziestu minutach już spałem. Na co ja odpowiedziałem: a ja nie spałem. Lilka doznawała tego szczęścia w Kruku co dzień przez cały miesiąc. Powiedziała mi: tego, co doznawałam z Jurkiem, nie doznam już nigdy. Widzisz, jak niesprawiedliwie obdzieliło mnie życie. Jedną tylko noc dało! Widzisz, ogromnie mnie pogodziło ze wszystkim to obcowanie z Twoją kochanką, zrozumiałem wiele, a raczej odczułem wiele – i uwierzyłem, że mnie kochałeś, dziwną, niezrozumiałą Tobie samemu, a cóż dopiero innym ludziom miłością, gestem, którym podawałeś mi rękę zawsze w taksówce i którym podałeś mi w wigilię odjazdu do świetlistej Surabai. Całuję Twoje usta, o ile jeszcze istnieją –

Arkady

247

Stawisko, 15 X [19]59

Syneczku mój jedyny i ukochany! Tak dawno nie pisałem do Ciebie, ale i od Ciebie nie miałem wiadomości od tak dawnego czasu. Nie mając wieści bezpośrednio od Ciebie, zbieram je, gdzie mogę, ale już i te moje poszukiwania wyczerpują się: nie przybywa mi wiadomości o Tobie ostatnio. Lilka jest w Bydgoszczy, planowane spotkanie z Rajską, z Leszkiem Rogińskim[478], z panem z wąsikami nie doszły do skutku. A z Tadziem (z Brwinowa)[479], który miał mi opowiedzieć, jak wyglądał listopad zeszłego roku, już nawet nie może dojść do skutku, już mi nic nie powie. Stan jego jest beznadziejny, jest już na tlenie – nic mi nie

---

[478] Leszek Rogiński – znajomy Błeszyńskiego.
[479] Tadzio z Brwinowa – znajomy Błeszyńskiego.

powie o Twoim wieczornym przekradaniu się z Kruka do Elzina i o tych wszystkich sprawach, będę to musiał wiedzieć tylko w oświetleniu Lilki, która na wszystko patrzy pod jednym kątem widzenia.

Wczoraj wreszcie wybrałem się do Jotema. Miałem z nim przeszło godzinną rozmowę. Niestety, był już jak gdyby nastawiony. Czy „starzy" rozmawiali z nim, czy co? Mówił ze mną tak, jakby już rozmawiał z Lilką. Jego „mowa" była nastawiona na dwie sprawy. Po pierwsze, usiłował mnie przekonać, że byłeś już w Bystrej, w jesieni 1954 roku pod bardzo silnym wrażeniem mojej osoby, że zawsze byłeś do mnie bardzo przywiązany, że mówiłeś o mnie już wtedy „Jarosław" – i że pierwszego dnia waszego spotkania przy rannym śniadaniu już zacząłeś o mnie mówić, jako o swoim „wujku". Druga sprawa, której poświęcił wiele sprytu i wymowy, była chęć przekonania mnie, że nic jego z Tobą nie łączyło. Mówił o tym wprost – i ubocznie. Ubocznie: opowiadając np., że chociaż mieszkaliście w Bystrej w jednym pokoju, bardzo często nie wracałeś na noc, że miałeś grube flirty z jakimiś pielęgniarkami, że uciekałeś na całe wieczory itd. Ale mu się wszystko plątało, pamięć ma kiepską i mogłem go złapać na niejednej nieścisłości, a może to były świadome kłamstwa. Zaczął od epizodu w Sopocie – kładąc go zresztą gdzieś w zimie – a to były pierwsze dni września. Nazwał przy tym biednego Szymka dwuznaczną postacią! Twierdził, że mu się stawiałeś – i oczywiście nie wspomniał nawet o tym, że wróciłeś do swego pokoju bardzo późno w nocy – i ani słówka nie pisnął o owym marynarzu. Twierdził, że to był ostatni raz kiedy Ciebie widział, a zapomniał, że w tydzień potem byliśmy razem na imieninach starej Pietraszkowej – i że ja wyszedłem wcześniej, a on został w melinie. Po co? Podobno odprowadziliście go potem z Władkiem Źrałkiem do taksówki. Tak mówiła stara Pietraszkowa. Twierdził, żeś Ty go zupełnie nie interesował – zupełnie od niechcenia poruszył fakt, żeś Ty nosił jego pierścionek, pierścionek od niego. Powiedział, że kiedyś myjąc się, położył go na umywalni, Tyś go przymierzył – a on powiedział: „no, to niech go pan sobie zatrzyma". Potwierdził mi fakt, że pierścionek jest platynowy, a ja myślałem, żeś Ty blagował na ten temat. Pierścionek mi się zawsze wydawał z taniego sreberka. Ale i Ty czasem mówisz prawdę.

Przyznawał się tylko do tych faktów, o których wiedział, że ja wiem. Zaskoczyłem go trochę, wyjmując portfel, w którym noszę Twoją fotografię. Powiedziałem: to taki sam portfel, jaki on ofiarował panu, kiedy był u pana na Wigilię (1957). A przecież nie wiedziałem, gdzie byłeś na tę wigilię – mówiłeś, że pisałeś rachunki w kantorze Kafaru, a Rajska stwierdziła, że u niej nie byłeś. A on na to: „czyż on był u mnie na Wilię? A tak, rzeczywiście, zdaje się był...".

Jednym słowem poczułem w pewnych momentach, gdzie są słabe punkty jego „zeznań". Umówiliśmy się, że jeszcze do niego przyjdę i że jeszcze porozmawiamy. Chcę od niego wydusić treść rozmów „rozwodowych" jego z Tobą i z Haliną. Z początku usiłował zaprzeczyć, że takie rozmowy były – ale gdy przekonał się, że ja o nich na pewno wiem, przyznał mi rację.

Na ogół traktował Ciebie jak „chłopca z Brwinowa", że byłeś krępujący w towarzystwie, niewykształcony, że Cię nie zapraszał. Że mało u niego bywałeś – a jednak z niektórych szczegółów wynikało, że bardzo często w pewnej epoce. Przyznawał Ci zmysł organizatorski, serdeczność, dobroć, przywiązanie do Haliny. Powiedział mi, że zwierzałeś się mu z całego życia i że poznał je dokładnie. Z mojej roli w Twoim życiu niezupełnie zdawał sobie sprawę. Bo mnie spytał, czy byłem u Ciebie w ostatnich czasach w szpitalu – i był zdziwiony, kiedy powiedziałem, że byłem przy Tobie do samego Twojego odjazdu.

Starał się podkreślić swą obojętność w stosunku do Ciebie, ale gdy mu powtórzyłem Twoje ostatnie słowa przed odjazdem, gdy mu dałem Twoją fotografię, gdy powiedziałem, że mam Twój głos nagrany na taśmie – bardzo się wzruszył, coś w nim zagrało. Myślę, że była epoka, kiedy Cię bardzo kochał, przypuszczalnie w Bystrej. Oczywiście nie wiedział ani tego coś Ty kłamał o Bystrej (żeście byli na różnych oddziałach) – ani tego, że czytałem listy Twoje i jego z Bystrej do Haliny. Zdaje się, że człowiek mętny,

ograniczony i bardzo wielki egocentryk. Blagować też nauczył się od Ciebie, albo Ty od niego.
Jak widzisz rezultat „śledztwa" nieduży.

Całuję mocno jak kocham

Atanazy

248

Stawisko 3 III [19]60

Syneczku mój kochany – przerwałem pisanie moich listów do Surabai po prostu z powodu braku kontaktu z Tobą, z powodu braku odpowiedzi. Zwyczajnie zapomniałeś o mnie w tej słonecznej krainie – i to jest zrozumiałe. Nie oznacza to oczywiście, abym mniej tęsknił do Ciebie i abym mniej myślał. Każda chwila, każdy moment jest pełen Ciebie: to są czasem wspomnienia, szczególnie w tych dniach, kiedy dzisiaj mija rocznica Twego przeniesienia się na Szucha i tragicznego Twego pożegnania z murami meliny, gdzie spędziłeś najważniejszy rok Twego życia, a czasem są to myśli, co byś Ty powiedział na to czy na owo, na nowy mój sukces, na nowy mój kłopot, a czasami jeszcze myśl, że obchodziłoby to wszystko, co przeżywam, że nie ma nikogo koło mnie, kto by się jak Ty przejmował moimi kłopotami i trudnościami, tym, że jestem taki opuszczony i zaniedbany. Jednym słowem nie brakuje pretekstów do myślenia o Tobie. Teraz na przykład podczas konkursu chopinowskiego w Filharmonii spotykam Bolka Ćwiecińskiego[480], nieważne jest, że był przez czas jakiś moim sekretarzem, ale to ważne, że był wówczas u mnie „z wizytą" w drugim dniu Wielkanocy 1953 roku, kiedy Ty przyszedłeś z dobrej woli i pierwszy raz na Stawisko. Kiedy patrzę na niego od razu widzę przez okno mojego gabinetu Twoją postać, jak idziesz w alei

---

[480] Bolesław Ćwieciński – dawny sekretarz Iwaszkiewicza, pisarz, scenarzysta.

lipowej, w granatowym ubraniu i płaszczu (jakim?), i jak zastanawiam się, kto to może być? I jak poznaję: to przecie Jurek Błeszyński. (Nazwisko Twoje i imię zapamiętałem od razu). Więc nie dlatego nie piszę do Ciebie, że nie pamiętam. Myślę, że ja najbardziej pamiętam. Byłem parę dni temu u starych, na Flisaków, stara była chora, więc Lilka przyjechała. Flirtuje mocno z kapitanem, adiutantem Frey-Biekcheigu, poza tym to samo, [wyraz nieczytelny], Kuba i nudny stary. Jak oni mogą tam żyć w tych ścianach? I nie myśleć każdej chwili, każdego momentu o Tobie. Widać myślą, bo stara usadzając nas do podwieczorku, powiedziała nagle do Hilarego: Jurku, Ty siądź tutaj! Zrobiło się głupio. Hilary piękniejszy niż zwykle i obnoszący tę swoją urodę, chociaż się nieco roztył. Rozmawialiśmy tak nudno o pospolitych rzeczach – tylko Ty sprawiałeś, że koło Ciebie ciągle się coś działo. Ten sam Hilary był otoczony tajemnicami – i plotkami, które bardzo chciałbym zbadać. To znaczy chciałem kiedyś zbadać – a teraz nawet i o to nie dbam. Bo właśnie o to chodzi – że mi przeszła ochota, ale to zupełnie, na „dowiadywanie się" o Tobie nowych rzeczy, o których nie wiedziałem. Nie ukończyłem mojego „śledztwa" – nie rozmawiałem już ani z Rajską, ani z Jotemem, nie dowiedziałem się mnóstwa rzeczy, o których chciałem się zaraz po Twoim wyjeździe dowiedzieć. Ale stałem się na to wszystko tak zupełnie obojętny. Wiem tylko, że byłeś, że kocham Cię do dziś dnia, jak nikogo w życiu nie kochałem. I wiem coś więcej, że i Ty mnie kochałeś – bardzo po swojemu, ale bardzo silnie – odczuwałem to po Twojej „obecności" w moim życiu. A wszystko inne już nie jest obojętne: i wszystkie Twoje kłamstwa, i wszystkie Twoje obłudy, i wszystko, coś zatajał przede mną lub przedstawiał w fałszywym świetle. Kochany, dałbym wszystko za to, abyś w tej chwili kłamał przede mną od rana do wieczora, ale żebyś był koło mnie, abym słyszał Twój głos, dotykał Twoich włosów, widział Twoje oczy. Ale Ty jesteś w Surabai. Wiem teraz, że bardzo cierpiałeś, że strasznie nie chciałeś umierać, chciałeś z życia wyciągnąć wszystko. I wiem także, że dałem Ci wszystko, co mogłem. Mało to było – i nikłe, ale wiedziałem, że coś dla Ciebie znaczę. Drogi, jedyny – napiszę jeszcze może czasami do Ciebie, może się jeszcze coś we mnie zmieni albo dowiem się jeszcze czegoś, co mnie zelektryzuje, ale tak – to już nic najdroższy. Czuję, że moje słowa wyczerpują się, że nic Ci nie mogę powiedzieć więcej ponadto, co Ci powiedziałem przed Twym odjazdem i po Twoim odjeździe. „Jestem z tobą" – jak często mówiłeś – i ja nawet nie zdawałem sobie sprawy z tego, jak bardzo byłeś ze mną. A teraz wielka czarna dziura. Będę wkrótce z Tobą. I ja pojadę do Surabai –

Twój
Jarosław

„Bo tu zupełnie o co innego chodzi,
Kiedy deszcz pada, kiedy smutno,
I wie się, że szczęście się nie urodzi
Ani pojutrze, ani jutro.
Chodzi tylko o trochę wiosennego wiatru,
Żeby włosy rozrzucił na twoim czole,
I żebym, kiedy już te dni się zatrą –
Zapamiętał twą dłoń wspartą na stole".

Jarosław Iwaszkiewicz
wiersz z osobistą dedykacją dla Jerzego, 29.03.1958

listy niedatowane

Jarosław Iwaszkiewicz
do Jerzego Błeszyńskiego

249

Wtorek rano

Moje dziecko! To zupełnie niemożliwe. Tak się cieszyłem na ten wtorek, tyle porobiłem planów i Twoje zupełne milczenie. Rozumiem, że jesteś bardzo zajęty, tyle prac! Ale ta pogoda, czy Twoje zdrowie nie odczuwa tego wszystkiego? Jak się czujesz? Nie bywasz w Kafarze. Czy to praca gdzie indziej – czy też siedzisz w domu z powodu złego samopoczucia. Nic nie wiem, nic, nic... To okropne. Dlaczego ja zawsze muszę się tak męczyć?

R

250

Brwinów, piątek

Mój drogi i jedyny!

Zupełnie – przez tyle lat – nie mogę sobie określić, jaki Ty jesteś i kto Ty jesteś – i zupełnie nie mogę zrozumieć Twojego stosunku do mnie. I ostatecznie także mojego do Ciebie. Dlaczego to wszystko? O co chodzi? Czego ode mnie potrzebujesz? Męczę się piekielnie – i nie pierwszy tydzień: od kilku lat. Gdybyś Ty był wymowniejszy, może by mi było łatwiej. Powiedziałeś parę dni temu:

żebym ja był poetą, może bym mógł powiedzieć coś, wyrazić swoje uczucia. Czy rzeczywiście nie możesz wyrazić swych uczuć? Czy po prostu żadnych uczuć nie masz? I co znaczą te Twoje flirty? I dlaczego tak czasami na mnie patrzysz – jak gdybym był odsunięty od Ciebie na najdalsze horyzonty – jakbyś z trudnością mnie dostrzegał. Jak mi trudno jest to Tobie wytłumaczyć – trudno mi to samemu sobie wytłumaczyć.

List ten piszę zresztą w innym celu niż te wszystkie fidrygały. Chodzi mi o to, abyś tę kartę papieru (ten list) włożył zaraz do koperty i wysłał do mnie. Żebym to dostał i miał u siebie. Odpowiedziałem Ci na to <u>ważnym</u> listem – i chciałbym, żeby to było u mnie, żebym mógł od czasu do czasu zajrzeć do tego, co jest dla mnie b[ardzo] ważnym dokumentem. Nie z powodu tego, coś tam napisał, ale z powodu tego, że kiedy Ci było ciężko, to pisałeś do mnie. Bo przecież pisałeś do mnie?

Strasznie dawno nie wyskoczyliśmy gdzieś na miasto. Czy się naprawdę wstydzisz wychodzić ze mną? Boisz się, że będziesz miał telefony – jak w epoce Bristolu i Tekli? Ja wiem, Ty jesteś za bardzo zmęczony na to wszystko: ale przecież ja wyjadę na długo (nie mogę sobie tego po prostu wyobrazić – że nie będę co dzień wiedział {mniej więcej oczywiście – mniej więcej, bardzo mniej więcej}, co Ty robisz. I nie będą nas widywali razem przez długie tygodnie. Ach, kochany, to wszystko wielka męka. Wczorajsze popołudnie i wieczór w melinie nie należały do najprzyjemniejszych. Myślałeś ciągle o czym innym: o [wyraz nieczytelny], czy o Izie? Nie umiem rozgryźć: Czy Ci się tak bardzo chce Izy? Czy rachujesz zdobycz? Ile na rozkładzie? Czy liczba Ci imponuje? Może ja Ci też coś wyliczę? Dobrze?

Miły, drogi, jedyny – przez cały dzień dzisiaj zdawało mi się, że wszystko między nami skończone – dopiero wieczorem widzę, że to się dopiero zaczyna –

Zygmunt

Jak mam Ci zaimponować? Milczeniem? Chyba tak.

251

Balzac

„… Ale w starości może się jeszcze więcej kocha. Bo ja ciebie kocham, Ewelina, jak kocham życie. Ty jesteś dla mnie życiem samym. Nie mógłbym istnieć bez ciebie. I to właśnie na starość moje uczucie stało się takie palące, takie niemożliwie ciężkie i takie potężne. Wiesz, czasem na południu są takie dnie, zaczynają się chłodno, potem się ocieplają, a pod wieczór wieje gorący wiatr i staje się tak ciepło, że oddychać po prostu trudno. Mnie teraz oddychać trudno… nie dlatego, że serce mi się psuje, ale że tak strasznie ciebie kocham".

„Wesele Pana Balzaca", Akt III, str. 90

252

Syneczku kochany!

Czy zastanę wszystko zupełnie zmienione? Ach, jak mi smutno – i zarazem radośnie: że jesteś, że jesteś dla mnie taki dobry – i że wszystko przebiega w takich wymiarach!

Całuję Cię mocno
Ludwik

„Podaj mi rękę i trzymaj mocno,
Ty – moja matka, i żona, i córka,
Trzymaj, abym się nie przechylił
W nicość – śmierć, w Jurka".

Jarosław Iwaszkiewicz
wiersz XVI, z cyklu *Droga*, 5/6.10.1958

koniec

Nota edytorska

Rękopisy listów Jarosława Iwaszkiewicza do Jerzego Błeszyńskiego znajdują się w zbiorach Muzeum Zamku Królewskiego w Warszawie. Nie udało się ustalić, gdzie są przechowywane listy pisane przez Jerzego Błeszyńskiego do Jarosława Iwaszkiewicza i czy jeszcze w ogóle istnieją.

Rękopisy stanowią część prywatnej kolekcji należącej do doktora Tomasza Niewodniczańskiego, którą za pośrednictwem Fundacji Niemiecko-Polskiej przekazał jako depozyt do Zamku Królewskiego w lutym 2009 roku. Listy te nigdy wcześniej nie były opracowane ani publikowane. Nieznane są również okoliczności, w jakich te prywatne listy trafiły do prywatnego kolekcjonera.

Łącznie w niniejszym opracowaniu znajdują się 252 listy i depesze z lat 1954–1960 w tym kilka listów niedatowanych. Jest to pełna, dostępna w chwili przygotowania książki korespondencja Jarosława Iwaszkiewicza skierowana do Jerzego Błeszyńskiego.

Iwaszkiewicz podpisywał na zmianę listy pełnym imieniem i nazwiskiem, tylko imieniem, inicjałami lub następującymi pseudonimami: Twój, Roman, Zygmunt, Stary, Hieronim, Hipolit, Adam Benedykt, Cezary, Daniel, Edmund, Fryderyk, Gustaw, Ignacy, Jakub, Karol, Leonard, Łukasz, Balon, Foka, Balon Foka, F., FB, Przyjaciel, Ojciec, Lech, R., Vera Foka,

Gabriel, Witold, Xawery, Krzysztof, Kazimierz, Jan, Teofil, Tadeusz, Agapit, Zenon, Janusz, Arkady, Atanazy, Józef, Ludwik.

Przygotowując edycję książkową listów pt. „Wszystko jak chcesz", ustalono zasadę publikacji listów w sposób chronologiczny. Całość materiału została podzielona na trzy części: listy z okresu znajomości – od roku 1954 do śmierci Jerzego Błeszyńskiego w roku 1959, listy pisane po śmierci adresata w okresie 1959–1960 oraz kilka listów z różnych okresów znajomości, których dat nie udało się ustalić.

Wśród listów znajdują się również mniejsze formy – liściki, kartki pocztowe, dedykacje na książkach oraz telegramy. Zdecydowano o prezentacji tych treści w kolejności chronologicznej, dzięki czemu zachowany zostaje ciąg logiczny korespondencji. W przypadku telegramów edytor zdecydował się zaprezentować oryginały druków.

W tekście listów Jarosława Iwaszkiewicza nie dokonywano żadnych skrótów.

Ingerencja edytora ogranicza się do uwspółcześnienia pisowni zgodnie z obowiązującymi normami, dbając jednocześnie o zachowanie specyfiki stylu autora. Z tego powodu zachowano oryginalną formę zapisu liczebników, datowania listów oraz pewne rozbieżności w zapisie imion, pseudonimów, a także wyrazy będące stylizacją, zdrobnieniem i celowym przeinaczeniem.

Zachowany został również oryginalny podział na akapity lub jego brak. Uwspółcześniając pisownię oraz interpunkcję, nie korygowano użycia myślników, zastępujących niekiedy przecinki oraz akapity.

Wszelkie podkreślenia oraz przekreślenia pochodzą od autora. Jeśli jest inaczej, w nawiasie kwadratowym została umieszczona stosowna informacja. W przypadku wyrazów nieczytelnych informacja taka została umieszczona w tekście w nawiasie kwadratowym [wyraz nieczytelny].

Decyzją edytora uporządkowano niekonsekwentne stosowanie wielkich i małych litera w nagłówkach i zwrotach grzecznościowych wprowadzając regułę pisania zaimków osobowych wielką literą. Wszelkie dodatkowe uwagi edytorskie dodane do tekstu oryginalnego zamieszczone są również w nawiasach kwadratowych.

W większości przypadków koperty, w których znajdowały się listy, się nie zachowały. W nielicznych, gdy zapiski autora znajdowały się także na kopercie, treść ta również znajduje się w opracowaniu. W niniejszej edycji opisano karty pocztowe, papeterie zawierające nadruki, wycinki z gazet, a także dedykacje, uznając je za element znaczący, często znajdujący odniesienie w treści samego listu.

W przypadku listów niedatowanych lub opatrzonych niepełną datą, w nawiasach kwadratowych została umieszczona data pełna odczytana ze stempla pocztowego lub ustalona na podstawie kontekstu, treści listu oraz zapisków autora poczynionych w innych miejscach.

Komentarze i przypisy, którymi opatrzono opracowanie nie wyczerpują tematów, wątków i odniesień w nich poruszanych – zdecydowano, że ich rolą jest pomóc w odnalezieniu się czytelnika w skomplikowanych niejednokrotnie relacjach rodzinnych i przyjacielskich, a także biograficznych i zawodowych autora. Przypisy i objaśnienia skupiają się na przybliżeniu relacji pomiędzy postaciami i miejscami występującymi w listach.

Mimo starań osób pracujących nad opracowaniem nie wszystkie osoby i fakty udało się zidentyfikować. W takich przypadkach edytor umieścił stosowną informację w przypisach.

Wszystko jak chcesz
O miłości Jarosława Iwaszkiewicza i Jerzego Błeszyńskiego

Wilk & Król Oficyna Wydawnicza
Wydanie pierwsze, Warszawa 2017

ISBN 978-83-65089-08-3

© Copyright for text (str. 59–513) by Spółdzielnia Wydawnicza „Czytelnik",
   Maria Iwaszkiewicz-Wojdowska, Magdalena Markowska, 2017
© Copyright for text (str. 33–55) by Anna Król, 2017
© Copyright for photographs by Olga Świątecka
© Copyright for this edition by Fundacja „Kultura nie boli"

Redakcja merytoryczna i opracowanie: Anna Król
Opracowanie rękopisów i przypisy: Malwina Mus
Redakcja i korekta: Agnieszka Łodzińska

Okładka, projekt graficzny: Anna Król
Skład i łamanie: Piotr Trzebiecki, Ewa Modlińska

Promocja: Go Culture. Komunikacja dla kultury
www.goculture.pl

Zdjęcie na okładce SAP/archiwum Muzeum w Stawisku/FOTONOVA

Fotografie zamieszczone na stronach 22, 23, 34, 35, 60, 61, 444, 445, 510, 511 zostały wykonane na terenie dawnego szpitala w Turczynku, w którym umarł Jerzy Błeszyński.
Fot. Olga Świątecka

Dofinansowano ze środków Ministra Kultury i Dziedzictwa Narodowego

Książka wydana przez Fundację „Kultura nie boli" we współpracy z Go Culture Sp. z o.o. pod marką Wilk & Król Oficyna Wydawnicza
ul. Puławska 24a/32 02–512 Warszawa

Zajrzyj do naszej księgarni
www.wilkikrol.pl

Wydajemy, bo to lubimy!

Wszelkie prawa zastrzeżone. Reprodukowanie, kodowanie w urządzeniach przetwarzania danych, odtwarzanie w jakiejkolwiek formie oraz wykorzystywanie w wystąpieniach publicznych w całości lub części tylko za wyłącznym zezwoleniem właściciela praw autorskich.